## 21세기 지식 정보화 시대
## 대한민국의 IT 인재로 만드는 비결!

**I**nformation **T**echnology **Q**ualification

# 한쇼 2022

발 행 일 : 2024년 10월 02일(1판 1쇄)
개 정 일 : 2025년 04월 01일(1판 2쇄)
I S B N : 979-11-92695-33-4(13000)
정　　가 : 16,000원

집　　필 : KIE기획연구실
진　　행 : 김동주
본문디자인 : 앤미디어

발 행 처 : (주)아카데미소프트
발 행 인 : 유성천
주　　소 : 경기도 파주시 정문로 588번길 24
홈페이지 : www.aso.co.kr

※ 이 책은 저작권법에 따라 보호를 받는 저작물이므로 무단 전재와 무단 복제를 금지하며,
　 이 책 내용의 전부 또는 일부를 이용하려면 반드시 (주)아카데미소프트의 서면동의를 받아야 합니다.

# CONTENTS

## PART 01  ITQ 시험 안내 및 자료 사용 방법

| 시험안내 01 | ITQ 시험 안내 | 4 |
| 시험안내 02 | ITQ 회원 가입 및 시험 접수 안내 | 6 |
| 시험안내 03 | ITQ 자료 사용 방법 | 17 |
| 시험안내 04 | ITQ 한쇼 2022 시험 변경 안내 | 27 |

## PART 02  출제유형 완전정복

| 출제유형 01 | [전체구성] 페이지 설정/슬라이드 마스터 | 32 |
| 출제유형 02 | [슬라이드 1]《표지 디자인》 | 48 |
| 출제유형 03 | [슬라이드 2]《목차 슬라이드》 | 58 |
| 출제유형 04 | [슬라이드 3]《텍스트/동영상 슬라이드》 | 72 |
| 출제유형 05 | [슬라이드 4]《표 슬라이드》 | 84 |
| 출제유형 06 | [슬라이드 5]《차트 슬라이드》 | 98 |
| 출제유형 07 | [슬라이드 6]《도형 슬라이드》 | 120 |

## PART 03  출제예상 모의고사

| 모의고사 01 | 제 01 회 출제예상 모의고사 | 138 |
| 모의고사 02 | 제 02 회 출제예상 모의고사 | 142 |
| 모의고사 03 | 제 03 회 출제예상 모의고사 | 146 |
| 모의고사 04 | 제 04 회 출제예상 모의고사 | 150 |
| 모의고사 05 | 제 05 회 출제예상 모의고사 | 154 |
| 모의고사 06 | 제 06 회 출제예상 모의고사 | 158 |
| 모의고사 07 | 제 07 회 출제예상 모의고사 | 162 |
| 모의고사 08 | 제 08 회 출제예상 모의고사 | 166 |
| 모의고사 09 | 제 09 회 출제예상 모의고사 | 170 |
| 모의고사 10 | 제 10 회 출제예상 모의고사 | 174 |
| 모의고사 11 | 제 11 회 출제예상 모의고사 | 178 |
| 모의고사 12 | 제 12 회 출제예상 모의고사 | 182 |
| 모의고사 13 | 제 13 회 출제예상 모의고사 | 186 |
| 모의고사 14 | 제 14 회 출제예상 모의고사 | 190 |
| 모의고사 15 | 제 15 회 출제예상 모의고사 | 194 |

## PART 04  최신유형 기출문제

| 기출문제 01 | 제 01 회 최신유형 기출문제 | 200 |
| 기출문제 02 | 제 02 회 최신유형 기출문제 | 204 |
| 기출문제 03 | 제 03 회 최신유형 기출문제 | 208 |
| 기출문제 04 | 제 04 회 최신유형 기출문제 | 212 |
| 기출문제 05 | 제 05 회 최신유형 기출문제 | 216 |
| 기출문제 06 | 제 06 회 최신유형 기출문제 | 220 |
| 기출문제 07 | 제 07 회 최신유형 기출문제 | 224 |
| 기출문제 08 | 제 08 회 최신유형 기출문제 | 228 |
| 기출문제 09 | 제 09 회 최신유형 기출문제 | 232 |
| 기출문제 10 | 제 10 회 최신유형 기출문제 | 236 |

※ 부록 : 시험직전 모의고사 3회분 수록

# PART 01

## ITQ 시험 안내 및 자료 사용 방법

# 시험안내 01

**PART 01** ITQ 시험 안내 및 자료 사용 방법

## ITQ 시험 안내

☑ 정보기술자격(ITQ) 시험의 응시 자격 및 시험 과목
☑ 합격 결정기준 및 시험 시간

### 1. 정보기술자격(ITQ) 시험이란?

정보화 시대의 기업, 기관, 단체 구성원들에 대한 정보기술능력 또는 정보기술 활용능력을 객관적으로 평가하는 시험입니다. 정보기술 관리 및 실무능력 수준을 지수화, 등급화하여 객관성을 높였으며, 과학기술정보통신부에서 공식 인증하는 국가공인자격 시험입니다.

### 2. 응시 자격 및 시험 과목

❶ 정보기술자격(ITQ) 시험은 정보기술실무능력을 평가하는 시험으로 국민 누구나 응시가 가능합니다.

❷ ITQ 시험은 동일 회차에 아래 한글/MS 워드, 한글 엑셀/한셀, 한글 액세스, 한글 파워포인트/한쇼, 인터넷의 5개 과목 중 최대 3과목까지 시험자가 선택하여 신청할 수 있습니다.

※ 단, 한글 엑셀/한셀, 한글 파워포인트/한쇼, 아래 한글/MS 워드는 동일 과목군으로 동일 회차에 응시 불가
 (자격증에는 "한글 엑셀(한셀)", "한글 파워포인트(한쇼)"로 표기되며 최상위 등급이 기재됨)

| 자격종목 | | 등급 | ITQ시험 프로그램 버전 | | 시험방식 |
|---|---|---|---|---|---|
| | | | 시험 S/W | 공식버전 | |
| ITQ 정보기술자격 | 아래 한글 | A/B/C 등급 | 한컴 오피스 | 한컴오피스 2022/2020 선택 응시 | PBT |
| | 한셀 | | | 한컴오피스 2022 단일 응시 | |
| | 한쇼 | | | | |
| | MS 워드 | | MS 오피스 | MS 오피스 2021 / 2016 선택 응시 | |
| | 한글 엑셀 | | | | |
| | 한글 액세스 | | | | |
| | 한글 파워포인트 | | | | |
| | 인터넷 | | | 내장 브라우저 : IE8.0이상 | |

※ 한컴오피스 : 2022/2020 중 선택 응시(시험지 2022/2020 공용), 한쇼/한셀 : 2022 단일 응시
※ MS오피스 : 2021/2016 중 선택 응시(시험지 2021/2016 공용)

### 3. 합격 결정기준

❶ 합격 결정기준

ITQ 시험은 500점 만점을 기준으로 A등급부터 C등급까지 등급별 자격을 부여하며, 낮은 등급을 받은 수험생이 차기시험에 재응시하여 높은 등급을 받으면 등급을 업그레이드 해주는 방법으로 평가를 합니다.

| A등급 | B등급 | C등급 |
|---|---|---|
| 400~500점 | 300~399점 | 200~299점 |

❷ 등급별 수준

| 등급 | 수준 |
|---|---|
| A등급 | 주어진 과제의 80~100%를 정확히 해결할 수 있는 능력 |
| B등급 | 주어진 과제의 60~79%를 정확히 해결할 수 있는 능력 |
| C등급 | 주어진 과제의 40~59%를 정확히 해결할 수 있는 능력 |

## 4. 시험 배점 및 시험 시간

| 시험 배점 | 문항 및 시험방법 | 시험 시간 |
|---|---|---|
| 과목당 500점 | 5~10문항 실무작업형 실기시험 | 과목당 60분 |

## 5. 시험출제기준(한글 파워포인트/한쇼)

– 괄호( ) 내용은 한쇼에서 사용하는 명칭임.

| 문항 | 배점 | 출제기준 |
|---|---|---|
| ● 전체구성 | 60점 | 전체 슬라이드 구성 내용을 평가<br>• 슬라이드 크기, 슬라이드 개수 및 순서, 슬라이드 번호, 그림 편집, 슬라이드 마스터 등 전체적인 구성 내용을 평가 |
| ❶ 표지 디자인 | 40점 | 도형과 그림 이용한 제목 슬라이드 작성 능력 평가<br>• 도형 점편집 및 그림삽입, 도형효과<br>• 워드아트(워드숍)<br>• 로고삽입(투명한 색 설정 기능 사용) |
| ❷ 목차 슬라이드 | 60점 | 목차에 따른 하이퍼링크와 도형, 그림 배치 능력을 평가<br>• 도형 편집 및 효과<br>• 하이퍼링크<br>• 그림 편집 |
| ❸ 텍스트/동영상 슬라이드 | 60점 | 텍스트 간의 조화로운 배치 능력을 평가<br>• 텍스트 편집 / 목록수준 조절 / 글머리 기호 / 내어쓰기<br>• 동영상 삽입 |
| ❹ 표 슬라이드 | 80점 | 파워포인트 내에서의 표 작성 능력 평가<br>• 표 삽입 및 편집<br>• 도형 편집 및 효과 |
| ❺ 차트 슬라이드 | 100점 | 프리젠테이션을 위한 차트를 작성할 수 있는 종합 능력 평가<br>• 차트 삽입 및 편집<br>• 도형 편집 및 효과 |
| ❻ 도형 슬라이드 | 100점 | 도형을 이용한 슬라이드 작성 능력 평가<br>• 도형 및 스마트아트 이용 : 실무에 활용되는 다양한 도형 작성<br>• 그룹화 / 애니메이션 효과 |

※ 응시료 확인 : https://license.kpc.or.kr/ 홈페이지 접속 → [자격소개-정보기술자격(ITQ)]

**PART 01** ITQ 시험 안내 및 자료 사용 방법

# ITQ 회원 가입 및 시험 접수 안내

☑ 회원 가입하기
☑ 시험 접수 안내

## 1. 회원 가입하기

### (1) ITQ 자격 검정 사이트 접속하기

❶ ITQ 자격 검정 사이트(license.kpc.or.kr)에 접속한 후 화면 위의 〈회원가입〉 단추를 클릭합니다.

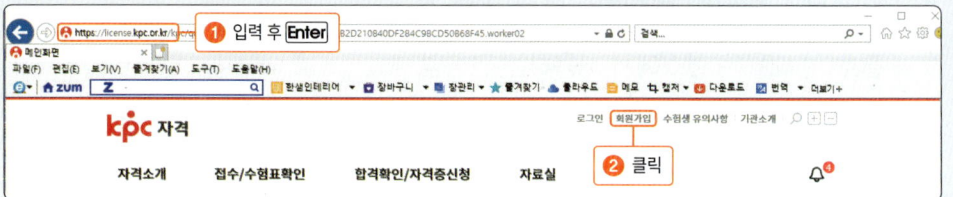

❷ [회원가입]에서 '전체 약관(필수항목)에 동의합니다.' 체크 박스를 클릭합니다.

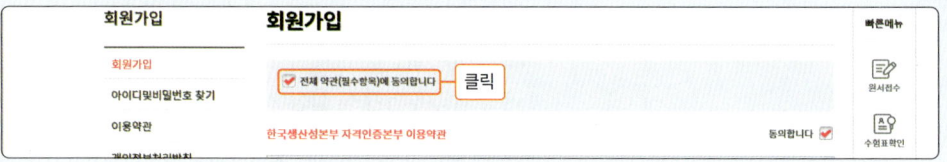

❸ '개인정보 수집·이용 내역 (필수사항)'에 '동의합니다' 체크 박스가 선택되어 있는지 확인한 후 〈개인회원(어린이) 가입 만 14세 미만〉 단추를 클릭합니다.

※ 응시자가 만14세 이상일 경우에는 〈개인회원가입 만14세이상〉 단추를 눌러 가입을 진행합니다.

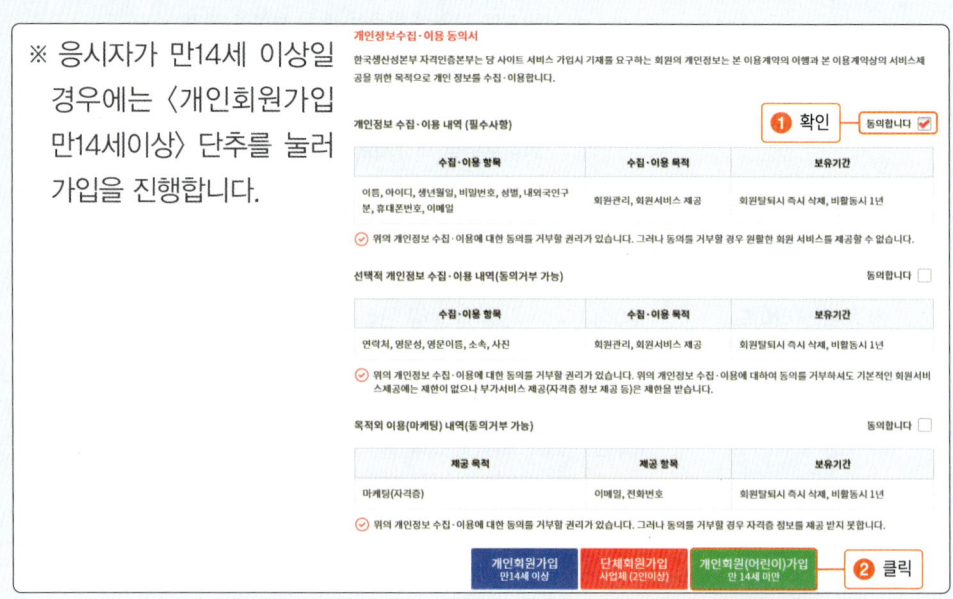

※ 회원 가입 절차는 시험 주관사에 의해 변경될 수도 있습니다.

### (2) 보호자(법적대리인) 본인인증

❶ [회원가입 (만14세 미만 개인회원)]의 [보호자(법적대리인) 본인인증]에서 '수집·이용 내역(필수사항)'의 '동의합니다.' 체크 박스를 클릭합니다. 이어서, [보호자(법적대리인) 본인인증]에서 〈휴대폰 본인인증〉 단추를 클릭합니다.

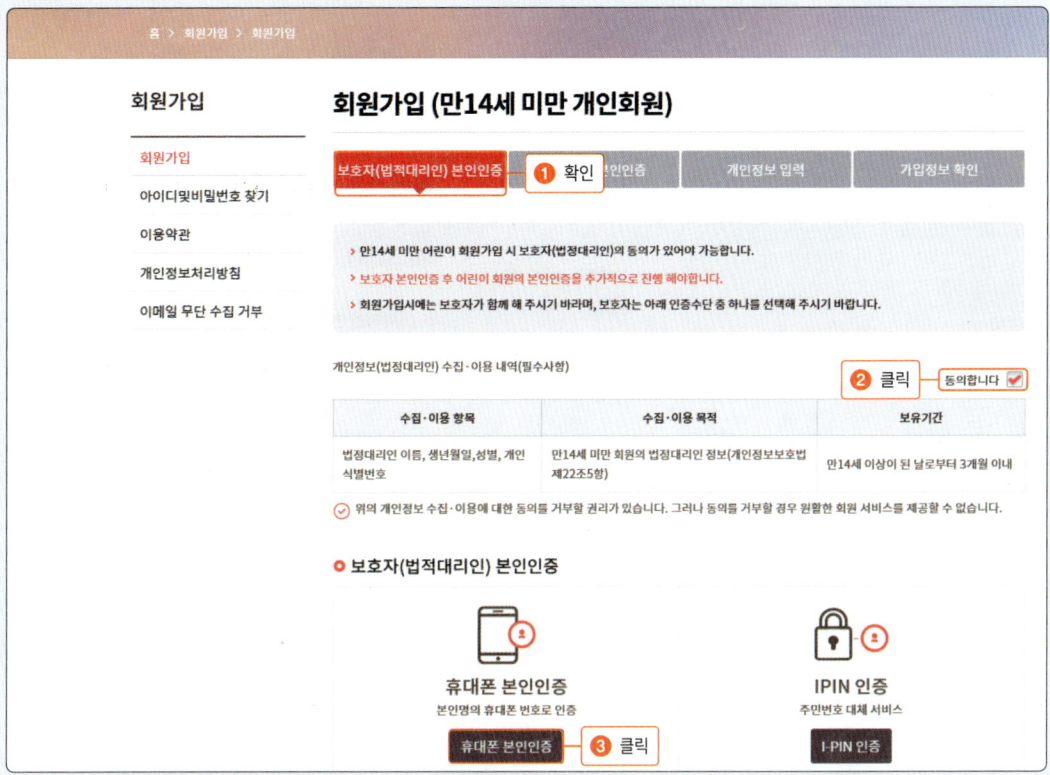

❷ '이용 중이신 통신사를 선택하세요' 창에서 보호자가 현재 이용 중인 통신사를 선택합니다. 이어서, 각각의 동의 내용을 클릭하여 체크한 후 〈시작하기〉 단추를 클릭합니다.
❸ '문자인증'을 선택하여 필요한 개인 정보와 보안문자를 입력한 후 〈확인〉 단추를 클릭합니다.
❹ 보호자의 휴대폰 문자로 전송된 '인증번호'를 입력한 후 〈확인〉을 클릭합니다.

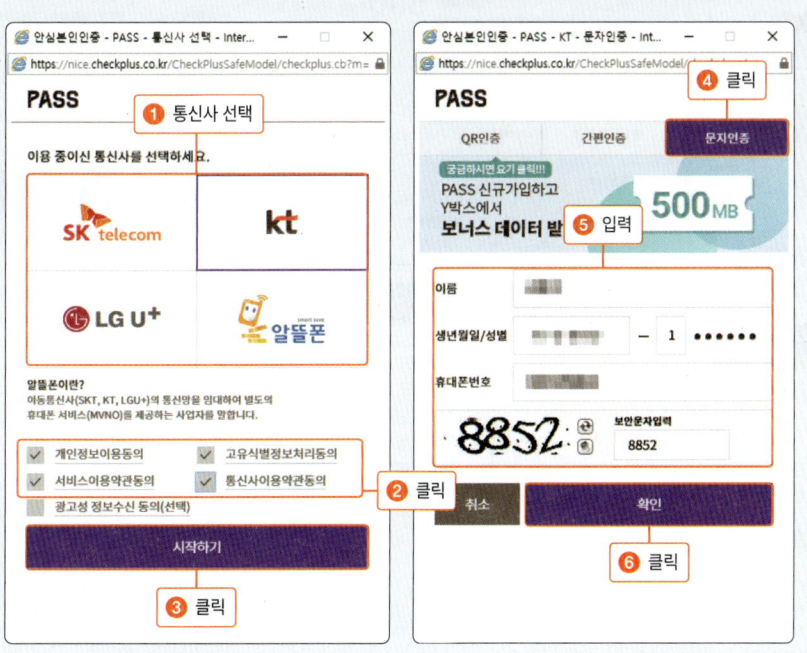
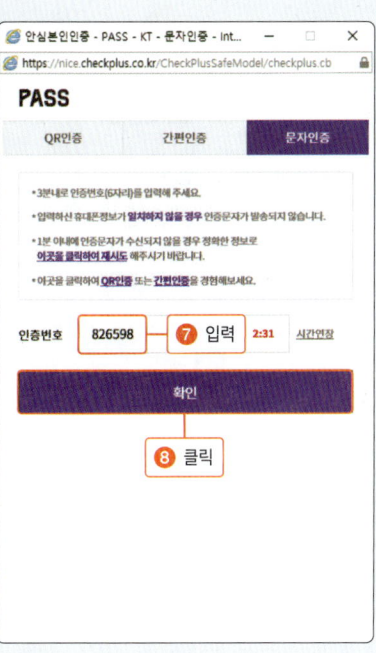

※ 14세미만 본인인증은 '8페이지의 휴대폰(본인 명의의 휴대폰이 있는 경우)' 또는 '10페이지의 I-PIN(본인 명의의 휴대폰이 없는 경우)' 중 하나를 선택하여 진행할 수 있습니다.

### (3)-1. 14세미만 본인인증(휴대폰 인증절차)

❶ [14세미만 본인인증]에서 〈휴대폰 본인인증〉 단추를 클릭합니다.

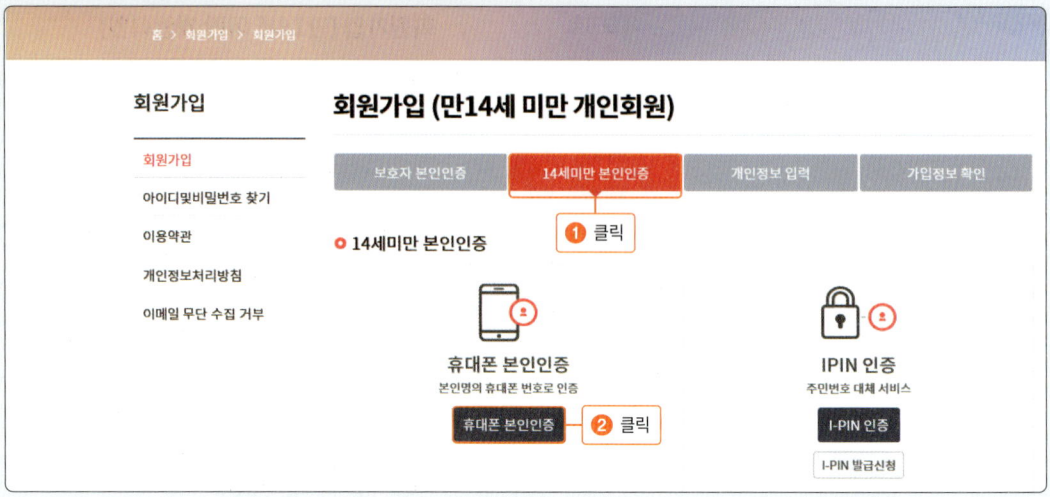

❷ '이용 중이신 통신사를 선택하세요' 창에서 14세미만이 현재 이용 중인 통신사를 선택합니다. 이어서, 각각의 동의 내용을 클릭하여 체크한 후 〈시작하기〉 단추를 클릭합니다.
❸ '문자인증'을 선택하여 필요한 개인 정보와 보안문자를 입력한 후 〈확인〉 단추를 클릭합니다.
❹ 본인의 휴대폰 문자로 전송된 '인증번호'를 입력한 후 〈확인〉 단추를 클릭합니다.

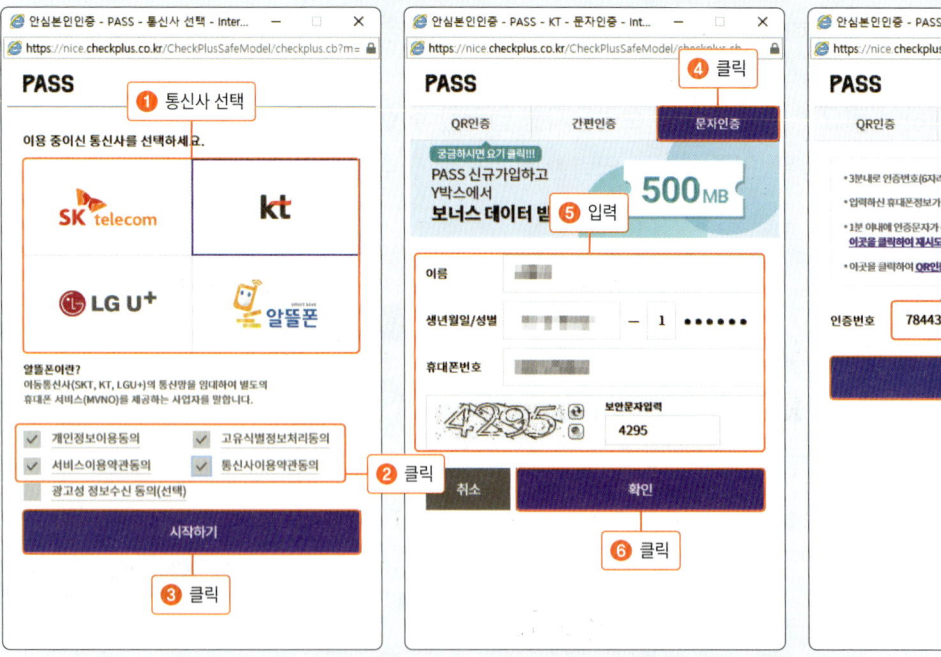
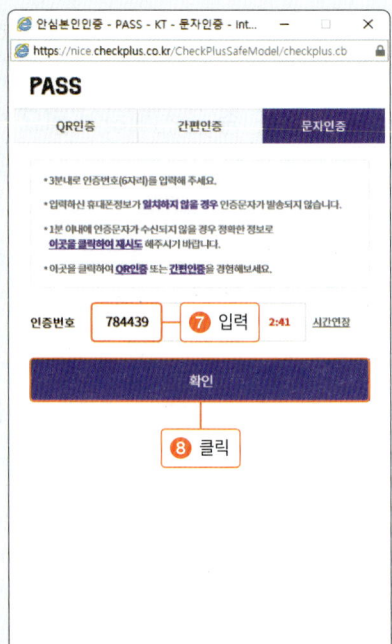

❺ [개인정보 입력]에서 '이름'과 '아이디'를 입력한 후 〈중복확인〉 단추를 클릭합니다. 이어서, '사용 하실 수 있는 ID 입니다' 메시지 창이 나오면 〈Close〉 단추를 클릭합니다.
  ※ 아이디를 입력하고 〈중복확인〉 단추를 클릭하여 내가 입력한 아이디를 다른 사용자가 사용하고 있는지 반드시 확인합니다.

❻ 아이디 입력이 완료되면 '비밀번호'와 '비밀번호 확인'을 입력합니다.

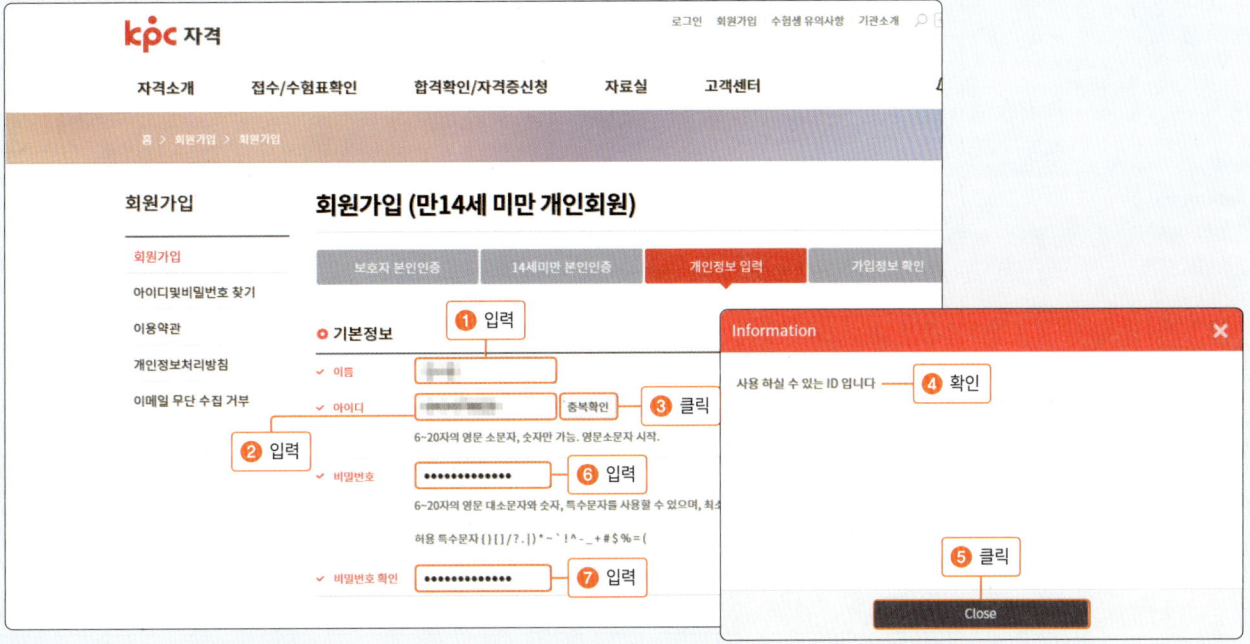

- **이름** : 본인의 이름을 입력합니다.
- **아이디** : 6~20자의 영문 소문자, 숫자만 가능, 영문 소문자로 시작합니다.
- **중복확인** : 입력한 아이디를 다른 사용자가 사용하고 있는지 〈중복확인〉 버튼을 클릭해서 반드시 확인합니다.
- **비밀번호** : 6~20자의 영문 대소문자와 숫자, 특수문자를 사용할 수 있으며, 최소 2종류 이상을 조합해야 합니다.
- **비밀번호 확인** : 입력한 비밀번호를 똑같이 한 번 더 입력합니다.

❼ 기본정보 입력이 완료되면 [추가정보]에 내용을 입력한 후 〈가입하기〉 단추를 클릭합니다.
  ※ 휴대전화 및 이메일에 '수신 동의합니다'를 클릭하여 체크할 경우 수험 정보를 받을 수 있으며, 비밀번호를 잊어버렸을 경우 비밀번호 찾기에 사용되므로 체크 박스를 클릭합니다.

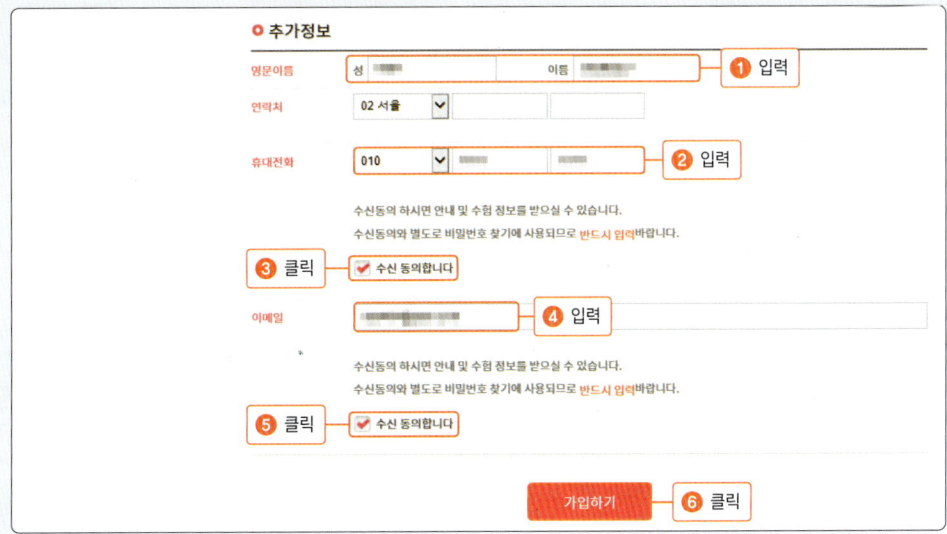

❽ 회원가입이 완료되면 회원가입 정보를 확인한 후 〈확인(홈으로 이동)〉 단추를 클릭합니다.

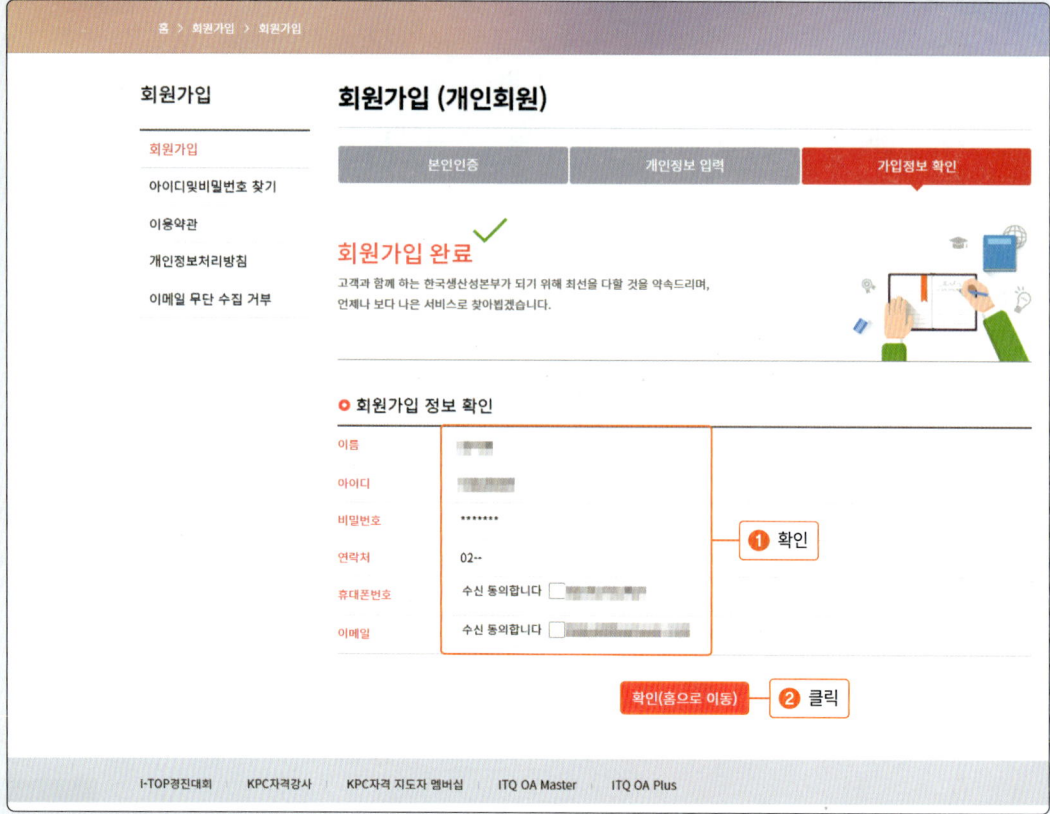

### (3)-2. 14세미만 본인인증(I-PIN 인증절차)

❶ [회원가입 (만 14세 미만 개인회원)]의 [14세미만 본인인증]에서 〈I-PIN 인증〉 단추를 클릭합니다.

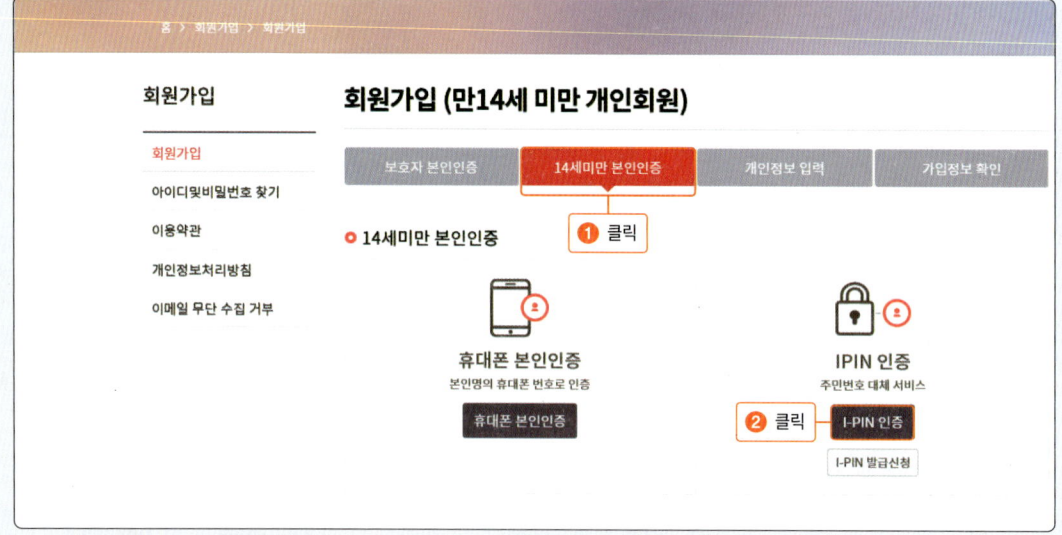

❷ [메인 화면] 창에서 〈신규발급〉 단추를 클릭합니다.

❸ [발급 전 확인사항] 창에서 〈발급하기〉 단추를 클릭합니다.

 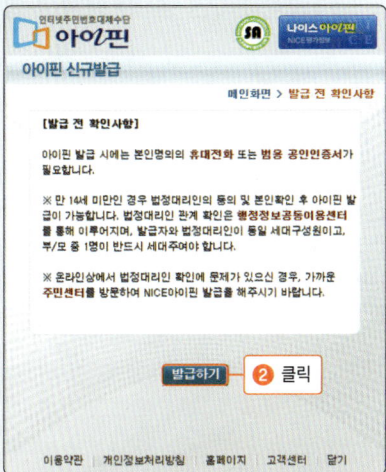

❹ [약관동의] 창에서 모든 항목에 '동의' 체크 박스를 클릭한 후 〈확인〉 단추를 클릭합니다.

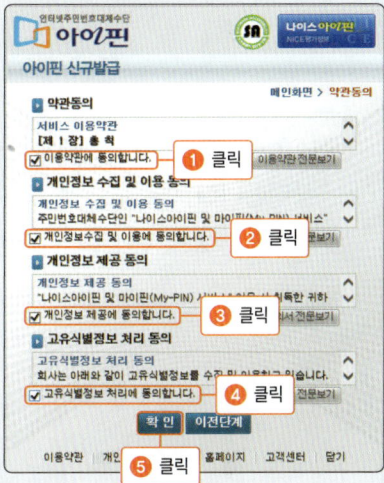

❺ [아이핀 사용자정보] 창에서 발급자 '성명'과 '주민번호', '문자입력'을 입력합니다. 사용할 '아이핀 ID'를 입력한 후 〈ID 중복확인〉 단추를 클릭하여 사용가능한 아이디인지를 확인합니다.

❻ '비밀번호'를 입력한 후 〈비밀번호 검증〉 단추를 클릭하여 비밀번호 사용가능 여부를 확인합니다. 비밀번호 검증이 완료되면 '비밀번호 확인'에 비밀번호를 한 번 더 입력합니다.

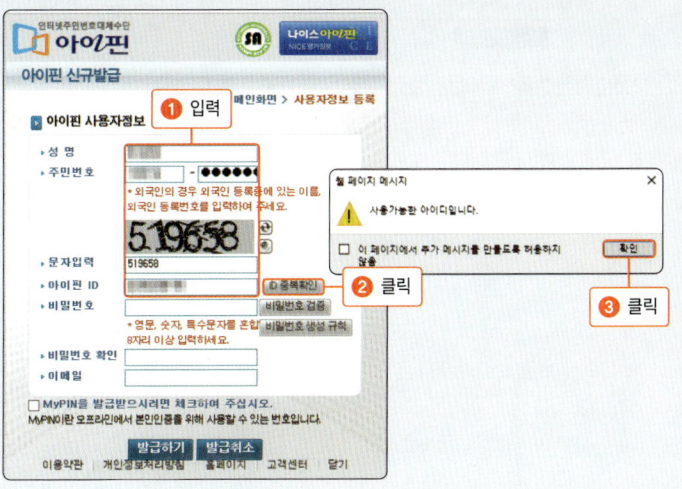 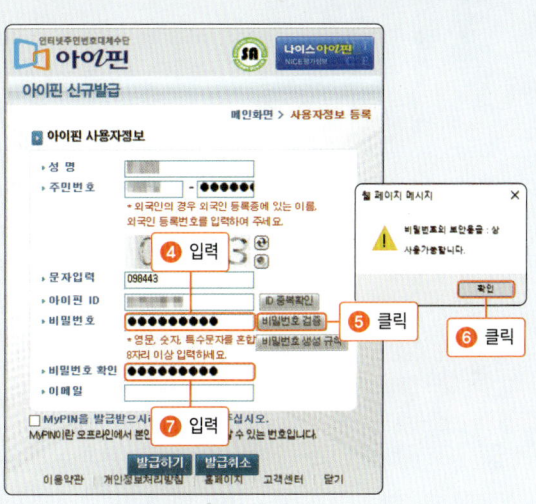

❼ '이메일'을 입력한 후 'MyPIN을 발급받으시려면 체크하여 주십시오'의 체크 박스를 클릭하고 〈발급하기〉 단추를 클릭합니다.

❽ [법정대리인 동의] 창에서 법정대리인 '성명'과 '주민번호'를 입력한 후 〈실명등록 및 아이핀 발급〉 단추를 클릭합니다.

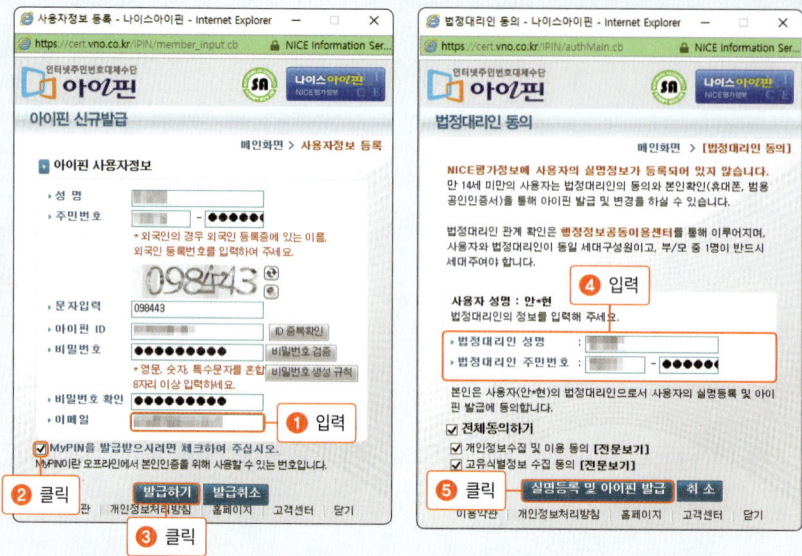

❾ [아이핀 신원확인] 창에서 '휴대폰'이나 '범용 공인인증서'를 선택한 후 정보를 입력하고 〈인증번호 요청〉 단추를 클릭합니다.

❿ 휴대폰 문자로 전송된 '인증번호'를 입력한 후 〈확인〉 단추를 클릭합니다.

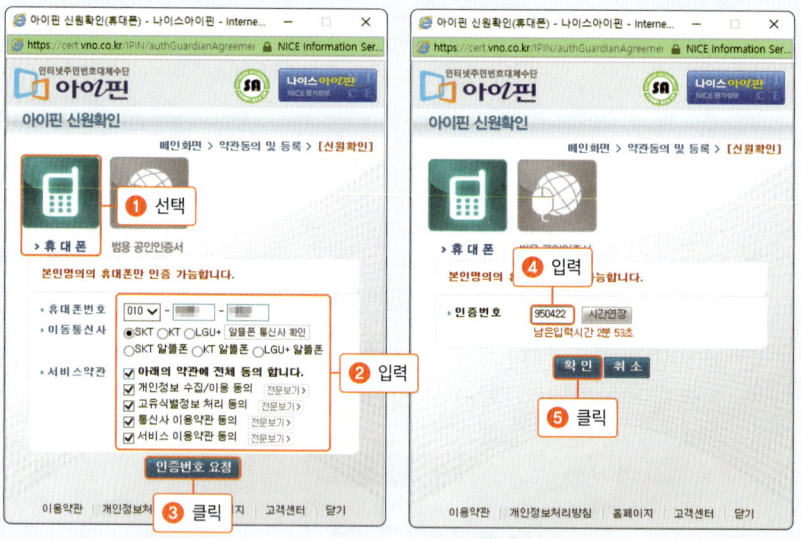

⑪ [2차 비밀번호 설정] 창에서 2차 비밀번호를 두 번 입력한 후 〈확인〉 단추를 클릭합니다.
⑫ [아이핀/My-PIN 발급완료] 창에서 발급 완료를 확인한 후 〈확인〉 단추를 클릭합니다.

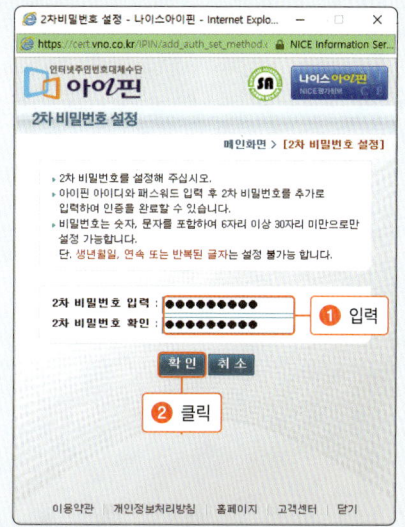

⑬ [메인 화면] 창에서 '아이핀ID', '비밀번호', '문자입력'을 입력한 후 〈확인〉 단추를 클릭합니다.
⑭ [2차 비밀번호 입력] 창에서 2차 비밀번호를 입력한 후 〈확인〉 단추를 클릭합니다.

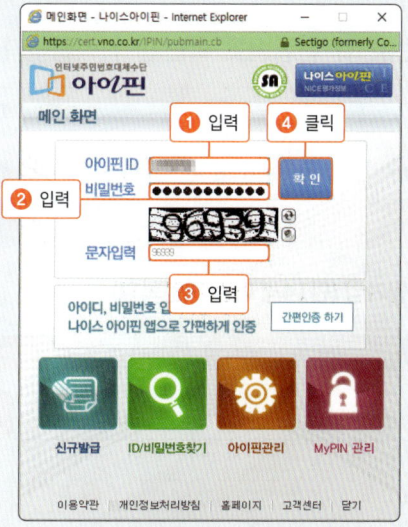
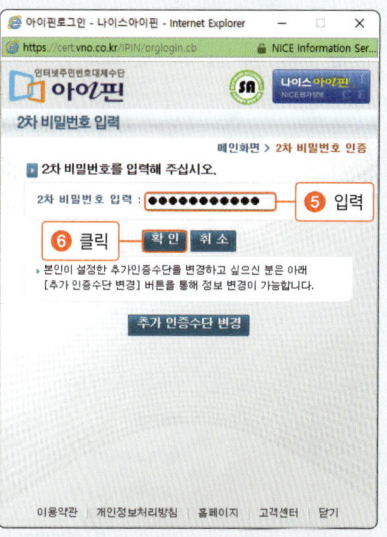

⓯ [메인 화면] 창이 나오면 〈인증 완료〉 단추를 클릭합니다.

⓰ [개인정보 입력]에서 '이름'과 '아이디'를 입력한 후 〈중복확인〉 단추를 클릭합니다. 이어서, '사용 하실 수 있는 ID 입니다' 메시지 창이 나오면 〈Close〉 단추를 클릭합니다.
   ※ 아이디를 입력하고 〈중복확인〉 단추를 클릭하여 내가 입력한 아이디를 다른 사용자가 사용하고 있는지 반드시 확인합니다.

⓱ 아이디 입력이 완료되면 '비밀번호'와 '비밀번호 확인'을 입력합니다.

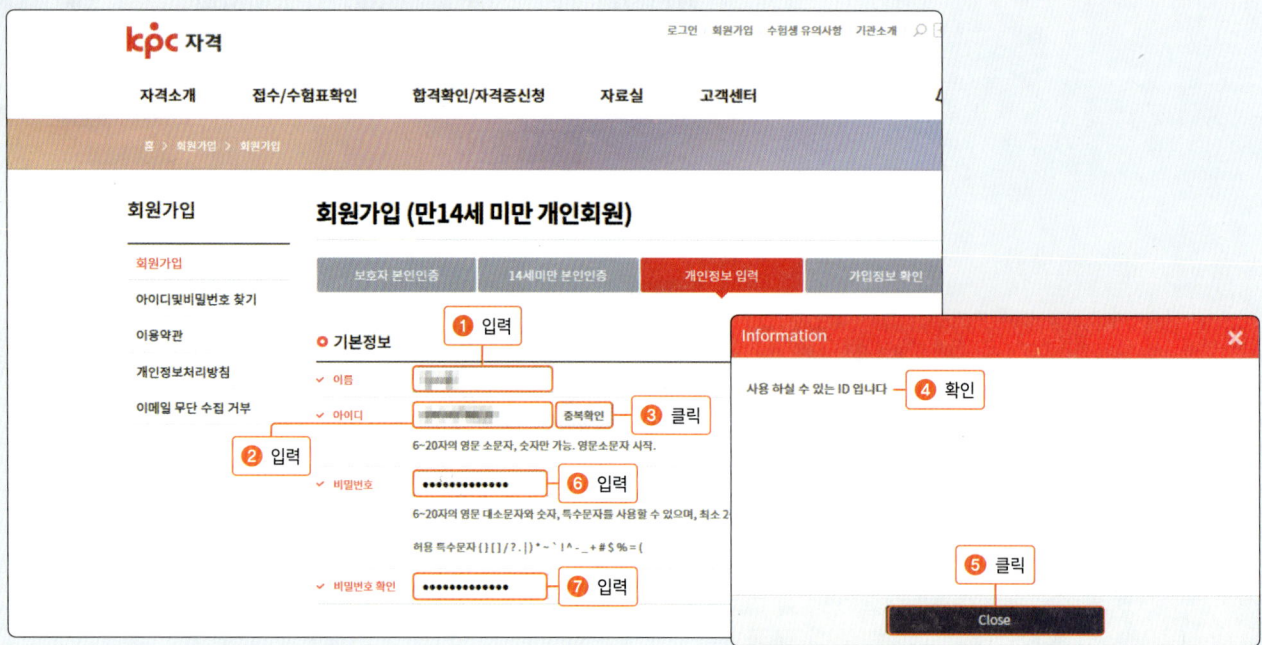

- **이름** : 본인의 이름을 입력합니다.
- **아이디** : 6~20자의 영문 소문자, 숫자만 가능, 영문 소문자로 시작합니다.
- **중복확인** : 입력한 아이디를 다른 사용자가 사용하고 있는지 [중복확인] 버튼을 클릭해서 반드시 확인합니다.
- **비밀번호** : 6~20자의 영문 대소문자와 숫자, 특수문자를 사용할 수 있으며, 최소 2종류 이상을 조합해야 합니다.
- **비밀번호 확인** : 입력한 비밀번호를 똑같이 한 번 더 입력합니다.

⑱ 기본정보 입력이 완료되면 [추가정보]에 내용을 입력한 후 〈가입하기〉 단추를 클릭합니다.
  ※ 휴대전화 및 이메일에 '수신 동의합니다'를 클릭하여 체크할 경우 수험 정보를 받을 수 있으며, 비밀번호를 잊어버렸을 경우 비밀번호 찾기에 사용되므로 체크 박스를 클릭합니다.

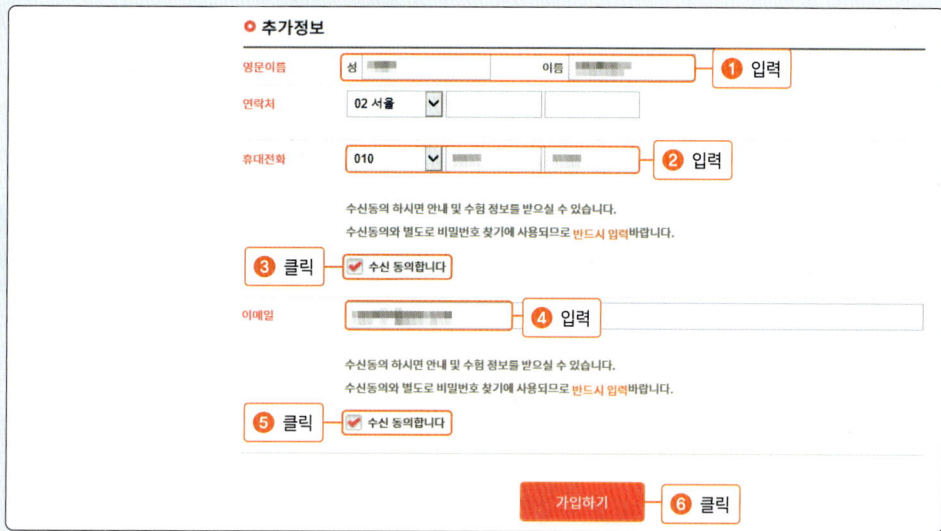

⑲ 회원가입이 완료되면 회원가입 정보를 확인한 후 〈확인(홈으로 이동)〉 단추를 클릭합니다.

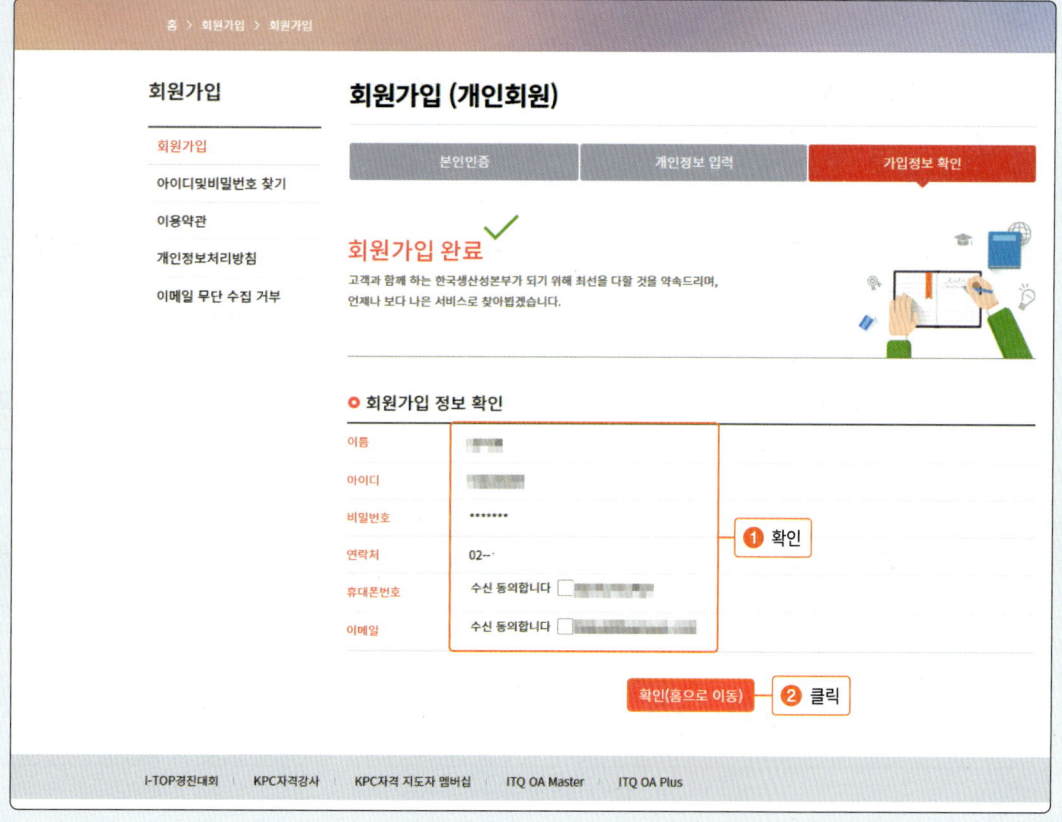

시험안내 02  15  ITQ 회원 가입 및 시험 접수 안내

## 2. 시험 접수 안내

❶ 응시원서의 입력 항목에 따라 지역 및 고사장 선택, 신상명세입력, 본인사진을 등록합니다.
　- 사진 등록을 위한 이미지 파일은 온라인 편집이 가능합니다.
❷ 응시원서 작성이 끝나면 결제화면에서 신용카드 및 온라인 이체로 응시료를 결제합니다.
　- 결제 금액은 응시료+인터넷 접수 건별 소정의 수수료가 산정됩니다.
❸ 응시원서 작성과 온라인 결제가 끝나면 ITQ 시험 접수확인증이 화면에 출력되고 인쇄 기능이 지원됩니다.

### 인터넷 접수

⇩

인터넷 원서접수 기간확인

⇩

| 단체회원 로그인 | 개인회원 가입확인 |
|---|---|
| ⇩ | ⇩ |
| 접수방법선택 | 개인정보확인 |
| ⇩ | ⇩ |
| 지역/고사장/응시회원편집 | 지역/고사장/과목선택 |
| ⇩ | ⇩ |
| 결제 | 결제 |
| ⇩ | ⇩ |
| 접수완료/확인 | 접수증확인(출력) |

⇩

수험표 확인(시험일 2일전까지 사진등록)

⇩

시험응시

### 방문 접수

⇩

방문접수 기간확인

⇩

지역센터 위치확인

⇩

개인회원 가입확인

⇩

지역별 방문접수(원서작성)

⇩

응시료 입금

⇩

수험표 확인

⇩

시험응시

# 시험안내 03

**PART 01** ITQ 시험 안내 및 자료 사용 방법

# ITQ 자료 사용 방법

시험 안내

- ☑ 자료 다운로드 방법
- ☑ 자동 채점 프로그램
- ☑ 온라인 답안 시스템
- ☑ 한쇼 2022 화면 구성

## 1. 자료 다운로드 방법

❶ 웹 브라우저를 실행하여 아카데미소프트(https://aso.co.kr) 홈페이지에 접속합니다.

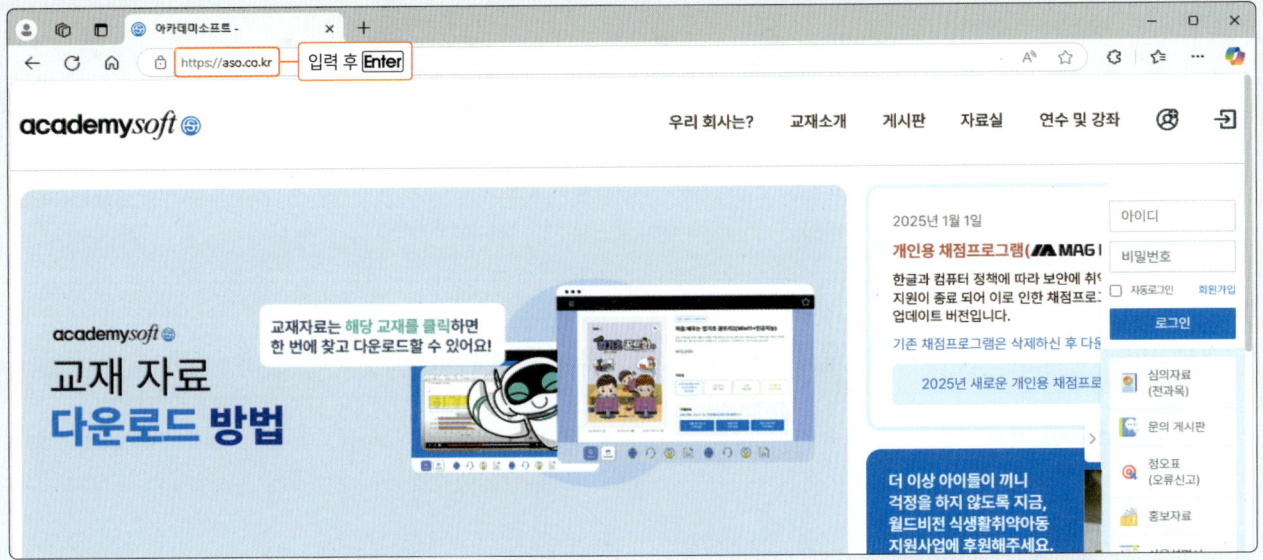

❷ 홈페이지에서 [자격증 교재]를 클릭합니다.

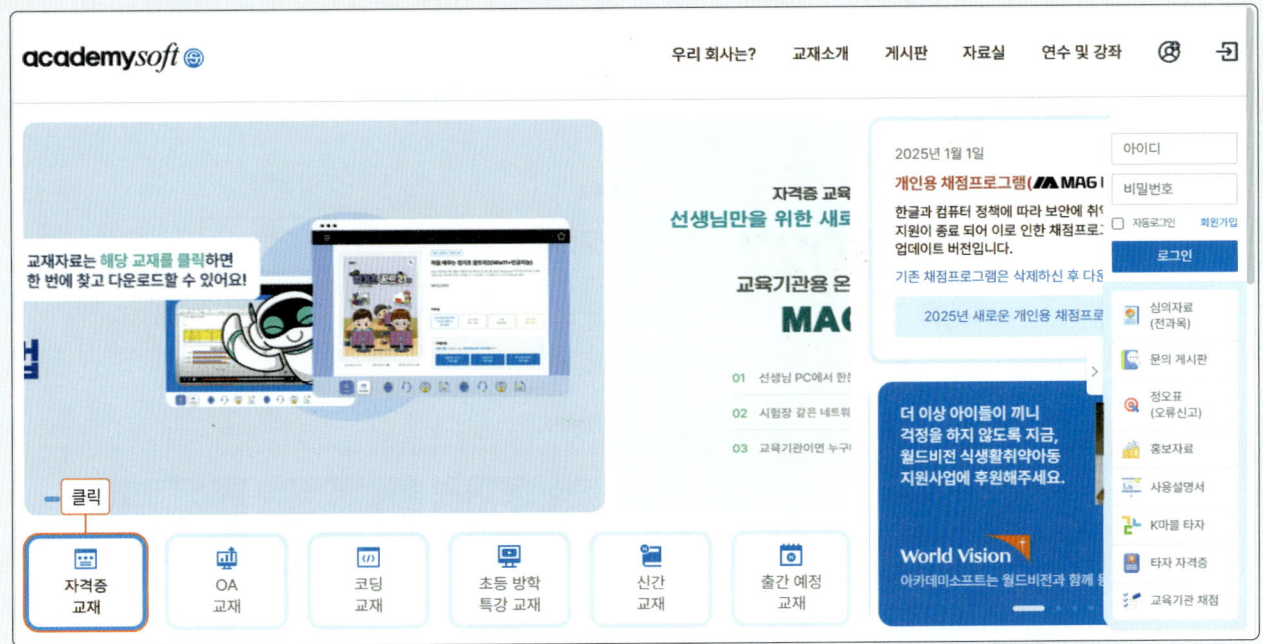

❸ [ITQ 자격증]-[25 ITQ 한쇼 2022(좌)] 교재를 클릭합니다.

❹ 교재 이미지 오른쪽에 [교재 학습자료]를 클릭하면 [다운로드] 폴더에 저장됩니다.

## 2. 아카데미소프트와 코딩아지트에서 개발한 '온라인 답안 시스템'

❶ **온라인 답안 시스템**

[MAG PER 개인용 채점 프로그램 & 답안전송] 프로그램은 **수험자 연습용 답안 전송 프로그램**이기 때문에 **서버에서 제어가 되지 않는 개인용 버전**입니다. 실제 시험 환경을 미리 확인하는 차원에서 테스트하시기 바랍니다.

※ 해당 '온라인 답안 시스템'은 변경된 ITQ 시험 버전에 맞추어 수정된 최신 버전의 프로그램입니다.

❷ 교재 이미지 오른쪽에 [개인용 채점프로그램]을 클릭하여 다운로드한 다음 [ASO_MAG_PER_250101] 파일을 압축 해제합니다. 이어서, [ASO_MAG_PER_250101] 폴더에서 **'개인용 채점 프로그램(MAG_Personal)_실행 파일'**을 더블클릭하여 실행합니다.

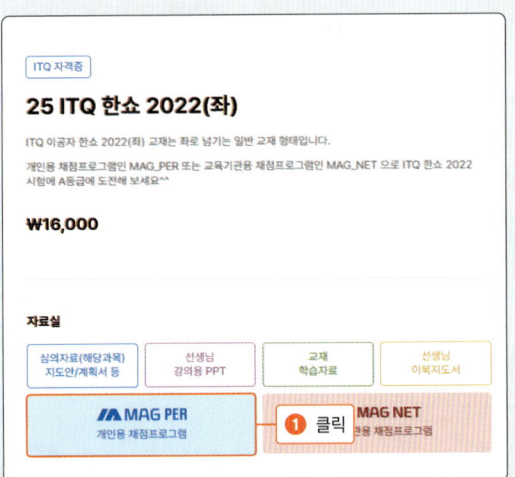
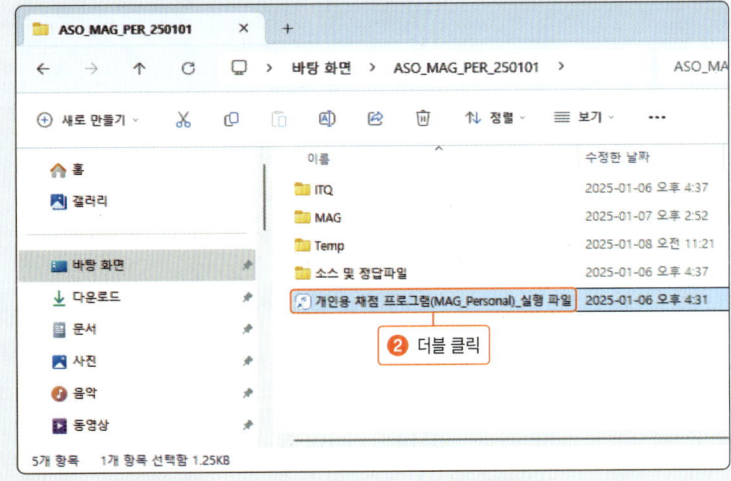

❸ 〈ITQ 답안 전송 프로그램〉 단추를 클릭합니다.

❹ '**수험번호**' 입력란에 임의대로 숫자 8자리로 입력하고, '**수험자**' 입력란에 본인 이름을 입력한 다음 〈확인〉 단추를 클릭합니다. 이어서, [수험번호 확인] 대화상자가 나오면 〈예〉 단추를 클릭합니다.

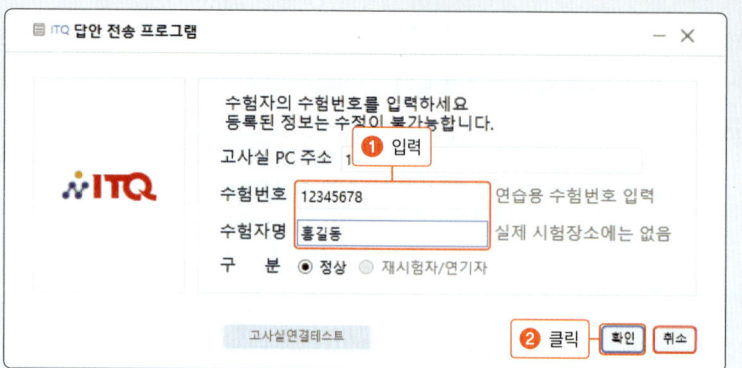 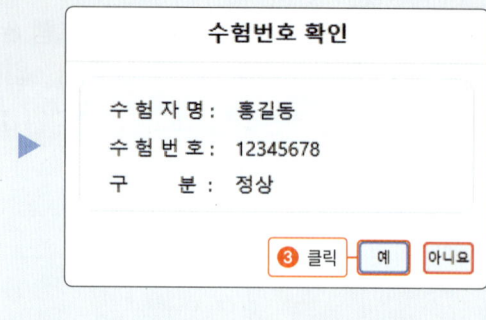

❺ [수험과목]을 클릭한 다음 '한쇼'를 선택합니다.
  이어서, 〈확인〉 단추를 클릭합니다.
  ※ 시험장에서는 수험번호만 입력하면 수험자의 이름 및 수험과목은 시험 접수한 내용이 표시가 됩니다.

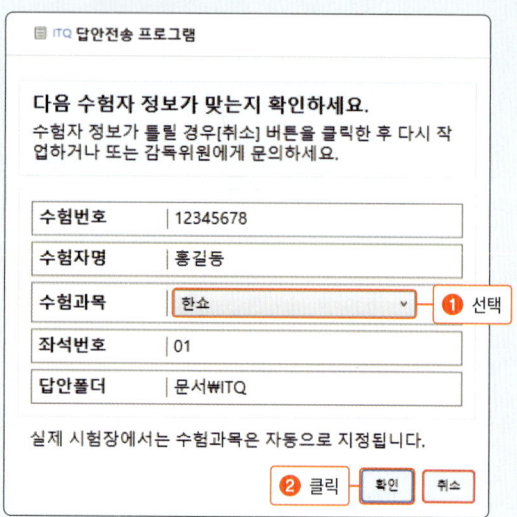

❻ [유의사항] 대화상자가 나오게 되면 '10초' 후에 자동으로 시험이 시작이 됩니다.
  ※ 시험장에서는 감독위원이 〈시험시작〉 단추를 누르게 되면 화면이 바탕 화면으로 바뀌면서 시험이 시작됩니다.

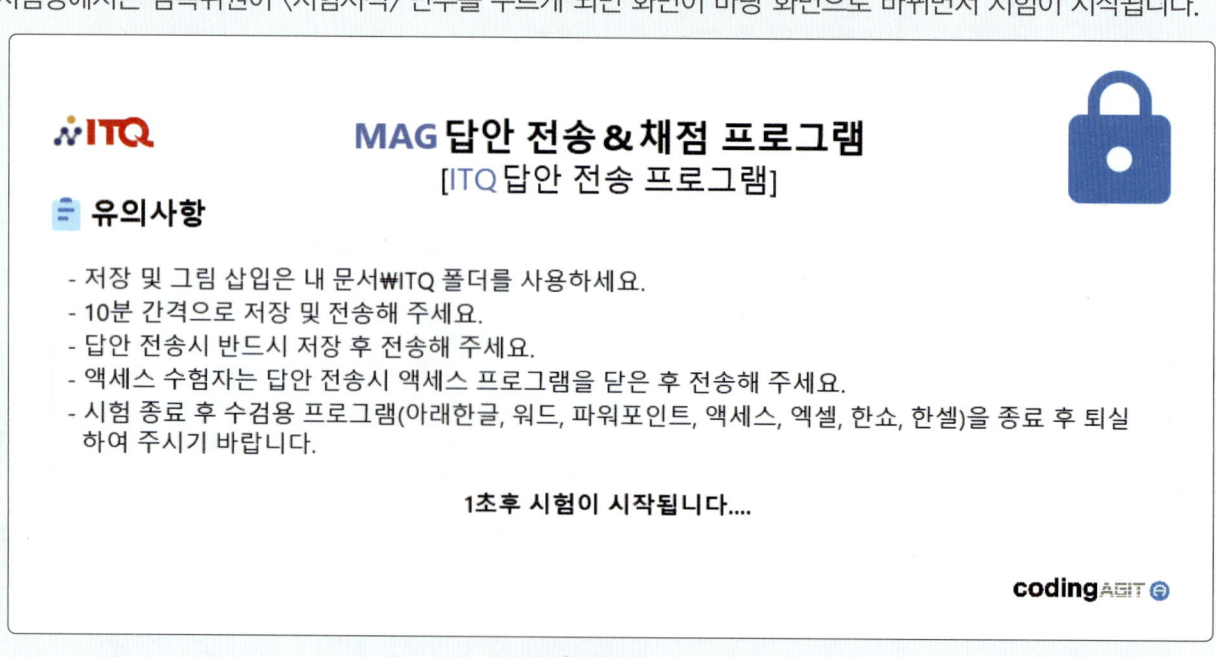

❼ 온라인 답안 시스템이 실행되면 모니터 오른쪽 상단에 답안 전송 프로그램이 나타납니다.

※ 시험장에서는 수험생 모니터에 시험 시간이 표시가 되지 않습니다.

❶ 답안 저장 파일명으로 '수험번호-수험자명'으로 구성
❷ 온라인 답안 시스템 업그레이드 번호
❸ 사용자가 선택한 수험 과목
❹ 답안을 마지막에 전송한 시간
❺ 수험자가 작성한 답안을 감독위원 PC로 전송
❻ 답안 작성시 필요한 그림의 폴더 보기
❼ 답안 작성시 필요한 그림 파일 등을 감독위원 PC에서 수험자 PC로 전송
❽ 수험자가 전송한 답안을 다시 불러옴
❾ 시험 종료(비밀번호 : 0000)
❿ 시험 시간

❽ 답안 파일 이름은 수험자 자신의 '수험번호-성명(12345678-홍길동)' 형태로 「내 PC₩문서₩ITQ」 폴더에 저장합니다.

※ 간혹, 시험장에 따라 [내 PC] 폴더 안에 [문서] 폴더가 없을 수 있습니다. [문서] 폴더를 찾지 못할 때는 [라이브러리] 폴더 또는 [검색]-'문서'를 입력해서 찾는 방법도 있습니다.

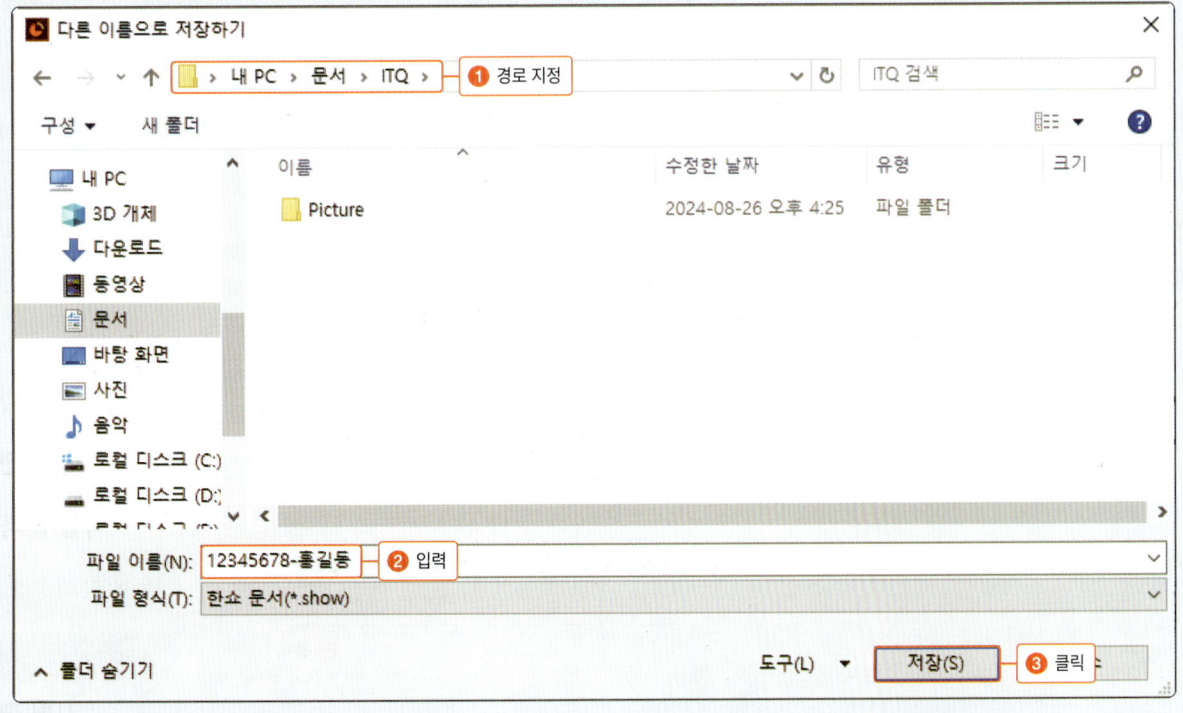

❾ 답안 전송 프로그램에서 〈답안 전송〉 단추를 클릭한 후 메시지 창이 나오면 〈예〉 단추를 클릭합니다.

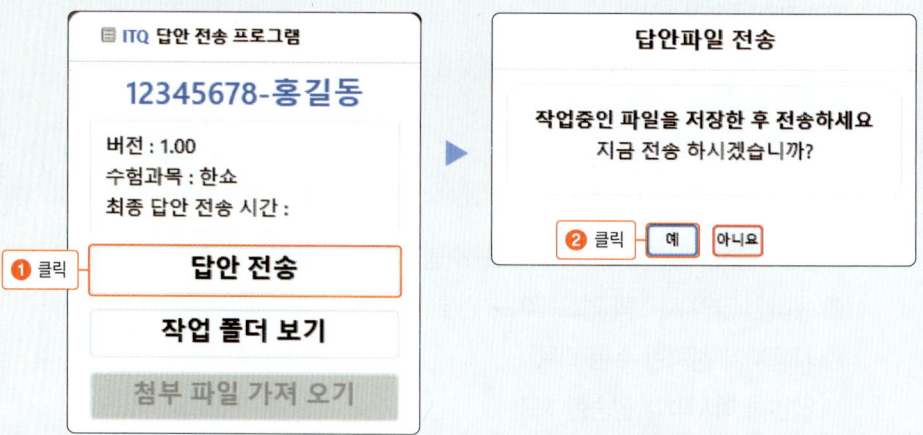

❿ 전송할 답안 파일이 맞는지 확인(파일목록과 존재 유무)한 후 〈전송〉 단추를 클릭합니다. 이어서, 메시지 창이 나오면 〈확인〉 단추를 클릭합니다.

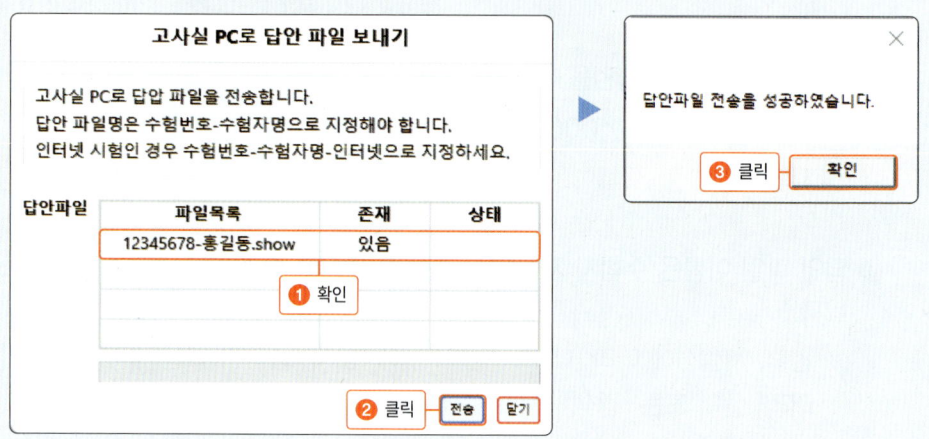

⓫ '상태' 항목이 '성공'인지 확인한 후 〈닫기〉 단추를 클릭합니다. 이어서, 감독위원의 지시를 따릅니다.

※ 해당 '온라인 답안 시스템'은 개인이 연습할 수 있도록 만들어진 프로그램으로 실제 답안 파일이 전송되지는 않습니다.

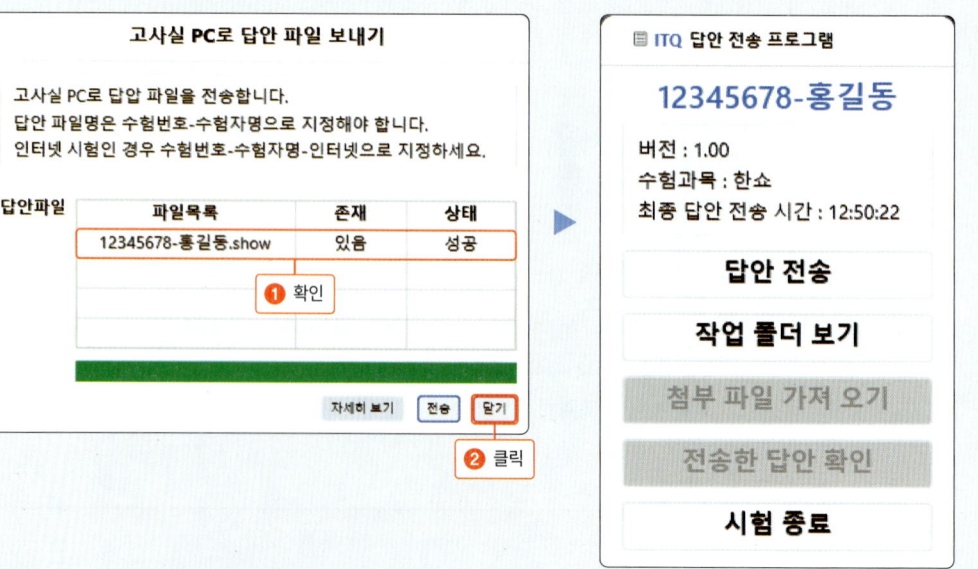

## 3. 아카데미소프트와 코딩아지트에서 개발한 '개인용 채점 프로그램(MAG_Personal)'

❶ 자동 채점 프로그램은 작성한 답안 파일을 정답 파일과 비교하여 틀린 부분을 찾아주는 프로그램입니다. 프로그램상의 한계로 100% 정확한 채점은 어렵기 때문에 참고용으로 사용하시기 바랍니다.

❷ [아카데미소프트 홈페이지]-[자격증 교재]에서 해당 교재를 클릭하고 교재 이미지 오른쪽에 [개인용 채점프로그램] 클릭합니다. 이어서, [ASO_MAG_PER_250101] 파일의 압축을 해제한 후 [ASO_MAG_PER_250101] 폴더에서 '개인용 채점 프로그램(MAG_Personal)_실행 파일'을 더블클릭하여 실행합니다.

※ 채점 프로그램 폴더는 임의로 이름을 변경하거나 삭제하면 작동되지 않습니다.

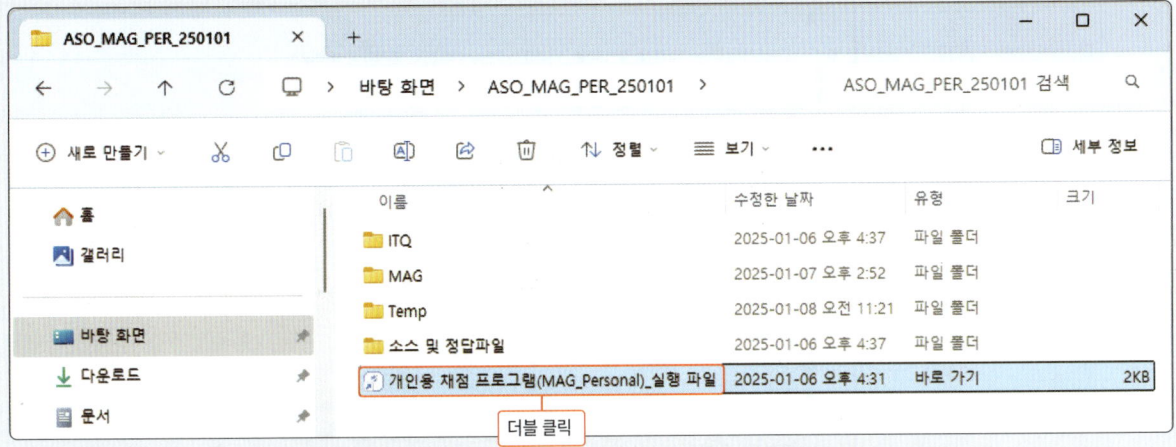

❸ 〈채점 프로그램 바로가기〉 단추를 클릭합니다.

❹ 자동 채점 프로그램이 실행되면 채점하고자 하는 표지 아래 〈채점시작〉 단추를 클릭합니다.

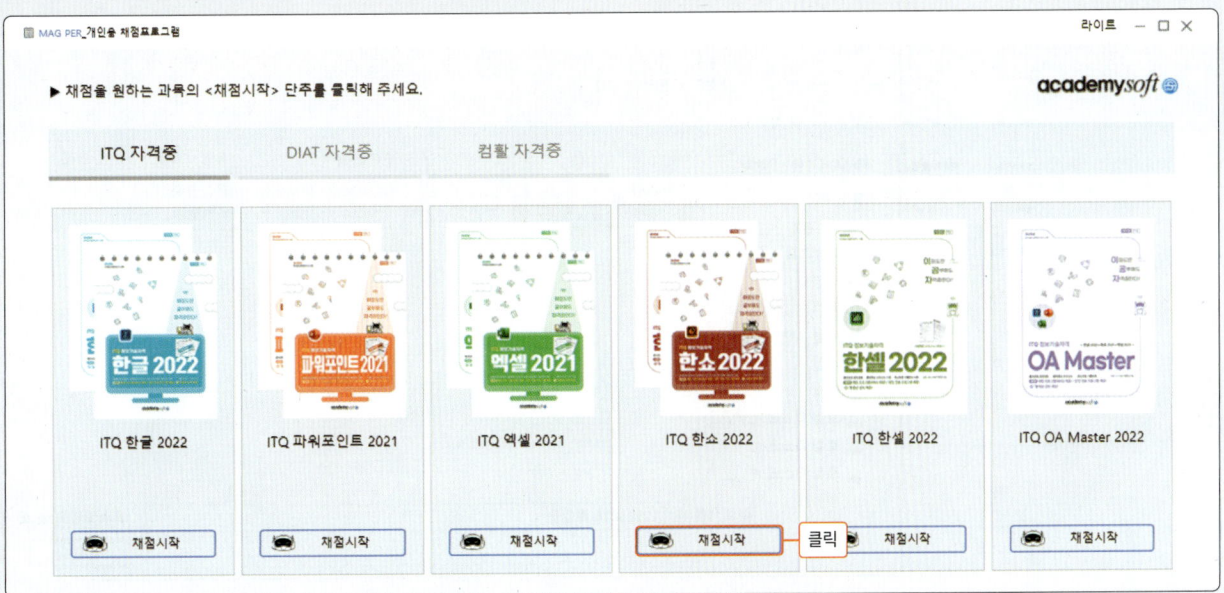

❺ [MAG PER_개인용 채점프로그램] 대화상자가 나오면 [정답 파일]에서 드롭다운(▼) 단추를 클릭합니다. 이어서, [열기] 대화상자가 나오면 채점에 사용할 정답 파일을 선택한 후 〈열기〉 단추를 클릭합니다.

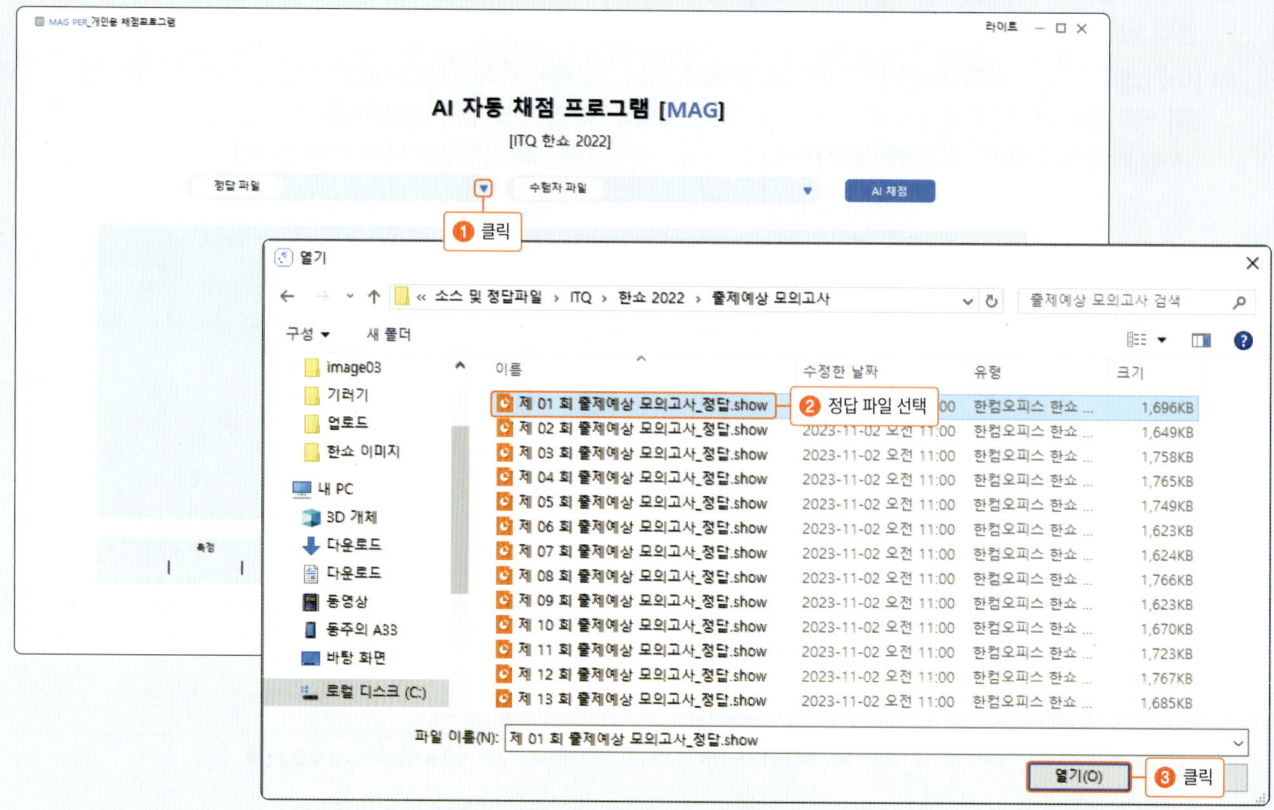

❻ 정답 파일이 열리면 [수험자 파일]에서 드롭다운(▼) 단추를 클릭합니다. 이어서, [열기] 대화상자가 나오면 정답 파일과 비교하여 채점할 학생 답안 파일을 선택한 후 〈열기〉 단추를 클릭한 다음 〈AI 채점〉 단추를 클릭합니다.

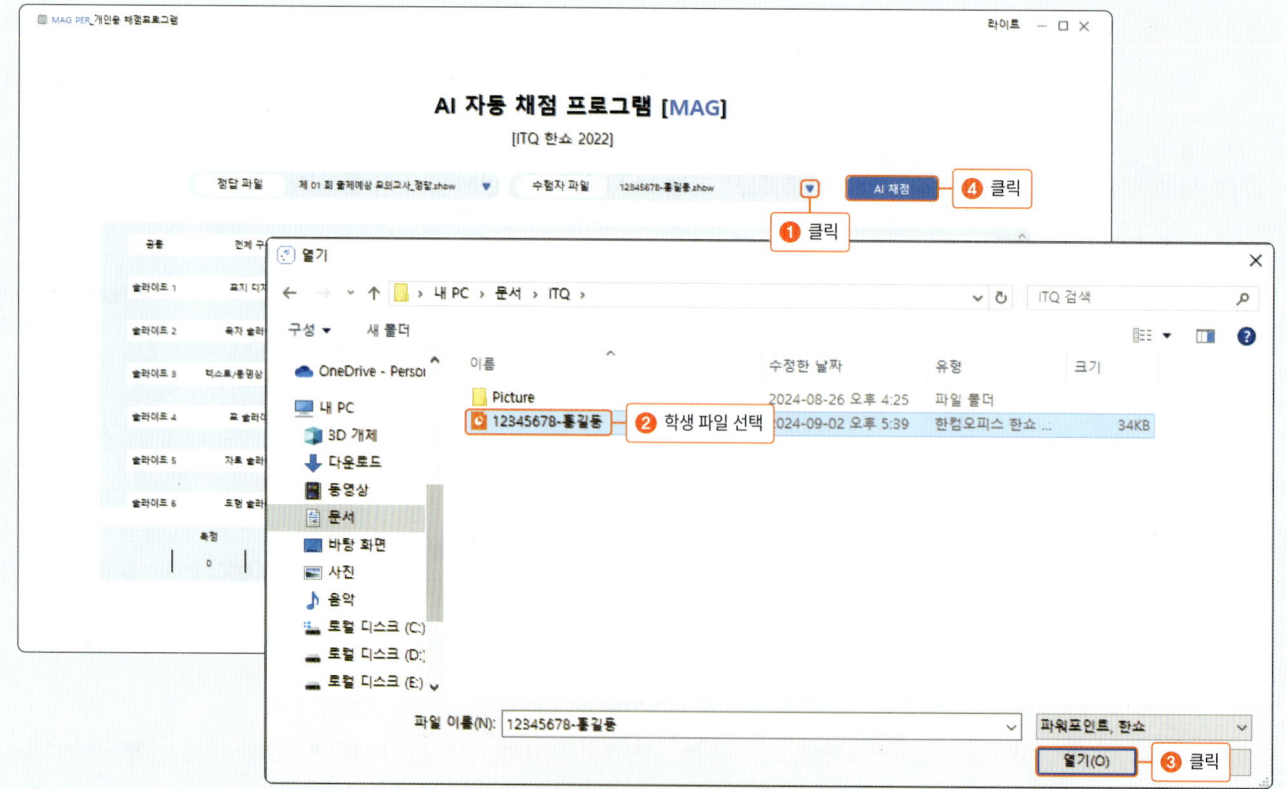

❼ 채점이 완료되면 문제별 전체 점수에서 맞은 점수를 확인하실 수 있습니다. 각 기능별로 자세하게 틀린 부분을 확인 할 때는 문제별 오른쪽에 〈상세결과〉 단추를 클릭하여 [정답] 항목과 비교하여 틀린 부분을 다시 확인합니다.

※ 〈상세결과〉, 〈AI 분석〉, 〈메타인지〉 부분은 2025년에 순차적으로 업데이트가 될 예정입니다.

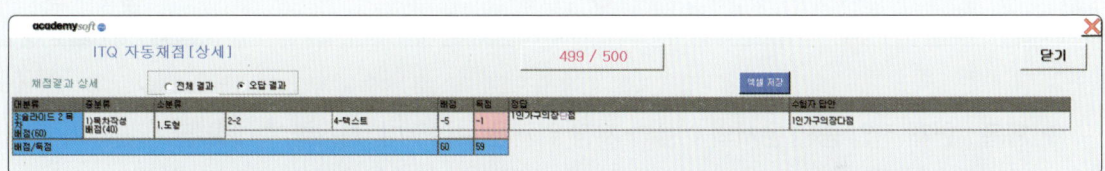

## 4. 한쇼 2022 화면 구성

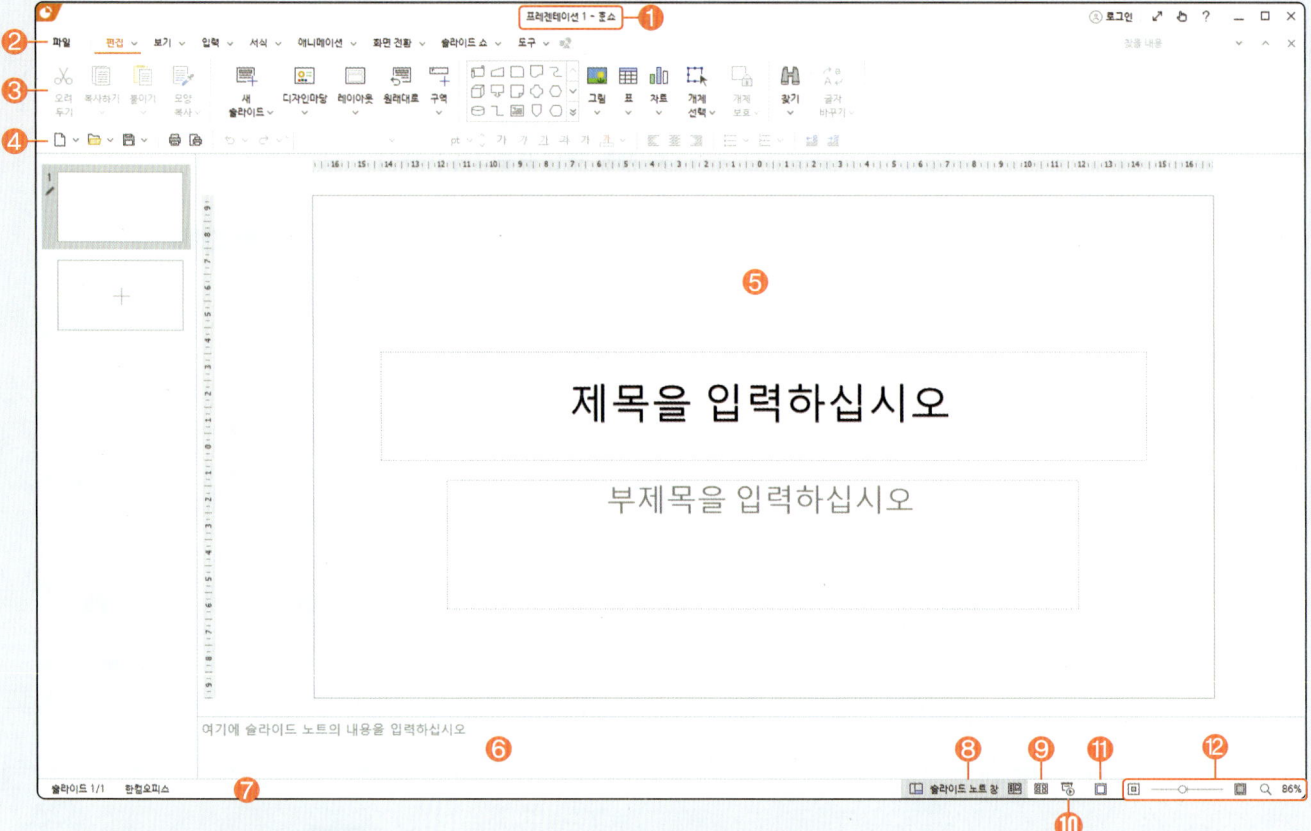

① **제목** : 현재 작업 중인 문서의 이름과 저장 위치를 보여주며, 최소화/최대화/닫기 단추가 표시됩니다.
② **메뉴** : 문서 작성에 필요한 기능들을 종류별로 분류한 메뉴를 보여줍니다.
③ **기본 도구 상자** : 각 메뉴에서 자주 사용하는 기능을 메뉴 탭 형식으로 제공합니다.
④ **서식 도구 상자** : 문서 편집 시 자주 사용하는 기능들을 묶어 놓은 곳입니다.
⑤ **슬라이드** : 문서의 내용을 입력하고 편집할 수 있는 작업 공간입니다.
⑥ **슬라이드 노트** : 슬라이드별로 기록해둔 슬라이드 노트의 내용이 슬라이드 영역 아래 나타납니다.
⑦ **상황 선** : 슬라이드의 현재 페이지/전체 페이지를 보여줍니다.
⑧ **슬라이드 노트 창** : 편집 화면의 보기 모양을 슬라이드 노트 보기로 전환합니다.
⑨ **여러 슬라이드** : 슬라이드를 축소하여 [여러 슬라이드] 보기로 전환하며, 현재 프레젠테이션 문서에 포함된 모든 슬라이드가 한 화면에 나타나 슬라이드 구성을 편리하게 변경할 수 있습니다.
⑩ **슬라이드 쇼** : 슬라이드 쇼를 시작하며, 프레젠테이션 배경 화면 종류나 화면 전환 효과, 효과음, 적용 범위 등을 지정하여 다양한 형태의 쇼를 진행할 수 있습니다.
⑪ **창 맞춤** : 편집 화면의 보기 배율을 현재 편집 창의 크기에 맞춥니다.
⑫ **확대/축소** : 편집 중인 문서를 화면에서 확대하거나 축소합니다.

# 시험안내 04

**PART 01** ITQ 시험 안내 및 자료 사용 방법

# ITQ 한쇼 2022 시험 변경 안내

☑ 한쇼 NEO 시험에서 한쇼 2022 버전으로 변경되면서 변경된 내용을 확인합니다.

## 1. 수험자 유의사항

### 정보기술자격(ITQ) 시험  　한컴오피스

| 과 목 | 코드 | 문제유형 | 시험시간 | 수험번호 | 성 명 |
|---|---|---|---|---|---|
| 한쇼 | 1141 | A | 60분 | | |

#### 수험자 유의사항

- 수험자는 문제지를 받는 즉시 문제지와 **수험표상의 시험과목(프로그램)이 동일한지 반드시 확인**하여야 합니다.
- 파일명은 본인의 "수험번호-성명"으로 입력하여 답안폴더(내 PC₩문서₩ITQ)에 하나의 파일로 저장해야 하며, 답안문서 파일명이 "수험번호-성명"과 일치하지 않거나, 답안파일을 전송하지 않아 미제출로 처리될 경우 실격 처리합니다(예:12345678-홍길동.show).
- 답안 작성을 마치면 파일을 저장하고, '답안 전송' 버튼을 선택하여 감독위원 PC로 답안을 전송하십시오. 수험생 정보와 저장한 파일명이 다를 경우 전송되지 않으므로 주의하시기 바랍니다.
- 답안 작성 중에도 **주기적으로 저장하고, '답안 전송'**하여야 문제 발생을 줄일 수 있습니다. 작업한 내용을 저장하지 않고 전송할 경우 이전에 저장된 내용이 전송되오니 이점 유의하시기 바랍니다.
- 답안문서는 지정된 경로 외의 다른 보조기억장치에 저장하는 경우, 지정된 시험 시간 외에 작성된 파일을 활용할 경우, 기타 통신수단(이메일, 메신저, 네트워크 등)을 이용하여 타인에게 전달 또는 외부 반출하는 경우는 부정 처리합니다.
- 시험 중 부주의 또는 고의로 시스템을 파손한 경우는 수험자가 변상해야 하며, <수험자 유의사항>에 기재된 방법대로 이행하지 않아 생기는 불이익은 수험생 당사자의 책임임을 알려 드립니다.
- 문제의 조건은 한컴오피스 2022버전으로 설정되어 있으니 유의하시기 바랍니다. ← 시험 변경 내용
- 시험을 완료한 수험자는 답안파일이 전송되었는지 확인한 후 감독위원의 지시에 따라 문제지를 제출하고 퇴실합니다.

#### 답안 작성요령

- 온라인 답안 작성 절차
  수험자 등록 ⇒ 시험 시작 ⇒ 답안파일 저장 ⇒ 답안 전송 ⇒ 시험 종료
- 슬라이드의 크기는 A4 Paper로 설정하여 작성합니다.
- 슬라이드의 총 개수는 6개로 구성되어 있으며 슬라이드 1부터 순서대로 작업하고 반드시 문제와 세부 조건대로 합니다.
- 별도의 지시사항이 없는 경우 출력형태를 참조하여 글꼴색은 검정 또는 흰색으로 작성하고, 기타사항은 전체적인 균형을 고려하여 작성합니다.
- 슬라이드 도형 및 개체에 출력형태와 다른 스타일(그림자, 외곽선 등)을 적용했을 경우 감점처리 됩니다.
- 슬라이드 번호를 작성합니다(슬라이드 1에는 생략).
- 2~6번 슬라이드 제목 도형과 하단 로고는 슬라이드 마스터를 이용하여 출력형태와 동일하게 작성합니다 (슬라이드 1에는 생략).
- 문제와 세부조건, 세부조건 번호 ◯ (점선원)는 입력하지 않습니다.
- 각 개체의 위치는 오른쪽의 슬라이드와 동일하게 구성합니다.
- 그림 삽입 문제의 경우 반드시 「내 PC₩문서₩ITQ₩Picture」 폴더에서 정확한 파일을 선택하여 삽입하십시오.
- 각 슬라이드를 각각의 파일로 작업해서 저장할 경우 실격 처리됩니다.

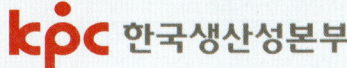

## 2. [슬라이드 5] ≪차트 슬라이드≫

- 꺾은선 보조축 차트

**[슬라이드 5] ≪차트 슬라이드≫** (100점)

(1) 차트 작성 기능을 이용하여 슬라이드를 작성한다.
(2) 차트 : 유형(표식이 있는 꺾은선형), 글꼴(굴림, 16pt), 외곽선
(3) 표 : 차트 하단에 이미지와 같이 표 그리기

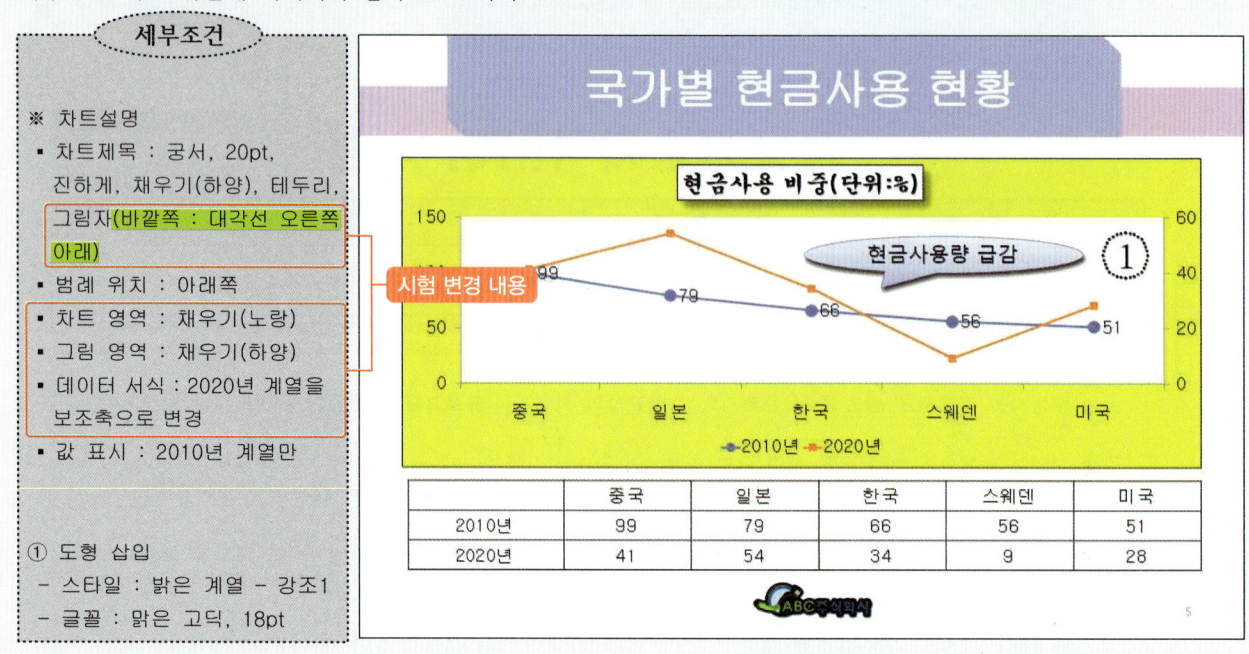

세부조건

※ 차트설명
- 차트제목 : 궁서, 20pt, 진하게, 채우기(하양), 테두리, 그림자(바깥쪽 : 대각선 오른쪽 아래)
- 범례 위치 : 아래쪽
- 차트 영역 : 채우기(노랑)
- 그림 영역 : 채우기(하양)
- 데이터 서식 : 2020년 계열을 보조축으로 변경
- 값 표시 : 2010년 계열만

① 도형 삽입
 - 스타일 : 밝은 계열 - 강조1
 - 글꼴 : 맑은 고딕, 18pt

**[슬라이드 6] ≪도형 슬라이드≫** (100점)

(1) 슬라이드와 같이 도형을 배치한다(글꼴 : 맑은 고딕, 18pt).
(2) 애니메이션 순서 : ① ⇒ ②

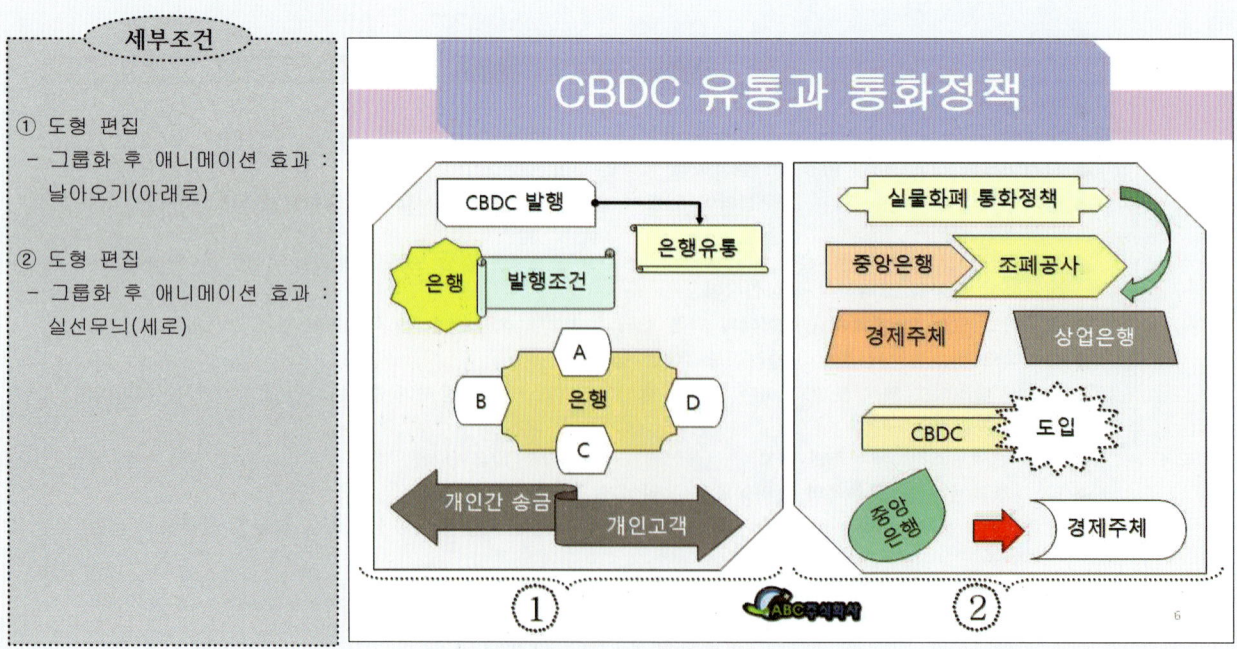

세부조건

① 도형 편집
 - 그룹화 후 애니메이션 효과 : 날아오기(아래로)

② 도형 편집
 - 그룹화 후 애니메이션 효과 : 실선무늬(세로)

● 막대 꺾은선형 차트

**[슬라이드 5] ≪차트 슬라이드≫** (100점)
(1) 차트 작성 기능을 이용하여 슬라이드를 작성한다.
(2) 차트 : 유형(묶은 세로 막대형), 글꼴(굴림, 16pt), 외곽선
(3) 표 : 차트 하단에 이미지와 같이 표 그리기

세부조건

※ 차트설명
▪ 차트제목 : 궁서, 20pt, 진하게, 채우기(하양), 테두리, 그림자(바깥쪽 : 대각선 오른쪽 아래)
▪ 범례 위치 : 아래쪽
▪ 차트 영역 : 채우기(노랑)
▪ 그림 영역 : 채우기(하양)
▪ 데이터 서식 : 2020년 계열을 표식이 있는 꺾은선형으로 변경
▪ 값 표시 : 2010년 계열만

① 도형 삽입
- 스타일 : 밝은 계열 - 강조1
- 글꼴 : 맑은 고딕, 18pt

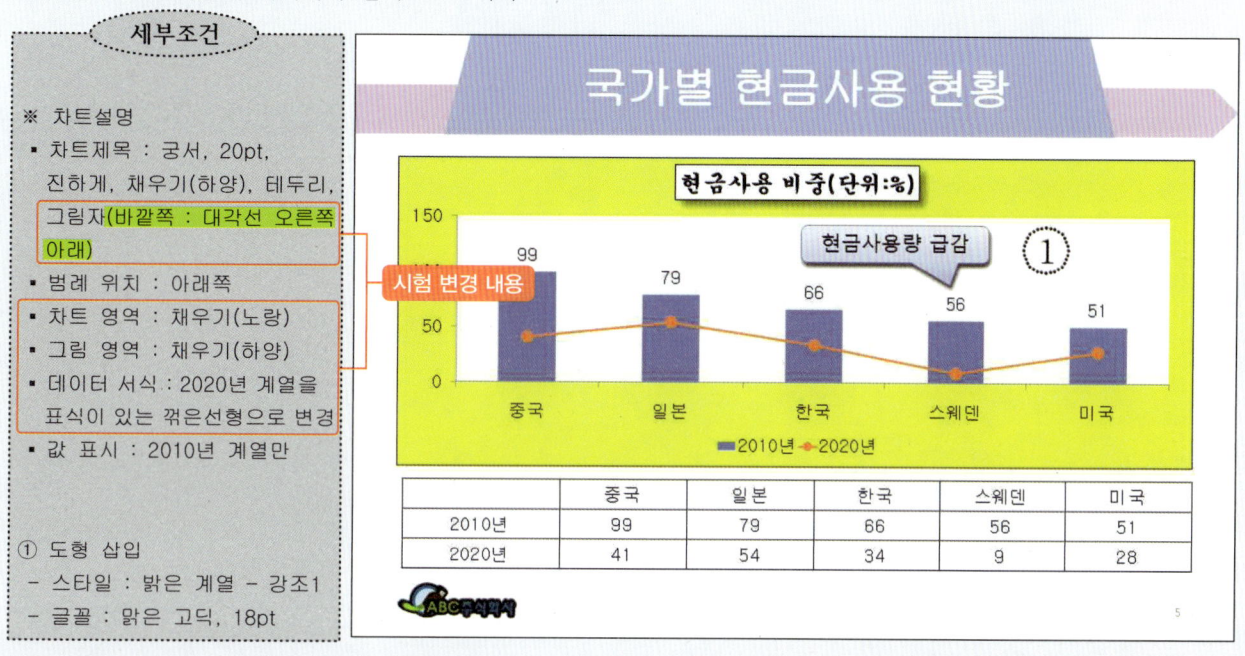

**[슬라이드 6] ≪도형 슬라이드≫** (100점)
(1) 슬라이드와 같이 도형을 배치한다(글꼴 : 맑은 고딕, 18pt).
(2) 애니메이션 순서 : ① ⇒ ②

세부조건

① 도형 편집
- 그룹화 후 애니메이션 효과 : 닦아내기(왼쪽으로)

② 도형 편집
- 그룹화 후 애니메이션 효과 : 바운드

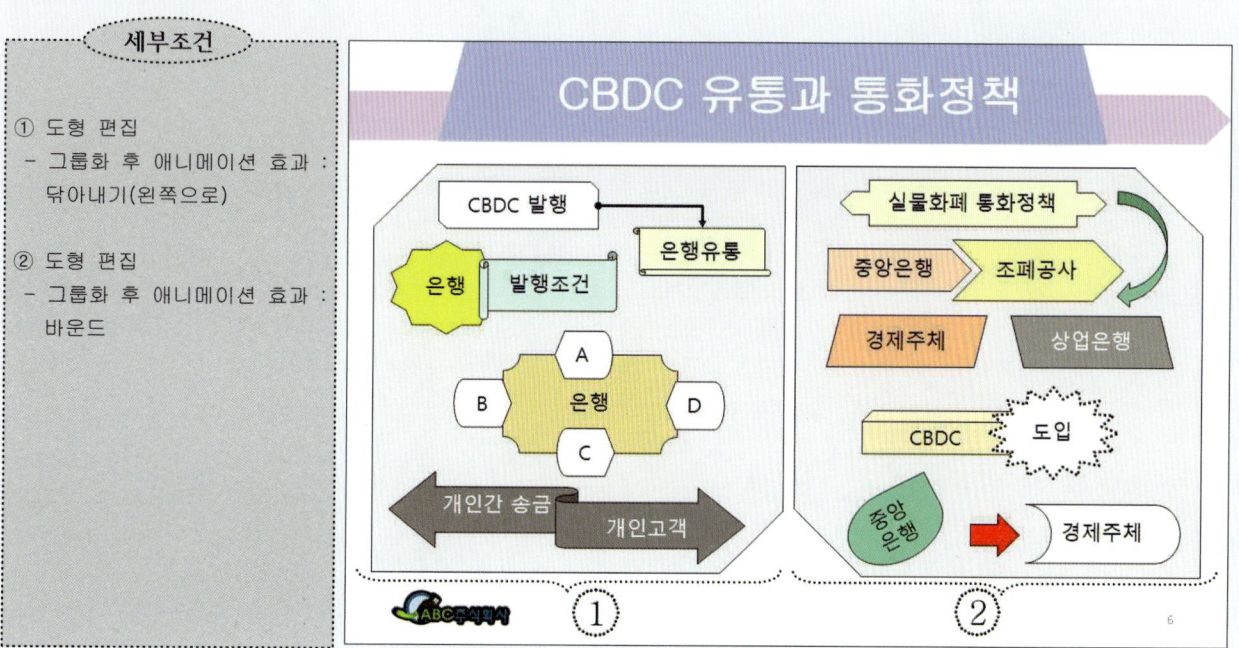

# MEMO

# PART 02

## 출제유형 완전정복

# 출제유형 01

PART 02 출제유형 완전정복

# [전체구성] 페이지 설정/슬라이드 마스터

- ☑ 슬라이드 크기 지정하기
- ☑ 슬라이드 마스터 작성하기

문제 풀이

## 문제 미리보기

소스 파일 : 없음    정답 파일 : [출제유형 01]-유형01_정답.show

◆ [전체 구성]                                                          (60점)

(1) 슬라이드 크기 및 순서 : 크기를 A4 용지로 설정하고 슬라이드 순서에 맞게 작성한다.
(2) 슬라이드 마스터 : 2~6슬라이드의 제목, 하단 로고, 슬라이드 번호는 슬라이드 마스터를 이용하여 작성한다.
   - 제목 글꼴(굴림, 40pt, 하양), 가운데 정렬, 도형(선 없음)
   - 하단 로고(「내 PC\문서\ITQ\Picture\로고1.jpg」, 배경(회색) 투명색으로 설정)

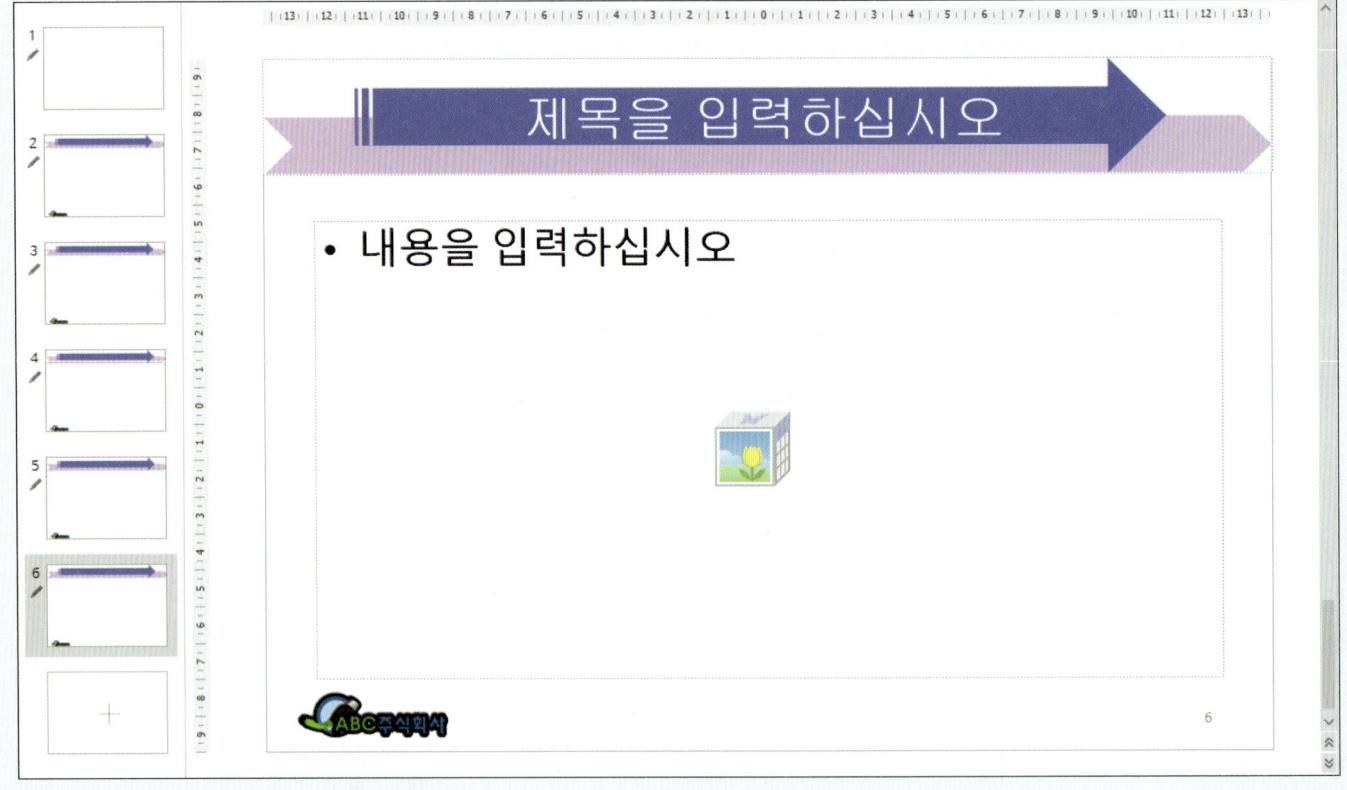

# 01 페이지 설정 및 슬라이드 추가하기

> (1) 슬라이드 크기 및 순서 : 크기를 A4 용지로 설정하고 슬라이드 순서에 맞게 작성한다.

❶ 〈시작(⊞)〉 단추를 클릭하고 앱 목록이 표시되면 [한쇼 2022]를 클릭합니다. 이어서, [새 문서]를 클릭합니다.

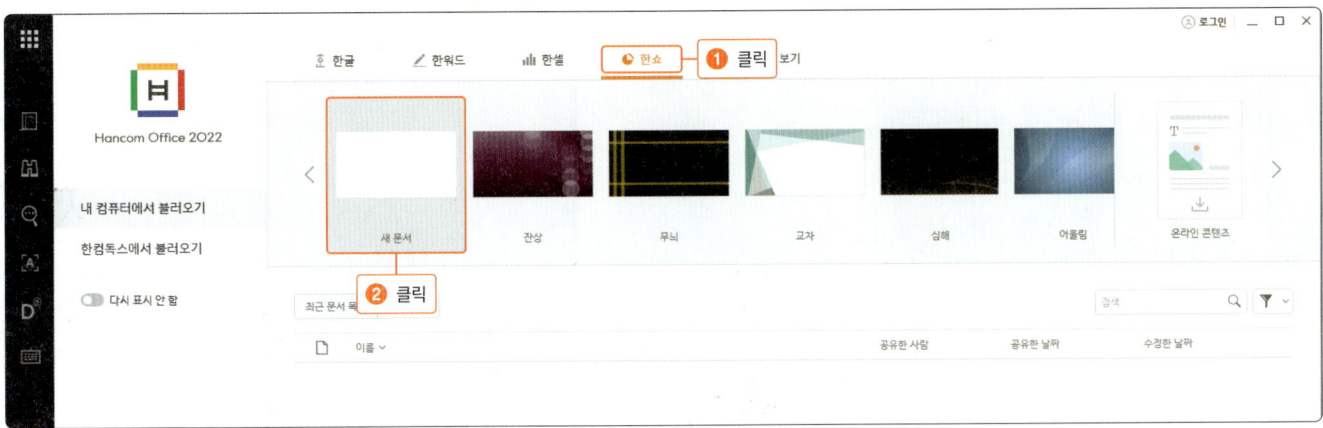

❷ 슬라이드 크기를 A4 용지로 설정하기 위해 [파일]-[쪽 설정(F7)]을 클릭합니다.

❸ [쪽 설정] 대화상자가 나오면 '용지 종류'-'A4 용지(210×297mm)'를 선택한 후 〈확인〉 단추를 클릭합니다.

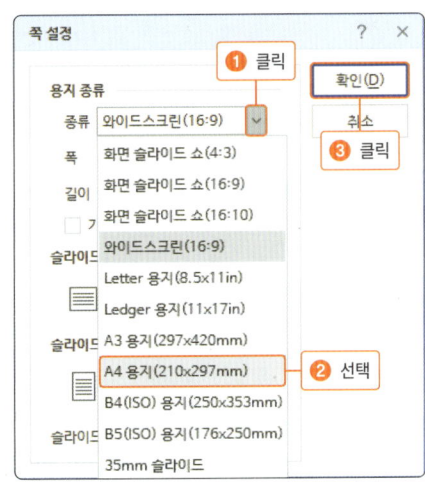

❹ [최대화/맞춤 확인] 대화상자가 나오면 '맞춤 확인'을 클릭한 후 〈확인〉 단추를 클릭합니다.

※ 실제 시험에서는 두 가지 중 아무거나 선택해도 상관없습니다.

**[최대화/맞춤 확인] 대화상자**

용지 종류나 슬라이드 방향을 가로에서 세로, 세로에서 가로로 변경하는 경우 배경 이미지, 도형, 그림 등의 크기를 자동으로 조절할 때 사용합니다.
- **최대화** : 큰 슬라이드에 맞게 배경 이미지, 도형, 그림 등의 크기를 확대합니다.
- **맞춤 확인** : 작은 슬라이드에 맞게 배경 이미지, 도형, 그림 등의 크기를 축소합니다.

❺ 왼쪽 [슬라이드] 탭의 첫 번째 슬라이드를 클릭한 후 Enter 키를 5번 눌러 총 6개의 슬라이드를 만듭니다.

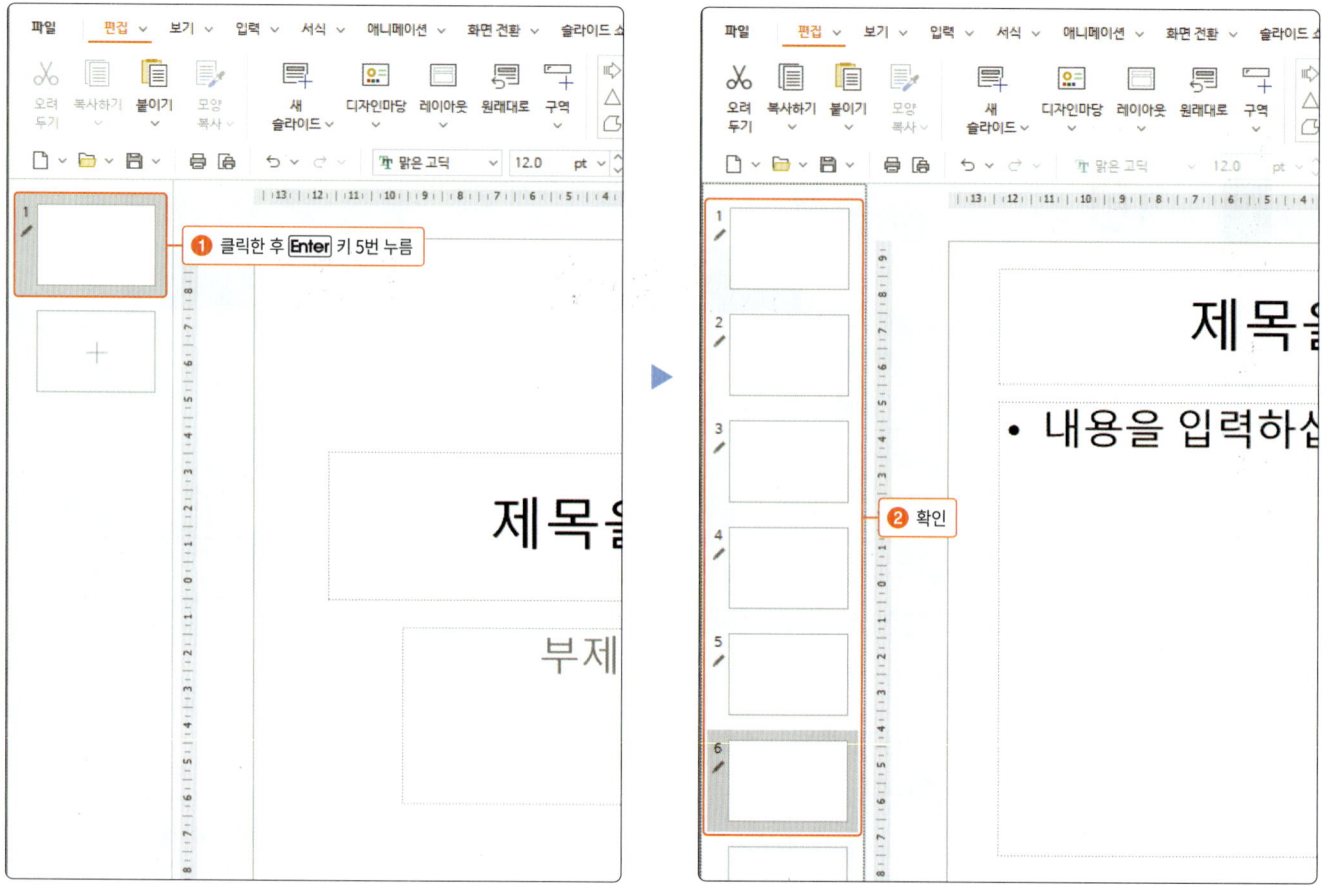

(2) 슬라이드 마스터 : 2~6슬라이드의 제목, 하단 로고, 슬라이드 번호는 슬라이드 마스터를 이용하여 작성한다.
 - 제목 글꼴(굴림, 40pt, 하양), 가운데 정렬, 도형(선 없음)

## 02 슬라이드 마스터에 제목 도형 작성하기

■ 슬라이드 마스터에 도형 삽입하기-1(기본 도형)

❶ [보기] 탭에서 '슬라이드 마스터'를 클릭합니다.

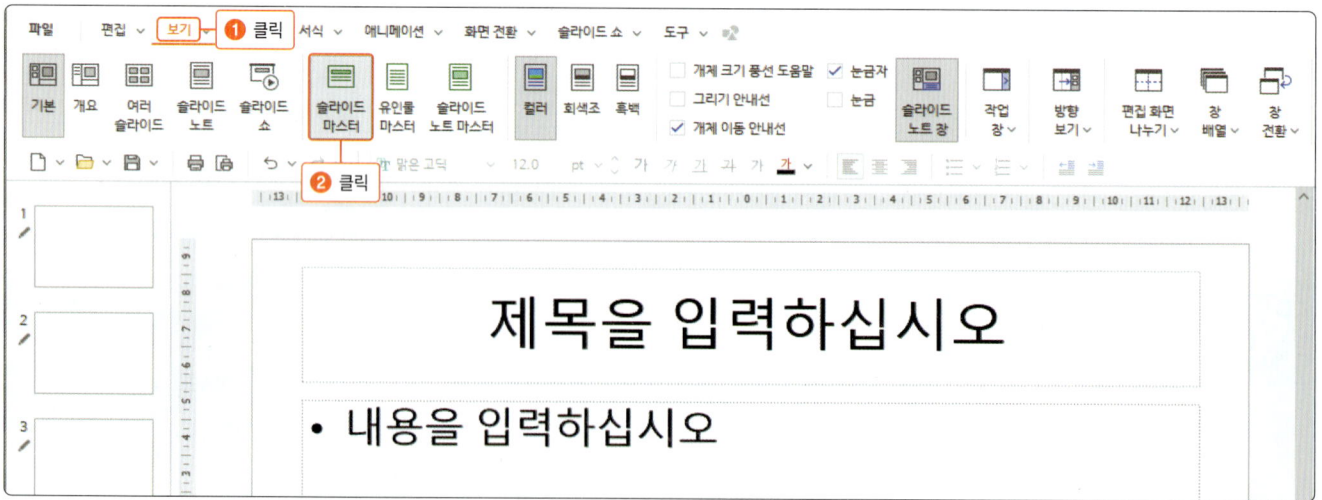

❷ 슬라이드 마스터 편집 화면의 [마스터 미리보기] 창에서 세 번째 슬라이드 마스터 [제목 및 내용 레이아웃: 슬라이드 2-6에서 사용]이 선택된 것을 확인합니다.

※ [슬라이드 2-6]에만 마스터를 적용하기 위해 반드시 [제목 및 내용 레이아웃: 슬라이드 2-6에서 사용] 슬라이드에서 작업합니다.

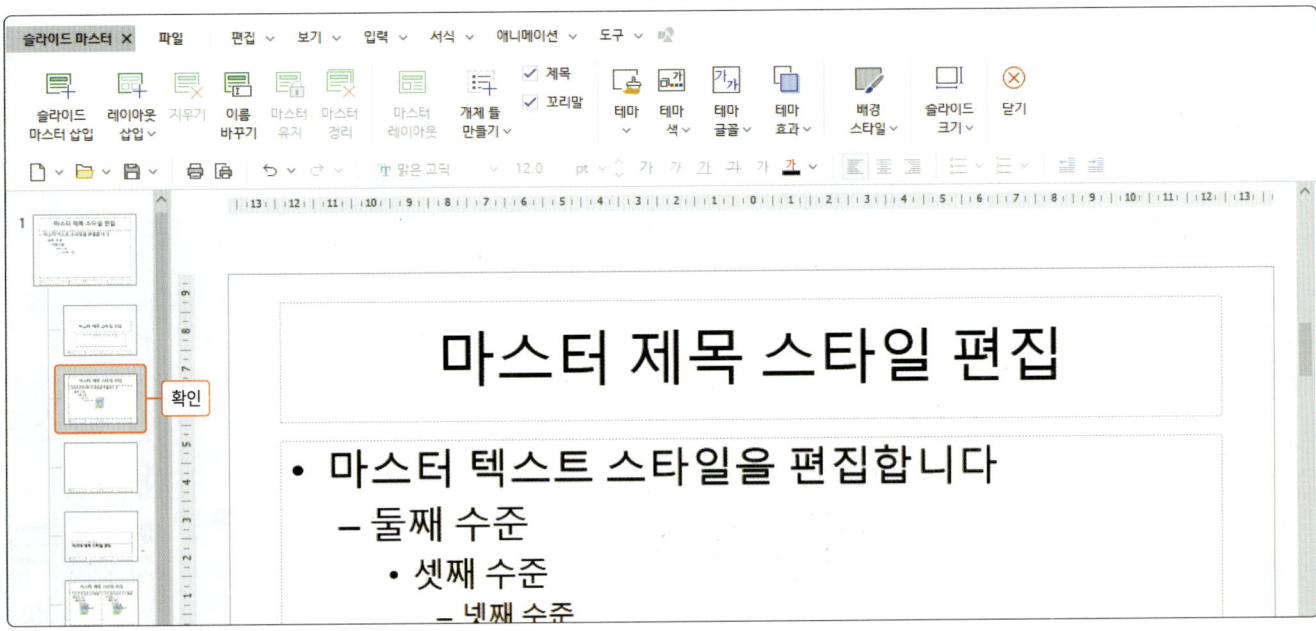

❸ 제목 도형을 작성하기 전에 [마스터 제목 스타일 편집] 글상자의 테두리를 그림과 같이 대각선 아래 방향으로 드래그하여 이동합니다.

※ 슬라이드 마스터의 [마스터 제목 스타일 편집] 글상자는 대각선 방향으로 드래그하여 이동하는 것이 편리합니다.

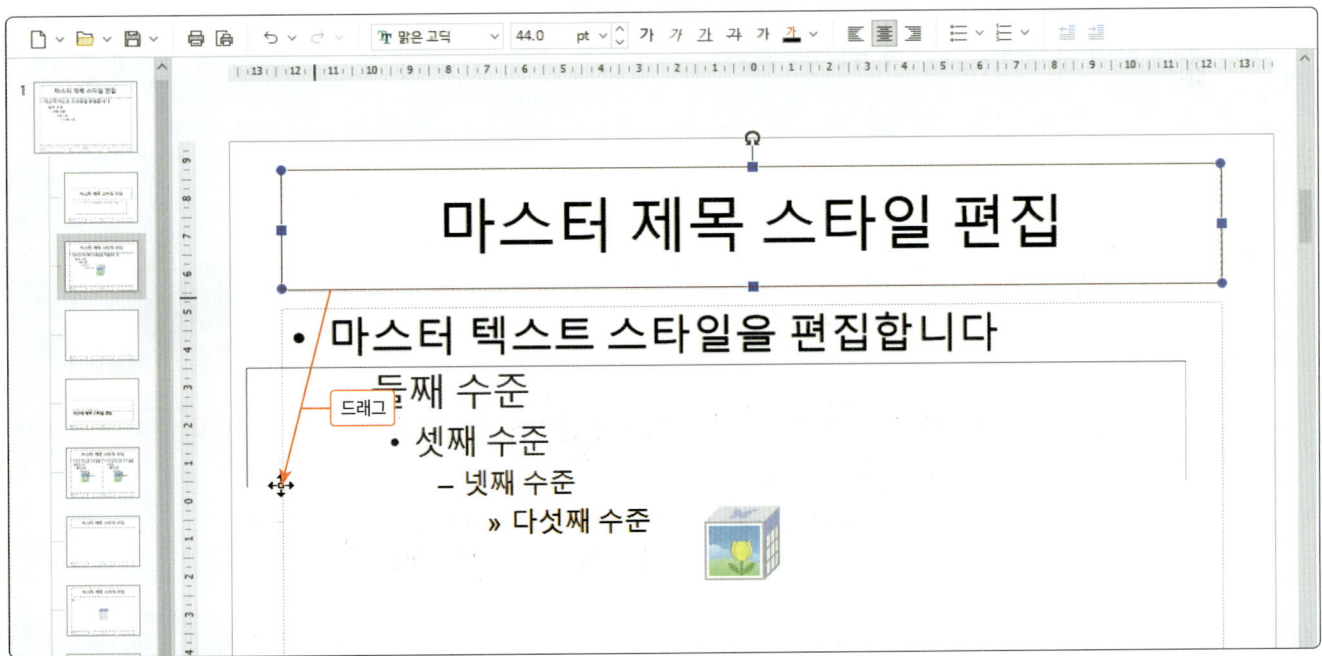

④ [입력] 탭에서 '도형' 이미지 꾸러미의 자세히 단추( )를 눌러 '블록 화살표'–'줄무늬가 있는 오른쪽 화살표( )'을 선택합니다.

※ 슬라이드 마스터의 도형 작업은 문제지의 [슬라이드 2]를 참고하여 작업합니다.

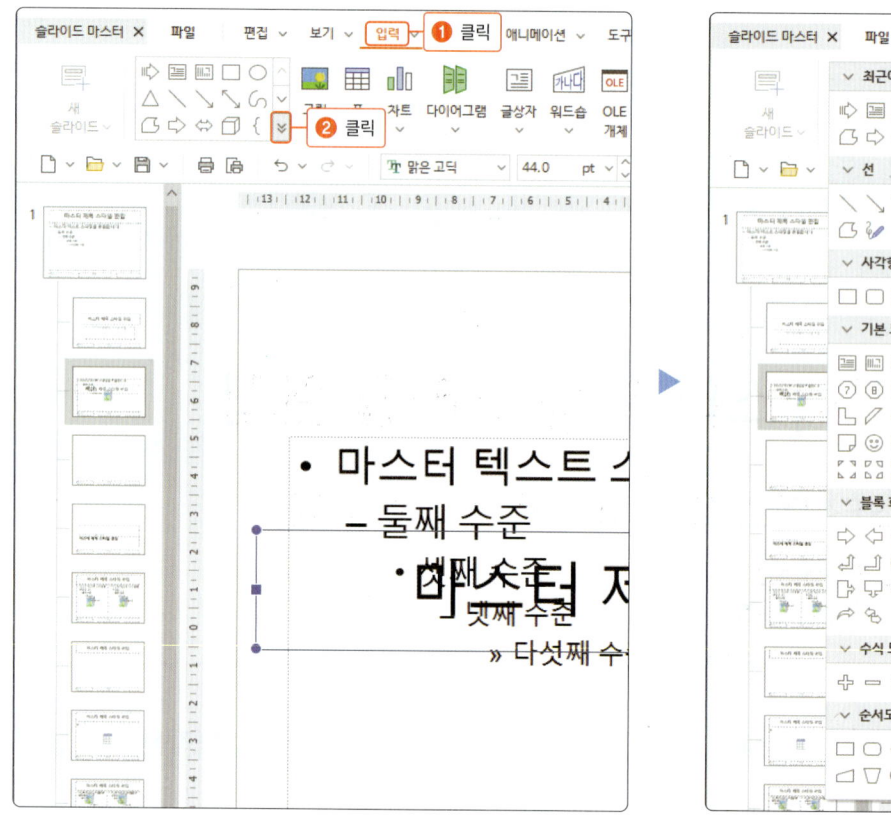
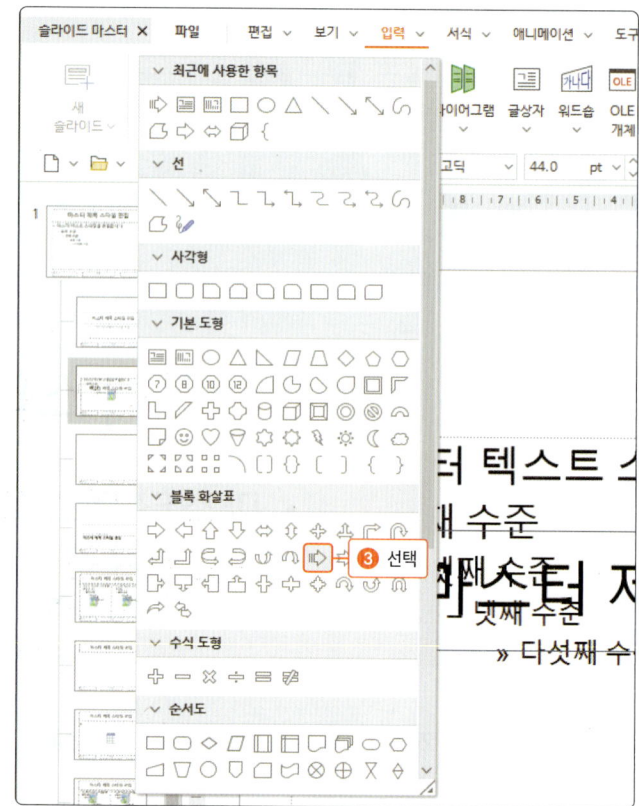

⑤ 마우스 포인터가 ┼ 모양으로 변경되면 드래그하여 도형을 삽입합니다. 이어서, 조절점( )을 드래그하여 《출력형태》와 같이 크기를 조절한 후 위치를 변경합니다.

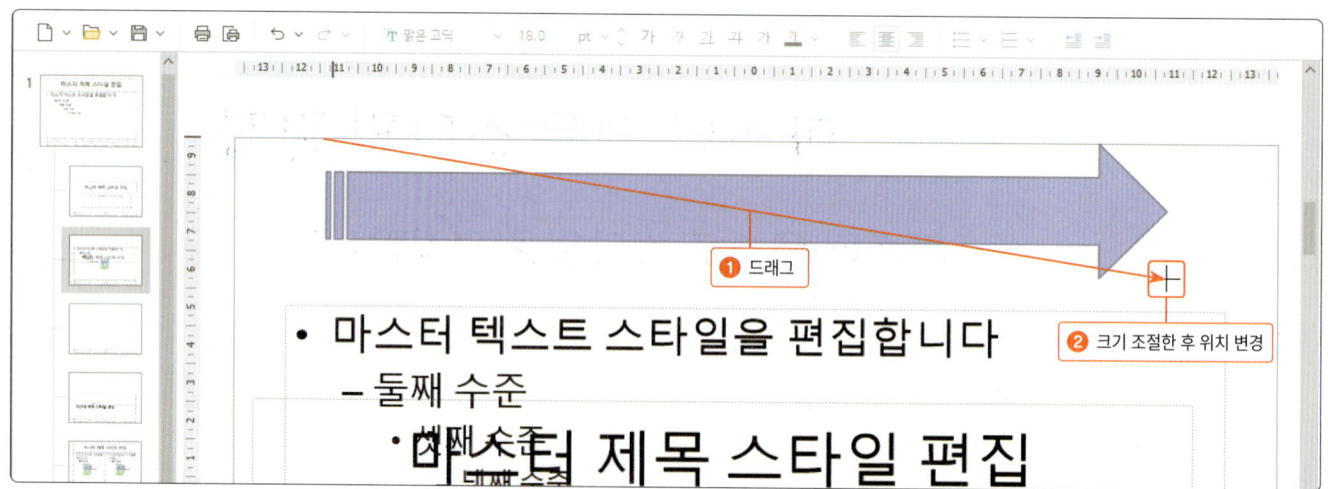

> **도형의 크기 및 위치**
> 시험에서 도형의 크기와 위치는 문제지의 《출력형태》를 보고 판단하여 작업합니다. 슬라이드 마스터에 사용되는 도형 높이는 [마스터 제목 스타일 편집] 글상자의 높이와 비슷하게 조절합니다.

■ 도형에 선 없음 지정하기

① [도형(　)] 탭에서 '도형 윤곽선(　도형 윤곽선 　)'의 목록 단추(　)를 눌러 **'없음'**을 선택합니다.

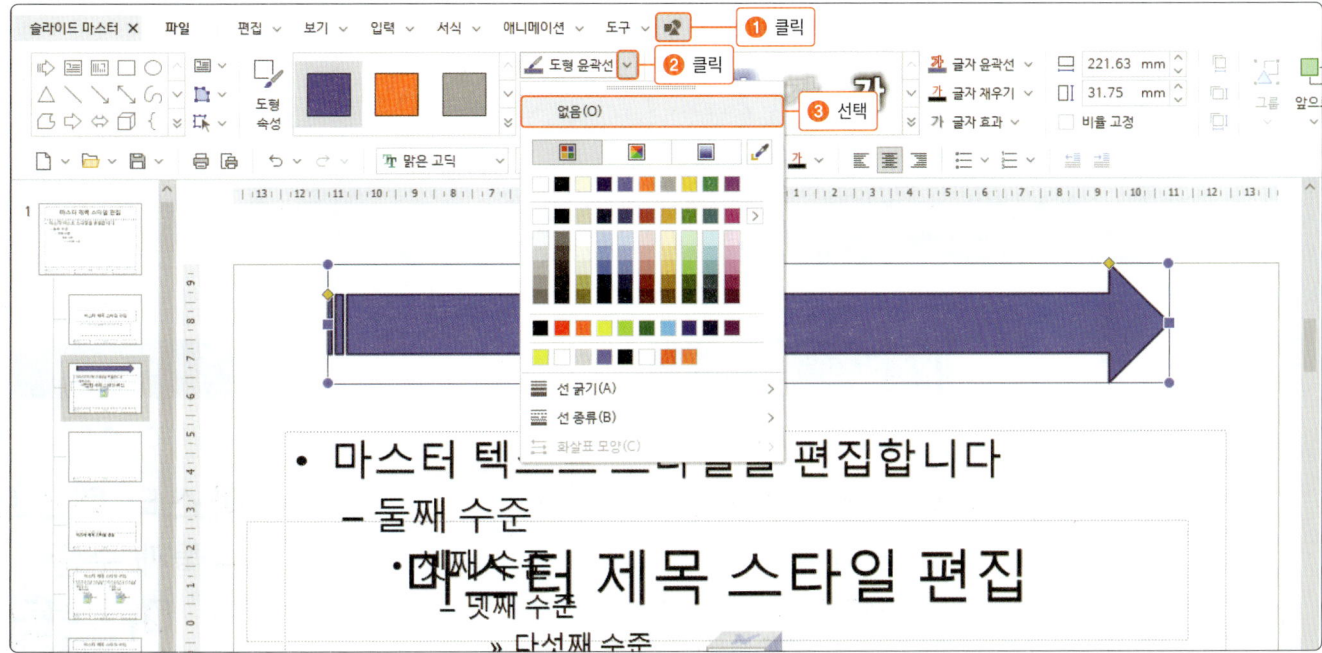

■ 도형 채우기

① [도형(　)] 탭에서 '도형 채우기(　도형 채우기 　)'의 목록 단추(　)를 눌러 '강조 1 하늘색(RGB: 97,130,214)'을 선택합니다.

※ 도형의 색상은 문제지 조건에 없기 때문에 임의의 색을 선택합니다.

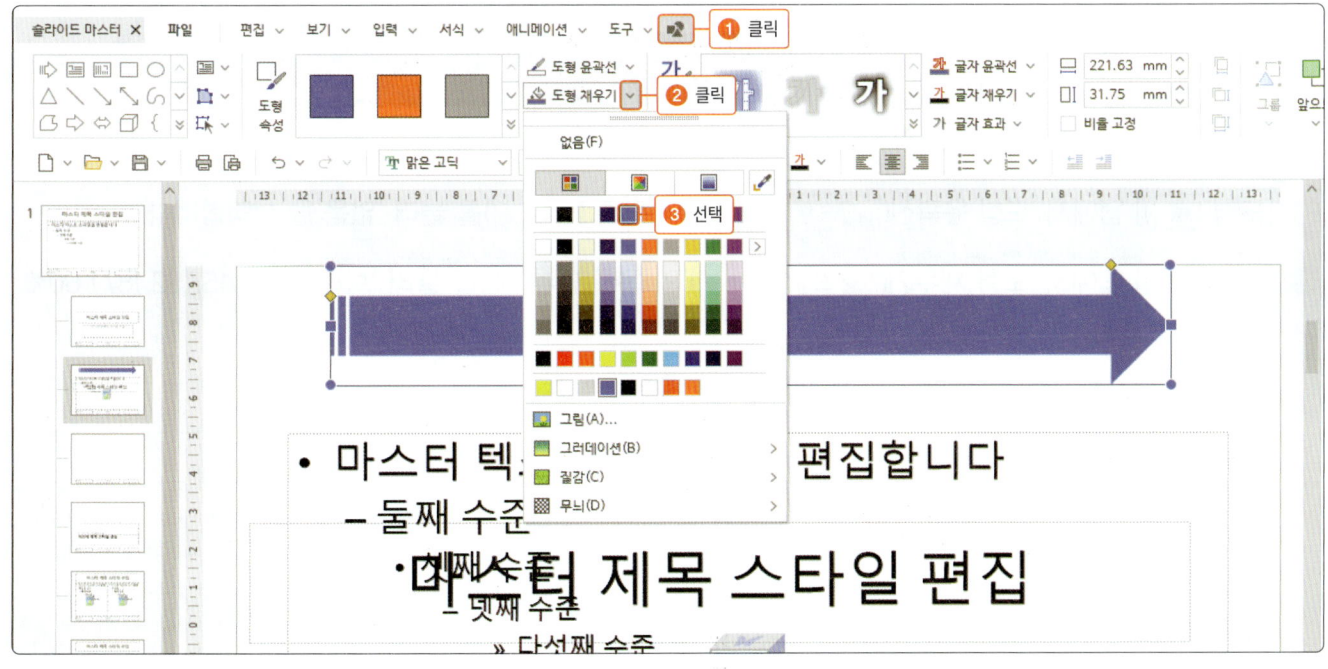

## ■ 슬라이드 마스터에 도형 삽입하기-2(중첩 도형)

① [도형( )] 탭에서 '도형' 이미지 꾸러미의 자세히 단추( )를 눌러 '블록 화살표'-'갈매기형 수장( )'을 선택합니다.

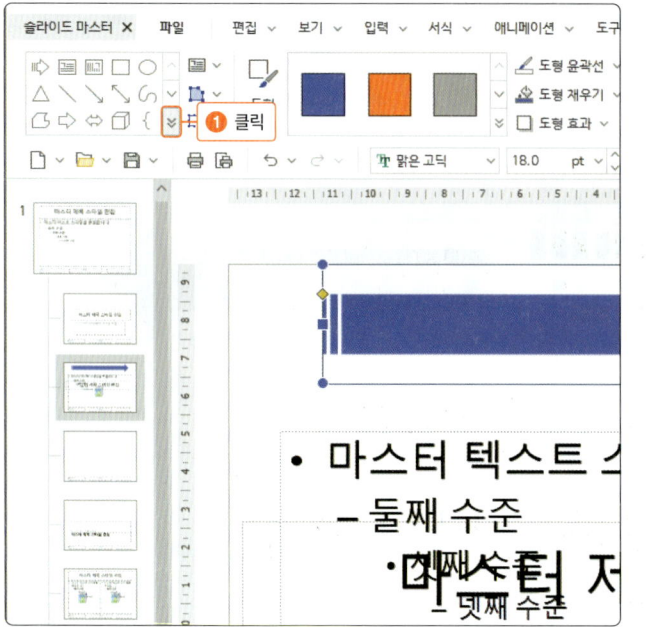 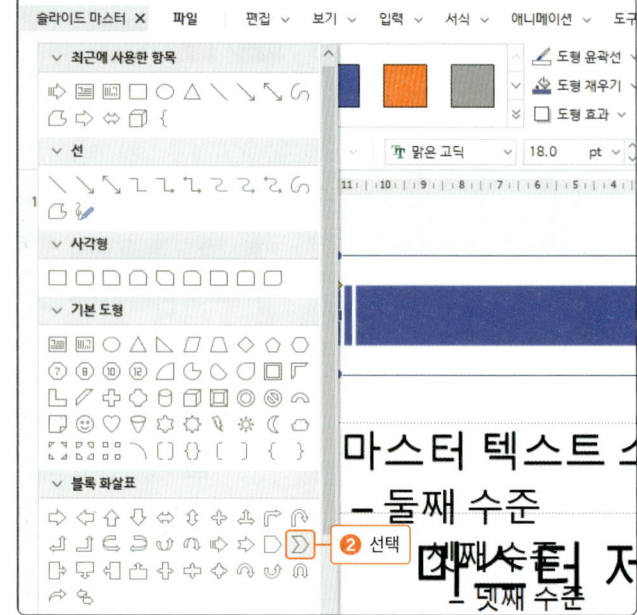

② 마우스 포인터가 ⊕ 모양으로 변경되면 드래그하여 도형을 삽입합니다. 이어서, 조절점(●)을 드래그하여 《출력형태》와 같이 크기를 조절한 후 위치를 변경합니다.

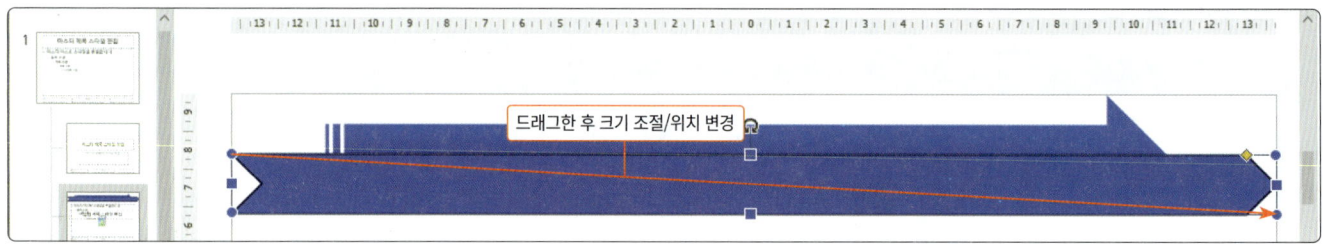

③ [도형( )] 탭에서 '도형 윤곽선( )'의 목록 단추( )를 눌러 '**없음**'을 선택합니다.

④ [도형( )] 탭에서 '도형 채우기( )'의 목록 단추( )를 눌러 '**보라(RGB: 157,92,187) 60% 밝게**'을 선택합니다.

※ 도형의 색상은 문제지 조건에 없기 때문에 임의의 색을 선택합니다.

❺ 《출력형태》와 같이 도형을 맨 뒤로 보내기 위해 [도형( )] 탭에서 '뒤로( )'의 목록 단추( )를 눌러 '맨 뒤로( )'를 선택합니다.

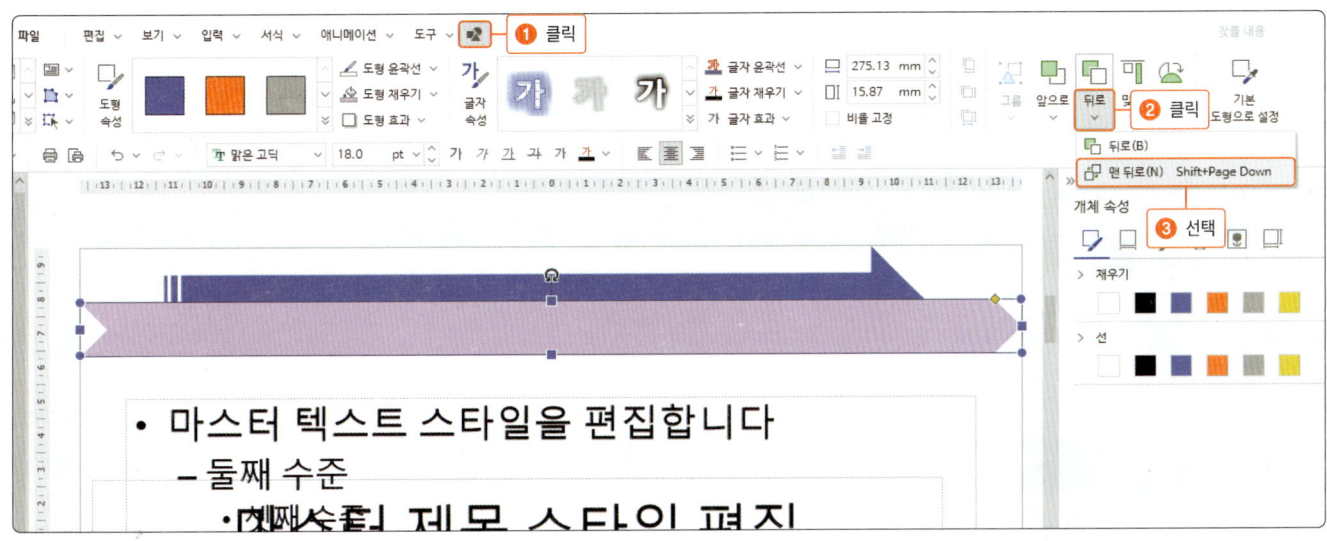

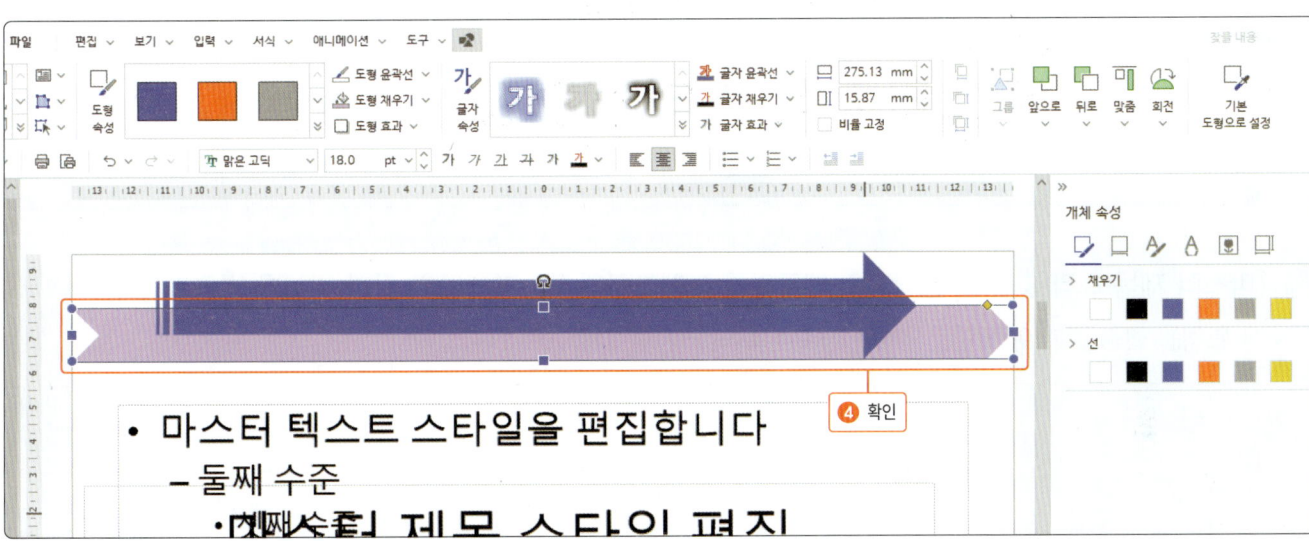

■ 글상자의 글꼴 서식 변경하기

❶ [마스터 제목 스타일 편집] 글상자를 클릭한 후 [도형( )] 탭에서 '앞으로( )'의 목록 단추( )를 눌러 '**맨 앞으로( )**'를 선택합니다.

※ 만약 [맨 앞으로]를 작업하지 않고 글상자를 이동할 경우 글상자가 도형의 뒤쪽으로 숨겨지기 때문에 반드시 [맨 앞으로]를 지정한 후 이동해야 합니다.

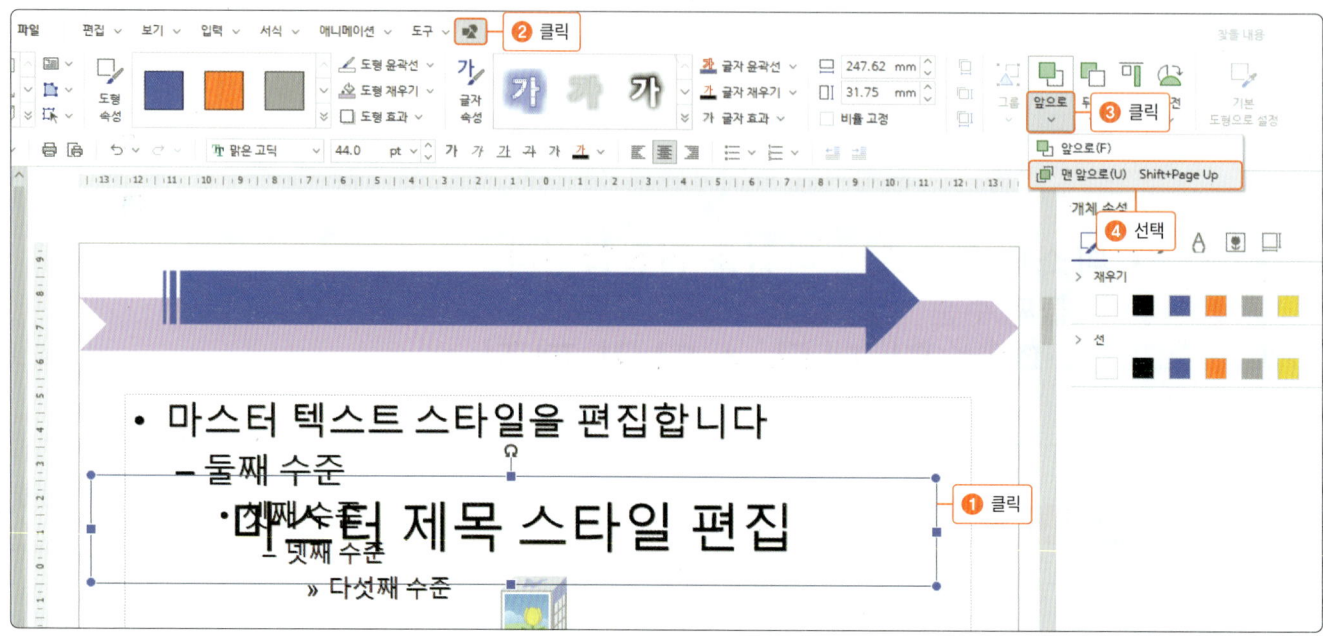

❷ [마스터 제목 스타일 편집] 글상자의 테두리를 드래그하여 《출력형태》와 같이 위치를 변경합니다.

※ 위치를 변경할 때 아래쪽 글상자의 좌측/우측의 크기를 기준으로 변경합니다.

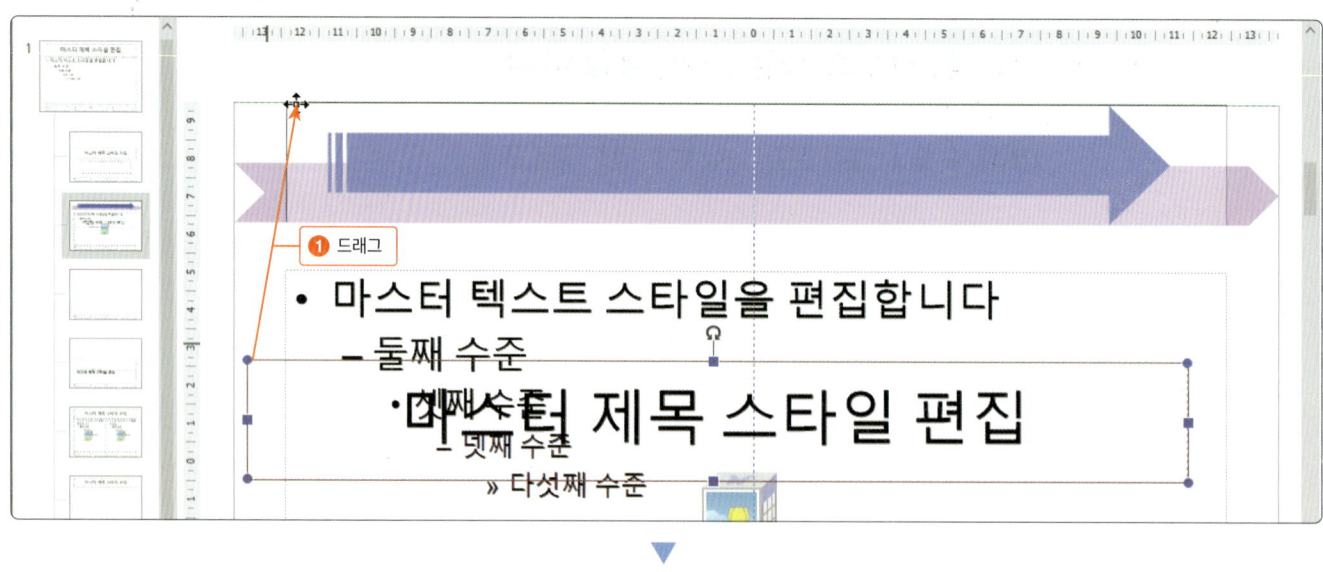

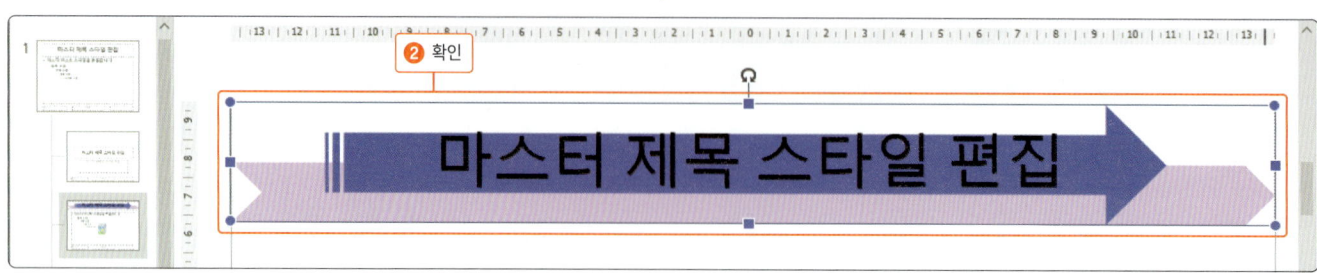

③ 서식 도구 상자에서 '글꼴(굴림), 글자 크기(40pt), 글자 색(하양), 가운데 정렬'을 지정합니다.

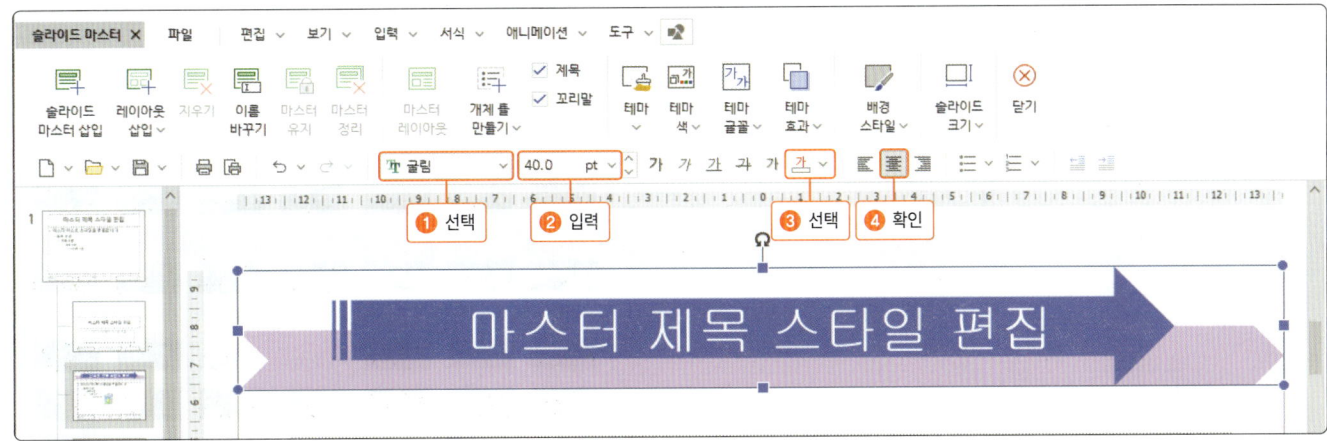

## 03 슬라이드 마스터에 로고 삽입하기

– 하단 로고(「내 PC\문서\ITQ\Picture\로고1.jpg」, 배경(회색) 투명색으로 설정)

① [입력] 탭에서 '그림( )'을 클릭합니다. 이어서, [그림 넣기] 대화상자가 나오면 [2025 이공자 ITQ 한쇼 2022_학습 자료]–[ITQ]–[Picture]–'로고1'을 선택한 후 〈열기〉 단추를 클릭합니다.

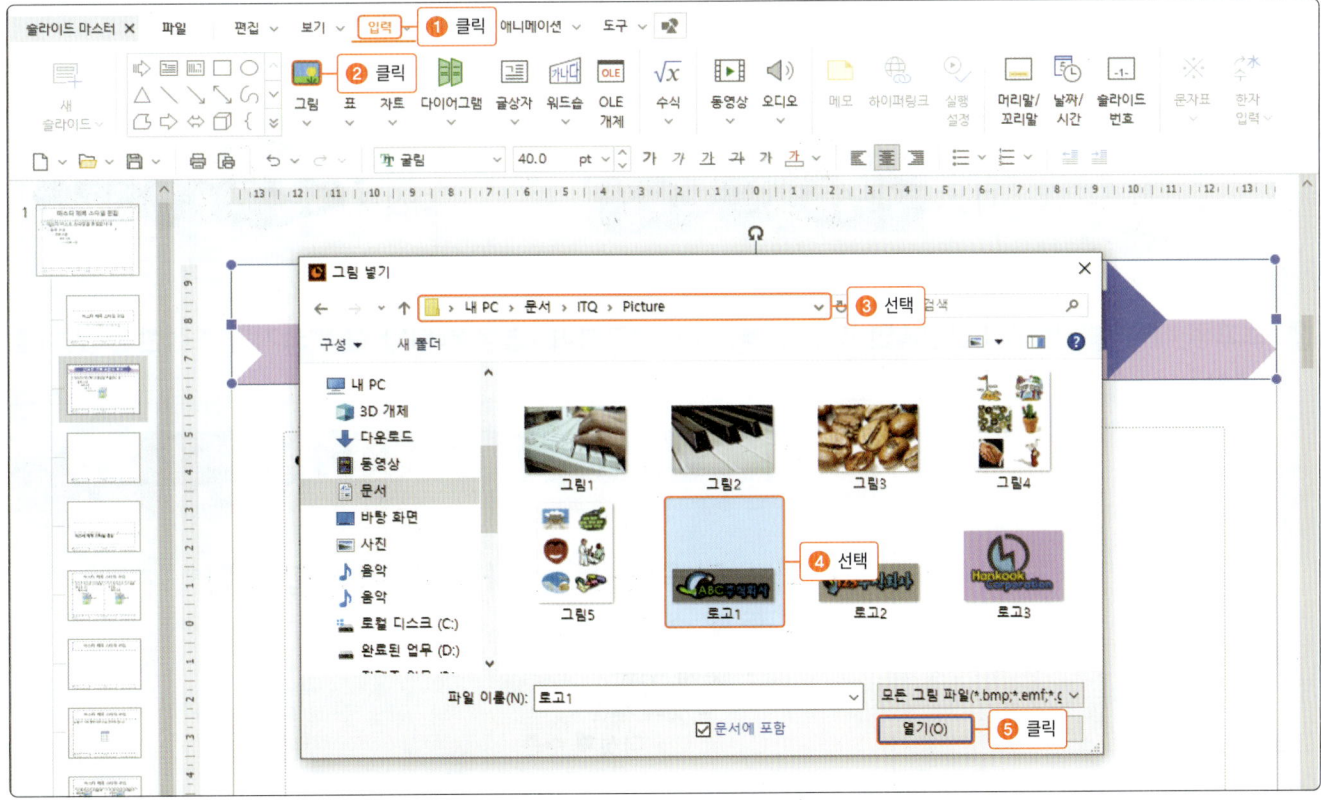

**TIP 그림 삽입하기**
- 실제 시험에서는 삽입할 그림을 가져오는 경로가 [내 PC\문서\ITQ\Picture] 폴더입니다.
- 시험장에서는 감독위원의 지시에 따라 그림 삽입 경로를 지정하면 됩니다.

❷ 그림이 삽입되면 [그림( )] 탭에서 '색'–'**투명한 색 설정**'을 선택합니다.

❸ 마우스 포인터 모양이 로 변경되면 삽입된 그림의 회색 부분을 클릭하여 투명하게 처리합니다.

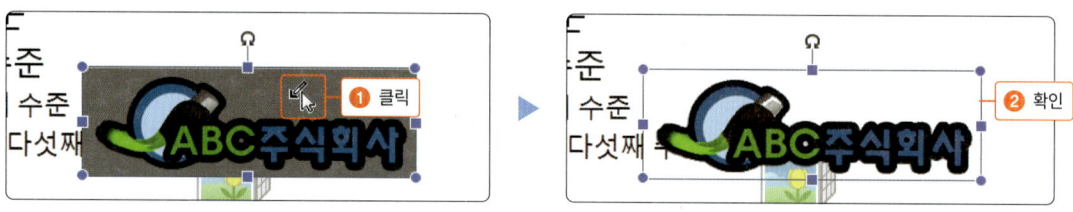

❹ 로고의 배경이 투명하게 변경되면 조절점( )을 드래그하여 《출력형태》와 같이 크기를 조절한 후 위치를 변경합니다.

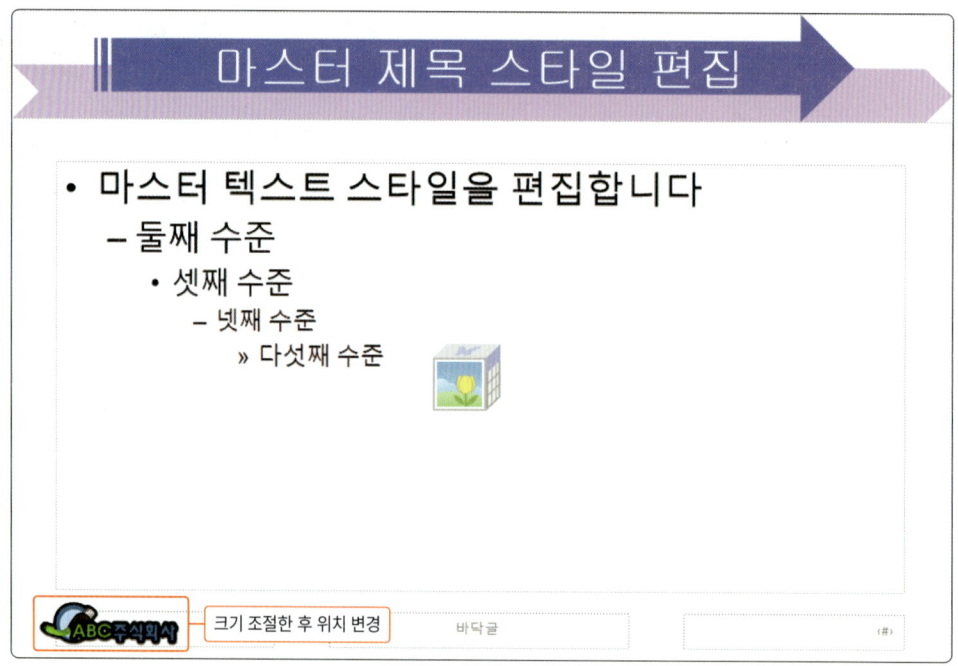

## 04 슬라이드 마스터에 슬라이드 번호 삽입하기

① [입력] 탭에서 '**머리말/꼬리말**'을 클릭합니다.

② [머리말/꼬리말] 대화상자가 나오면 [슬라이드] 탭에서 '**슬라이드 번호**'와 '**제목 슬라이드에는 표시 안 함**'에 체크 표시(☑)를 지정한 후 〈모두 적용〉 단추를 클릭합니다.

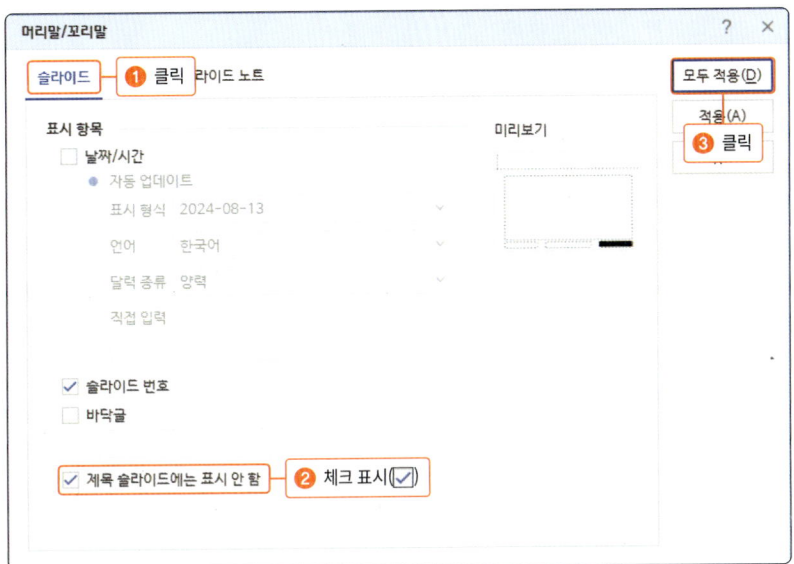

③ [슬라이드 마스터] 탭의 '닫기(⊗)'를 클릭합니다.

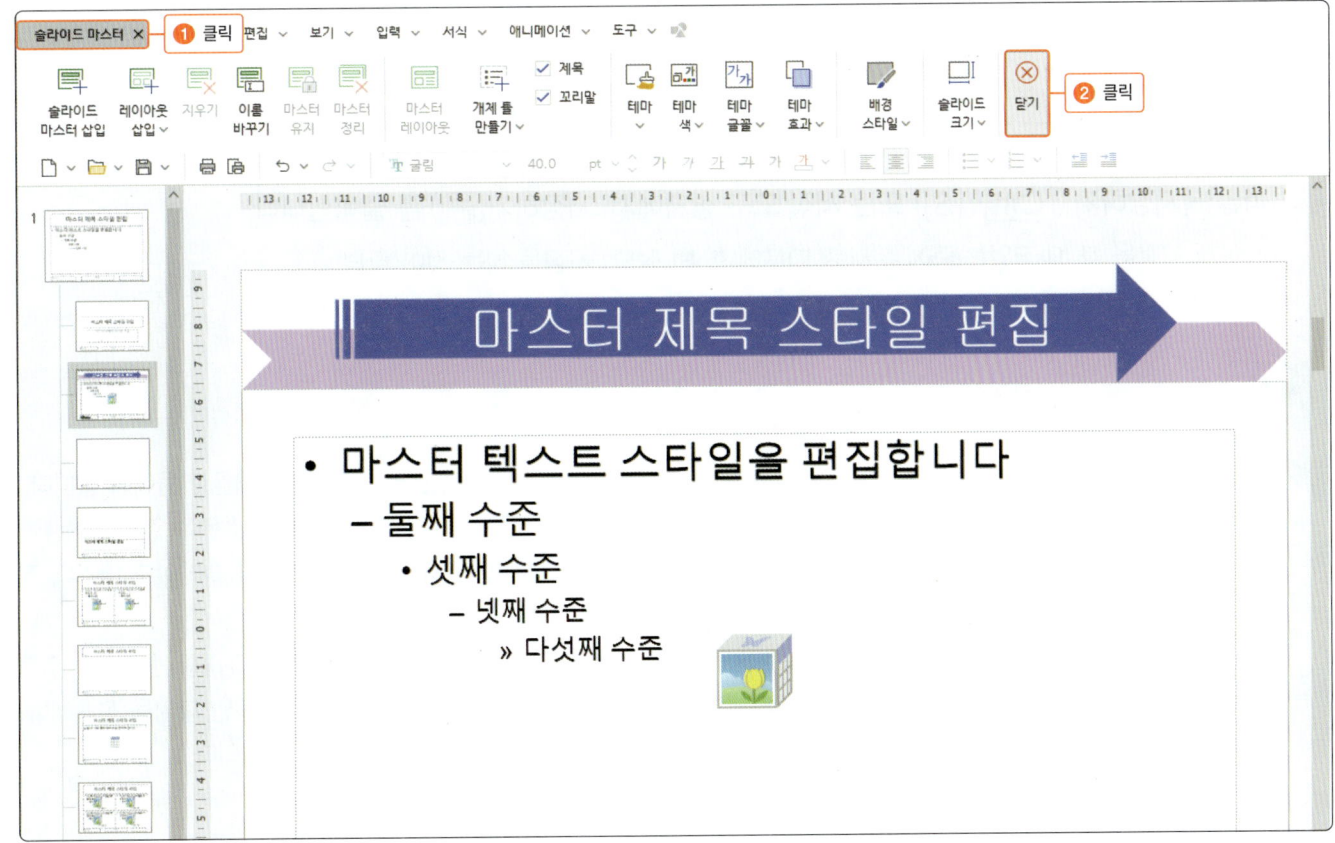

❹ [슬라이드 2]~[슬라이드 6]에 그림과 같이 '제목 도형, 로고, 페이지 번호'가 적용된 것을 확인합니다.

※ [머리말/꼬리말] 대화상자에서 '제목 슬라이드에는 표시 안 함'에 체크 표시(✓)를 지정했기 때문에 첫 번째 슬라이드에는 페이지 번호가 적용되지 않습니다.

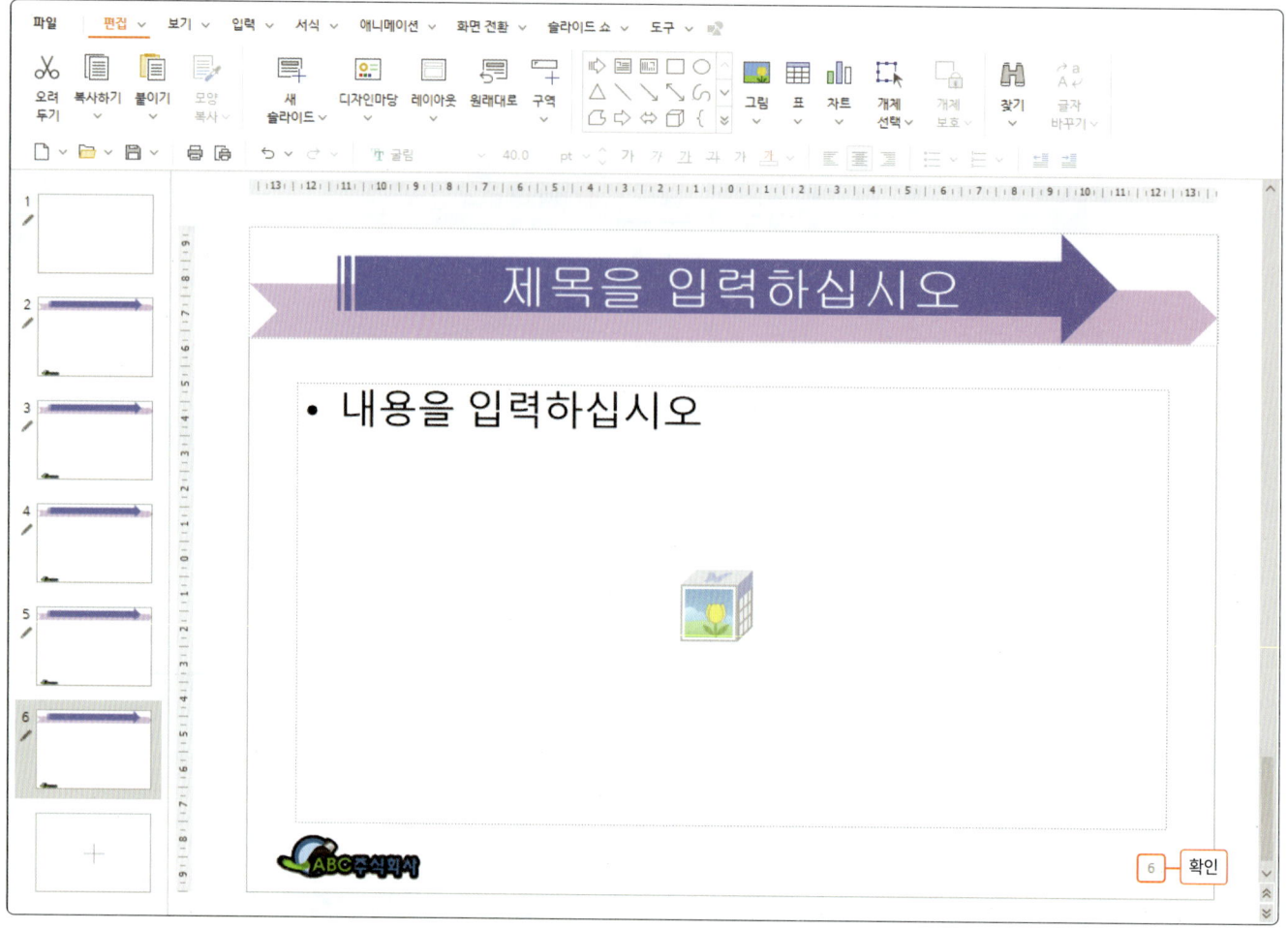

❺ [파일]-[저장하기](Ctrl+S) 또는 서식 도구 상자에서 '저장하기(💾)'를 클릭합니다.

※ 실제 시험을 볼 때 작업 도중에 수시로(10분에 한 번 정도) 저장을 하는 것이 좋습니다.

---

**시험분석**

**[전체 구성] 페이지 설정/슬라이드 마스터**

- **페이지 설정** : 슬라이드의 크기는 'A4 용지(210×297mm)'로 지정하며 슬라이드는 총 6개를 만들어야 합니다.
- **슬라이드 마스터** : 도형에 선 없음을 지정하고, 제목 글상자에 글자 색(하양)과 정렬 방식(왼쪽 정렬, 가운데 정렬)을 지정하는 조건이 제시됩니다. 시험 전에 반드시 조건을 확인하고 슬라이드 마스터 작업을 합니다.
- **답안 파일 저장** : 실제 시험에서는 감독위원의 지시에 따라 저장 위치(「내 PC₩문서₩ITQ」)를 선택하여 '수험번호-이름(예 : 12345678-홍길동)'의 형식으로 저장한 후 감독관 PC로 답안 파일을 전송해야 합니다. 단, 저장 경로는 운영체제 버전 및 시험 규정에 따라 달라질 수 있습니다.

# [전체 구성] 페이지 설정/슬라이드 마스터

 **01** 문제지의 지시사항 및 세부조건을 참고하여 《출력형태》에 알맞게 작업하시오. (60점)

· 소스 파일 : 없음　· 정답 파일 : [출제유형 01]-정복01_정답01.show

(1) 슬라이드 크기 및 순서 : 크기를 A4 용지로 설정하고 슬라이드 순서에 맞게 작성한다.
(2) 슬라이드 마스터 : 2~6슬라이드의 제목, 하단 로고, 슬라이드 번호는 슬라이드 마스터를 이용하여 작성한다.
  - 제목 글꼴(굴림, 40pt, 하양), 가운데 정렬, 도형(선 없음)
  - 하단 로고(「내 PC\문서\ITQ\Picture\로고1.jpg」, 배경(회색) 투명색으로 설정)

## 제목을 입력하십시오

• 내용을 입력하십시오

6

**02** 문제지의 지시사항 및 세부조건을 참고하여 《출력형태》에 알맞게 작업하시오. (60점)

· 소스 파일 : 없음   · 정답 파일 : [출제유형 01]-정복01_정답02.show

(1) 슬라이드 크기 및 순서 : 크기를 A4 용지로 설정하고 슬라이드 순서에 맞게 작성한다.
(2) 슬라이드 마스터 : 2~6슬라이드의 제목, 하단 로고, 슬라이드 번호는 슬라이드 마스터를 이용하여 작성한다.
 - 제목 글꼴(굴림, 40pt, 하양), 가운데 정렬, 도형(선 없음)
 - 하단 로고(「내 PC₩문서₩ITQ₩Picture₩로고2.jpg」, 배경(회색) 투명색으로 설정)

숏츠(Shorts)

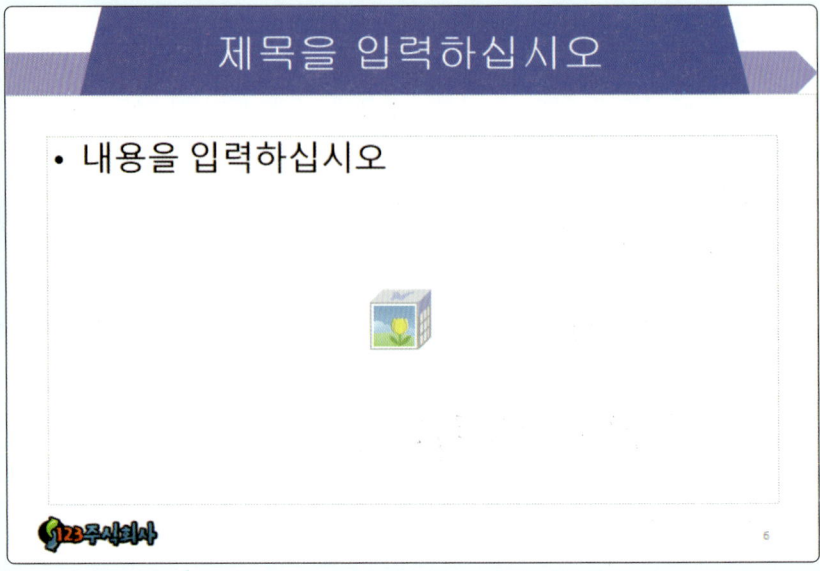

**03** 문제지의 지시사항 및 세부조건을 참고하여 《출력형태》에 알맞게 작업하시오. (60점)

· 소스 파일 : 없음   · 정답 파일 : [출제유형 01]-정복01_정답03.show

(1) 슬라이드 크기 및 순서 : 크기를 A4 용지로 설정하고 슬라이드 순서에 맞게 작성한다.
(2) 슬라이드 마스터 : 2~6슬라이드의 제목, 하단 로고, 슬라이드 번호는 슬라이드 마스터를 이용하여 작성한다.
 - 제목 글꼴(굴림, 40pt, 하양), 가운데 정렬, 도형(선 없음)
 - 하단 로고(「내 PC₩문서₩ITQ₩Picture₩로고1.jpg」, 배경(회색) 투명색으로 설정)

숏츠(Shorts)

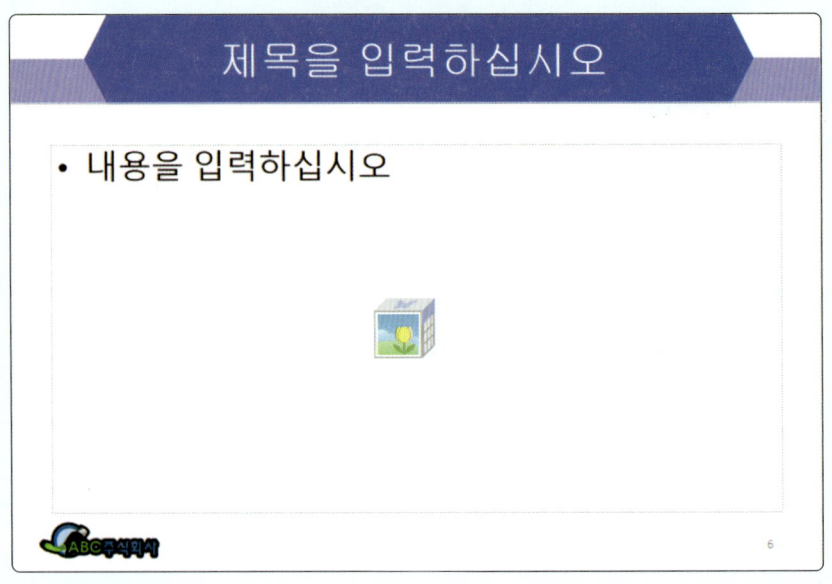

**04** 문제지의 지시사항 및 세부조건을 참고하여 《출력형태》에 알맞게 작업하시오. (60점)

• 소스 파일 : 없음   • 정답 파일 : [출제유형 01]-정복01_정답04.show

(1) 슬라이드 크기 및 순서 : 크기를 A4 용지로 설정하고 슬라이드 순서에 맞게 작성한다.
(2) 슬라이드 마스터 : 2~6슬라이드의 제목, 하단 로고, 슬라이드 번호는 슬라이드 마스터를 이용하여 작성한다.
  - 제목 글꼴(굴림, 40pt, 하양), 가운데 정렬, 도형(선 없음)
  - 하단 로고(「내 PC\문서\ITQ\Picture\로고2.jpg」, 배경(회색) 투명색으로 설정)

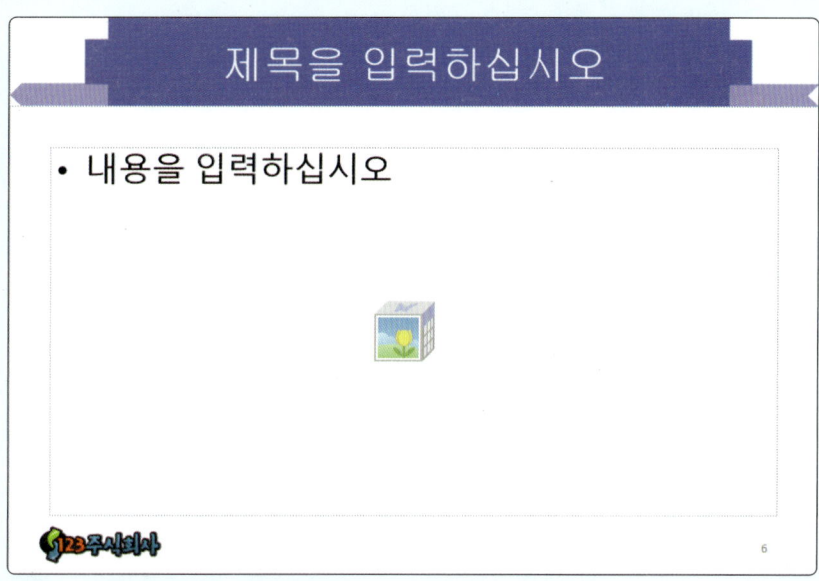

**05** 문제지의 지시사항 및 세부조건을 참고하여 《출력형태》에 알맞게 작업하시오. (60점)

• 소스 파일 : 없음   • 정답 파일 : [출제유형 01]-정복01_정답05.show

(1) 슬라이드 크기 및 순서 : 크기를 A4 용지로 설정하고 슬라이드 순서에 맞게 작성한다.
(2) 슬라이드 마스터 : 2~6슬라이드의 제목, 하단 로고, 슬라이드 번호는 슬라이드 마스터를 이용하여 작성한다.
  - 제목 글꼴(굴림, 40pt, 하양), 가운데 정렬, 도형(선 없음)
  - 하단 로고(「내 PC\문서\ITQ\Picture\로고2.jpg」, 배경(회색) 투명색으로 설정)

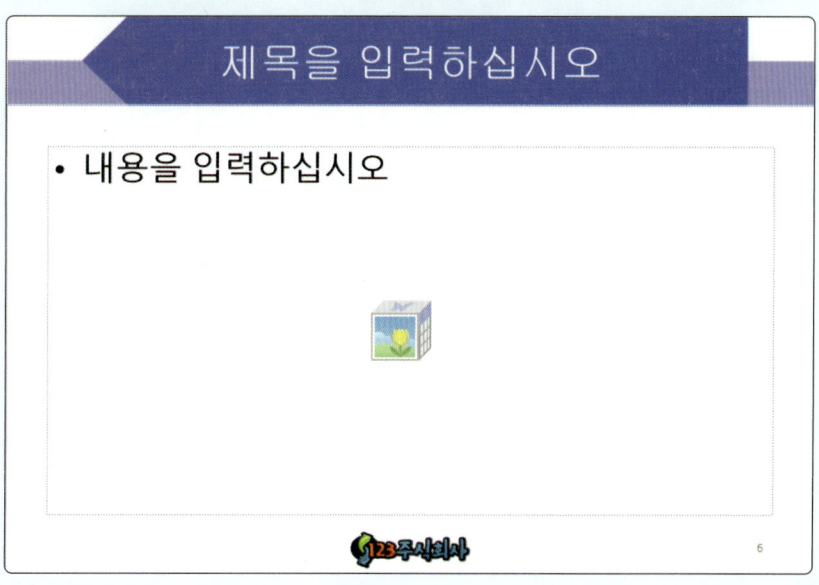

# 출제유형 02

**PART 02** 출제유형 완전정복

## [슬라이드 1]《표지 디자인》

- ☑ 도형에 그림 채우기 및 도형 효과 지정하기
- ☑ 그림 삽입하기
- ☑ 워드숍 삽입하기

문제 풀이

### 문제 미리보기

**소스 파일** : [출제유형 02]-유형02_문제.show    **정답 파일** : [출제유형 02]-유형02_정답.show

◆ [슬라이드 1]《표지 디자인》 (40점)

(1) 표지 디자인 : 도형, 워드숍 및 그림을 이용하여 작성한다.

◆ 세부조건

① **도형 편집**
  - 도형에 그림 채우기 :
    「내 PC\문서\ITQ\Picture\
    그림1.jpg」, 투명도 50%
  - 도형 효과 : 옅은 테두리 5pt

② **워드숍**
  - 변환 : 갈매기형 수장
  - 글꼴 : 궁서, 진하게
  - 반사 : 1/3 크기, 4pt

③ **그림 삽입**
  - 「내 PC\문서\ITQ\Picture\
    로고1.jpg」
  - 배경(회색) 투명한 색으로 설정

## 01 도형에 그림 채우기 및 도형 효과 지정하기

- 도형에 그림 채우기 :
  「내 PC₩문서₩ITQ₩Picture₩그림1.jpg」, 투명도 50%
- 도형 효과 : 옅은 테두리 5pt

① '유형02_문제.show' 파일을 불러와 [슬라이드 1]을 클릭한 후 작업합니다.

※ 파일 불러오기 : [파일]–[불러오기]([Ctrl]+[O])를 클릭한 후 [불러오기] 대화상자에서 파일을 선택합니다.

② [Ctrl]+[A] 키(또는 [편집] 탭에서 목록 단추([▼]))를 눌러 '모두 선택')를 눌러 글상자를 모두 선택하고 [Delete] 키를 눌러 삭제합니다.

③ [입력] 탭에서 '도형' 이미지 꾸러미의 자세히 단추([▼])를 눌러 '순서도'–'**순서도: 순차적 액세스 저장([◯])**'을 선택합니다.

④ 마우스 포인터가 [+] 모양으로 변경되면 드래그하여 도형을 삽입합니다. 이어서, 조절점([●])을 드래그하여 《출력형태》와 같이 크기를 조절한 후 위치를 변경합니다.

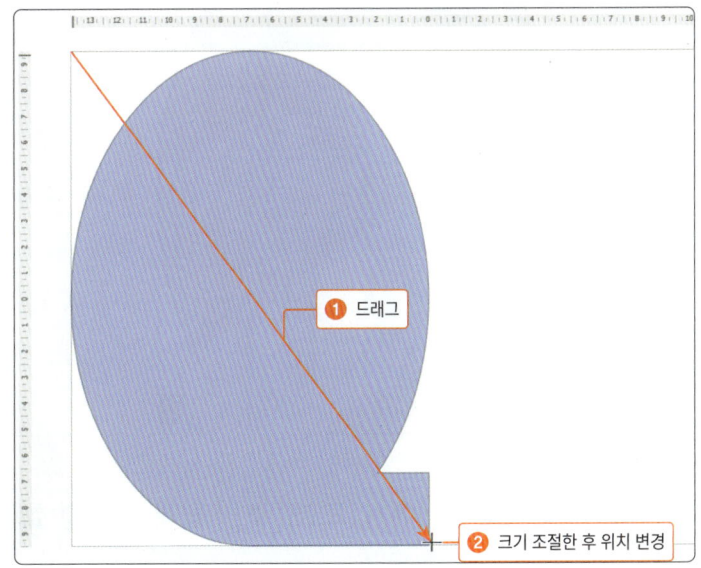

⑤ 도형에 그림을 채우기 위해 [도형([🖼])] 탭에서 '도형 채우기([🎨 도형 채우기 ▼])'의 목록 단추([▼])를 눌러 '**그림**'을 선택합니다.

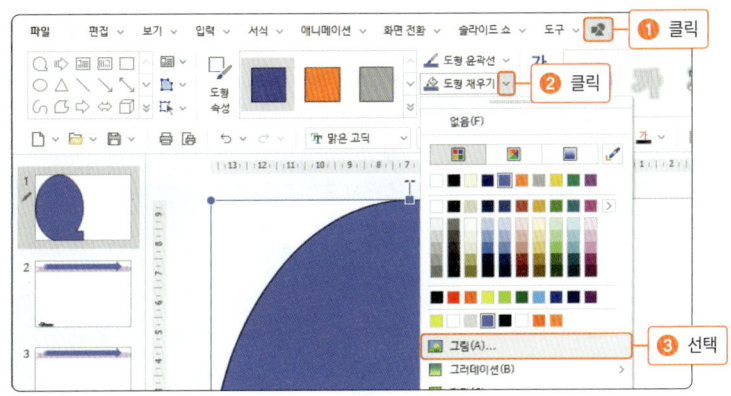

❻ [그림 넣기] 대화상자가 나오면 [ITQ]-[Picture]-'**그림1**'을 선택한 후 〈열기〉 단추를 클릭합니다. 이어서, 《출력형태》와 같이 도형 안에 그림을 표시하기 위해 도형을 더블 클릭합니다.

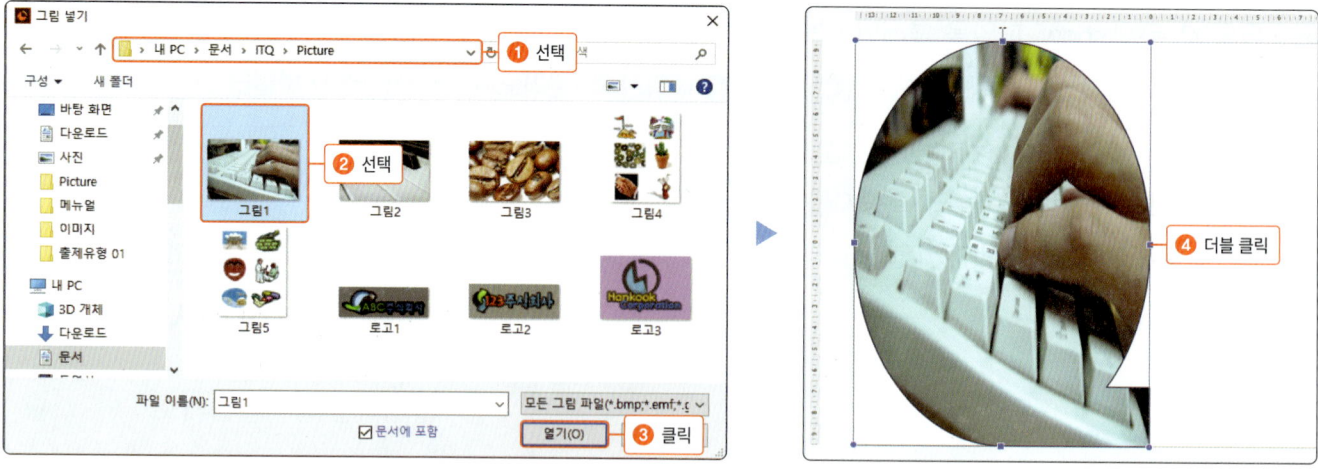

❼ 오른쪽 [개체 속성] 창에서 '채우기'를 클릭한 다음 '질감/그림'에서 **투명도(50%)**'을 입력한 후 Enter 키를 누릅니다. 이어서, 《출력형태》와 같이 도형 안에 채워진 그림을 확인합니다.

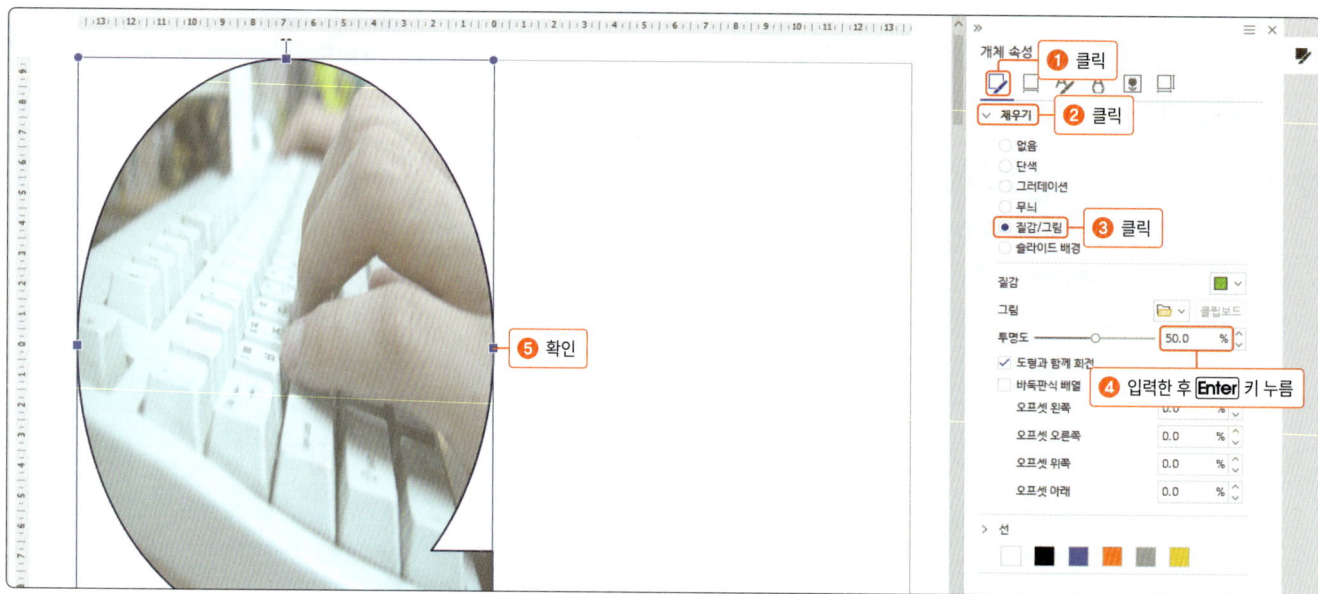

❽ 도형이 선택된 상태에서 [도형( )] 탭에서 '도형 효과'-'**옅은 테두리**'-'**5pt**'를 선택합니다.

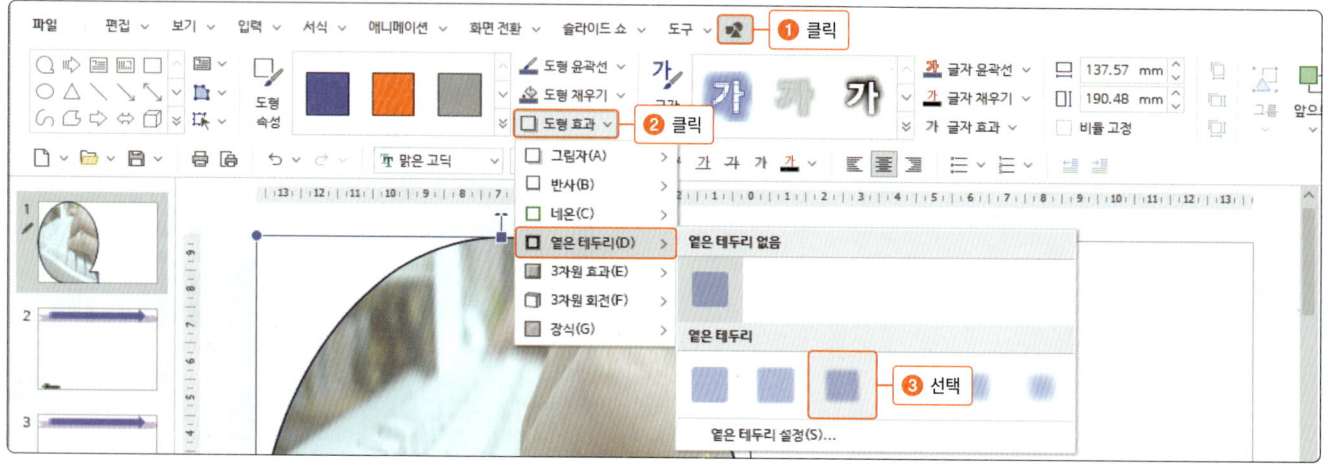

# 02 워드숍 삽입하기

- 변환 : 갈매기형 수장    - 글꼴 : 궁서, 진하게    - 반사 : 1/3 크기, 4pt

❶ [입력] 탭에서 '워드숍( )'-' 가 '(채우기 - 강조 1, 윤곽 - 강조 1(어두운 계열))'을 선택합니다.

※ 워드숍은 효과가 거의 없는 유형을 선택합니다.

❷ '내용을 입력하세요.'라는 문구가 블록으로 지정된 상태에서 'Electronic Commerce'를 입력한 후 Esc 키를 누릅니다.

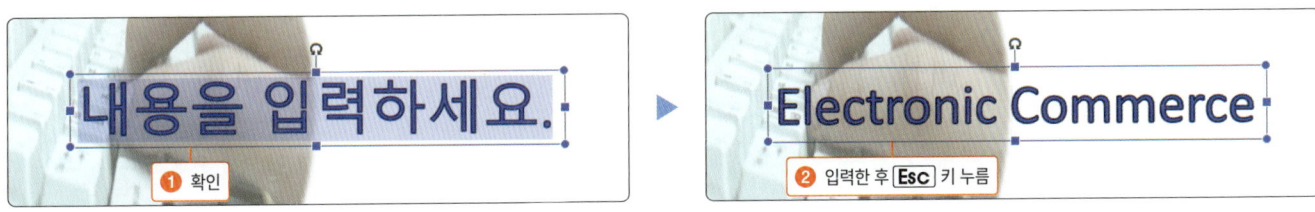

❸ 워드숍의 글꼴을 변경하기 위해 서식 도구 상자에서 '글꼴(궁서), 진하게( 가 ), 글자 색(검정)'을 지정합니다.

※ 워드숍의 글자 색은 '검정(RGB: 0,0,0)', 윤곽선은 '없음'을 지정합니다.

❹ [도형( )] 탭에서 '도형 윤곽선( 도형 윤곽선 )'의 목록 단추( )를 눌러 **'없음'**을 선택합니다.

❺ [도형( )] 탭에서 '글자 효과'–'반사'–'1/3 크기, 4pt'를 선택합니다.

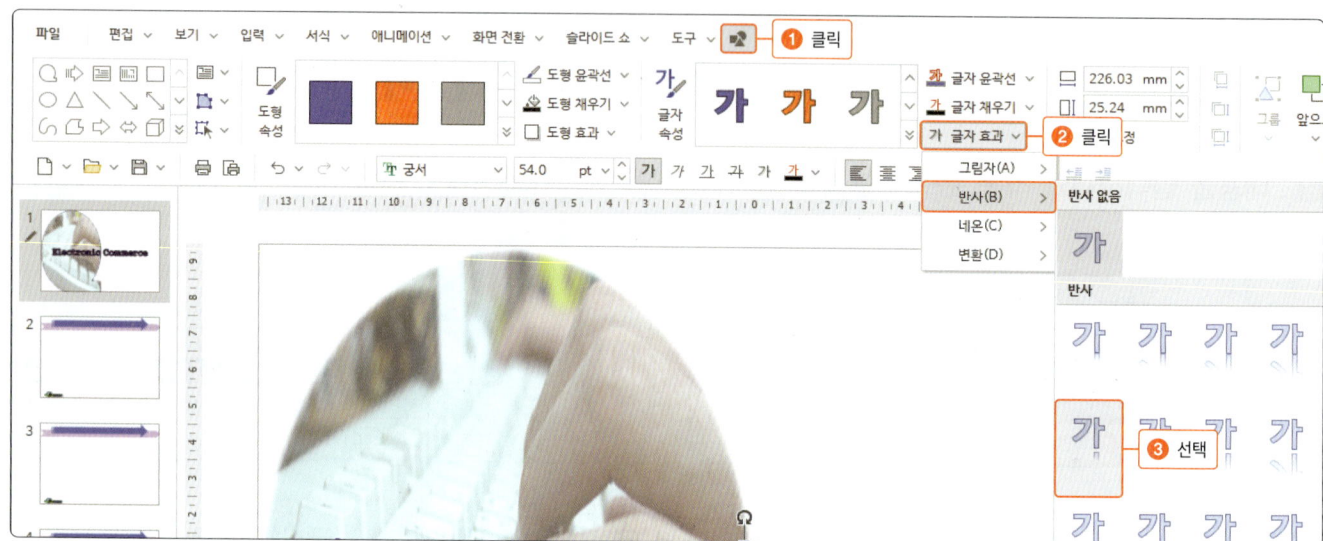

❻ [도형( )] 탭에서 '글자 효과'–'변환'–**'갈매기형 수장'**을 선택합니다.

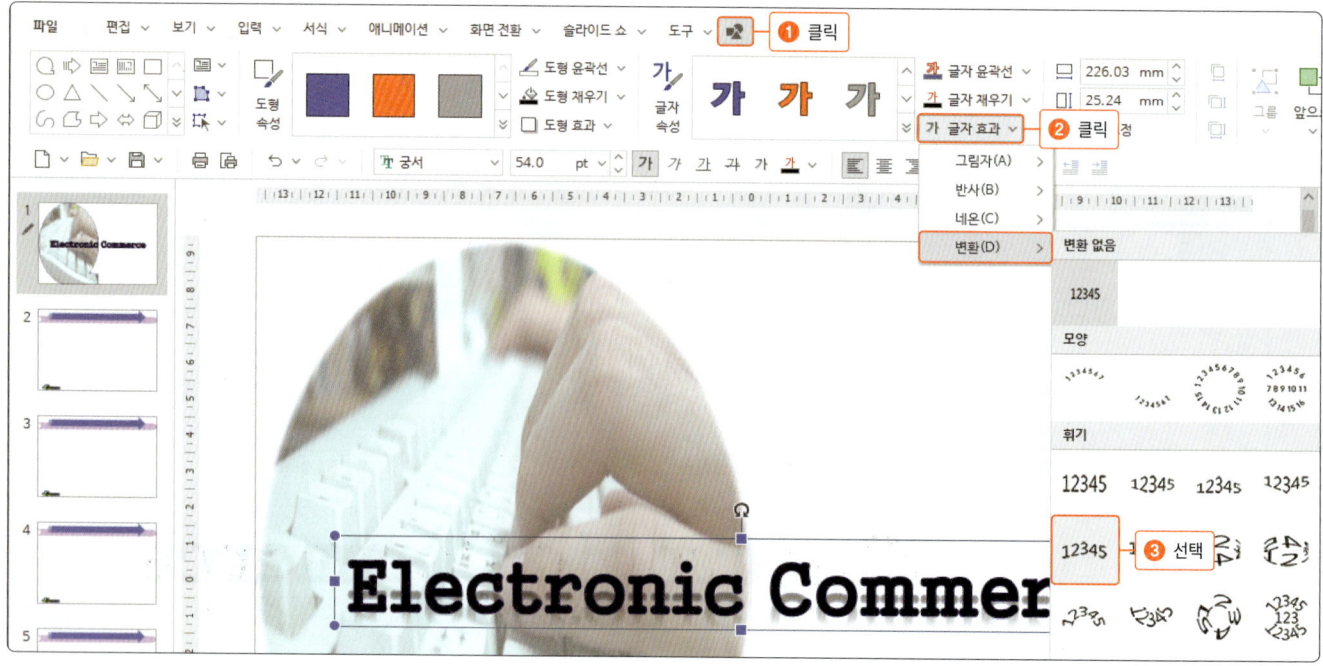

❼ 조절점(●)을 드래그하여 《출력형태》와 같이 크기를 조절한 후 위치를 변경합니다.

크기 조절한 후 위치 변경

- 「내 PC\문서\ITQ\Picture\로고1.jpg」
- 배경(회색) 투명한 색으로 설정

## 03 그림 삽입하기

❶ [입력] 탭에서 '그림( )'을 클릭합니다. 이어서, [그림 넣기] 대화상자가 나오면 'ITQ\Picture\로고1'를 선택한 후 〈열기〉 단추를 클릭합니다.

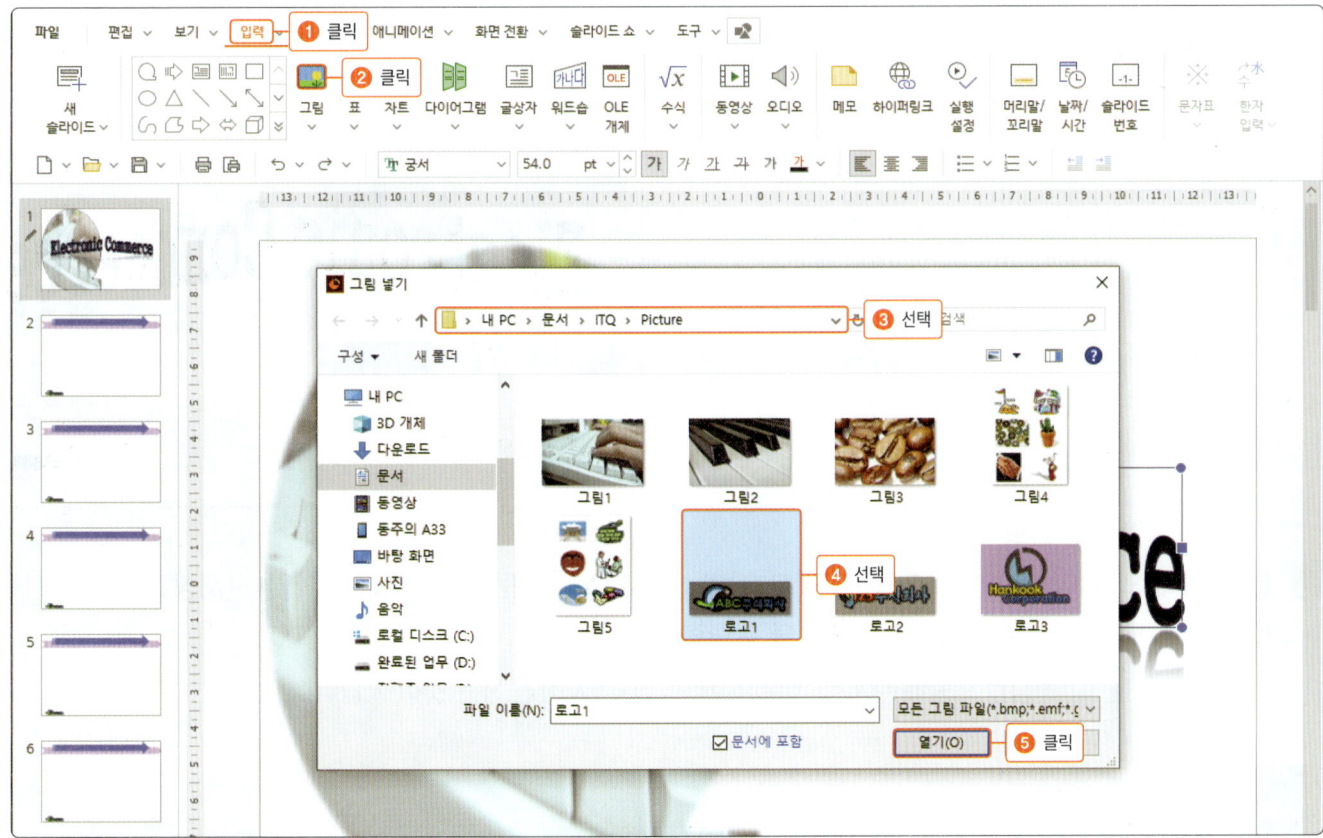

 그림 삽입하기

실제 시험에서는 삽입할 그림을 가져오는 경로가 [내 PC\문서\ITQ\Picture] 폴더입니다.

❷ 그림이 삽입되면 [그림( 🌷 )] 탭에서 '색'–'**투명한 색 설정**'을 선택합니다.

❸ 마우스 포인터 모양이 로 변경되면 삽입된 그림의 회색 부분을 클릭하여 투명하게 처리합니다.

❹ 로고의 배경이 투명하게 변경되면 조절점( ● )을 드래그하여 《출력형태》와 같이 크기를 조절한 후 위치를 변경합니다.

❺ 《출력형태》와 같이 도형과 워드숍, 그림(로고)의 배치가 잘 되었는지 확인하고 [파일]–[저장하기]( **Ctrl** + **S** ) 또는 서식 도구 상자에서 '**저장하기( 💾 )**'를 클릭합니다.

※ 실제 시험을 볼 때 작업 도중에 수시로(10분에 한 번 정도) 저장을 하는 것이 좋습니다.

**시험분석**

[슬라이드 1] 《표지 디자인》

- **도형에 그림 채우기** : 문제지에 제시된 도형의 종류를 확인하고 그림 채우기를 합니다. 그림 채우기할 때 《출력형태》를 참고하여 도형에 채워진 그림 모양을 꼭 확인합니다.
- **워드숍** : 워드숍 모양은 '갈매기형 수장, 역삼각형, 왼쪽 줄이기, 휘어 올라가기, 휘어 내려가기, 아래쪽 수축 팽창' 등이 출제되었습니다.

# [슬라이드 1] 《표지 디자인》

숏츠(Shorts)

**01** 문제지의 지시사항 및 세부조건을 참고하여 《출력형태》에 알맞게 작업하시오.

· 소스 파일 : [출제유형 02]-정복02_문제01.show     · 정답 파일 : [출제유형 02]-정복02_정답01.show

◆ [슬라이드 1] 《표지 디자인》 (40점)

(1) 표지 디자인 : 도형, 워드숍 및 그림을 이용하여 작성한다.

◆ 세부조건

① **도형 편집**
   - 도형에 그림 채우기 :
     「내 PC₩문서₩ITQ₩Picture₩
     그림1.jpg」, 투명도 50%
   - 도형 효과 : 옅은 테두리 5pt

② **워드숍**
   - 변환 : 갈매기형 수장
   - 글꼴 : 궁서, 진하게
   - 반사 : 1/2 크기, 4pt

③ **그림 삽입**
   - 「내 PC₩문서₩ITQ₩Picture₩
     로고1.jpg」
   - 배경(회색) 투명한 색으로 설정

**02** 문제지의 지시사항 및 세부조건을 참고하여 《출력형태》에 알맞게 작업하시오.

• 소스 파일 : [출제유형 02]-정복02_문제02.show   • 정답 파일 : [출제유형 02]-정복02_정답02.show

◆ [슬라이드 1]《표지 디자인》 (40점)

(1) 표지 디자인 : 도형, 워드숍 및 그림을 이용하여 작성한다.

**세부조건**

① **도형 편집**
  – 도형에 그림 채우기 :
    「내 PC₩문서₩ITQ₩Picture₩
    그림1.jpg」, 투명도 50%
  – 도형 효과 : 옅은 테두리 5pt

② **워드숍**
  – 변환 : 중지
  – 글꼴 : 궁서, 진하게
  – 반사 : 1/2 크기, 4pt

③ **그림 삽입**
  – 「내 PC₩문서₩ITQ₩Picture₩
    로고2.jpg」
  – 배경(회색) 투명한 색으로 설정

**03** 문제지의 지시사항 및 세부조건을 참고하여 《출력형태》에 알맞게 작업하시오.

• 소스 파일 : [출제유형 02]-정복02_문제03.show   • 정답 파일 : [출제유형 02]-정복02_정답03.show

◆ [슬라이드 1]《표지 디자인》 (40점)

(1) 표지 디자인 : 도형, 워드숍 및 그림을 이용하여 작성한다.

**세부조건**

① **도형 편집**
  – 도형에 그림 채우기 :
    「내 PC₩문서₩ITQ₩Picture₩
    그림1.jpg」, 투명도 50%
  – 도형 효과 : 옅은 테두리 5pt

② **워드숍**
  – 변환 : 삼각형
  – 글꼴 : 궁서, 진하게
  – 반사 : 1/2 크기, 4pt

③ **그림 삽입**
  – 「내 PC₩문서₩ITQ₩Picture₩
    로고1.jpg」
  – 배경(회색) 투명한 색으로 설정

**04** 문제지의 지시사항 및 세부조건을 참고하여 《출력형태》에 알맞게 작업하시오.

• 소스 파일 : [출제유형 02]-정복02_문제04.show    • 정답 파일 : [출제유형 02]-정복02_정답04.show

◆ [슬라이드 1] 《표지 디자인》 (40점)

(1) 표지 디자인 : 도형, 워드숍 및 그림을 이용하여 작성한다.

### 세부조건

① **도형 편집**
- 도형에 그림 채우기 :
  「내 PC₩문서₩ITQ₩Picture₩그림3.jpg」, 투명도 50%
- 도형 효과 : 옅은 테두리 5pt

② **워드숍**
- 변환 : 중지
- 글꼴 : 궁서, 진하게
- 반사 : 1/2 크기, 4pt

③ **그림 삽입**
- 「내 PC₩문서₩ITQ₩Picture₩로고2.jpg」
- 배경(회색) 투명한 색으로 설정

**05** 문제지의 지시사항 및 세부조건을 참고하여 《출력형태》에 알맞게 작업하시오.

• 소스 파일 : [출제유형 02]-정복02_문제05.show    • 정답 파일 : [출제유형 02]-정복02_정답05.show

◆ [슬라이드 1] 《표지 디자인》 (40점)

(1) 표지 디자인 : 도형, 워드숍 및 그림을 이용하여 작성한다.

### 세부조건

① **도형 편집**
- 도형에 그림 채우기 :
  「내 PC₩문서₩ITQ₩Picture₩그림1.jpg」, 투명도 50%
- 도형 효과 : 옅은 테두리 5pt

② **워드숍**
- 변환 : 역삼각형
- 글꼴 : 궁서, 진하게
- 반사 : 전체 반사, 근접

③ **그림 삽입**
- 「내 PC₩문서₩ITQ₩Picture₩로고2.jpg」
- 배경(회색) 투명한 색으로 설정

출제유형 **03**

PART 02 출제유형 완전정복

# [슬라이드 2]《목차 슬라이드》

☑ 도형으로 목차 만들기  ☑ 텍스트에 하이퍼링크 적용하기
☑ 그림 삽입한 후 자르기

문제 풀이

## 문제 미리보기

소스 파일 : [출제유형 03]-유형03_문제.show   정답 파일 : [출제유형 03]-유형03_정답.show

◆ [슬라이드 2]《목차 슬라이드》 (60점)

(1) 출력형태와 같이 도형을 이용하여 목차를 작성한다(글꼴 : 맑은 고딕, 24pt).
(2) 도형 : 선 없음

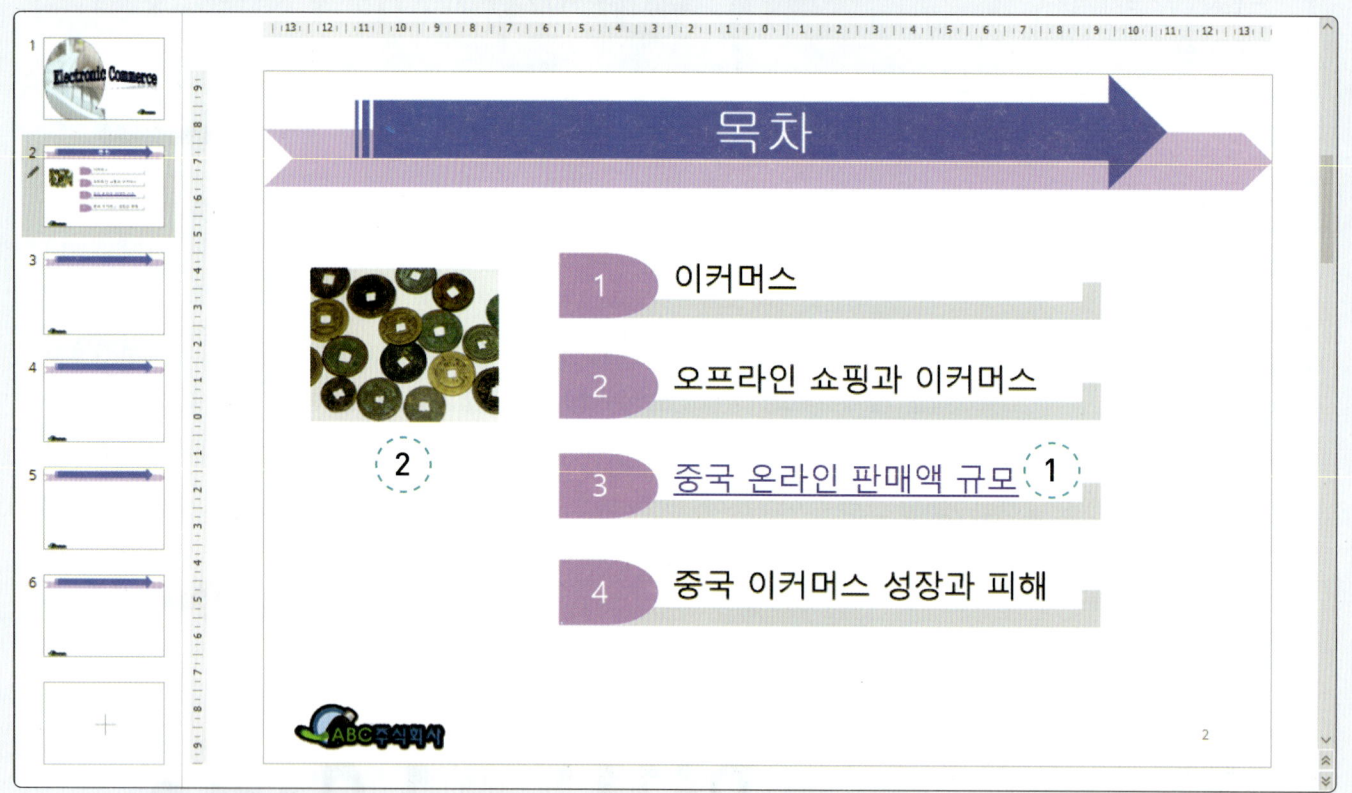

◆ 세부조건

① 텍스트에 하이퍼링크 적용
 → '슬라이드 5'

② 그림 삽입
 -「내 PC₩문서₩ITQ₩Picture₩그림4.jpg」
 - 자르기 기능 이용

#  도형을 이용하여 목차 작성하기

(2) 도형 : 선 없음

## ■ 제목 입력하기

① '유형03_문제.show' 파일을 불러와 [슬라이드 2]를 클릭한 후 작업합니다.

※ 파일 불러오기 : [파일]-[불러오기](Ctrl+O)를 클릭한 후 [불러오기] 대화상자에서 파일을 선택합니다.

② 슬라이드 상단에 '제목을 입력하십시오'를 클릭한 후 **'목차'**를 입력합니다.

※ 슬라이드 마스터에서 작업한 제목 도형의 글꼴 속성은 '굴림, 40pt, 하양'으로 지정되어 있습니다. 만약, 글꼴을 잘못 지정했을 경우에는 [보기] 탭에서 '슬라이드 마스터'를 클릭하여 수정합니다.

③ '내용을 입력하십시오' 글상자의 테두리를 클릭한 후 Delete 키를 눌러 삭제합니다.

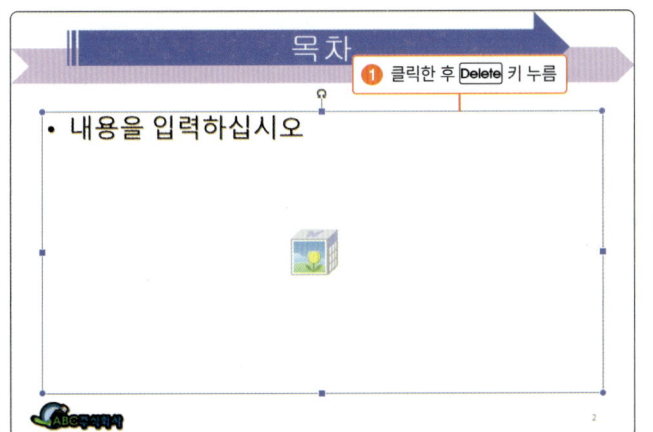 

## ■ 목차 도형 작성하기(왼쪽의 숫자 도형)

① [입력] 탭에서 '도형' 이미지 꾸러미의 자세히 단추(⌄)를 눌러 '순서도'-**'순서도: 지연(⌐)'**을 클릭합니다.

② 마우스 포인터가 ┼ 모양으로 변경되면 드래그하여 도형을 삽입합니다. 이어서, 조절점(●)을 드래그하여 《출력형태》와 같이 크기를 조절한 후 위치를 변경합니다.

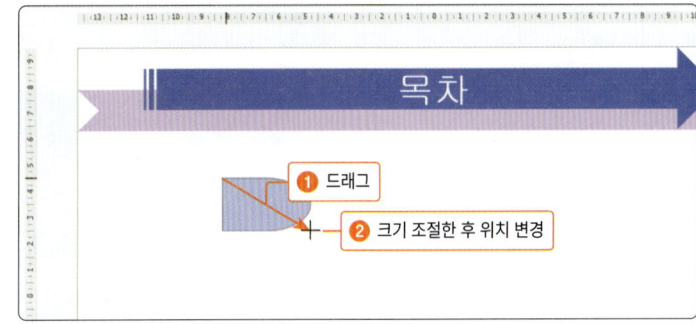

❸ [도형(　)] 탭에서 '도형 채우기(　도형 채우기　)'의 목록 단추(∨)를 눌러 '**보라(RGB: 157,92,187) 40% 밝게**'를 선택합니다.

※ 도형의 색상은 문제지 조건에 없기 때문에 임의의 색을 선택합니다.

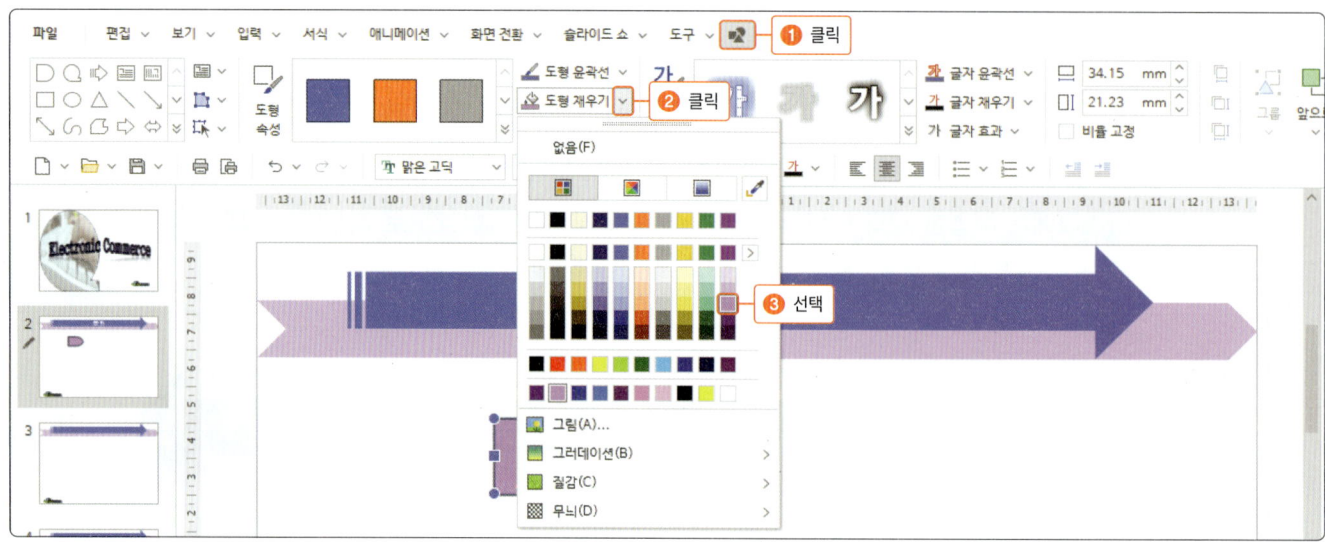

❹ [도형(　)] 탭에서 '도형 윤곽선(　도형 윤곽선　)'의 목록 단추(∨)를 눌러 '**없음**'을 선택합니다.

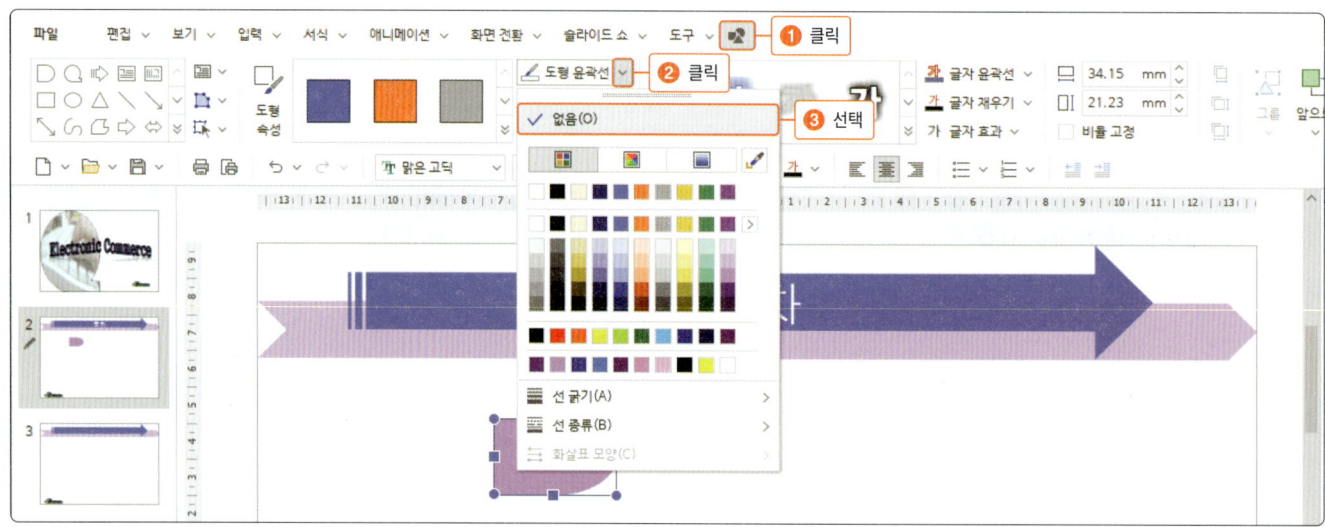

❺ 도형의 선택된 상태에서 '1'을 입력합니다.

※ 도형의 스타일에 따라서 글꼴 색상이 검정색 또는 하양으로 나타납니다.《출력형태》를 참고하여 글꼴 색상을 변경합니다.

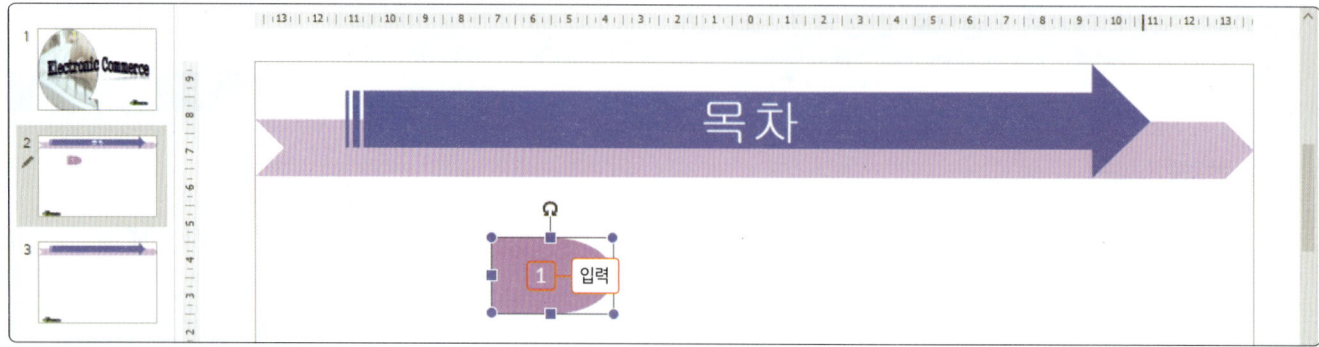

## ■ 목차 도형 작성하기(오른쪽 도형)

❶ [입력] 탭에서 '도형' 이미지 꾸러미의 자세히 단추(▽)를 클릭한 후 '기본 도형'–'L 도형(└)'을 선택합니다.

❷ 마우스 포인터가 ✛ 모양으로 변경되면 드래그하여 도형을 삽입합니다. 이어서, 조절점(●)을 드래그하여 《출력형태》와 같이 크기를 조절한 후 위치를 변경합니다.

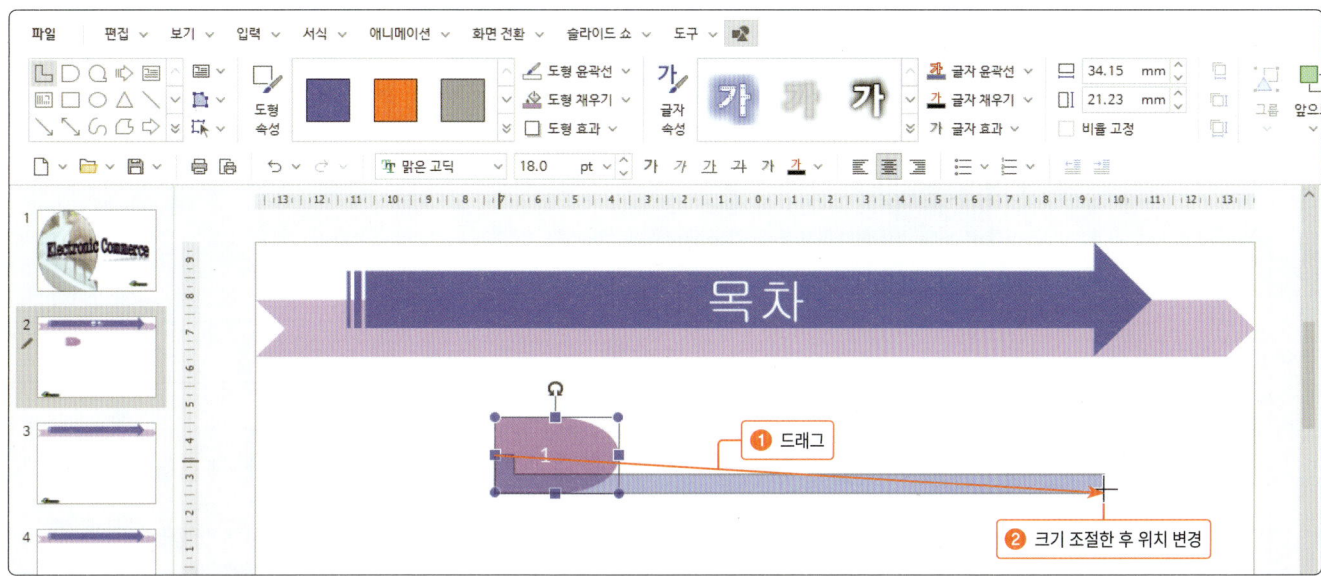

❸ [도형(▨)] 탭에서 '도형 채우기( ▨ 도형 채우기 ▽ )'의 목록 단추(▽)를 눌러 '**하양**(RGB: 255,255,255) 15% 어둡게'를 선택합니다.

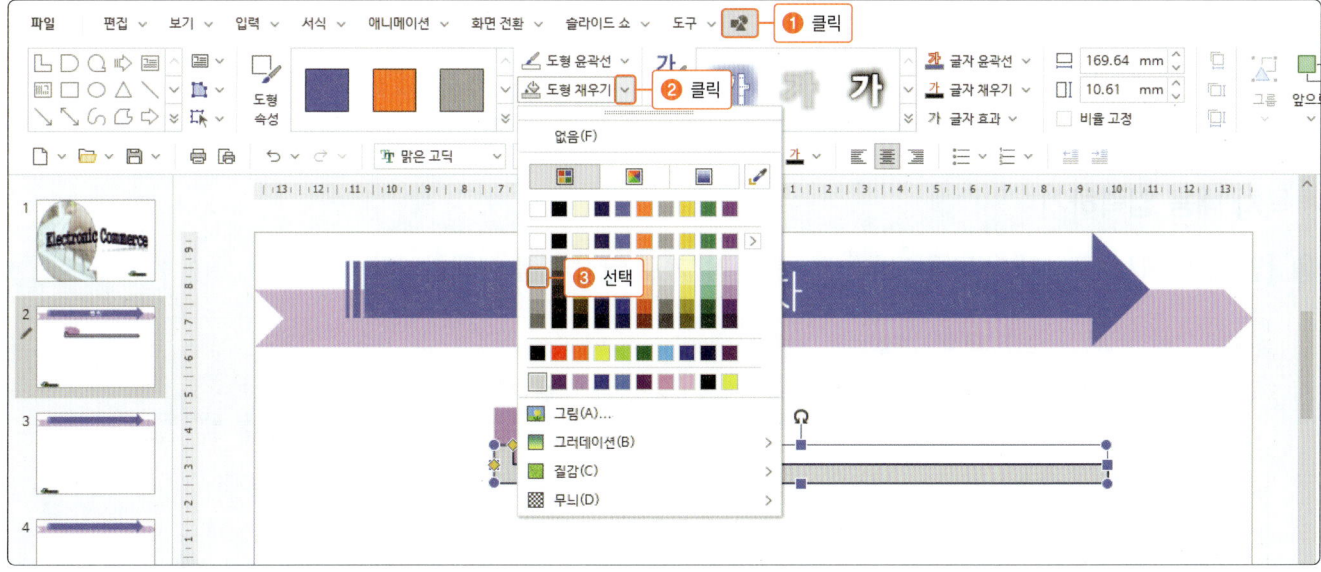

❹ [도형(▨)] 탭에서 '도형 윤곽선( ▨ 도형 윤곽선 ▽ )'의 목록 단추(▽)를 눌러 '**없음**'을 선택합니다.

❺ [도형( )] 탭에서 '회전'-'**좌우 대칭( )**'을 선택합니다. 이서서, '뒤로'-'**맨 뒤로( )**'를 선택합니다.

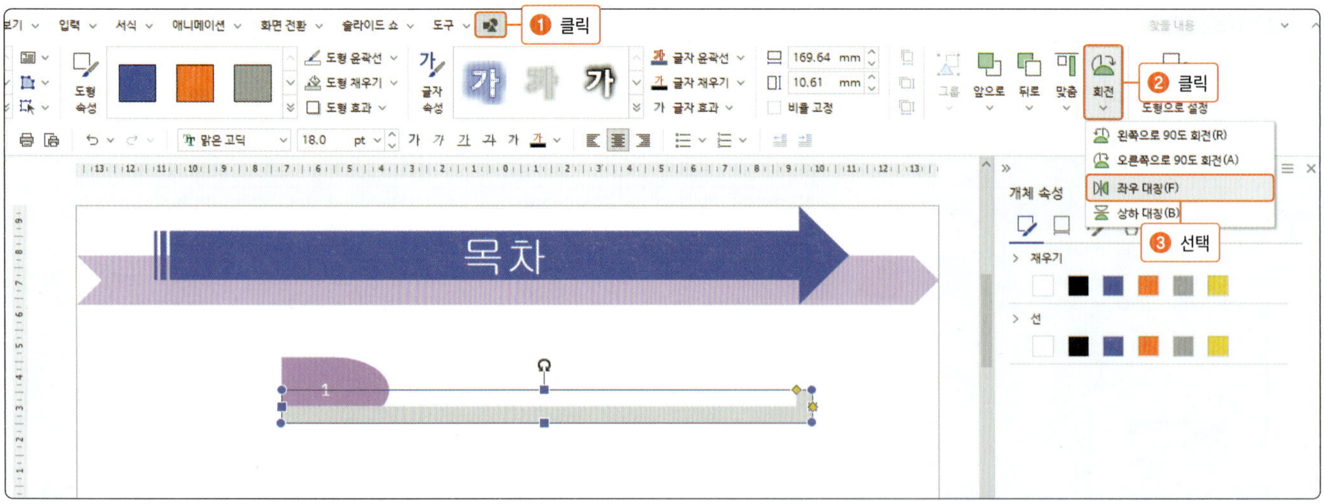

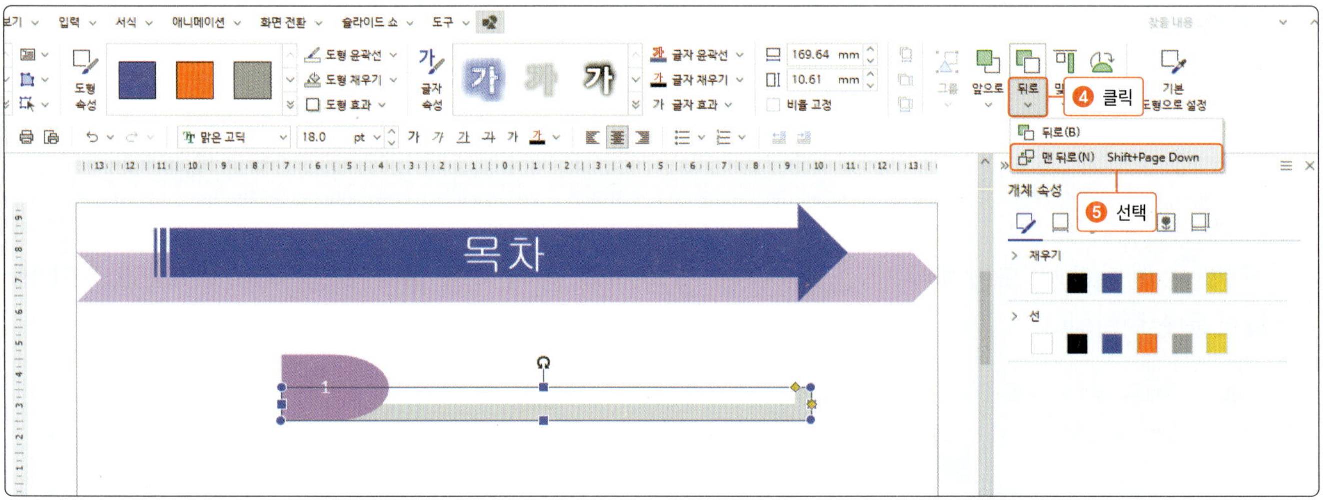

■ **목차 내용 입력하기**

❶ [입력] 탭에서 '글상자'의 목록 단추( )를 눌러 '**가로 글상자**'를 선택합니다.

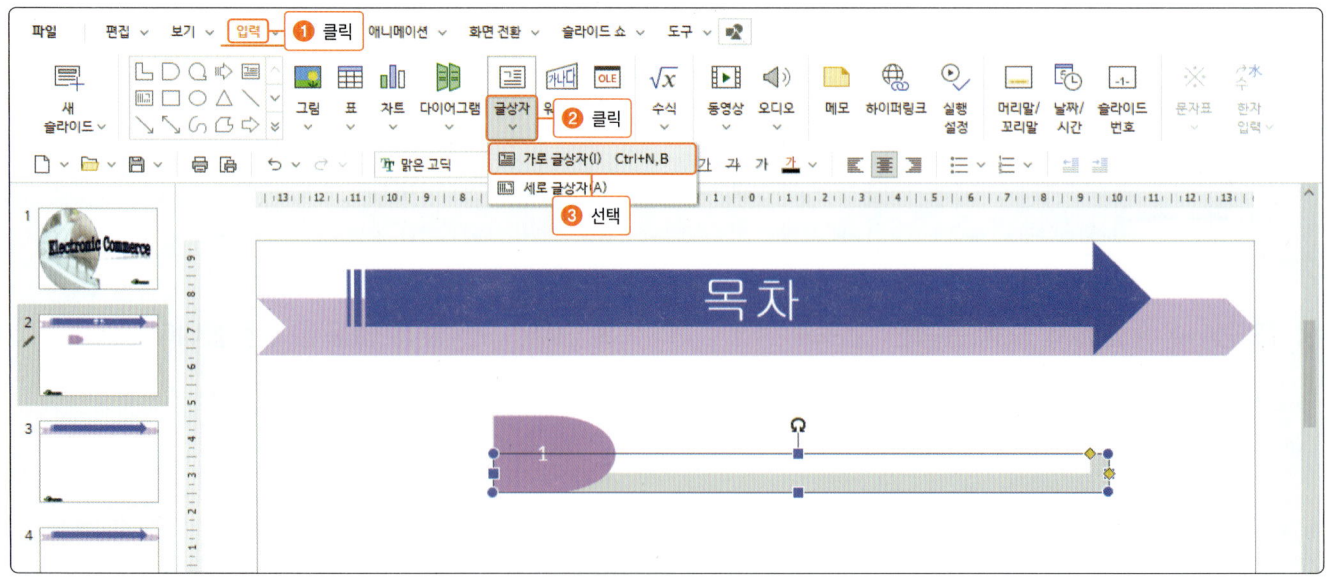

❷ 내용을 입력할 위치를 드래그한 후 글상자가 표시되면 '**이커머스**'를 입력합니다..

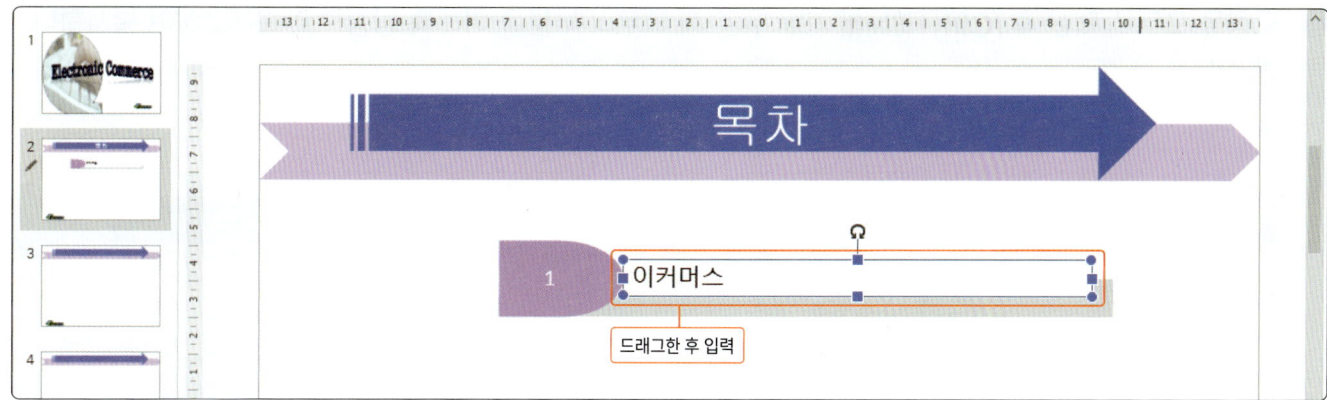

❸ 다음과 같이 드래그하여 도형을 모두 선택합니다.

※ 위쪽 슬라이드 마스터의 글상자('목차')가 선택되지 않도록 주의합니다.

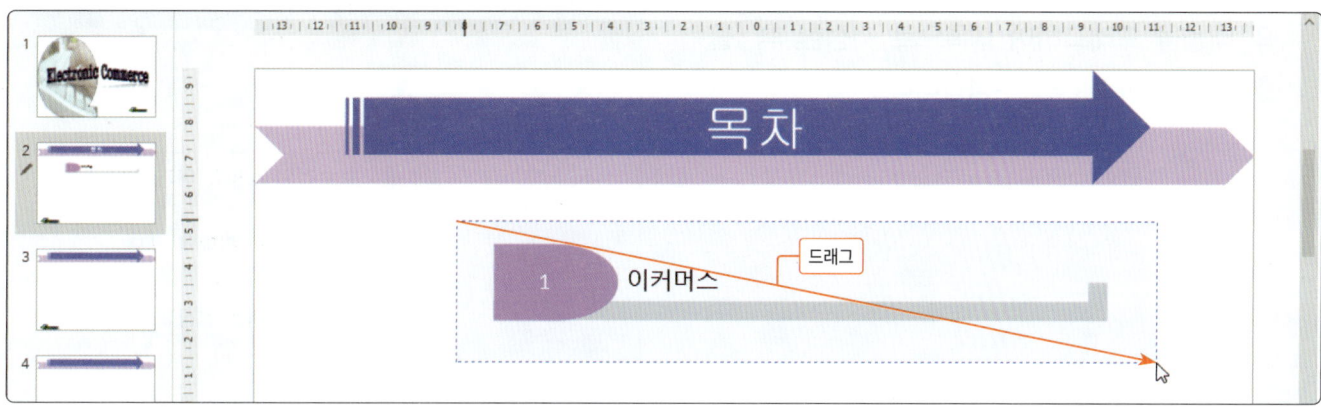

❹ 서식 도구 상자에서 '**글꼴(맑은 고딕), 글자 크기(24pt)**'를 지정합니다.

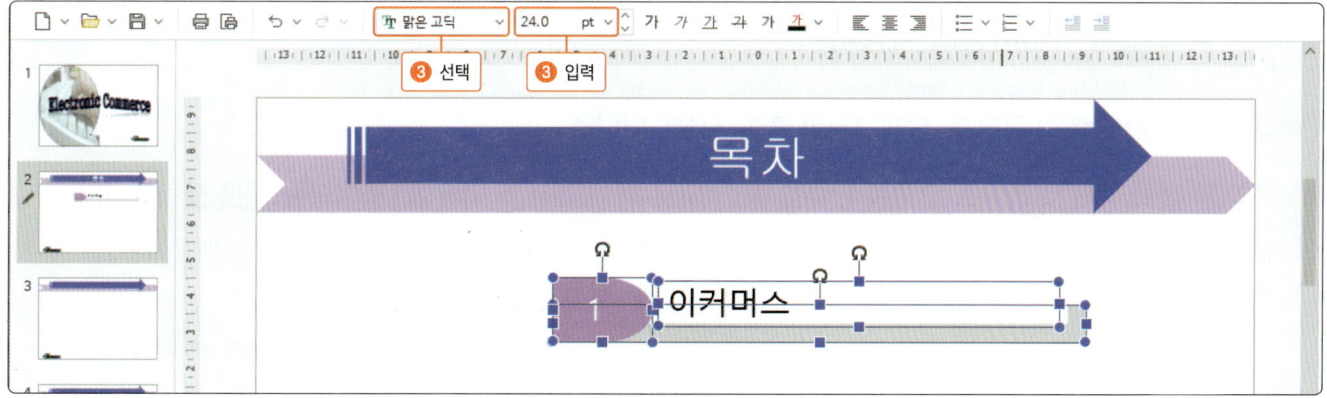

❺ [Esc] 키를 눌러 모든 선택을 해제합니다. 이어서, 《출력형태》와 같이 글상자 크기를 조절한 후 위치를 변경합니다.

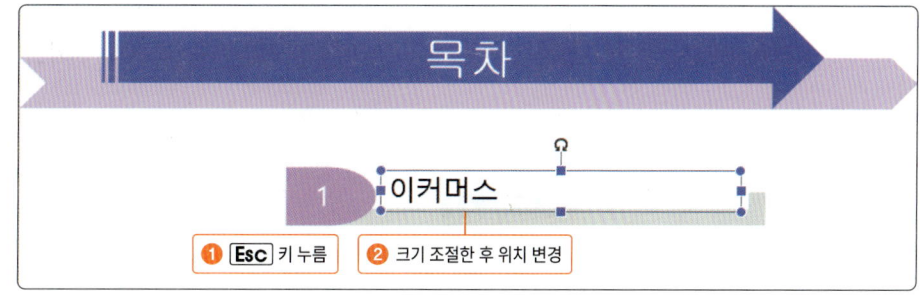

■ 도형을 복사한 후 내용 변경하기

❶ 도형을 모두 선택한 후 [Ctrl]+[Shift] 키를 누른 채 테두리 부분을 아래쪽 방향으로 드래그하여 복사합니다.(세 번 반복).

※ 도형 간격이 《출력형태》와 같이 일정하지 않을 경우 키보드의 방향키([↑], [↓])를 눌러 조절합니다.

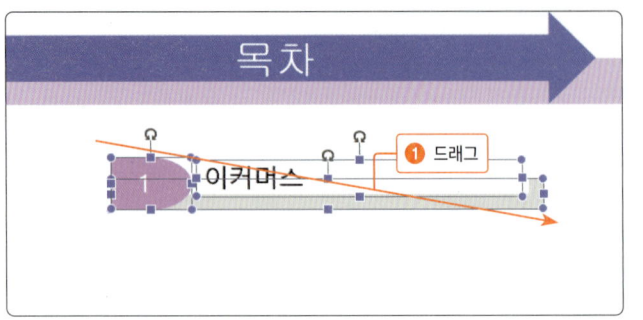 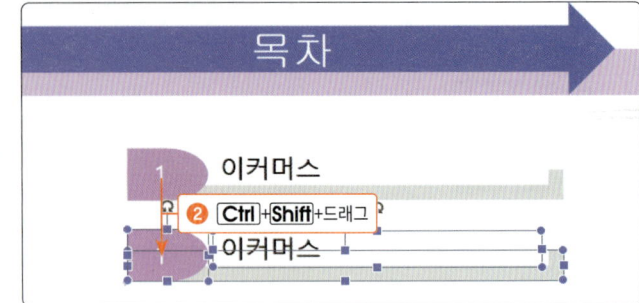

❷ 일정한 간격으로 도형 복사가 완료되면 도형 안쪽의 내용을 드래그하여 블록으로 지정한 후 《출력형태》와 같이 내용을 수정합니다.

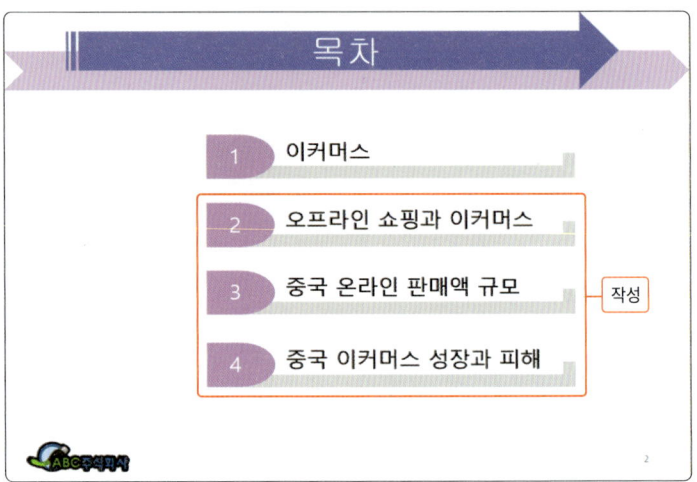

## 02 텍스트에 하이퍼링크 적용하기

① 텍스트에 하이퍼링크 적용 → '슬라이드 5'

❶ '중국 온라인 판매액 규모'를 드래그하여 블록 지정합니다.

❷ 지정된 블록 위에서 마우스 오른쪽 단추를 눌러 바로 가기 메뉴가 나오면 [하이퍼링크]를 클릭합니다.

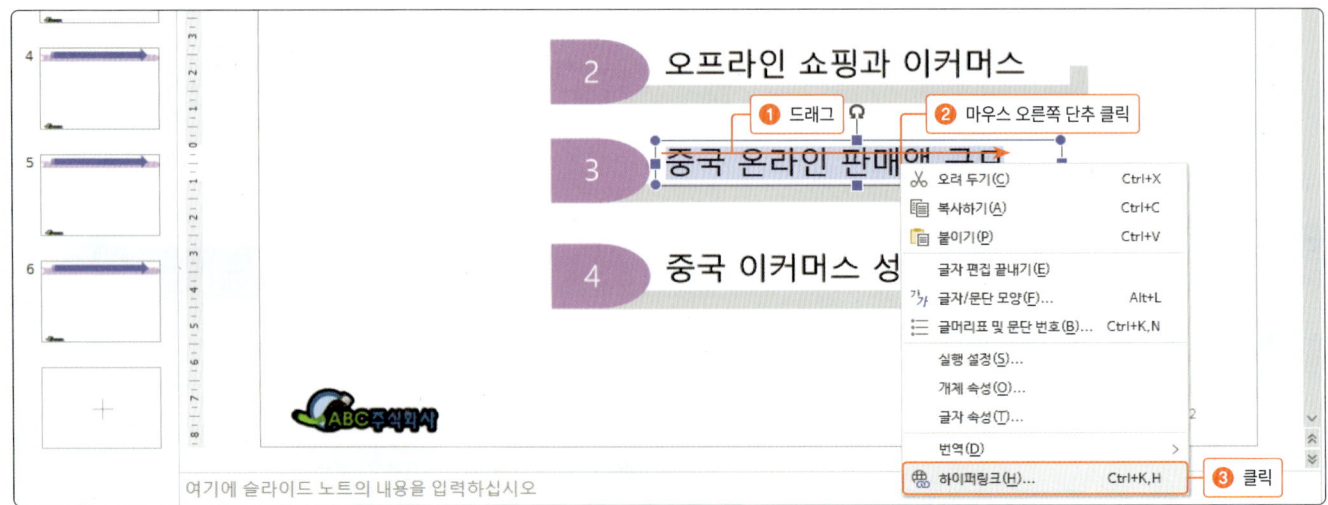

❸ [하이퍼링크] 대화상자가 나오면 '현재 문서'를 클릭한 후 '이 문서에서 위치 선택'-'슬라이드 제목'-'**슬라이드 5**'를 선택합니다. 이어서, 〈넣기〉 단추를 클릭합니다.

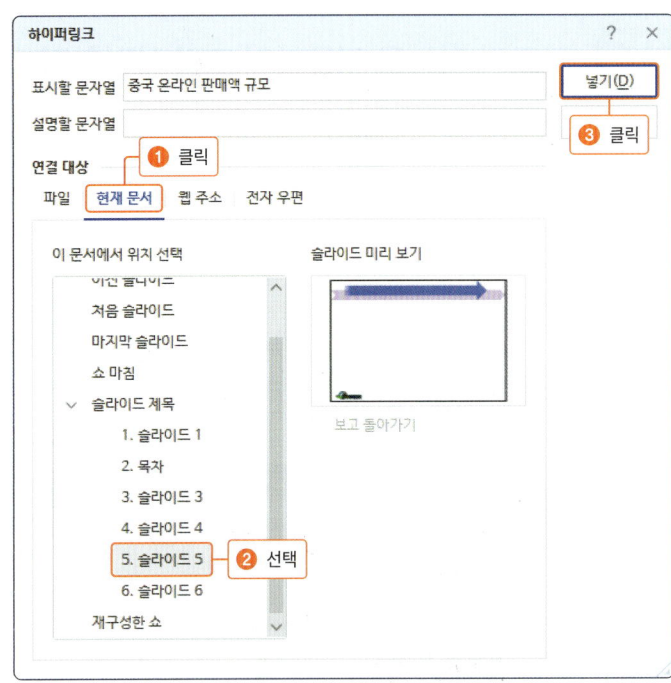

❹ Esc 키를 눌러 블록 지정을 해제한 후 텍스트에 적용된 하이퍼링크를 확인합니다.

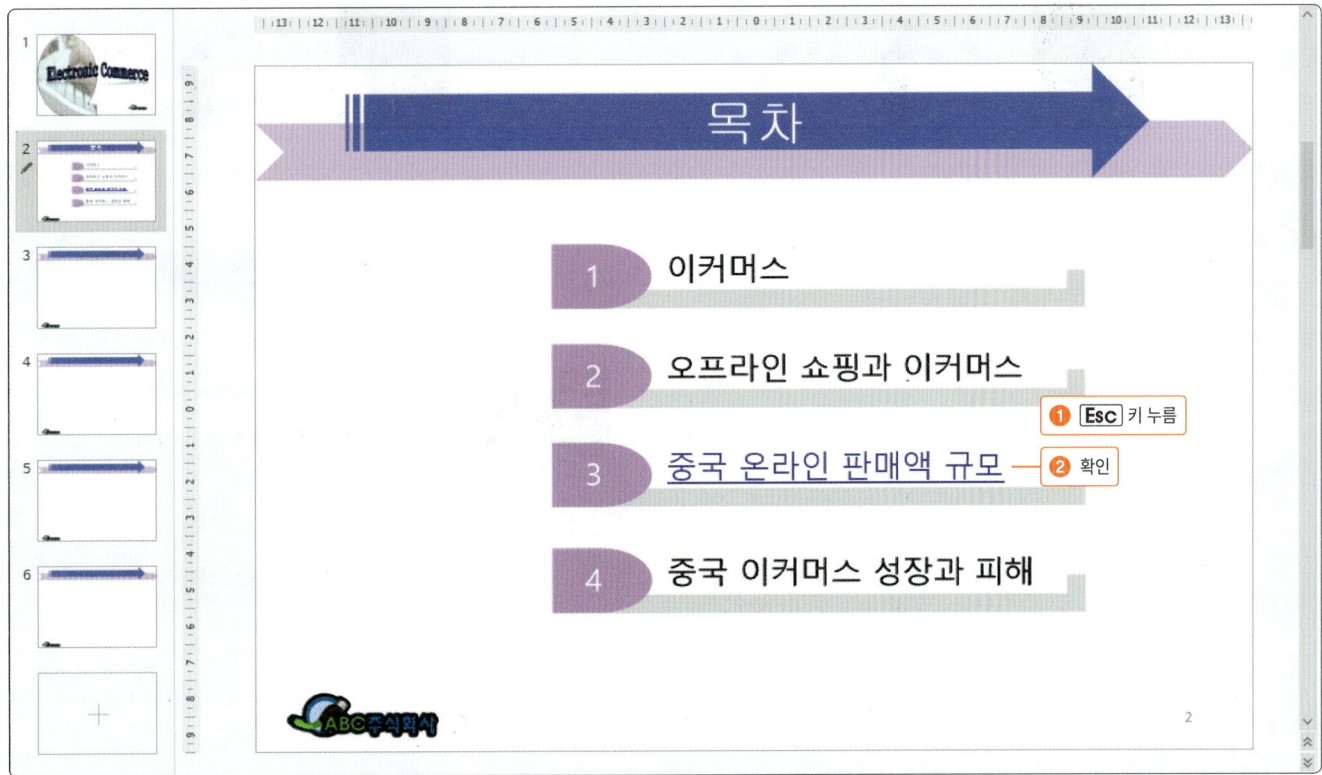

 하이퍼링크

❶ 하이퍼링크가 적용되면 텍스트가 파란색으로 변경되며 동시에 밑줄이 생깁니다.
❷ 하이퍼링크는 반드시 도형이 아닌 텍스트에 지정합니다.
❸ 하이퍼링크를 잘못 지정했을 때는 하이퍼링크 내용을 블록 지정한 후 마우스 오른쪽 단추를 눌러 바로 가기 메뉴가 나오면 [하이퍼링크 지우기]를 클릭한 후 다시 하이퍼링크를 지정합니다.

## 03 자르기 기능을 이용하여 그림 삽입하기

> ① 그림 삽입 – 「내 PC\문서\ITQ\Picture\그림4.jpg」
> – 자르기 기능 이용

❶ [입력] 탭에서 '그림( )'을 클릭합니다. 이어서, [그림 넣기] 대화상자가 나오면 'ITQ\Picture\그림4'를 선택한 후 〈넣기〉 단추를 클릭합니다.

❷ 그림이 삽입되면 [그림( )] 탭에서 '자르기( )'를 클릭합니다.

❸ 아래쪽 오른쪽 끝 구분선(┘)과 위쪽 왼쪽 끝 구분선(┌)를 차례로 드래그하여 필요한 부분만 보이도록 한 후 Esc 키를 눌러 이미지를 잘라냅니다.

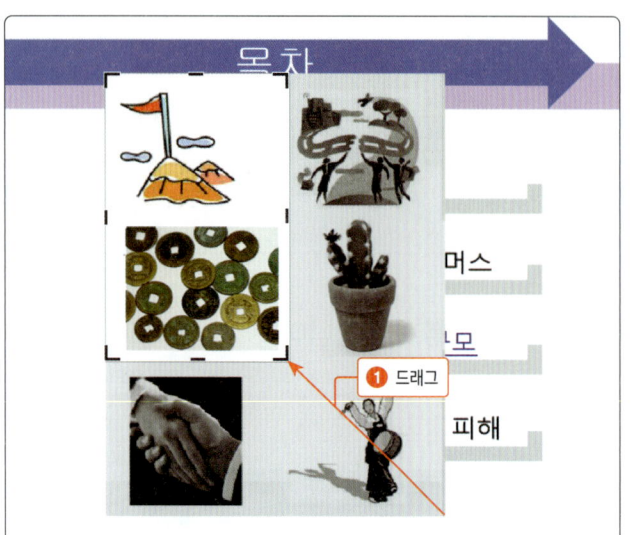 

❹ 조절점( )을 드래그하여 《출력형태》와 같이 크기를 조절한 후 위치를 변경합니다.

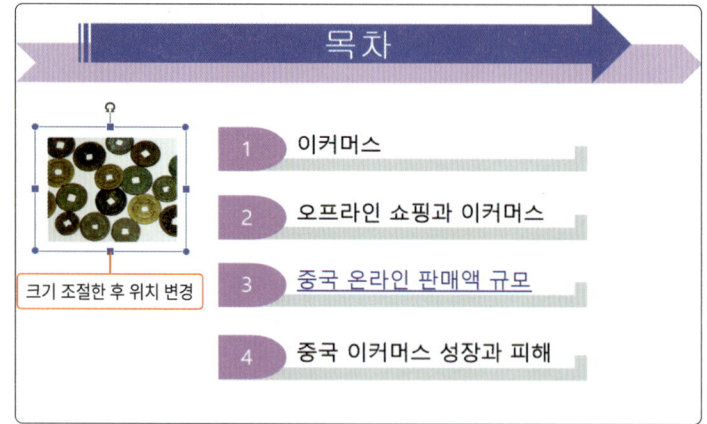

❺ [파일]-[저장하기]( Ctrl + S ) 또는 서식 도구 상자에서 '저장하기( )'를 클릭합니다.
※ 실제 시험을 볼 때 작업 도중에 수시로(10분에 한 번 정도) 저장을 하는 것이 좋습니다.

> **시험분석**
>
> [슬라이드 2] 《목차 슬라이드》
> - **목차 도형** : 도형을 작성할 때 '선 없음'을 지정하며 겹치는 두 개의 도형 색을 서로 다르게 구분합니다.
> - **목차 번호** : 시험에서는 숫자 외에 로마자나 영문자, 원번호 등을 입력하는 문제가 출제될 수 있습니다.
> - **하이퍼링크** : 도형 안쪽의 텍스트를 블록으로 지정한 후 텍스트에 하이퍼링크를 지정합니다.

### 로마자와 원번호 입력하기

시험에서는 목차 번호가 로마자(Ⅰ, ⅰ)나 영문자(A), 원번호(①, ⓐ) 등을 입력하는 문제가 출제될 수 있습니다. 한쇼 2022에서 로마자와 원번호를 입력하는 방법은 다음과 같습니다.

❶ [입력] 탭에서 '문자표'의 목록 단추(˅)를 눌러 '문자표'를 선택합니다.

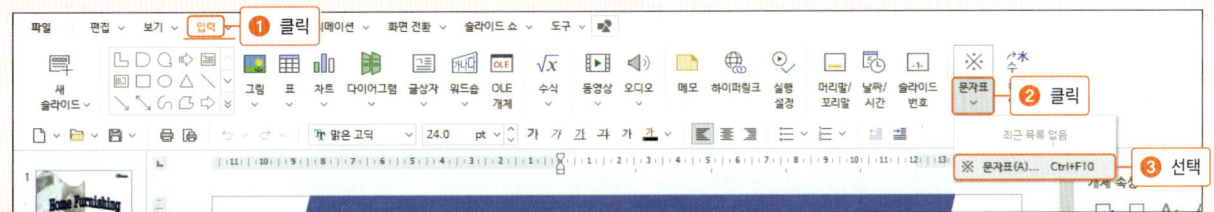

❷ [문자표 입력] 대화상자가 나오면 [흔글(HNC) 문자표] 탭의 '문자 영역'에서 '전각 기호(로마자)', '전각 기호(원)'을 선택한 후 원하는 문자를 선택하고 〈넣기〉 단추를 클릭합니다.

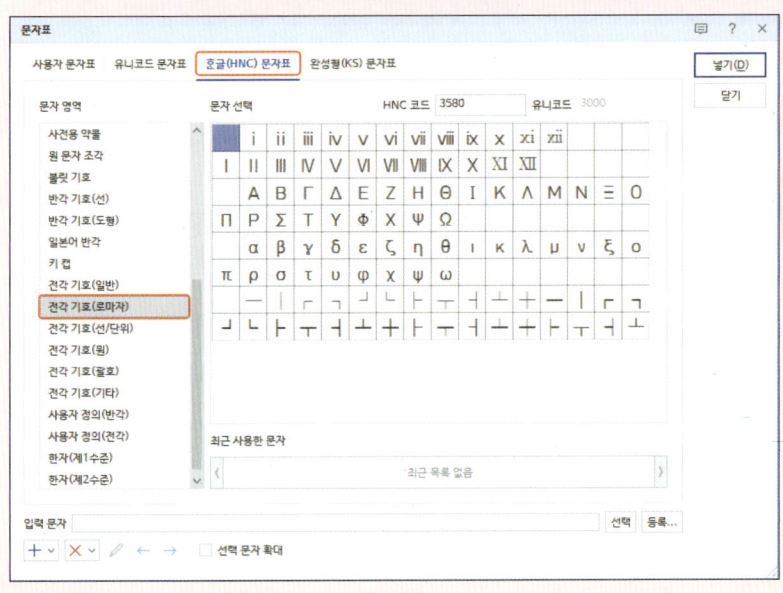

◀ '전각 기호(로마자)'를 선택한 경우

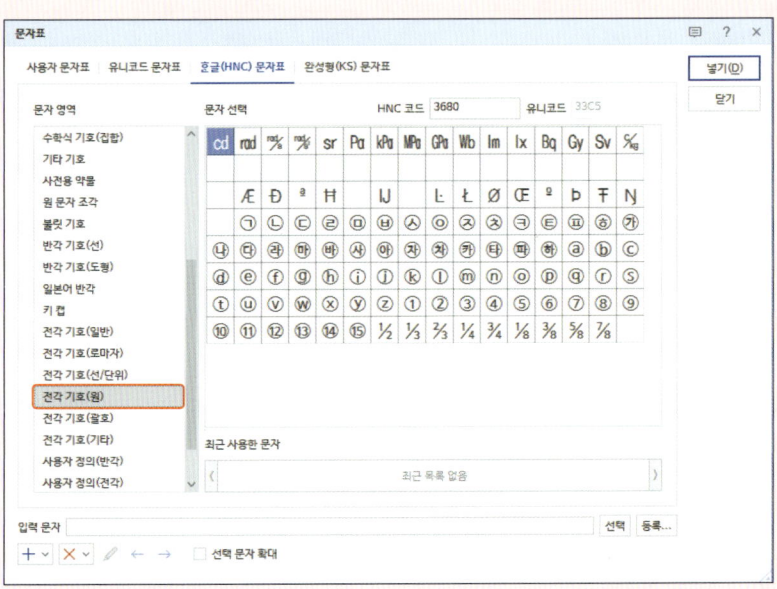

◀ '전각 기호(원)'을 선택한 경우

출제유형 03  **67**  [슬라이드 2] 《목차 슬라이드》

# [슬라이드 2]《목차 슬라이드》

**01** 문제지의 지시사항 및 세부조건을 참고하여 《출력형태》에 알맞게 작업하시오.

· 소스 파일 : [출제유형 03]-정복03_문제01.show　　· 정답 파일 : [출제유형 03]-정복03_정답01.show

◆ [슬라이드 2]《목차 슬라이드》　　　　　　　　　　　　　　　　　　　　　　　　　　(60점)

　(1) 출력형태와 같이 도형을 이용하여 목차를 작성한다(글꼴 : 맑은 고딕, 24pt).
　(2) 도형 : 선 없음

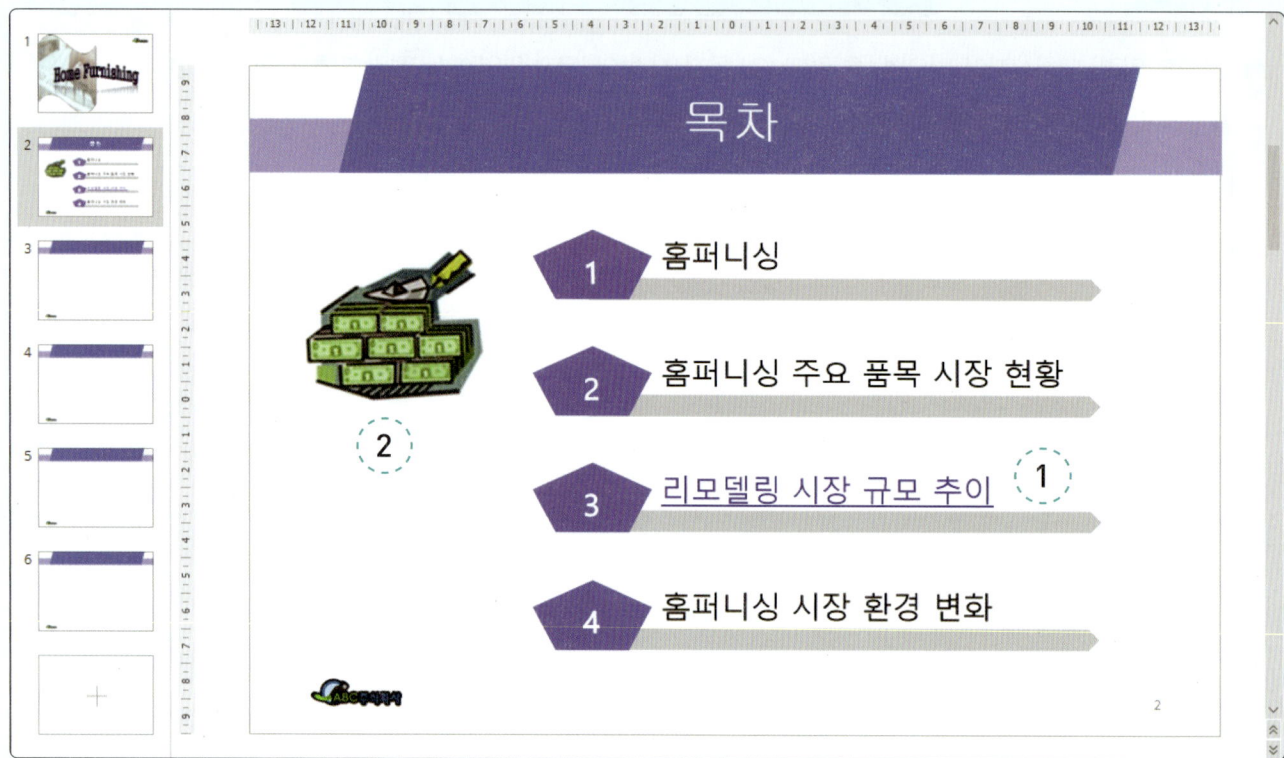

◆ 세부조건

　① 텍스트에 하이퍼링크 적용　　　② 그림 삽입
　　→ '슬라이드 5'　　　　　　　　　－「내 PC\문서\ITQ\Picture\그림5.jpg」
　　　　　　　　　　　　　　　　　－ 자르기 기능 이용

**02** 문제지의 지시사항 및 세부조건을 참고하여 《출력형태》에 알맞게 작업하시오.

· 소스 파일 : [출제유형 03]-정복03_문제02.show   · 정답 파일 : [출제유형 03]-정복03_정답02.show

◆ [슬라이드 2] 《목차 슬라이드》                                                                    (60점)

  (1) 출력형태와 같이 도형을 이용하여 목차를 작성한다(글꼴 : 맑은 고딕, 24pt).
  (2) 도형 : 선 없음

**세부조건**
① 텍스트에 하이퍼링크 적용
  → '슬라이드 4'
② 그림 삽입
  – 「내 PC₩문서₩ITQ₩Picture₩그림4.jpg」
  – 자르기 기능 이용

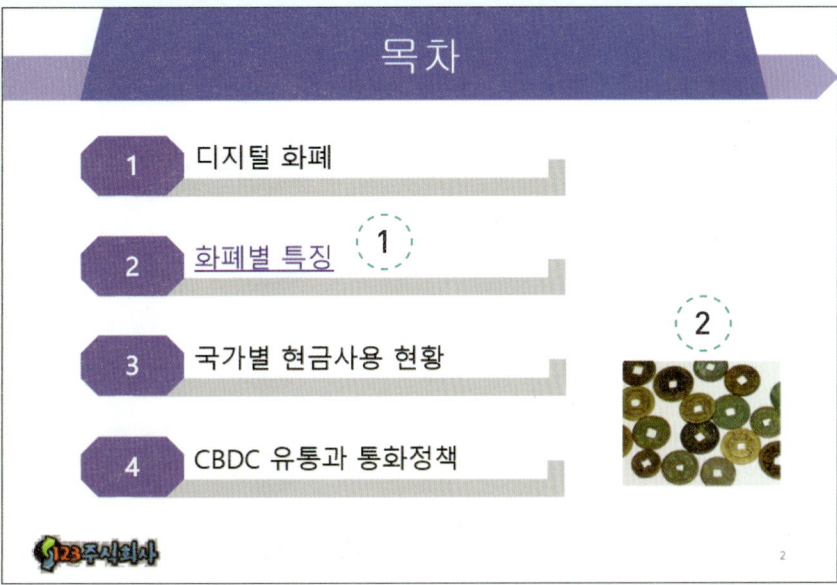

**03** 문제지의 지시사항 및 세부조건을 참고하여 《출력형태》에 알맞게 작업하시오.

· 소스 파일 : [출제유형 03]-정복03_문제03.show   · 정답 파일 : [출제유형 03]-정복03_정답03.show

◆ [슬라이드 2] 《목차 슬라이드》                                                                    (60점)

  (1) 출력형태와 같이 도형을 이용하여 목차를 작성한다(글꼴 : 맑은 고딕, 24pt).
  (2) 도형 : 선 없음

**세부조건**
① 텍스트에 하이퍼링크 적용
  → '슬라이드 6'
② 그림 삽입
  – 「내 PC₩문서₩ITQ₩Picture₩그림4.jpg」
  – 자르기 기능 이용

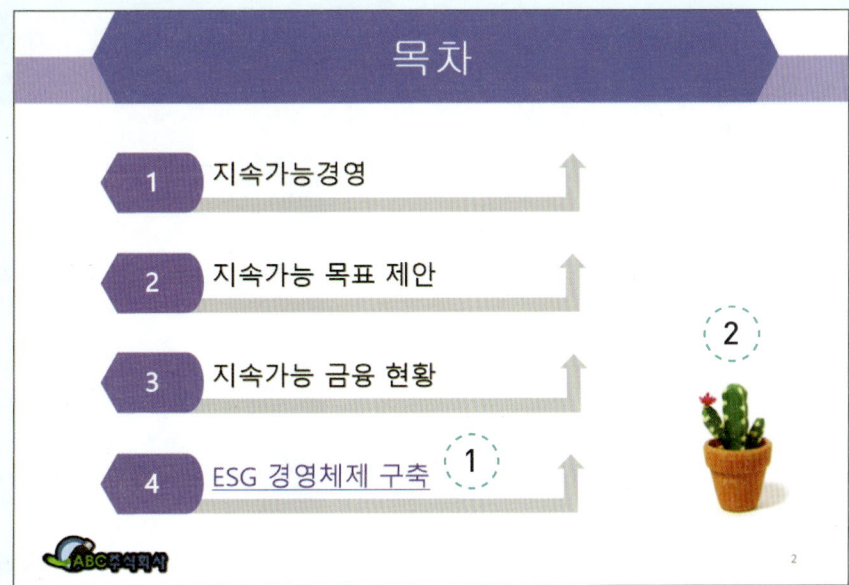

## 04 문제지의 지시사항 및 세부조건을 참고하여 《출력형태》에 알맞게 작업하시오.

• 소스 파일 : [출제유형 03]-정복03_문제04.show    • 정답 파일 : [출제유형 03]-정복03_정답04.show

◆ [슬라이드 2] 《목차 슬라이드》 (60점)

(1) 출력형태와 같이 도형을 이용하여 목차를 작성한다(글꼴 : 맑은 고딕, 24pt).
(2) 도형 : 선 없음

**세부조건**
① 텍스트에 하이퍼링크 적용
  → '슬라이드 4'
② 그림 삽입
  -「내 PC₩문서₩ITQ₩Picture₩그림4.jpg」
  - 자르기 기능 이용

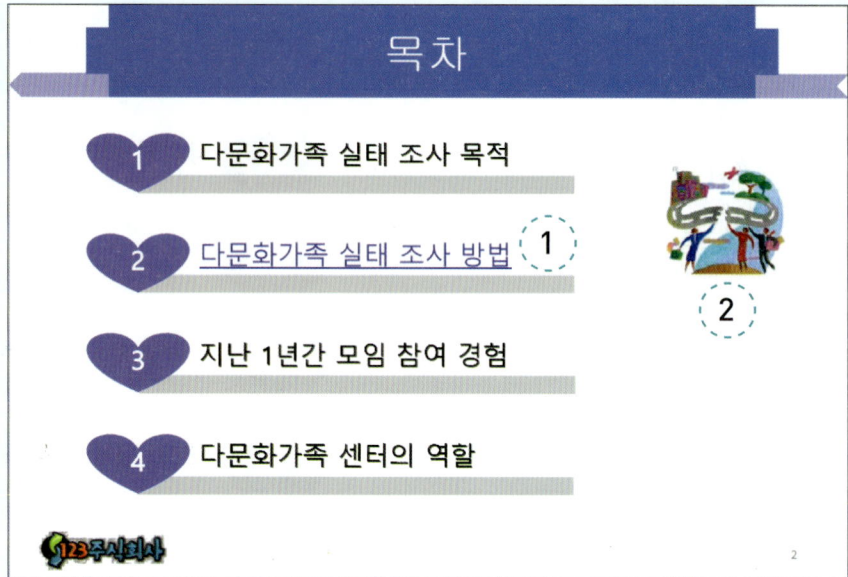

## 05 문제지의 지시사항 및 세부조건을 참고하여 《출력형태》에 알맞게 작업하시오.

• 소스 파일 : [출제유형 03]-정복03_문제05.show    • 정답 파일 : [출제유형 03]-정복03_정답05.show

◆ [슬라이드 2] 《목차 슬라이드》 (60점)

(1) 출력형태와 같이 도형을 이용하여 목차를 작성한다(글꼴 : 맑은 고딕, 24pt).
(2) 도형 : 선 없음

**세부조건**
① 텍스트에 하이퍼링크 적용
  → '슬라이드 5'
② 그림 삽입
  -「내 PC₩문서₩ITQ₩Picture₩그림4.jpg」
  - 자르기 기능 이용

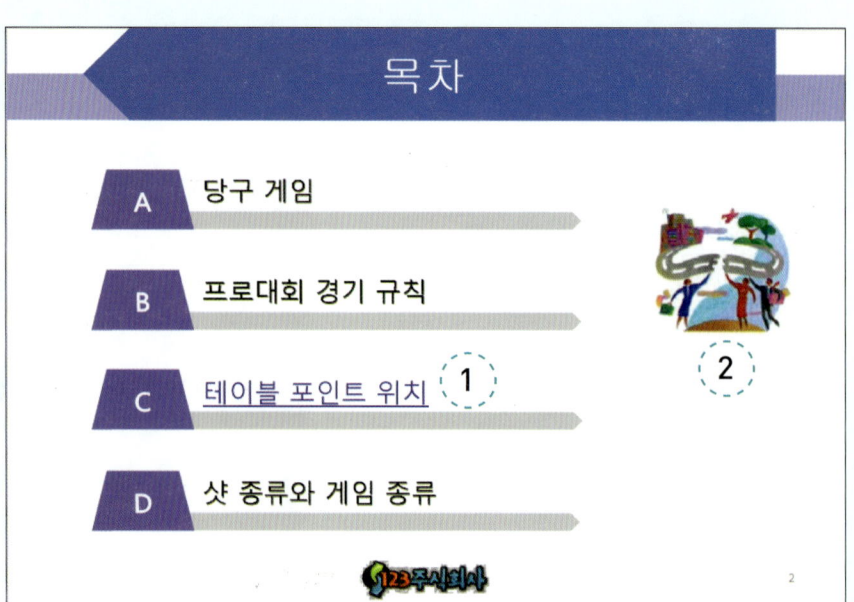

# MEMO

## 출제유형 04

### PART 02 출제유형 완전정복

# [슬라이드 3] 《텍스트/동영상 슬라이드》

☑ 글머리표 지정하기  ☑ 줄 간격 지정하기
☑ 동영상 삽입하기

문제 풀이

## 문제 미리보기

소스 파일 : [출제유형 04]-유형04_문제.show  정답 파일 : [출제유형 04]-유형04_정답.show

◆ [슬라이드 3] 《텍스트/동영상 슬라이드》 (60점)

(1) 텍스트 작성 : 글머리 기호 사용(➢, ✓)

➢문단(굴림, 24pt, 굵게, 줄간격 : 1.5줄), ✓문단(굴림, 20pt, 줄간격 : 1.5줄)

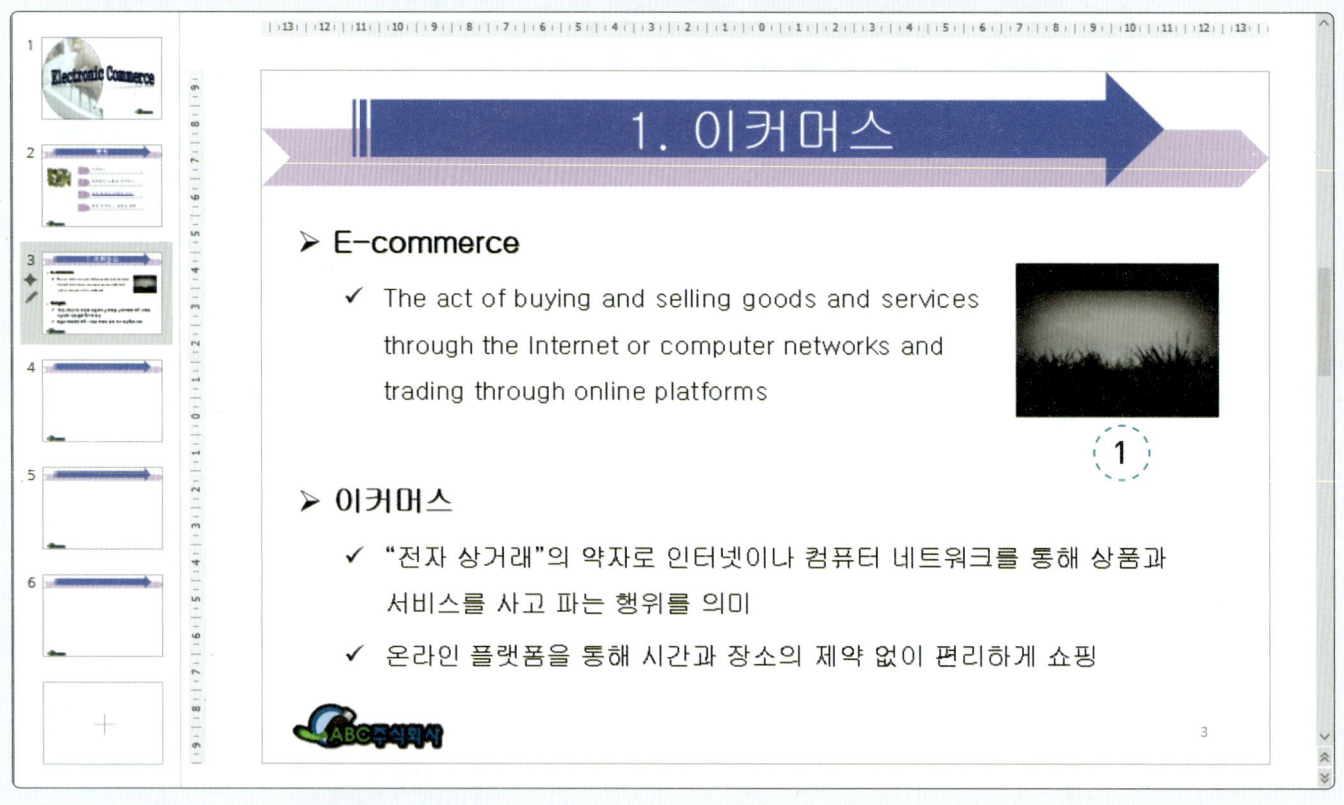

◆ 세부조건

① 동영상 삽입 :
- 「내 PC\문서\ITQ\Picture\동영상.wmv」
- 자동 실행, 반복 재생 설정

# 01 글상자 입력하기

(2) 도형 : 선 없음

## ■ 글상자 '자동 맞춤 안 함' 지정하기

① '유형04_문제.show' 파일을 불러와 [슬라이드 3]을 클릭한 후 작업합니다.

※ 파일 불러오기 : [파일]–[불러오기](Ctrl+O)를 클릭한 후 [불러오기] 대화상자에서 파일을 선택합니다.

② 슬라이드 상단에 '제목을 입력하십시오'를 클릭한 후 '**1. 이커머스**'를 입력합니다.

③ '내용을 입력하십시오' 글상자의 테두리 위에서 마우스 오른쪽 단추를 눌러 바로 가기 메뉴가 나오면 [**개체 속성**]을 클릭합니다.

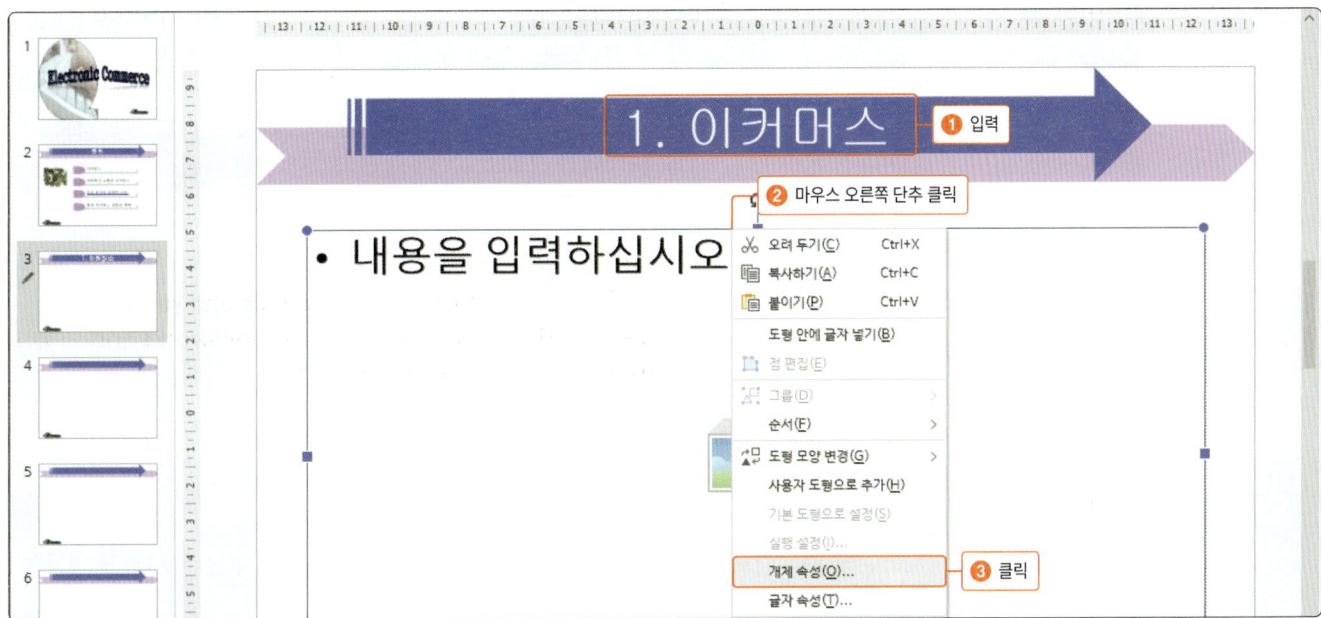

④ 오른쪽에 [개체 속성] 창이 나오면 '크기 및 속성(□)'–'**글상자**'–'**자동 맞춤 안 함**'을 선택합니다.

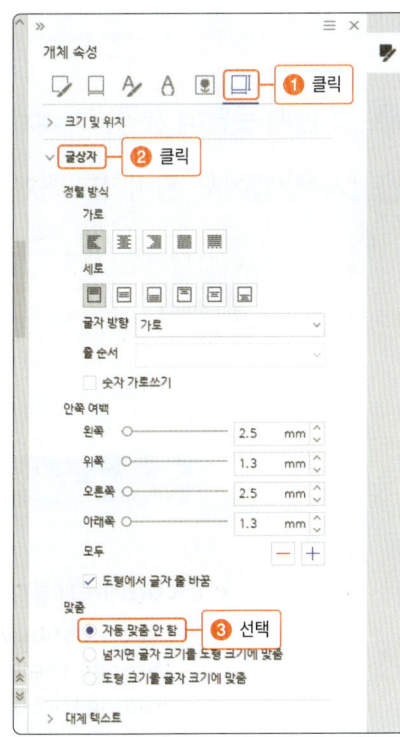

> **TIP 자동 맞춤 안 함**
> 글상자 안에 내용을 입력할 때 글상자의 크기보다 글자 수가 많아 글자가 넘치게 되면 임의로 글꼴의 크기 및 줄 간격이 자동으로 변경됩니다. 하지만 '자동 맞춤 안 함'을 지정하면 글상자의 크기와 상관없이 글자의 크기가 변하지 않습니다.

### ■ 내용 입력한 후 서식 변경하기

> ➤ 문단(굴림, 24pt, 굵게, 줄간격 : 1.5줄)
> ✓ 문단(굴림, 20pt, 줄간격 : 1.5줄)

❶ '내용을 입력하십시오'를 클릭하여 'E-commerce'를 입력한 후 Enter 키를 눌러 다음 문단으로 이동합니다.

❷ Tab 키(또는 서식 도구 상자에서 '문단 오른쪽 이동(→)')를 눌러 들여쓰기 수준을 한 단계 낮추고 내용을 입력합니다.

※ 《출력형태》를 보면 두 개의 글머리표가 있기 때문에 첫 번째 내용 입력이 끝난 후에는 Enter 키를 눌러 줄바꿈 한 뒤 두 번째 내용을 입력합니다.

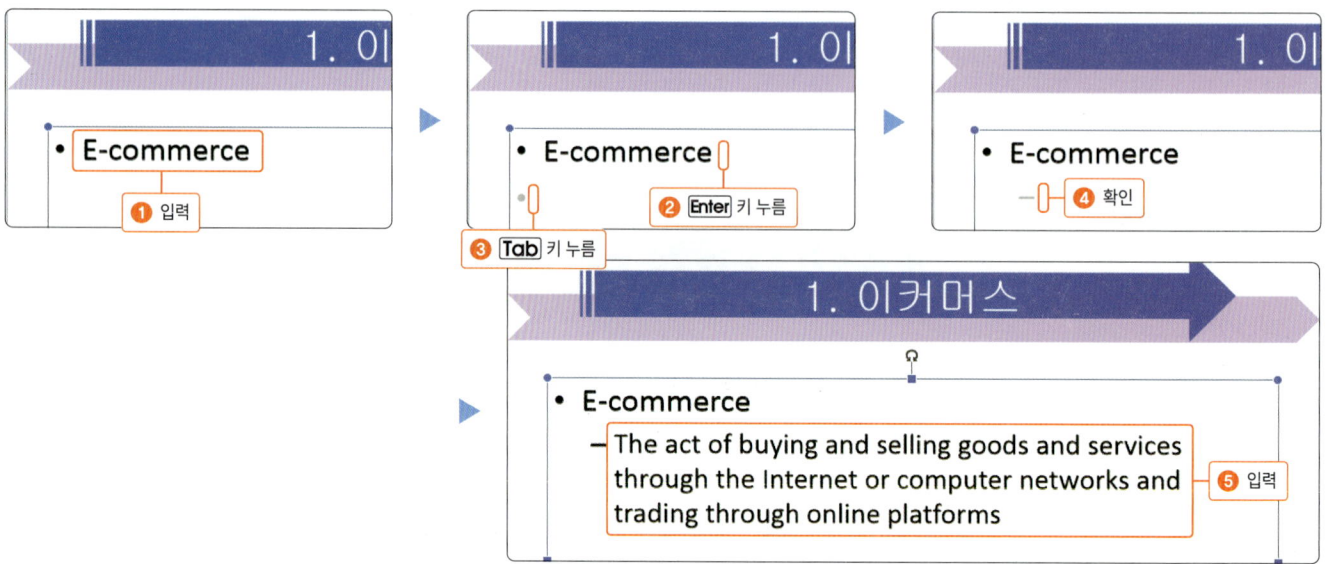

> **TIP** 들여쓰기 수준을 한 단계 낮추고 내용 입력시 주의할 점
> - 작업 도중 글머리표가 삭제되어도 글머리표를 다시 지정하는 작업이 있기 때문에 글머리표는 무시하고 내용을 입력합니다.
> - 단, Tab 키를 눌러 들여쓰기 수준을 반드시 한 단계 낮춰야 합니다.

❸ 첫 번째 문단의 제목('E-commerce')을 드래그하여 블록으로 지정합니다.

❹ [서식] 탭에서 '글머리표 매기기(≔)'의 목록 단추(∨)를 눌러 '➢≡'를 선택합니다.

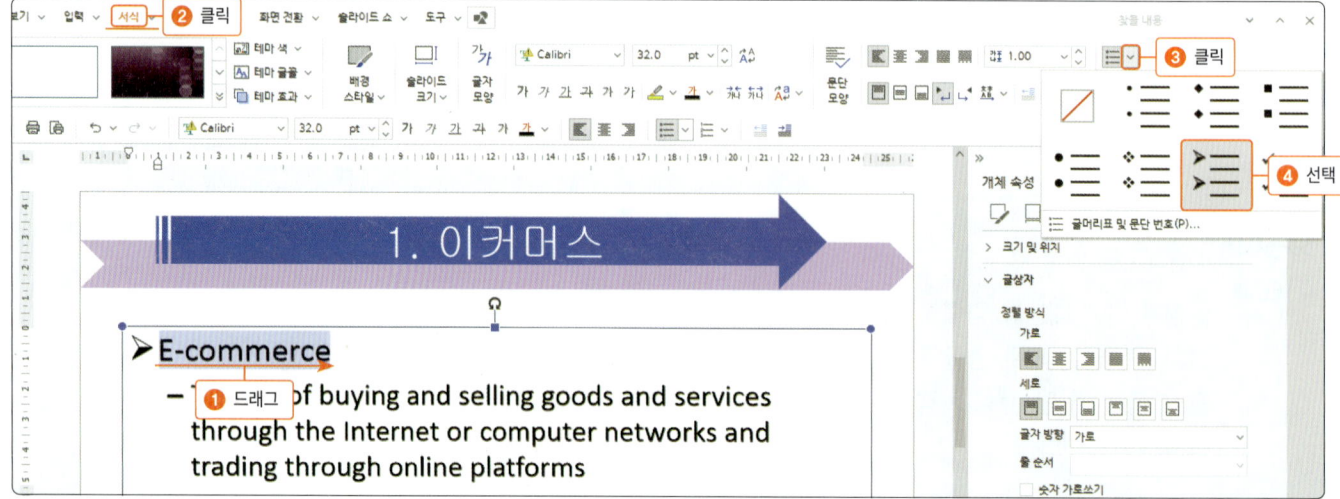

❺ 서식 도구 상자에서 '글꼴(굴림), 글자 크기(24pt), 진하게(가)'를 지정합니다. 이어서, [서식] 탭에서 '줄 간격(1.00)'의 목록 단추(∨)를 눌러 '1.50'을 선택합니다.

※ 반드시 첫 번째 문단의 제목('E-commerce')이 블록으로 지정되어 있어야 합니다.

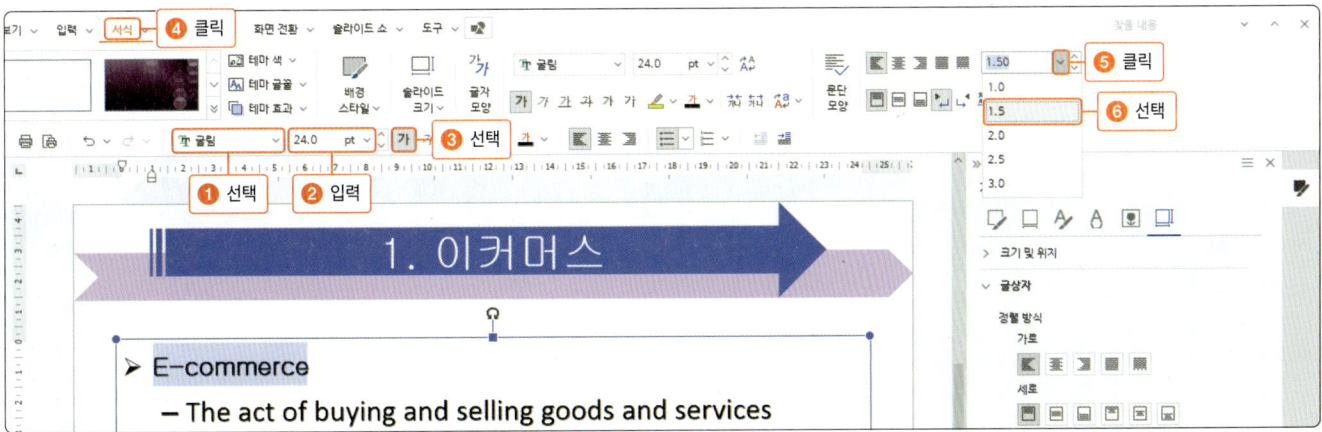

❻ 첫 번째 문단 내용을 드래그하여 블록으로 지정합니다.

❼ [서식] 탭에서 '글머리표 매기기'의 목록 단추(∨)를 눌러 ' '를 선택합니다.

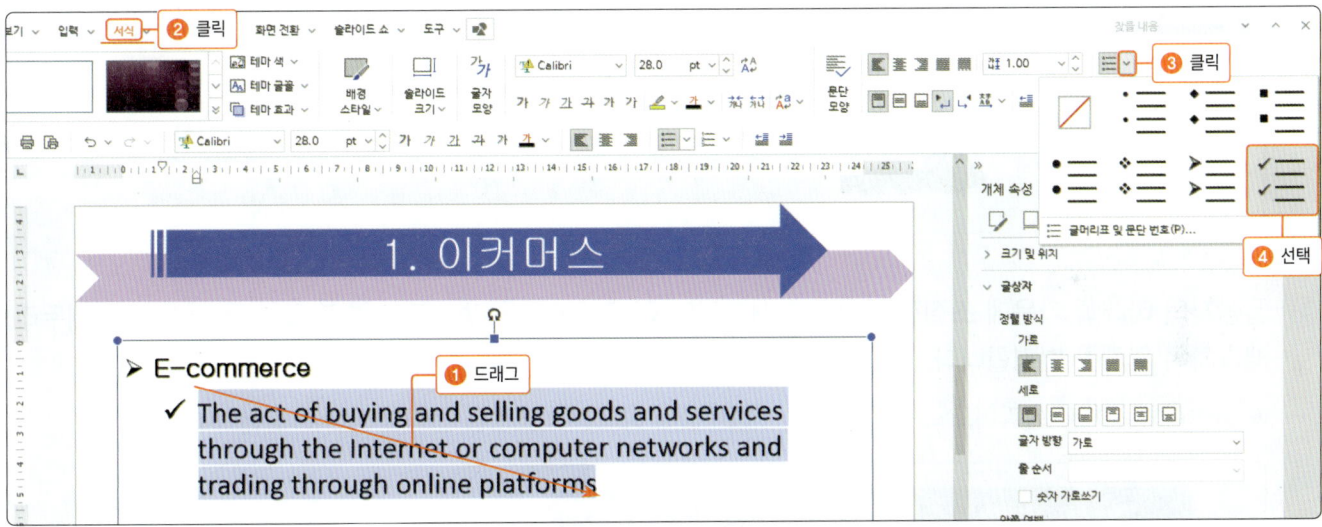

❽ 서식 도구 상자에서 '글꼴(굴림), 글자 크기(20pt)'를 지정합니다. 이어서, [서식] 탭에서 '줄 간격(1.00)'의 목록 단추(∨)를 눌러 '1.50'을 선택합니다.

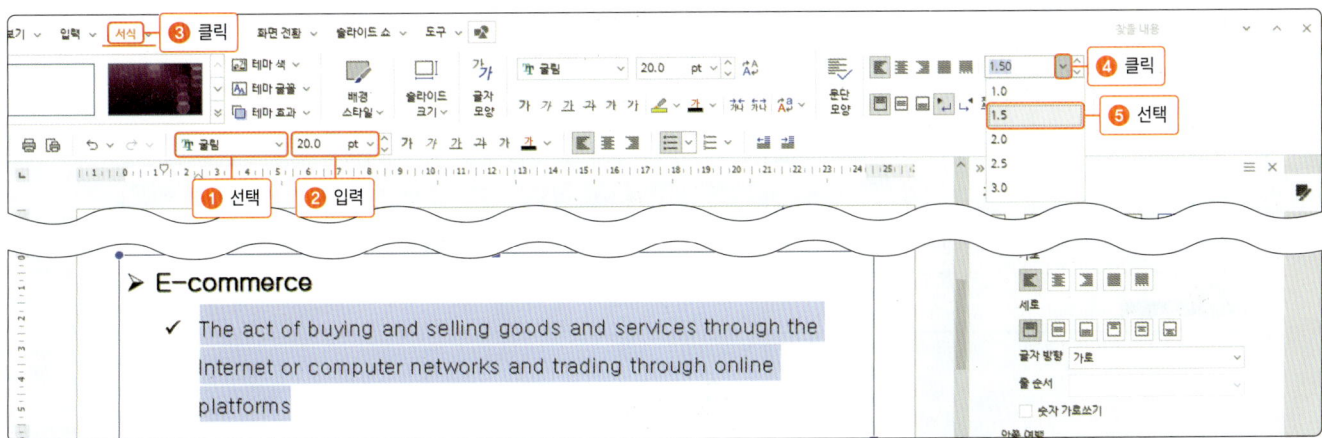

■ **글상자의 크기 및 위치를 《출력형태》처럼 맞추기**

① 내용 입력 및 서식 변경이 끝나면 [Esc] 키를 눌러 블록 지정을 해제합니다.

② 《출력형태》와 같이 오른쪽 끝에서 끝나는 글자가 같도록 글상자의 오른쪽 가운데 조절점(●)을 드래그하여 크기를 조절합니다.

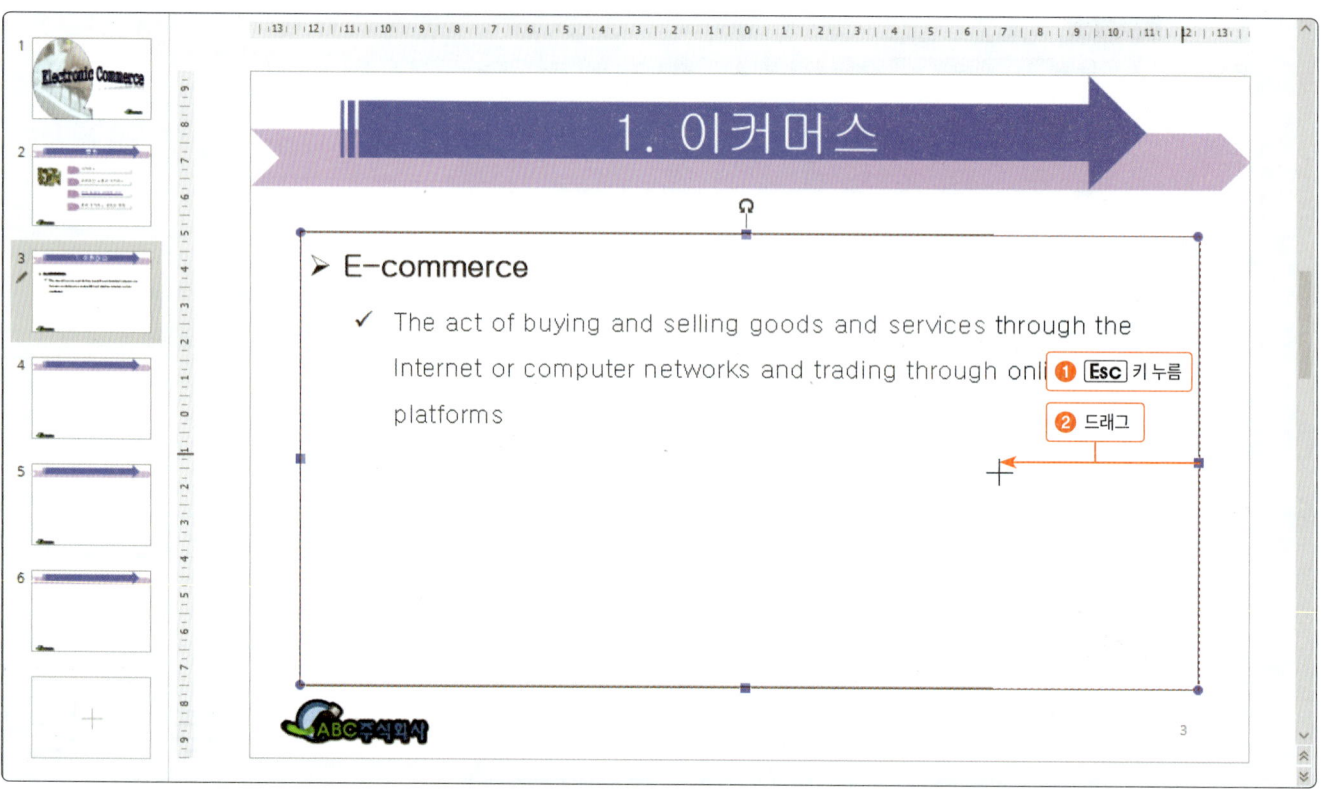

③ 글상자의 아래쪽 가운데 조절점(●)을 드래그하여 《출력형태》와 같이 크기를 조절한 후 글상자의 테두리를 드래그하여 위치를 변경합니다.

※ 글상자의 위치를 슬라이드의 왼쪽 상단으로 이동하여 아래쪽에 내용을 입력할 공간을 마련합니다.

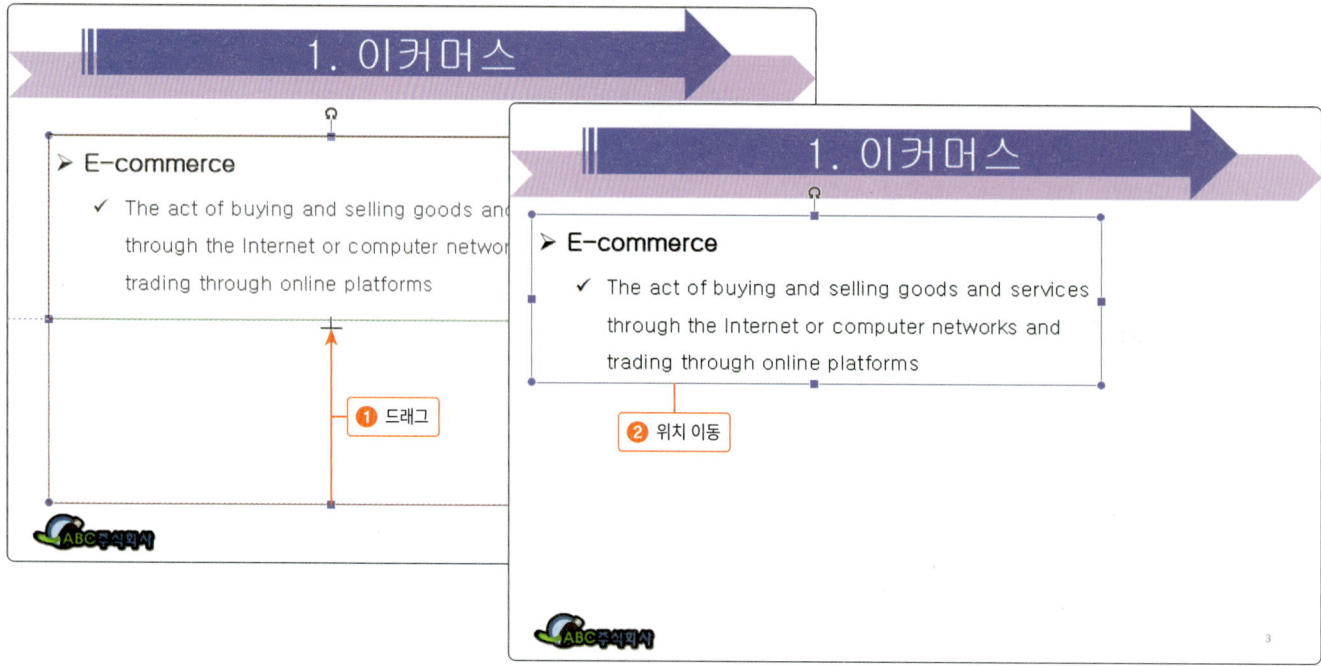

## 02 글상자를 복사한 후 내용 수정하기

❶ 글상자가 선택된 상태에서 **Ctrl**+**Shift** 키를 누른 채 글상자의 테두리를 아래쪽으로 드래그하여 복사합니다.

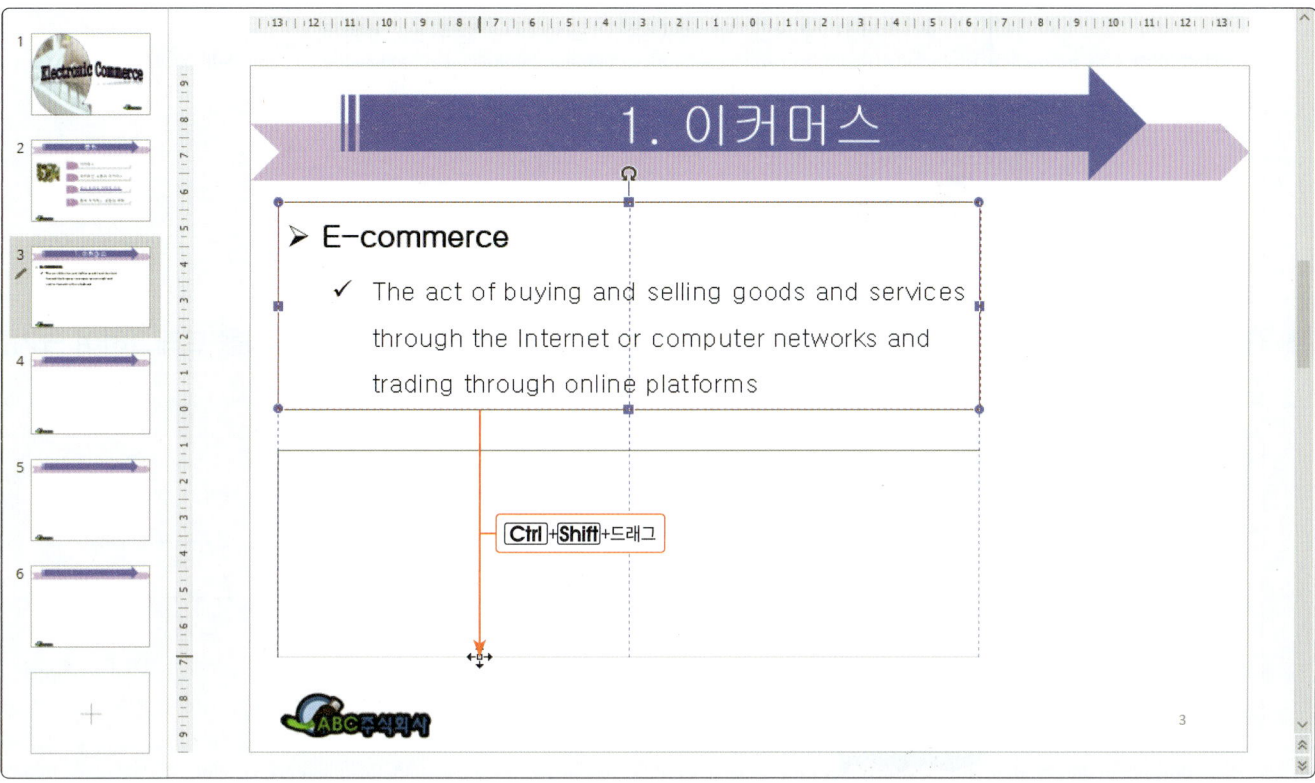

❷ 복사된 글상자의 첫 번째 문단의 제목('E-commerce')이 끝나는 부분을 클릭하고 **Ctrl**+**Back space** 키를 눌러 내용을 삭제한 후 '**이커머스**'를 입력합니다.

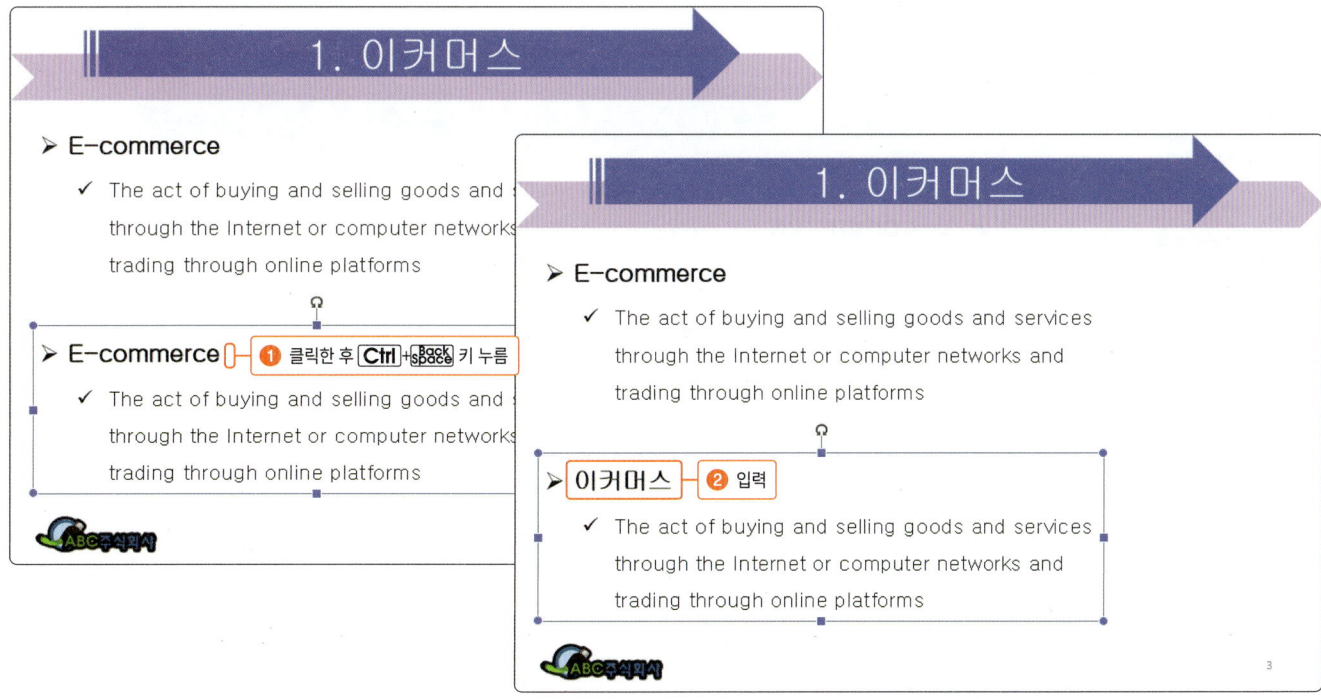

❸ `Ctrl`+`Back space` 키를 이용하여 내용을 삭제한 후 문단의 내용을 입력합니다.

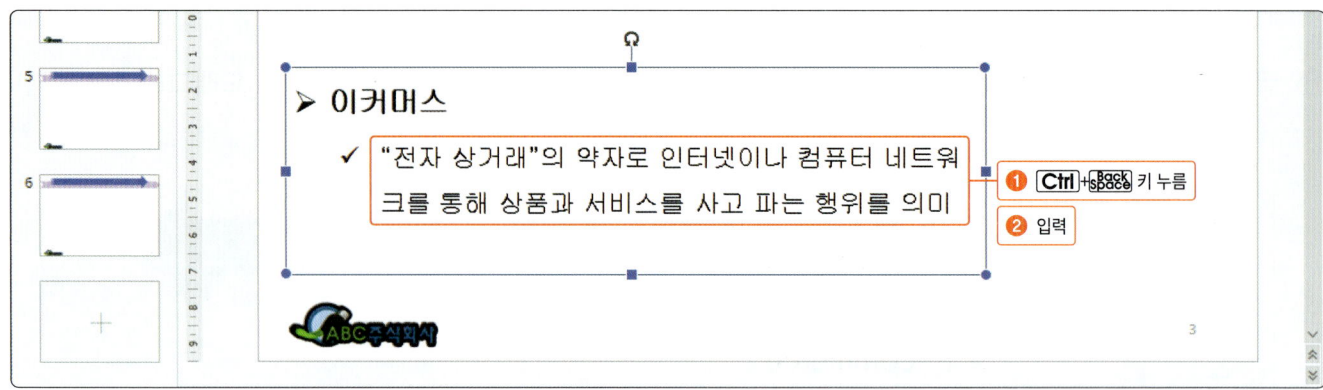

❹ 《출력형태》와 같이 오른쪽 끝에서 글자가 같도록 글상자의 오른쪽 가운데 조절점(●)을 드래그하여 크기를 조절합니다.

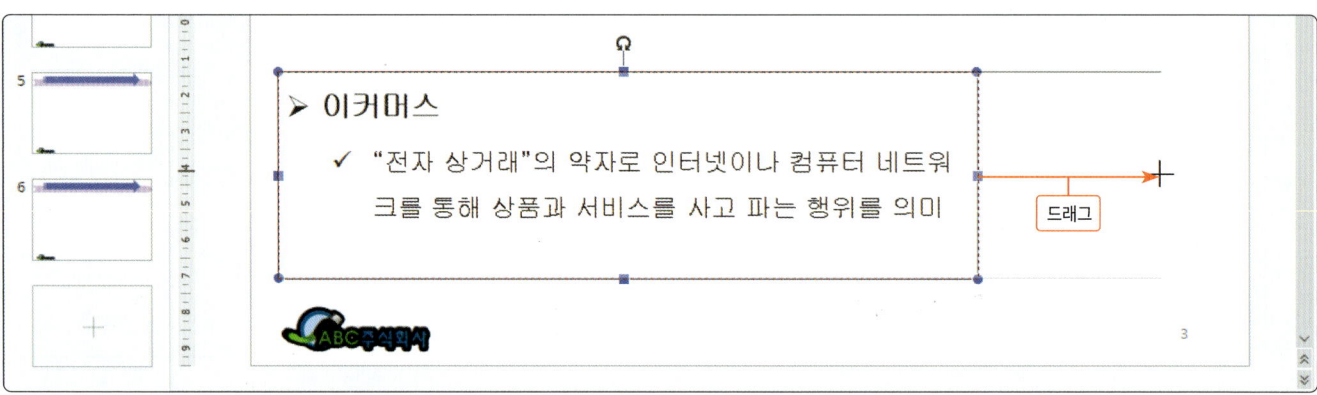

❺ `Enter` 키를 눌러 다음 문단 내용을 입력합니다.

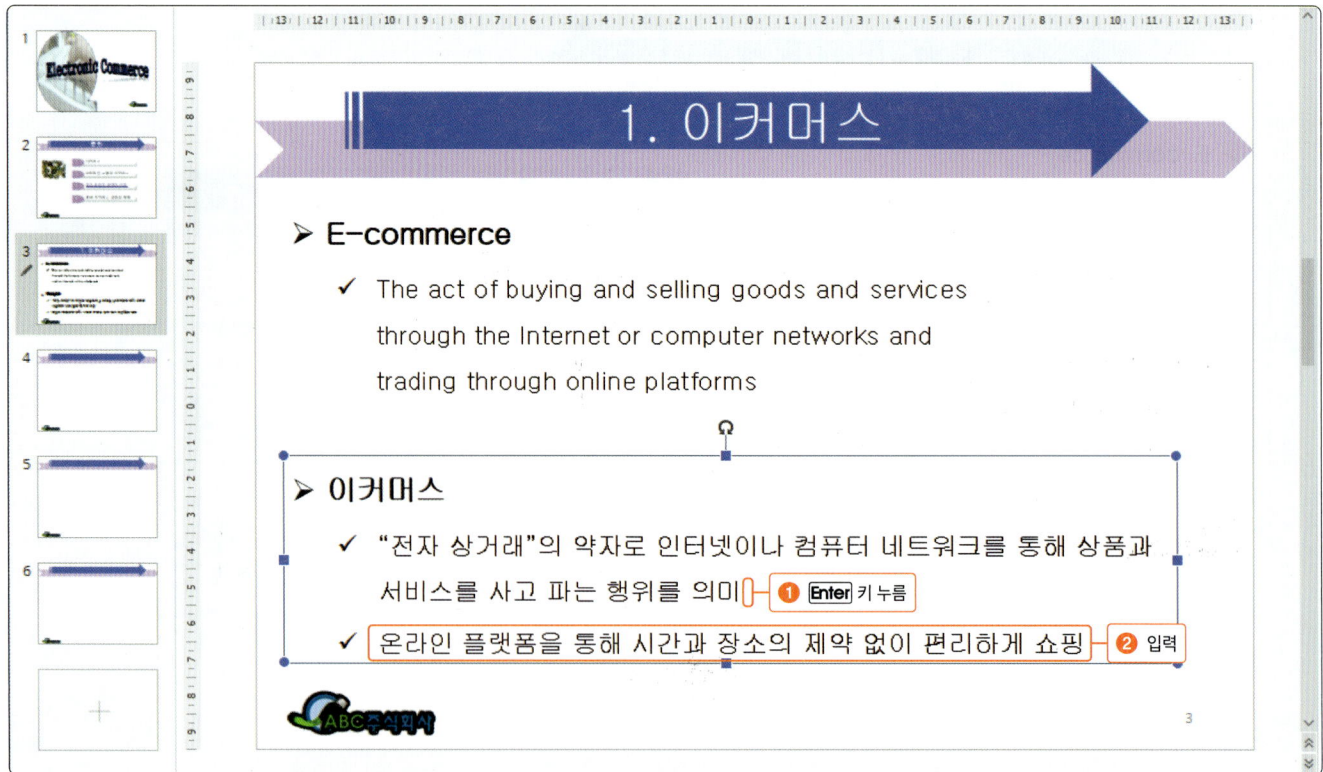

## 03 동영상 삽입하기

① 동영상 삽입 :
- 「내 PC₩문서₩ITQ₩Picture₩동영상.wmv」
- 자동 실행, 반복 재생 설정

❶ [입력] 탭에서 '동영상()'을 클릭합니다.

❷ [동영상 넣기] 대화상자가 나오면 'ITQ₩Picture₩동영상'을 선택한 후 〈열기〉 단추를 클릭합니다.

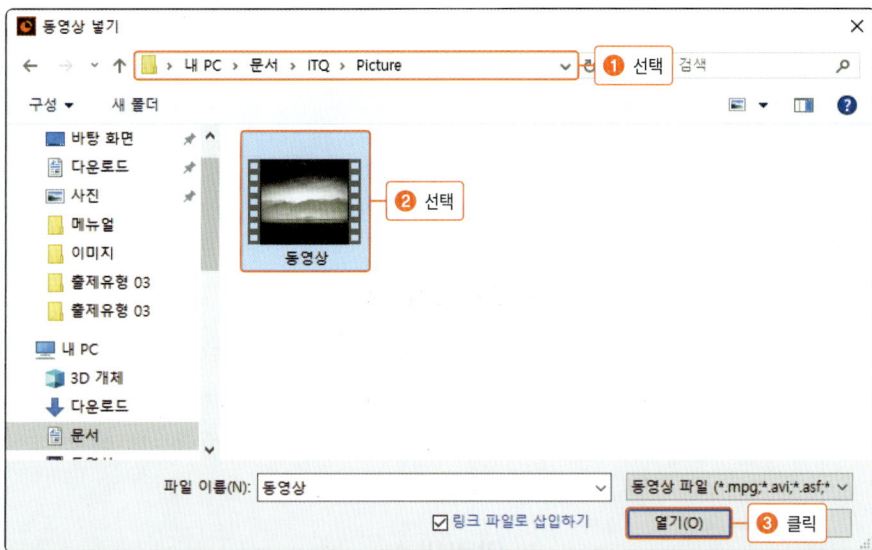

> **TIP 동영상 삽입하기**
> - 시험에서 문제지 조건 설명이 윈도우 10 환경으로 동영상을 가져오는 경로가 「내 PC₩문서₩ITQ₩Picture」 폴더에서 동영상 파일을 삽입하면 됩니다.
> - 시험장에서는 감독위원의 지시에 따라 동영상 삽입 경로를 지정하면 됩니다.

❸ [미디어()] 탭에서 '마우스 눌러서 실행'의 목록 단추(▽)를 눌러 '**자동 실행**'을 선택합니다. 이어서, '**반복 재생**'을 클릭하여 체크 표시(✓)를 지정합니다.

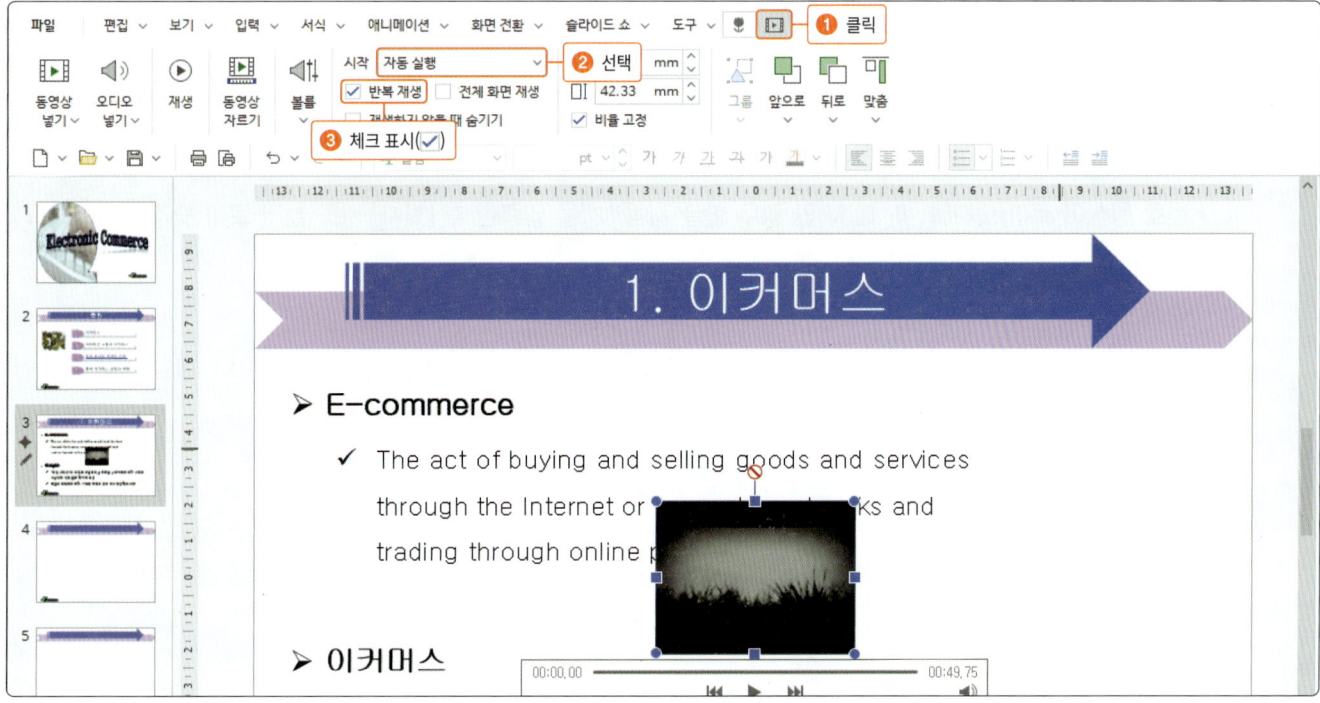

❹ 《출력형태》를 참고하여 동영상의 위치를 조절합니다.

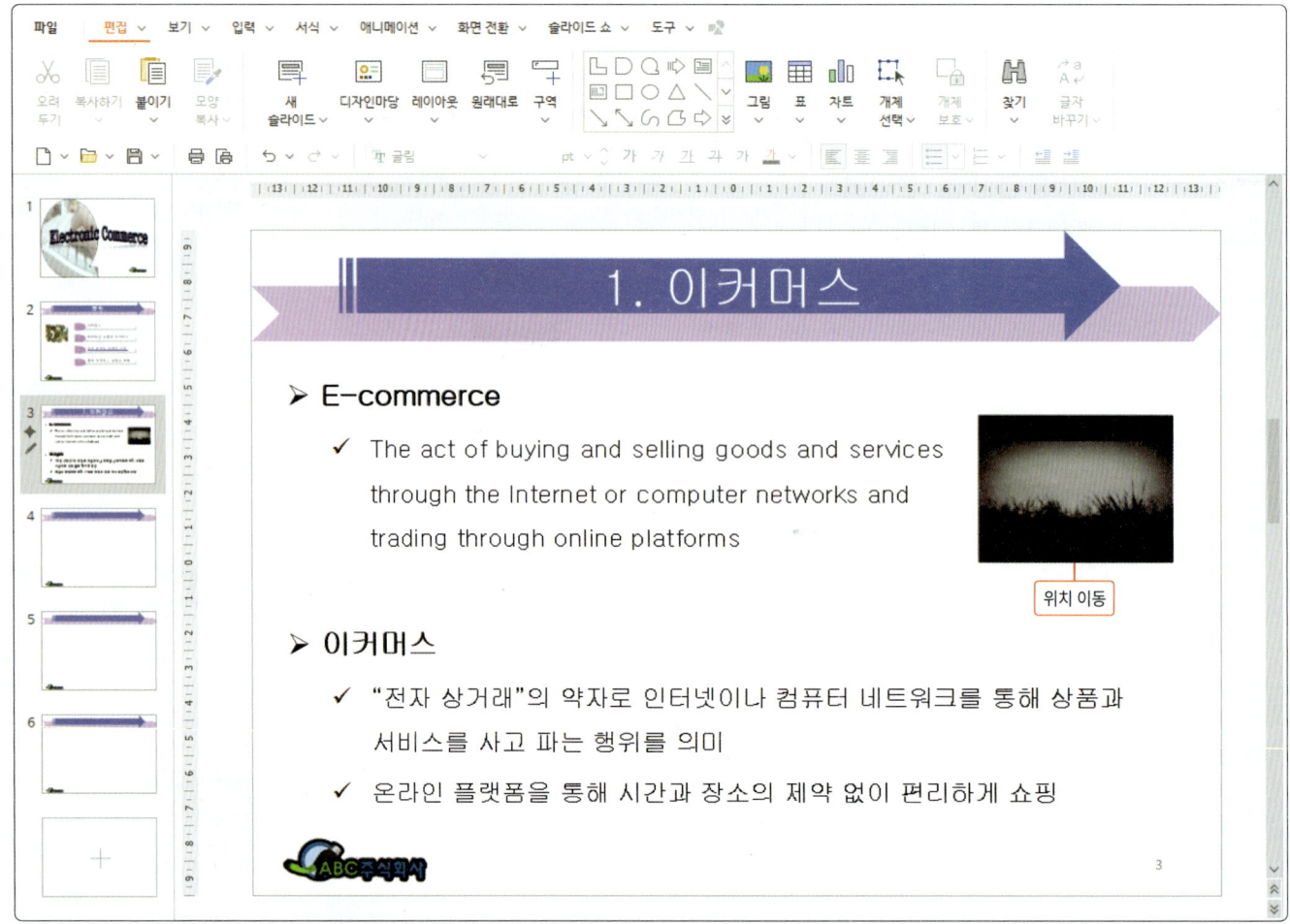

❺ [파일]-[저장하기](Ctrl+S) 또는 서식 도구 상자에서 '저장하기(💾)'를 클릭합니다.
  ※ 실제 시험을 볼 때 작업 도중에 수시로(10분에 한 번 정도) 저장을 하는 것이 좋습니다.

시험분석

[슬라이드 3]《텍스트/동영상 슬라이드》
- 제목 텍스트 상자에 제목을 입력할 때 번호를 함께 입력합니다.
- 번호 형식이 로마 숫자(Ⅰ, Ⅱ, Ⅲ, Ⅳ)인 경우 한글 자음 'ㅈ'을 입력한 후 한자 키를 눌러 로마 숫자(Ⅰ, Ⅱ, Ⅲ, Ⅳ)를 선택합니다.
- 글머리 기호는 ❖, ✓, ➢ 등의 모양이 자주 출제되고 있습니다.
- 동영상을 삽입할 때는 '자동 실행'과 '반복 재생'을 지정하는 형식으로 계속 출제되고 있으나, 반드시 세부 조건을 참고하여 작업합니다.

# [슬라이드 3] 《텍스트/동영상 슬라이드》

**01** 문제지의 지시사항 및 세부조건을 참고하여 《출력형태》에 알맞게 작업하시오.

· 소스 파일 : [출제유형 04]-정복04_문제01.show    · 정답 파일 : [출제유형 04]-정복04_정답01.show

◆ [슬라이드 3] 《텍스트/동영상 슬라이드》 (60점)

(1) 텍스트 작성 : 글머리 기호 사용(➢, ✓)
➢문단(굴림, 24pt, 굵게, 줄간격 : 1.5줄), ✓문단(굴림, 20pt, 줄간격 : 1.5줄)

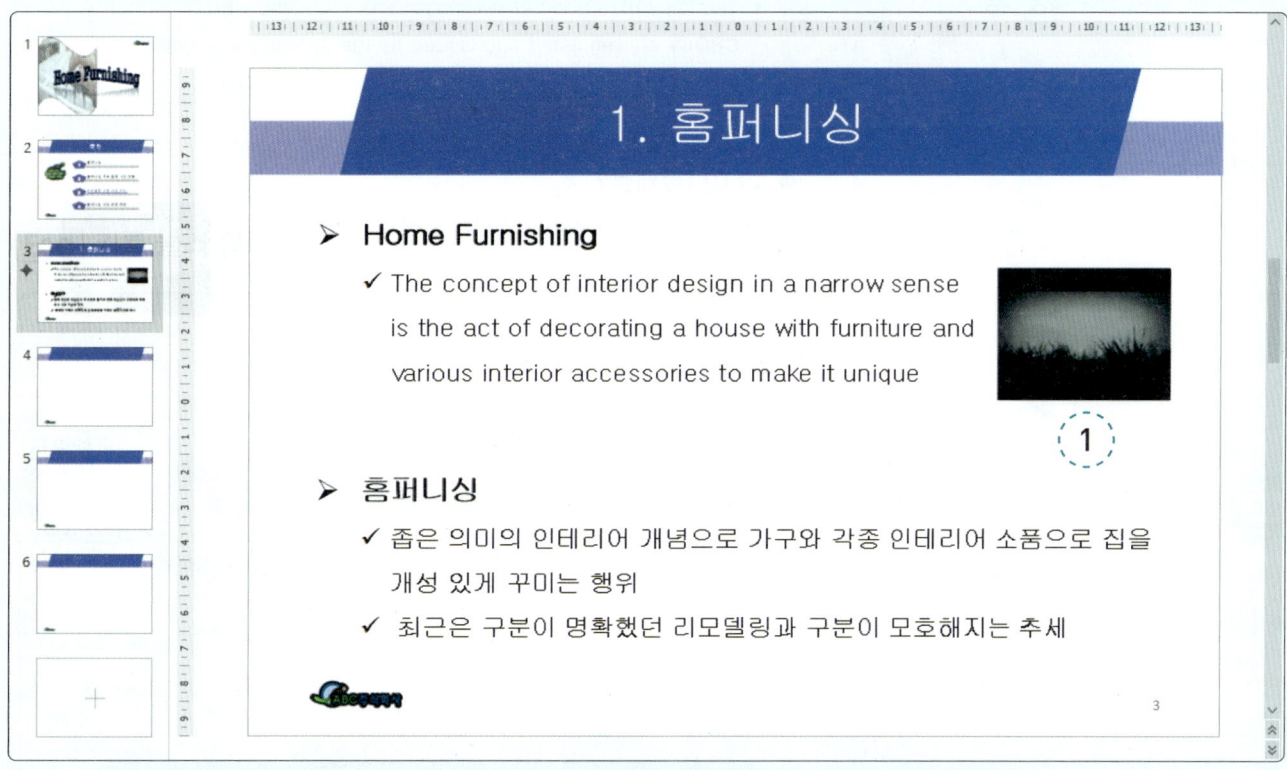

◆ 세부조건

① 동영상 삽입 :
- 「내 PC\문서\ITQ\Picture\동영상.wmv」
- 자동 실행, 반복 재생 설정

**02** 문제지의 지시사항 및 세부조건을 참고하여 《출력형태》에 알맞게 작업하시오.

· 소스 파일 : [출제유형 04]-정복04_문제02.show    · 정답 파일 : [출제유형 04]-정복04_정답02.show

◆ [슬라이드 3] 《텍스트/동영상 슬라이드》 (60점)

(1) 텍스트 작성 : 글머리 기호 사용(◆, ■)

◆문단(굴림, 24pt, 굵게, 줄간격 : 1.5줄), ■문단(굴림, 20pt, 줄간격 : 1.5줄)

### 세부조건

① **동영상 삽입 :**
- 「내 PC₩문서₩ITQ₩Picture₩동영상.wmv」
- 자동 실행, 반복 재생 설정

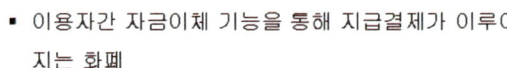

## 1. 디지털 화폐

◆ **Cryptocurrency and CBDCs**
  ■ The key difference between cryptocurrency and CBDCs is that CBDCs are regulated and issued by the central bank, while cryptocurrencies are decentralized and unregulated

◆ **디지털화폐란?**
  ■ 기존의 실물 화폐와 달리 가치가 전자적으로 저장
  ■ 이용자간 자금이체 기능을 통해 지급결제가 이루어지는 화폐

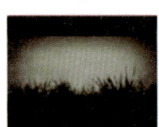

---

**03** 문제지의 지시사항 및 세부조건을 참고하여 《출력형태》에 알맞게 작업하시오.

· 소스 파일 : [출제유형 04]-정복04_문제03.show    · 정답 파일 : [출제유형 04]-정복04_정답03.show

◆ [슬라이드 3] 《텍스트/동영상 슬라이드》 (60점)

(1) 텍스트 작성 : 글머리 기호 사용(◆, ✓)

◆문단(굴림, 24pt, 굵게, 줄간격 : 1.5줄), ✓문단(굴림, 20pt, 줄간격 : 1.5줄)

### 세부조건

① **동영상 삽입 :**
- 「내 PC₩문서₩ITQ₩Picture₩동영상.wmv」
- 자동 실행, 반복 재생 설정

## 1. 지속가능경영

◆ **Sustainability**
  ✓ Sustainability is improving the quality of human life while living within the carrying capacity of supporting eco-systems

◆ **지속가능경영(ESG)의 의미**
  ✓ ESG는 환경(Environmental), 사회(Social), 지배구조(Governance)의 영문 첫 글자를 조합한 단어
  ✓ 기업 경영에서 지속가능성을 달성하기 위한 3가지 핵심 요소

**04** 문제지의 지시사항 및 세부조건을 참고하여 《출력형태》에 알맞게 작업하시오.

· 소스 파일 : [출제유형 04]-정복04_문제04.show    · 정답 파일 : [출제유형 04]-정복04_정답04.show

◆ [슬라이드 3] 《텍스트/동영상 슬라이드》 (60점)

(1) 텍스트 작성 : 글머리 기호 사용(◆, ✓)

　　◆문단(굴림, 24pt, 굵게, 줄간격 : 1.5줄), ✓문단(굴림, 20pt, 줄간격 : 1.5줄)

| 세부조건 |
|---|
| ① **동영상 삽입** :<br>– 「내 PC₩문서₩ITQ₩Picture₩<br>　동영상.wmv」<br>– 자동 실행, 반복 재생 설정 |

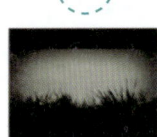

### 1. 다문화가족 실태 조사 목적

◆ **Purpose of investigation**
　✓ To understand the economic status, family relationships, and lifestyle of multicultural families
　✓ Necessary for establishing policies for multicultural families

◆ **조사 목적**
　✓ 다문화가족에 대한 경제상태, 가족관계, 생활양식 등을 파악하여 다문화가족 정책수립에 필요한 기초자료를 수집

---

**05** 문제지의 지시사항 및 세부조건을 참고하여 《출력형태》에 알맞게 작업하시오.

· 소스 파일 : [출제유형 04]-정복04_문제05.show    · 정답 파일 : [출제유형 04]-정복04_정답05.show

◆ [슬라이드 3] 《텍스트/동영상 슬라이드》 (60점)

(1) 텍스트 작성 : 글머리 기호 사용(◆, ✓)

　　◆문단(굴림, 24pt, 굵게, 줄간격 : 1.5줄), ✓문단(굴림, 20pt, 줄간격 : 1.5줄)

| 세부조건 |
|---|
| ① **동영상 삽입** :<br>– 「내 PC₩문서₩ITQ₩Picture₩<br>　동영상.wmv」<br>– 자동 실행, 반복 재생 설정 |

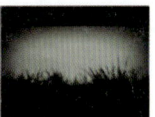

### A. 당구 게임

◆ **Billiard game**
　✓ It is a sport in which several balls are placed on a standardized table and hit with a long stick to determine the game according to the rules

◆ **당구 게임**
　✓ 규격화된 테이블 위에 여러 개의 공을 놓고 긴 막대기로 쳐서 룰에 따라 승부를 가리는 스포츠
　✓ 당구공 재질은 나무, 점토, 상아를 거쳐 현재 플라스틱으로 제작

## 출제유형 05 [슬라이드 4] 《표 슬라이드》

☑ 표를 작성한 후 표 스타일 지정하기
☑ 도형 삽입하기

문제 풀이

### 문제 미리보기

**소스 파일** : [출제유형 05]-유형05_문제.show    **정답 파일** : [출제유형 05]-유형05_정답.show

◆ [슬라이드 4] 《표 슬라이드》                                                                            (80점)

⑴ 도형과 표 작성 기능을 이용하여 슬라이드를 작성한다(글꼴 : 돋움, 18pt).

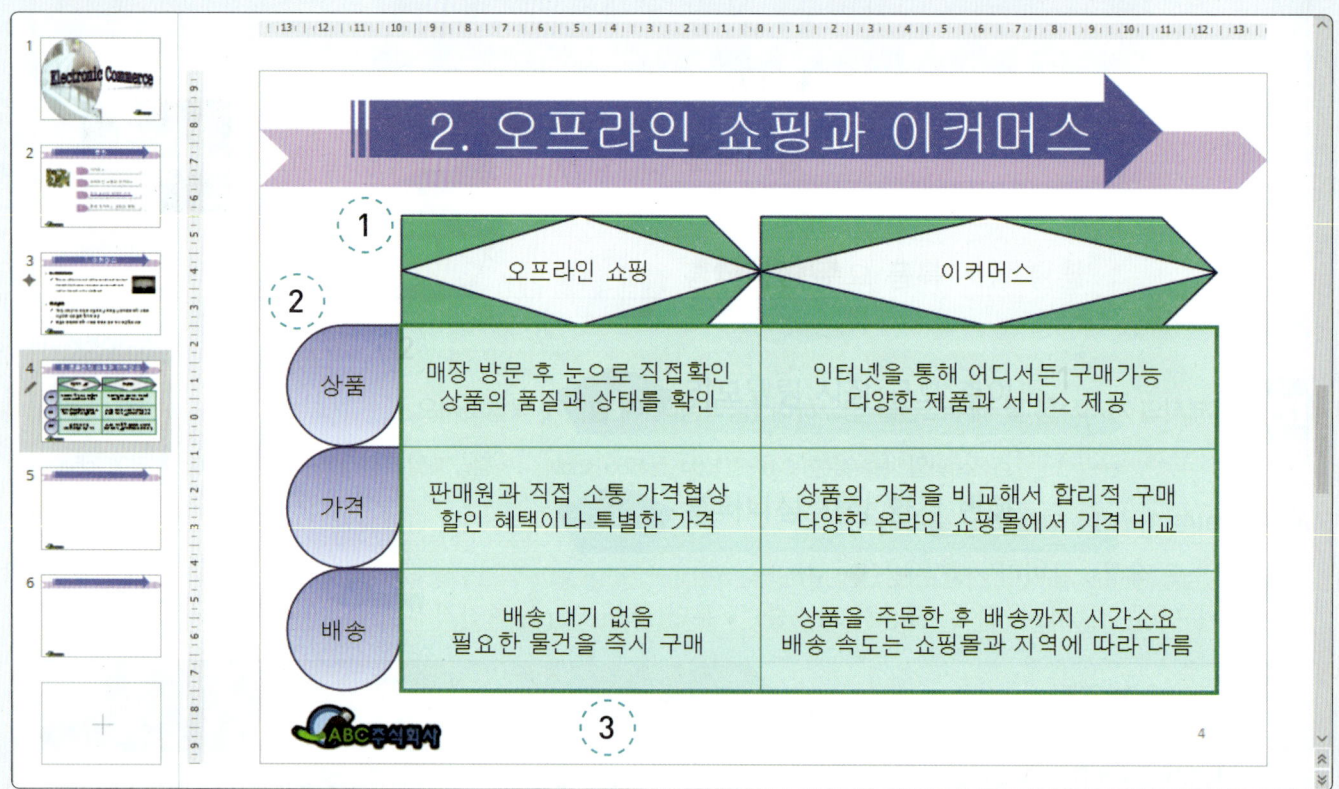

◆ 세부조건

① **상단 도형** :
2개 도형의 조합으로 작성

② **좌측 도형** :
그러데이션 효과(선형 위쪽)

③ **표 스타일** :
보통 스타일 4 - 강조 5

# 01 표를 삽입한 후 표 스타일 지정하기

③ 표 스타일 : 보통 스타일 4 – 강조 5

① '유형05_문제.show' 파일을 불러와 [슬라이드 4]를 클릭한 후 작업합니다.
   ※ 파일 불러오기 : [파일]–[불러오기](Ctrl+O)를 클릭한 후 [불러오기] 대화상자에서 파일을 선택합니다.

② 슬라이드 상단에 '제목을 입력하십시오'를 클릭한 후 '2. 오프라인 쇼핑과 이커머스'를 입력합니다.

③ 슬라이드 안쪽의 내용( )을 눌러 [표]를 선택합니다. 이어서, [표 만들기] 대화상자가 나오면 《출력형태》를 참고하여 '줄 개수(3)'와 '칸 개수(2)'를 입력한 후 〈만들기〉 단추를 클릭합니다.

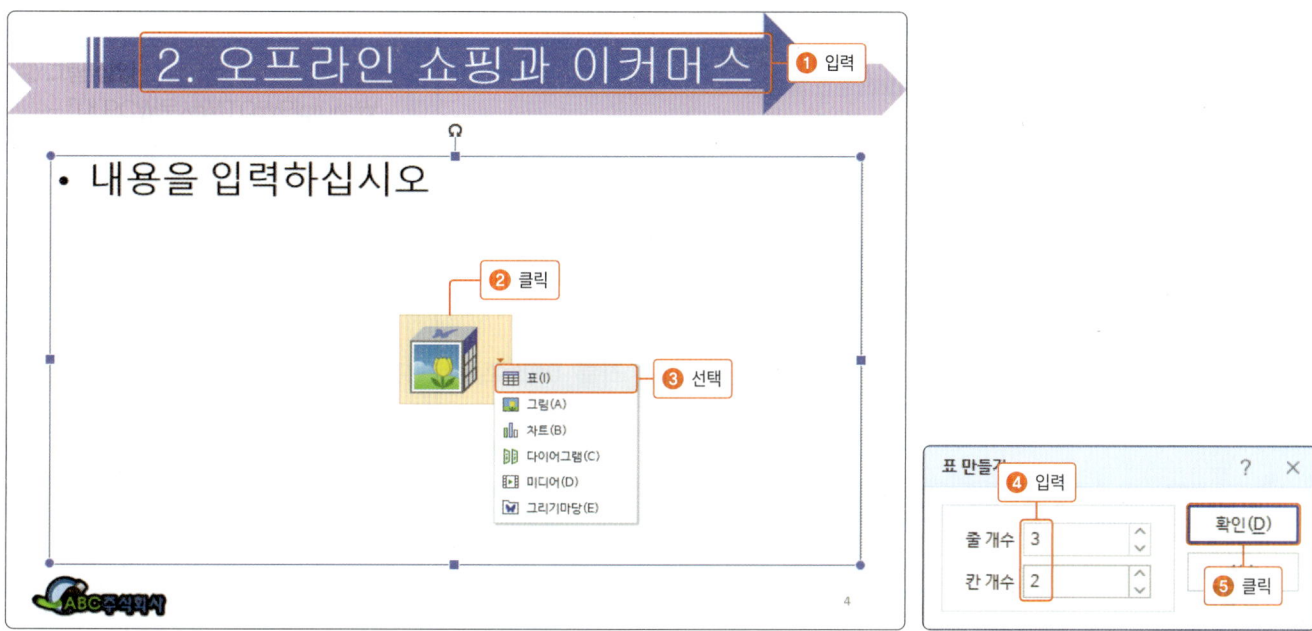

④ 표가 만들어지면 [표 디자인( )] 탭에서 '표 스타일' 이미지 꾸러미의 자세히 단추( )를 눌러 '보통 스타일 4 – 강조 5'을 선택합니다.

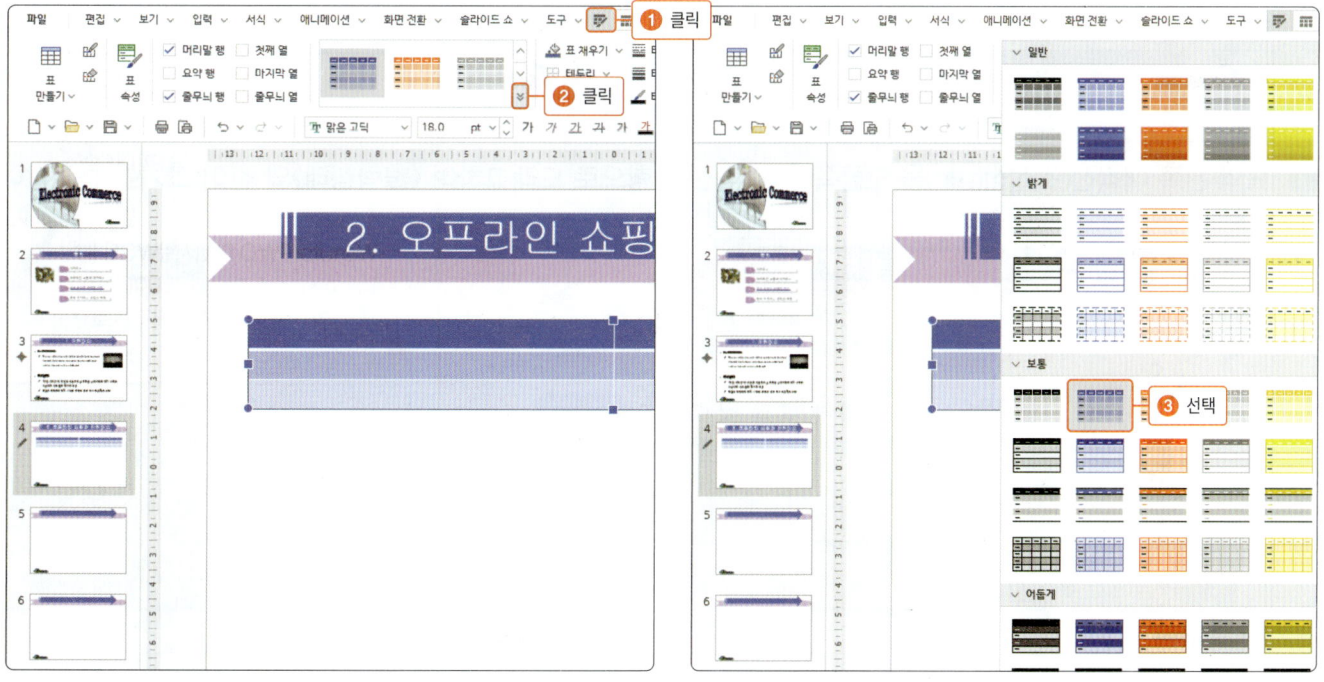

❺ [표 디자인(▦)] 탭에서 '머리글 행'과 '줄무늬 행'을 클릭하여 체크 표시(☐)를 해제합니다.

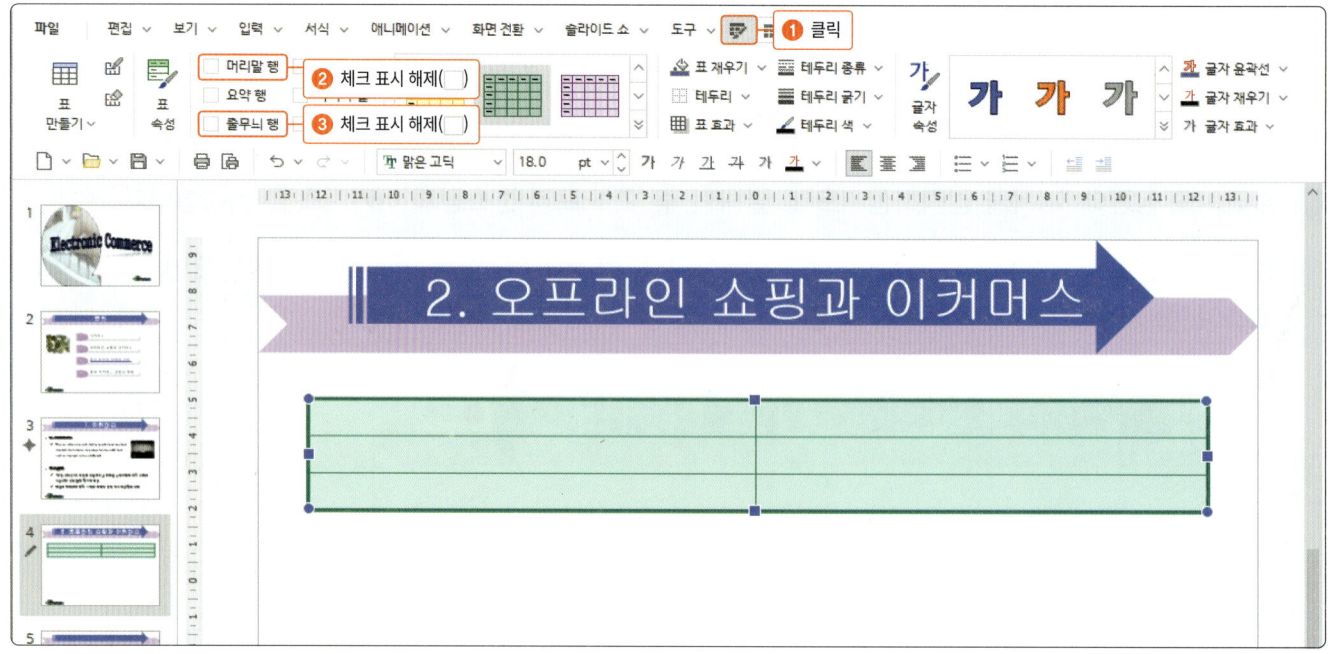

❻ 표 스타일이 변경되면 **Shift** 키를 누른 채 표의 테두리를 아래쪽으로 드래그하여 《출력형태》와 같이 위치를 변경합니다.

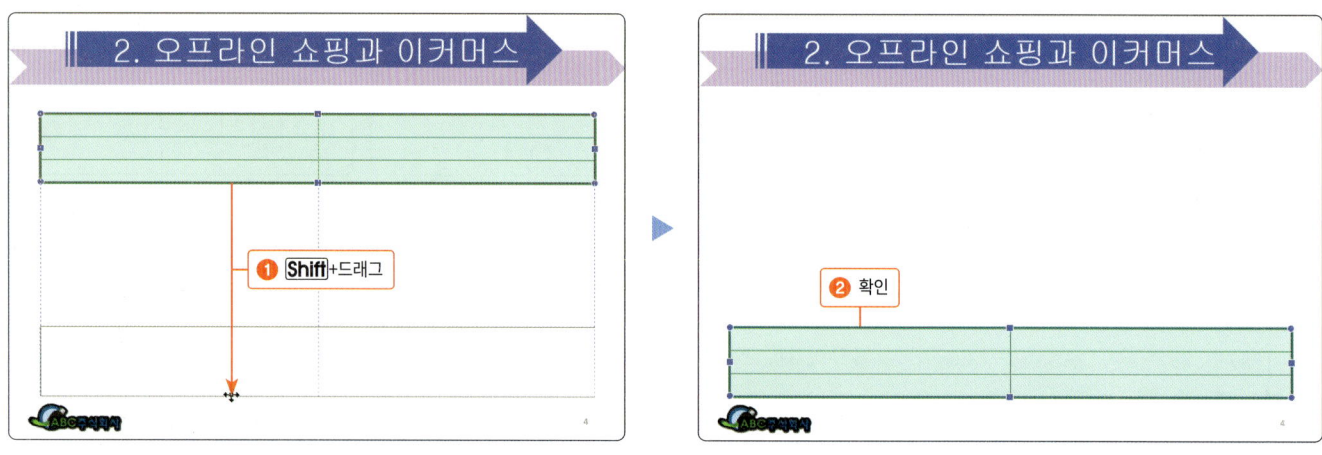

❼ 표의 왼쪽 대각선 조절점(●)을 오른쪽 위 대각선 방향으로 드래그하여 《출력형태》와 같이 크기를 변경합니다.

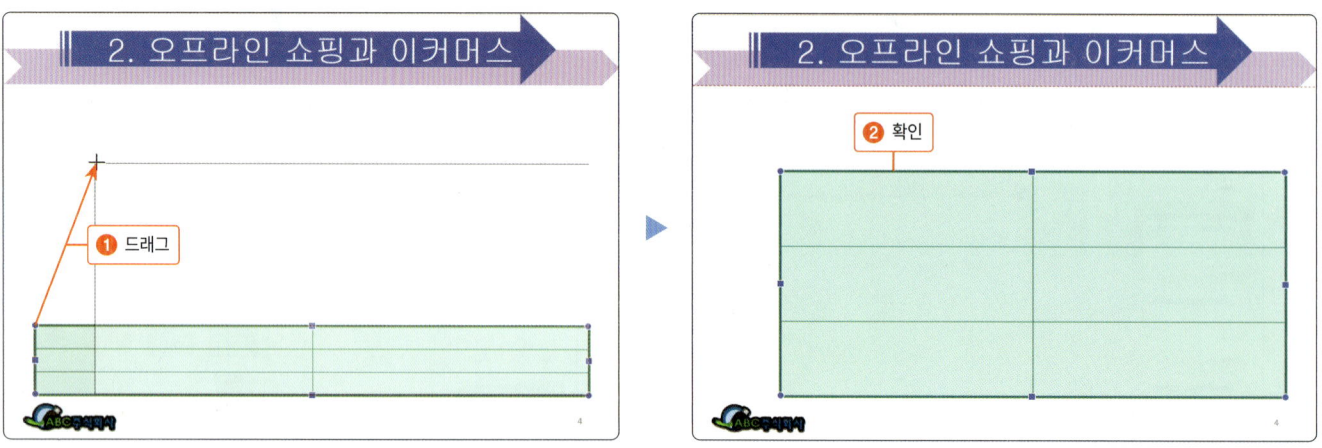

> **TIP** 셀 크기 조절, 셀 합치기/셀 나누기
> 
> ❶ **셀 크기 조절** : 표 안의 셀의 크기가 다를 경우 셀의 크기를 임의로 조절합니다. 조절하려는 셀의 가로선 또는 세로선 위에 마우스 포인터를 위치한 후 마우스 포인터가 ⬆, ⬌ 모양으로 변경되면 드래그하여 선택한 셀의 크기를 조절할 수 있습니다.
> ❷ **셀 합치기** : 표에서 합치고자하는 셀을 블록으로 설정하고 마우스 오른쪽 단추를 눌러 바로 가기 메뉴가 나오면 [셀 합치기]를 클릭합니다.
> ❸ **셀 나누기** : 여러 개로 나눌 셀에 커서를 놓고 마우스 오른쪽 단추를 눌러 바로 가기 메뉴가 나오면 [셀 나누기]를 클릭합니다. [셀 나누기] 대화상자가 나오면 '줄 개수'와 '칸 개수'를 입력한 후 〈확인〉 단추를 클릭합니다.

## 02 글꼴 서식 변경 및 데이터 입력하기

글꼴 : 돋움, 18pt

❶ 표의 테두리를 클릭한 후 서식 도구 상자에서 '**글꼴(돋움), 글자 크기(18pt)**'를 지정합니다. 이어서, [서식] 탭에서 '**가운데 정렬(≡)**'과 '**중간(≡)**'을 클릭합니다.

※ 정렬에 대한 별도의 지시사항이 없기 때문에 《출력형태》를 참고하여 작업합니다.

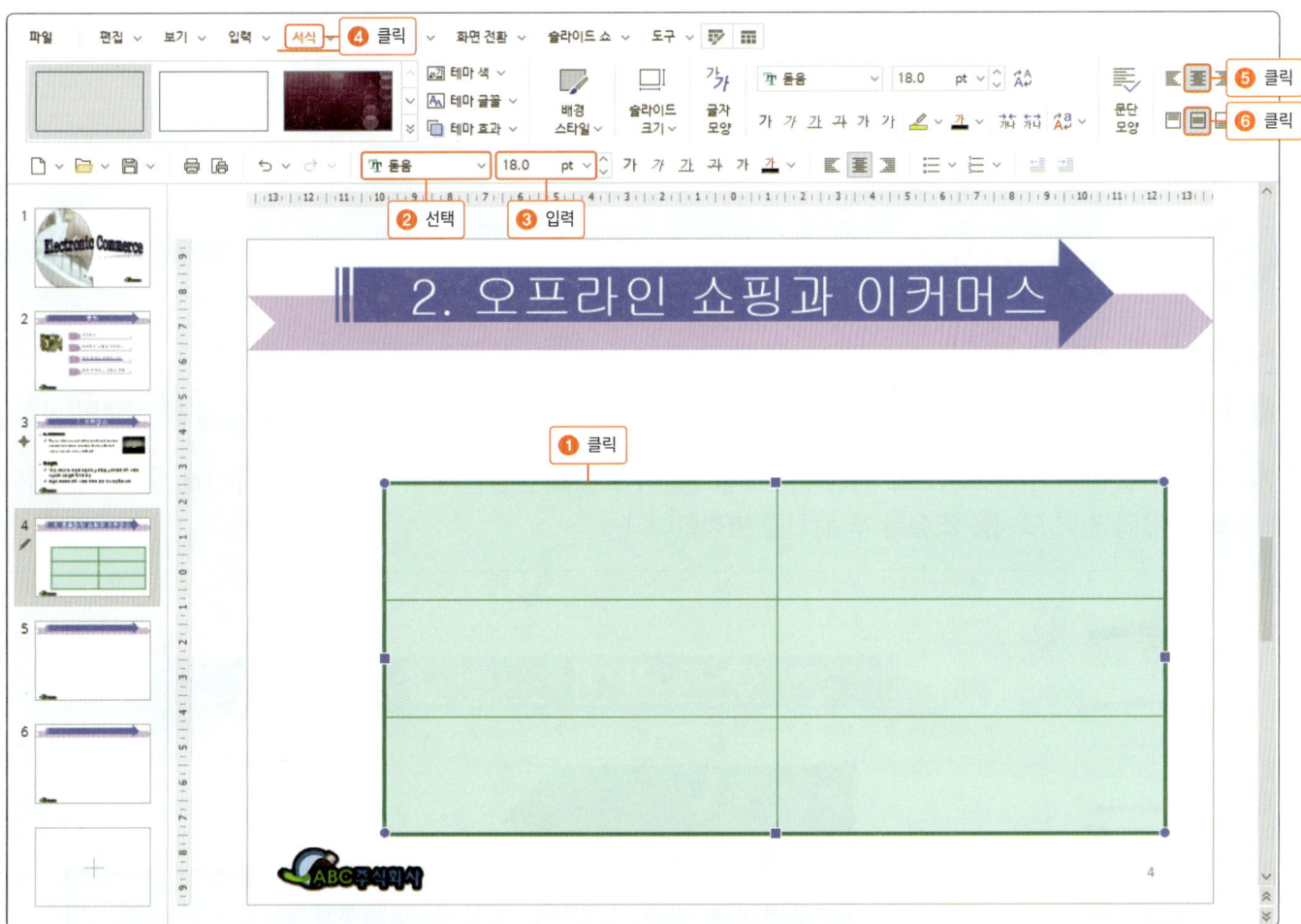

❷ 《출력형태》를 참고하여 표 내용을 입력하고 셀 크기를 조절합니다.

> ※ 실제 시험지의 《출력형태》에서는 텍스트의 줄 간격이 넓게 보일 수 있으나, [슬라이드 4]에서는 줄 간격에 대한 조건이 없기 때문에 특별한 지시사항이 없다면 줄 간격을 변경하지 않고 작성했더라도 채점 기준과는 무관합니다.

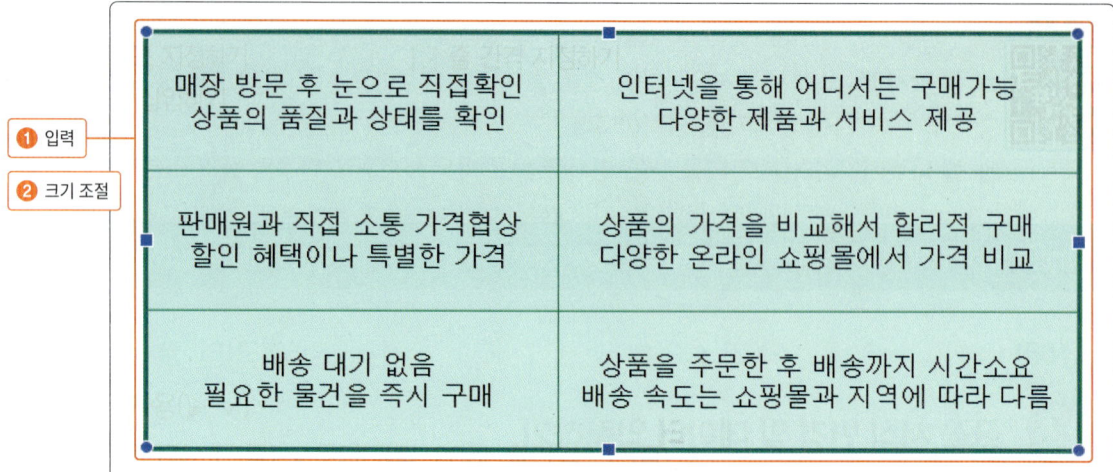

**TIP** 표 안의 데이터 입력 시 참고사항
❶ 필요에 따라 Enter 키를 눌러 강제 줄바꿈하여 《출력형태》와 똑같이 입력합니다.
❷ Tab 키 또는 키보드의 방향키(←, →, ↑, ↓)를 눌러 커서를 이동하면 편리합니다.
❸ 셀에 내용을 입력이 끝난 상태에서 Enter 키를 눌렀을 경우 글자가 강제 줄바꿈되어 위로 올라갑니다. 이럴 경우에는 마지막 글자 뒤를 클릭한 후 Delete 키를 눌러 빈 줄을 삭제합니다.

## 03 상단 도형 작성하기

① 상단 도형 : 2개 도형의 조합으로 작성

■ 상단 도형 그리기(뒤쪽)

❶ [입력] 탭에서 '도형' 이미지 꾸러미의 자세히 단추()를 눌러 '블록 화살표'–'**오각형**(▷)'을 선택합니다.

❷ 마우스 포인터가 ┼ 모양으로 변경되면 드래그하여 도형을 삽입합니다. 이어서, 조절점(●)을 드래그하여 《출력형태》와 같이 크기를 조절한 후 위치를 변경합니다.

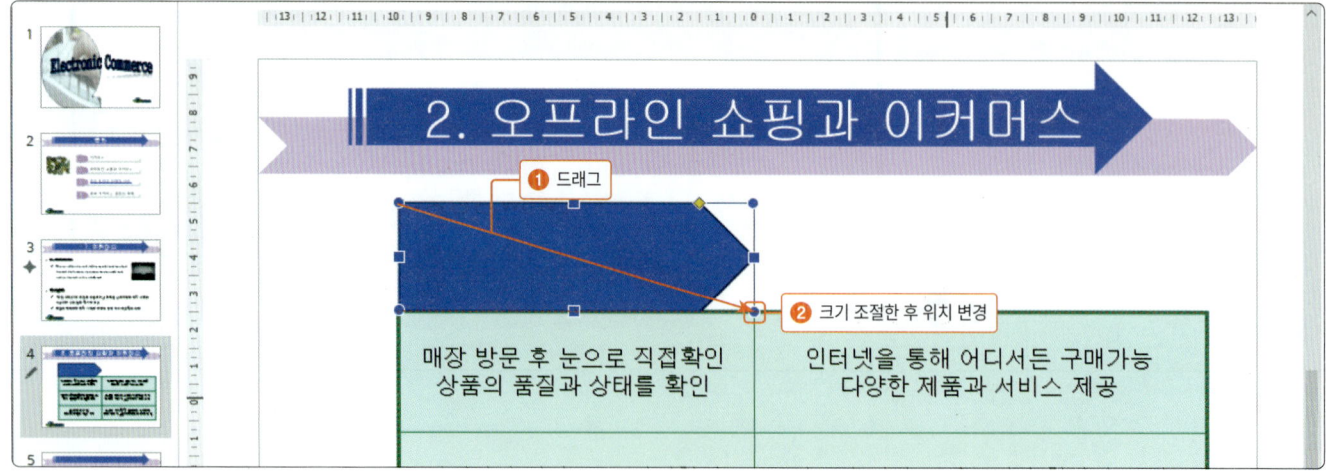

**도형의 크기 조절 및 위치 변경**
- `Alt` 키를 누른 채 개체의 조절점(●)을 드래그하면 크기를 세밀하게 조절할 수 있습니다.
- `Ctrl` 키를 누른 채 키보드의 방향키(←, →, ↑, ↓)를 누르면 위치를 세밀하게 이동할 수 있습니다.

❸ [도형( )] 탭에서 '도형 채우기( 도형 채우기 ∨ )'의 목록 단추(∨)를 눌러 '**초록(RGB: 40,155,110) 40% 밝게**'를 선택합니다.

※ 문제지에 도형 선 색이나 굵기, 채우기 색에 대한 조건이 없기 때문에 도형의 선 색과 선 굵기는 기본 값을 사용하고, 도형의 채우기 색은 임의의 색을 선택합니다.

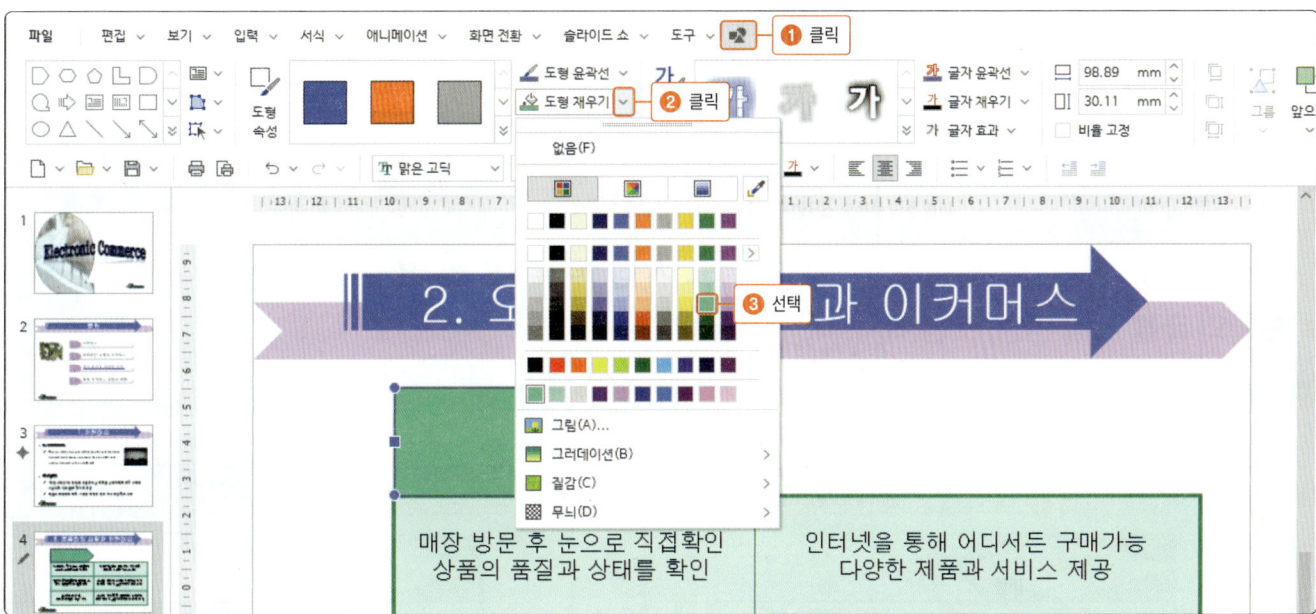

■ **상단 도형 그리기(앞쪽)**

❶ [입력] 탭에서 '도형' 이미지 꾸러미의 자세히 단추(∨)를 눌러 '기본 도형'–'**다이아몬드(◇)**'를 선택합니다.

❷ 마우스 포인터가 ┼ 모양으로 변경되면 드래그하여 도형을 삽입합니다. 이어서, 조절점(●)을 드래그하여 《출력형태》와 같이 크기를 조절한 후 위치를 변경합니다.

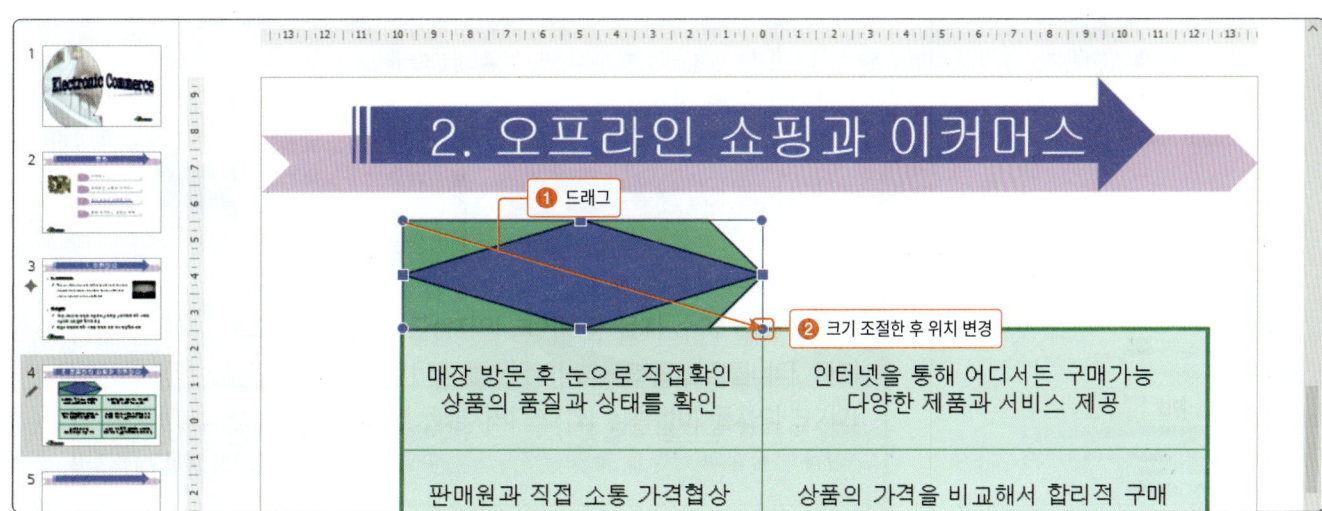

❸ [도형( )] 탭에서 '도형 채우기( 도형 채우기 )'의 목록 단추( )를 눌러 '하양(RGB: 255,255,255) 5% 어둡게'를 선택합니다.

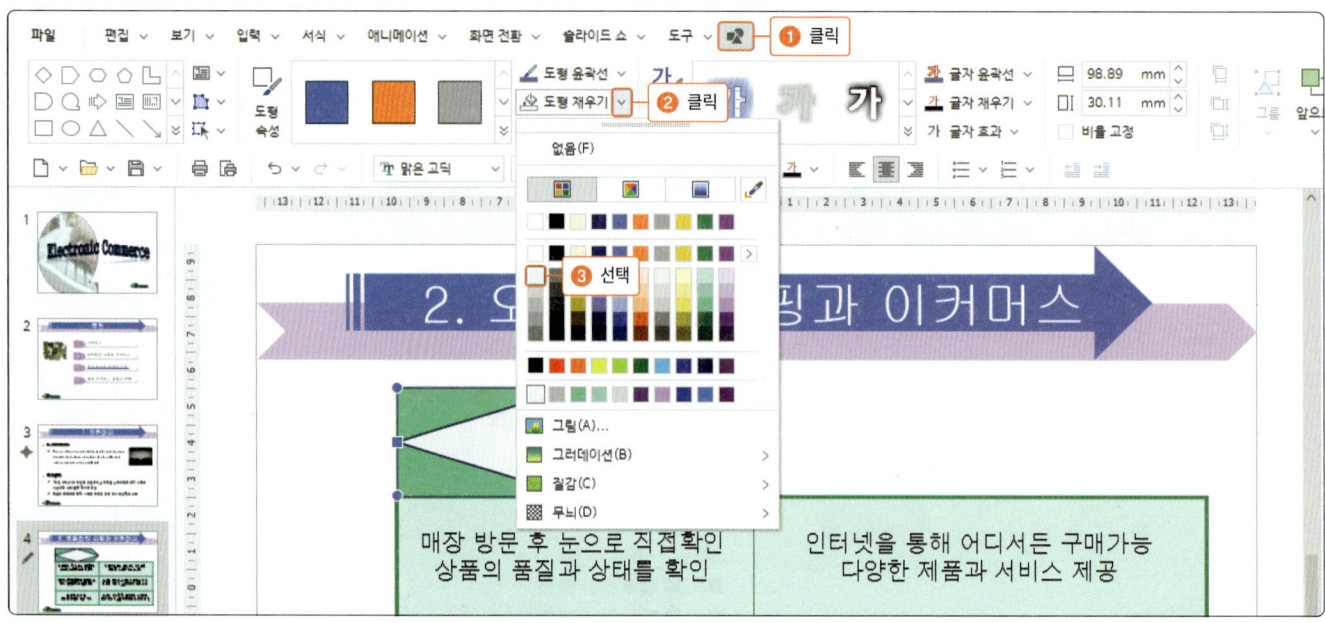

■ 도형의 글꼴 서식 변경, 도형 복사, 내용 변경하기

❶ 복사할 도형을 그림과 같이 드래그하여 모두 선택합니다.

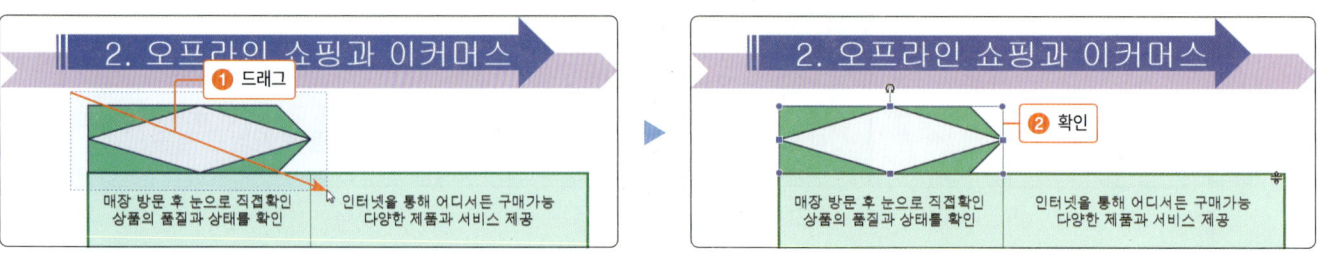

❷ 서식 도구 상자에서 '글꼴(돋움), 글자 크기(18pt), 글자 색(검정(RGB: 0,0,0))'을 지정합니다.

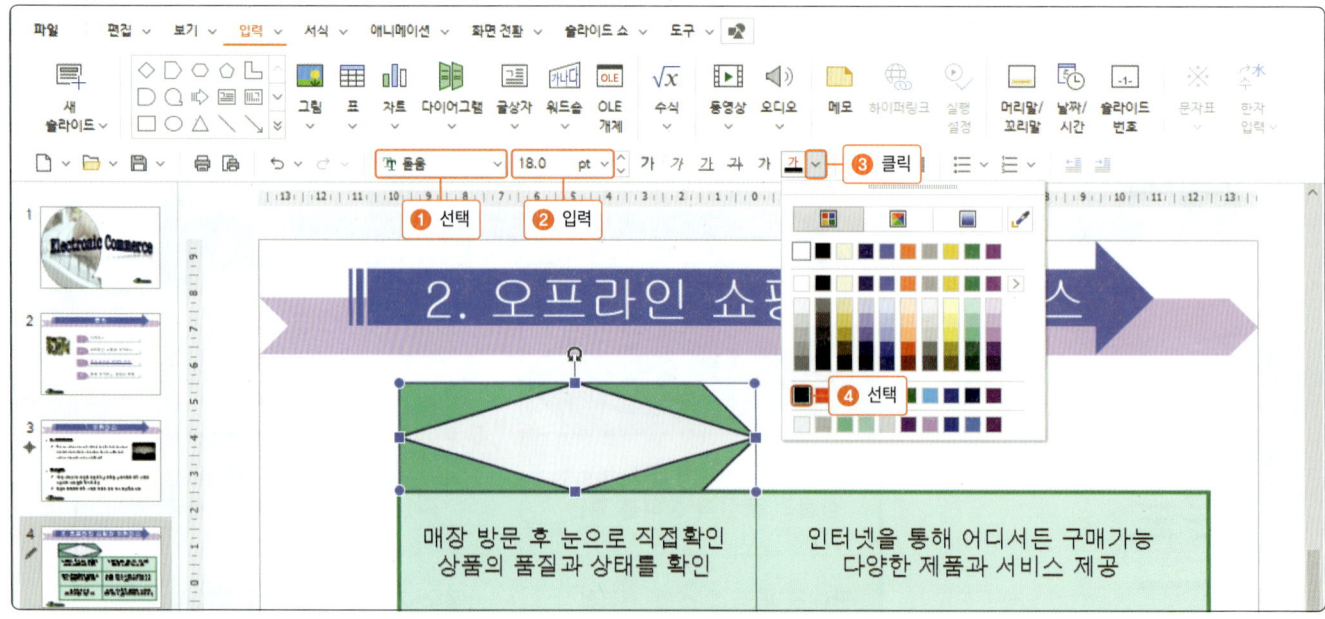

❸ Esc 키를 눌러 도형 선택을 해제합니다. 앞쪽 도형을 클릭하고 '**오프라인 쇼핑**'을 입력합니다.

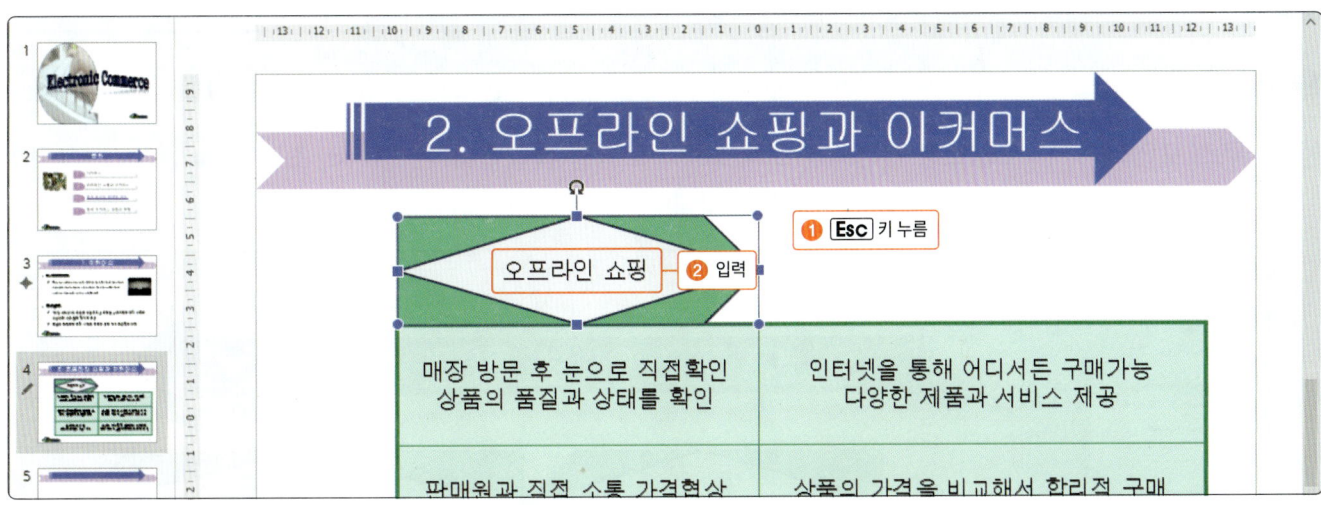

❹ 복사할 도형을 드래그하여 모두 선택합니다. Ctrl + Shift 키를 누른 채 그림과 같이 도형의 테두리 부분을 오른쪽으로 드래그하여 복사합니다.

※ 《출력형태》에서 도형 크기가 서로 다를 경우에는 개별적으로 크기를 조절합니다.

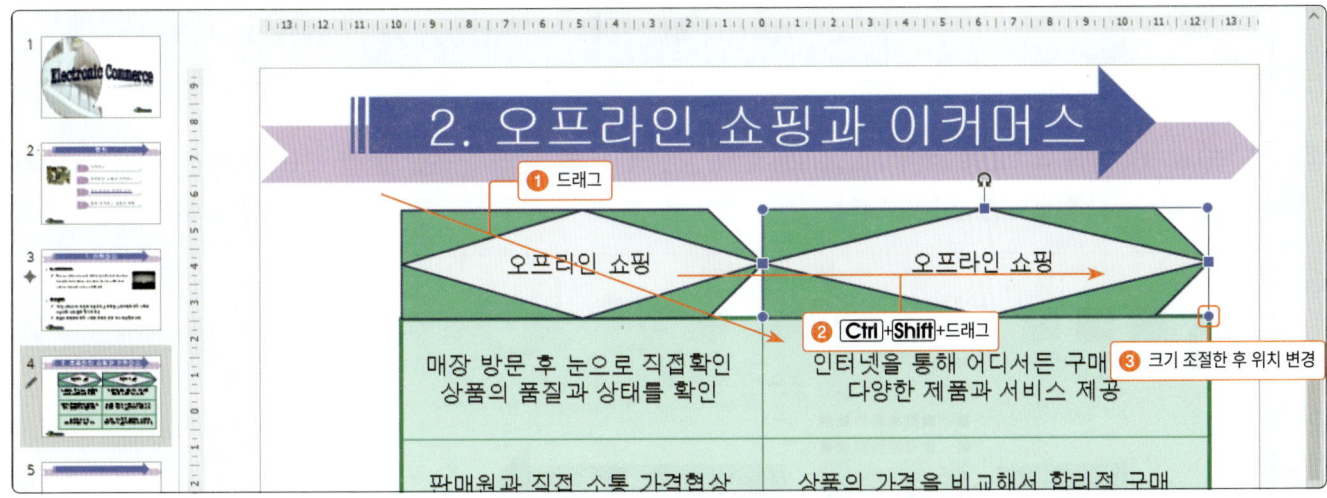

❺ 도형 내용만 드래그하여 블록으로 지정한 후 내용을 수정합니다.

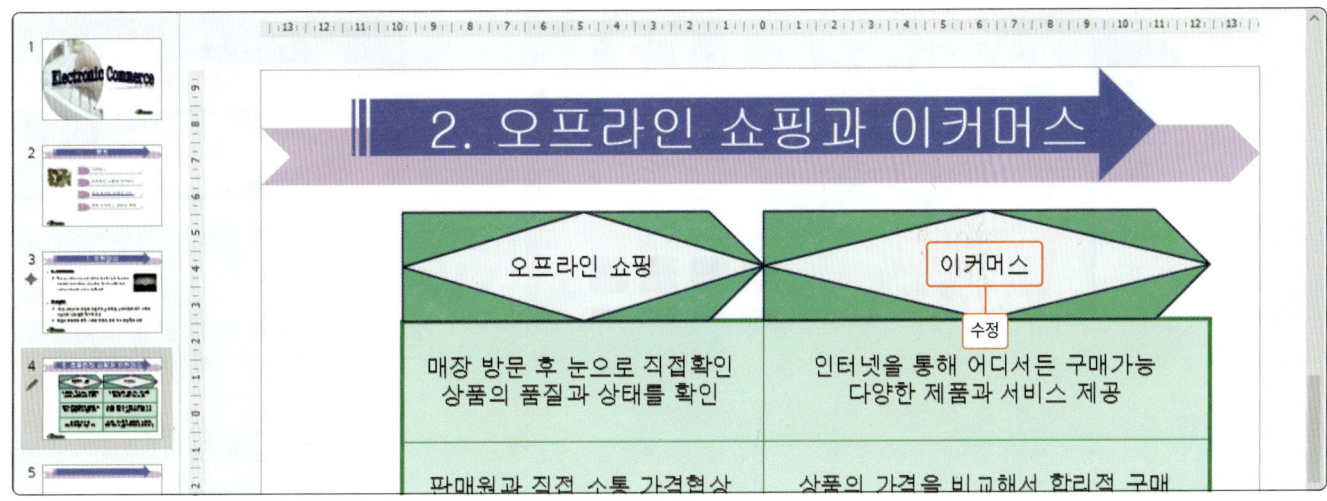

# 04 좌측 도형 작성하기

② 좌측 도형 : 그러데이션 효과(선형 위쪽)

① [입력] 탭에서 '도형' 이미지 꾸러미의 자세히 단추(▽)를 눌러 '기본 도형'–'**눈물방울(◯)**'를 선택합니다.

② 마우스 포인터가 ┼ 모양으로 변경되면 드래그하여 도형을 삽입합니다. 이어서, 조절점(●)을 드래그하여 《출력형태》와 같이 크기를 조절한 후 위치를 변경합니다.

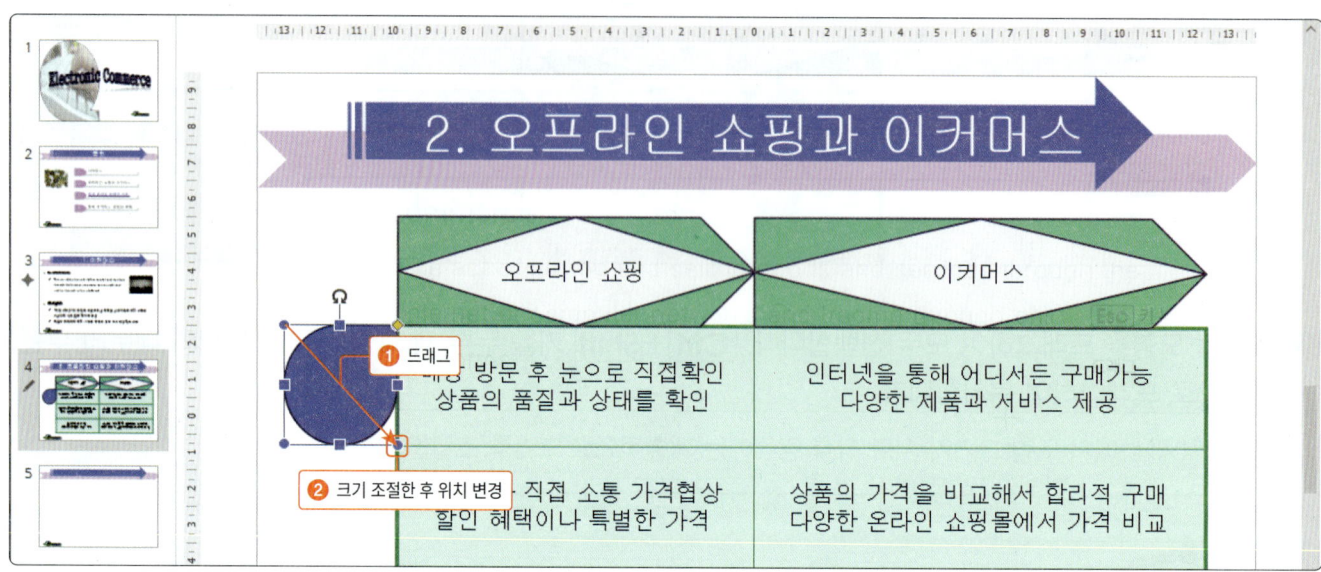

③ [도형(🖼)] 탭에서 '도형 채우기( 🎨 도형 채우기 ▽)'의 목록 단추(▽)를 눌러 '그러데이션'–'**밝은 그러데이션**'–'**선형 – 위쪽에서**'를 선택합니다.

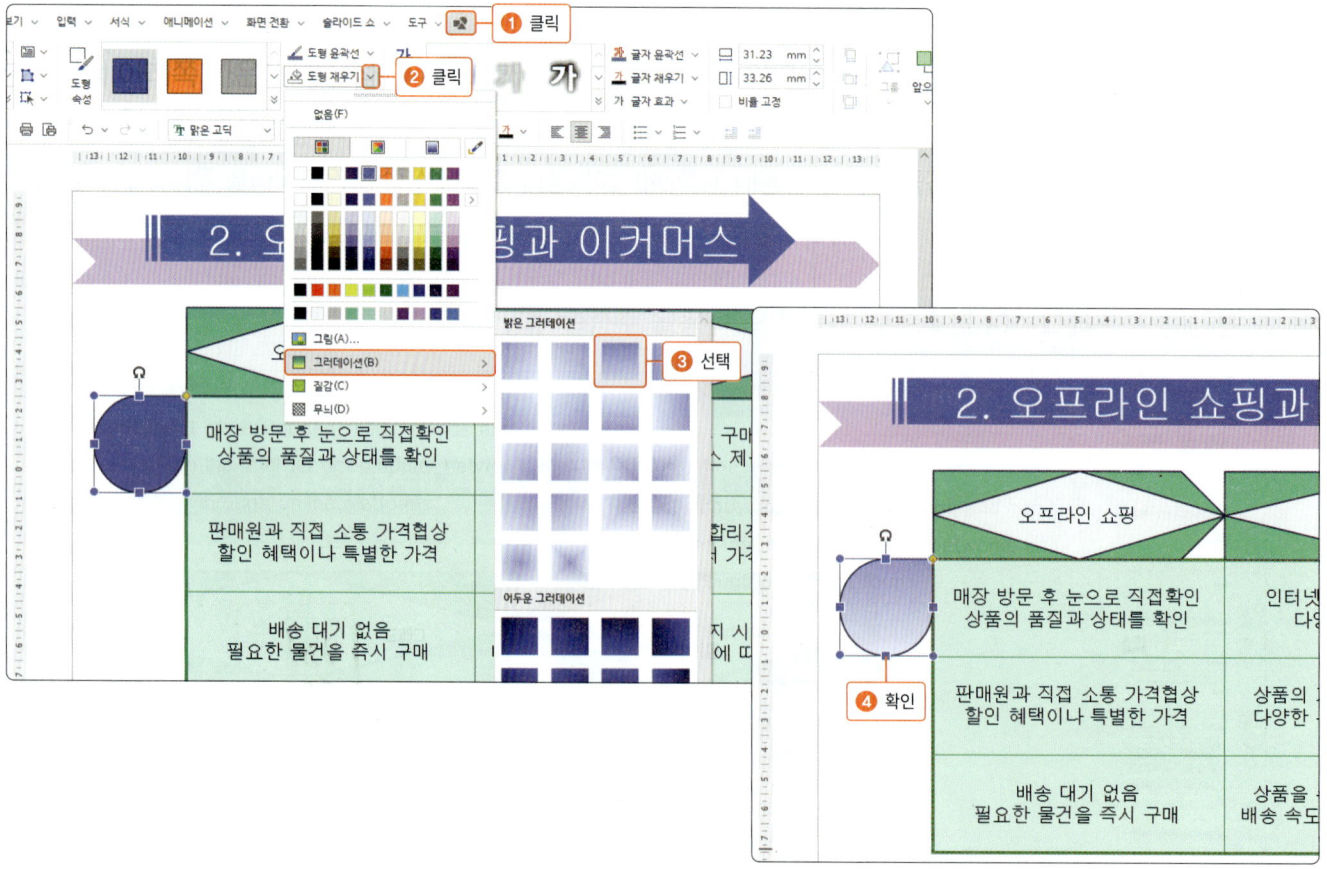

④ 도형이 선택된 상태에서 '**상품**'을 입력한 후 Esc 키를 누릅니다. 이어서, 서식 도구 상자에서 '**글꼴(돋움), 글자 크기(18pt), 글자 색(검정(RGB: 0,0,0))**'을 지정합니다.

※ 도형 안쪽에 내용을 입력했을 때 아래쪽으로 밀릴 수 있습니다. 이런 경우에는 도형의 왼쪽/오른쪽 조절점(●)을 이용하여 너비를 조절합니다.

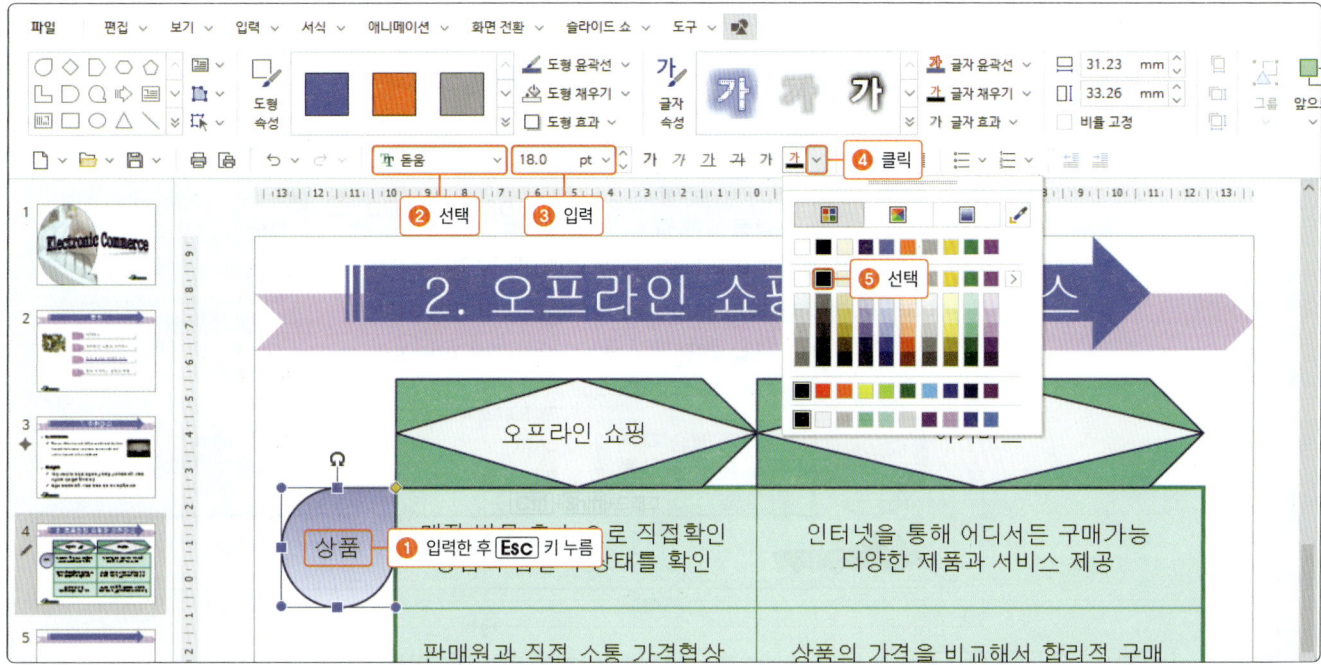

⑤ Ctrl + Shift 키를 누른 채 그림과 같이 도형의 테두리 부분을 아래쪽으로 드래그하여 복사합니다(두 번 반복). 이어서, 도형 내용만 드래그하여 블록으로 지정한 후 그림과 같이 내용을 변경합니다.

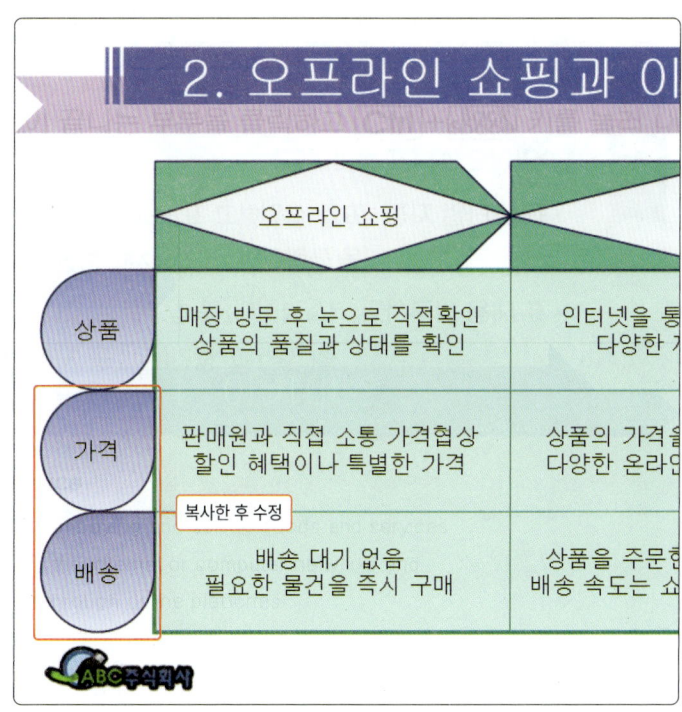

 **도형에 내용을 입력할 때 주의할 점**

도형에 내용을 입력할 때 아래쪽으로 밀릴 수 있습니다. 이런 경우에는 도형의 조절점(●)을 이용하여 너비를 조절합니다.

❻ 《출력형태》와 같이 표 테두리가 도형 앞으로 표시되게 하기 위해 표의 테두리 위에서 마우스 오른쪽 단추를 눌러 바로 가기 메뉴가 나오면 [순서]-**[맨 앞으로]**를 선택합니다.

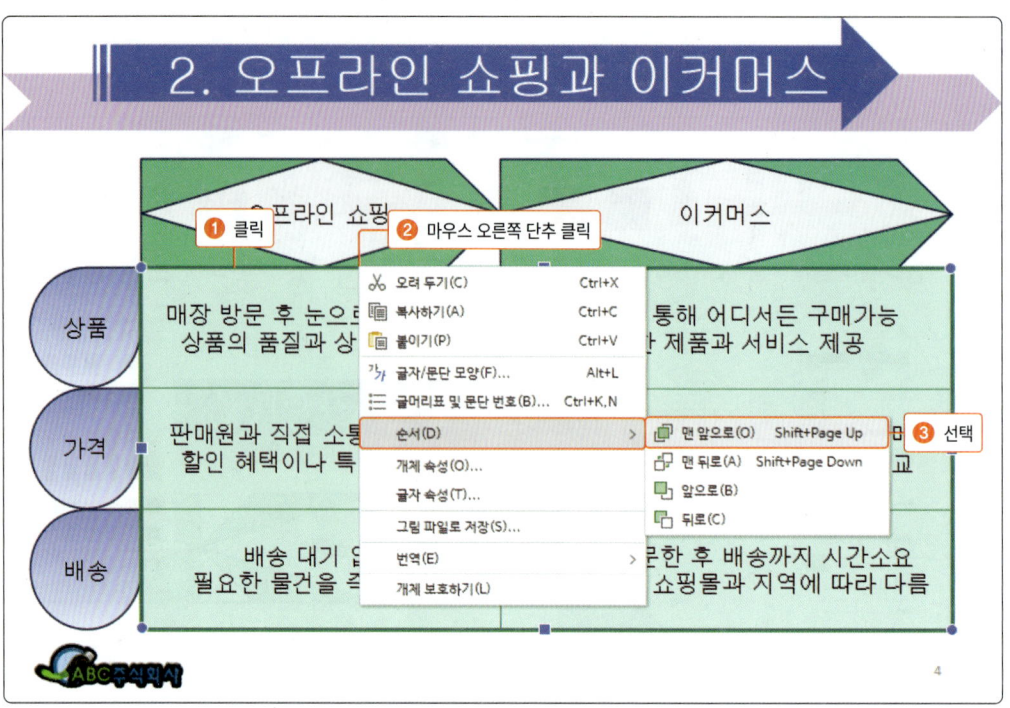

❼ [파일]-[저장하기](**Ctrl**+**S**) 또는 서식 도구 상자에서 '**저장하기(💾)**'를 클릭합니다.

※ 실제 시험을 볼 때 작업 도중에 수시로(10분에 한 번 정도) 저장을 하는 것이 좋습니다.

---

**시험분석**

[슬라이드 4]《표 슬라이드》

- **표 스타일 지정** : 표를 삽입하고 표 스타일을 변경한 후 반드시 [표 디자인(📋)] 탭에서 '머리글 행'과 '줄무늬 행'을 클릭하여 체크 표시(✓)를 해제합니다.
- **표 내용 입력하기** : 《출력형태》를 참고하여 오타 없이 내용을 입력하고, 표 내용을 정렬할 때는 반드시 '가운데 정렬(≡)'과 '중간(▤)'을 지정합니다.

## [슬라이드 4] 《표 슬라이드》

**01** 문제지의 지시사항 및 세부조건을 참고하여 《출력형태》에 알맞게 작업하시오.

- 소스 파일 : [출제유형 05]-정복05_문제01.show
- 정답 파일 : [출제유형 05]-정복05_정답01.show

◆ [슬라이드 4] 《표 슬라이드》 (80점)

(1) 도형과 표 작성 기능을 이용하여 슬라이드를 작성한다(글꼴 : 돋움, 18pt).

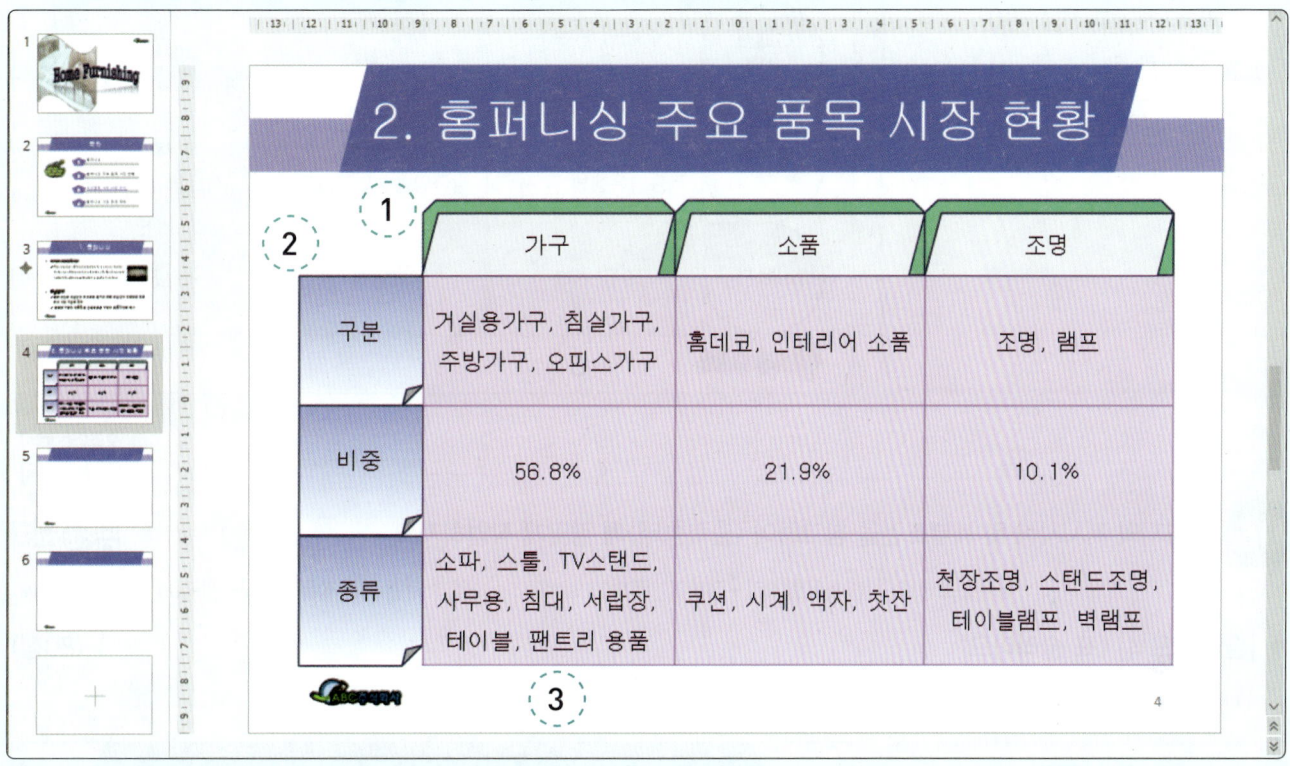

◆ 세부조건

① 상단 도형 :
2개 도형의 조합으로 작성

② 좌측 도형 :
그러데이션 효과(선형 위쪽)

③ 표 스타일 :
보통 스타일 4 - 강조 6

**02** 문제지의 지시사항 및 세부조건을 참고하여 《출력형태》에 알맞게 작업하시오.

• 소스 파일 : [출제유형 05]-정복05_문제02.show　　• 정답 파일 : [출제유형 05]-정복05_정답02.show

◆ [슬라이드 4] 《표 슬라이드》　　　　　　　　　　　　　　　　　　　　　　　　　　(80점)

(1) 도형과 표 작성 기능을 이용하여 슬라이드를 작성한다(글꼴 : 맑은 고딕, 18pt).

**세부조건**

① **상단 도형** :
　2개 도형의 조합으로 작성

② **좌측 도형** :
　그러데이션 효과(선형 위쪽)

③ **표 스타일** :
　보통 스타일 4 - 강조 3

### 2. 화폐별 특징

|  | 현금 | 디지털화폐 | 가상화폐 |
|---|---|---|---|
| 화폐의 형태 | 주화(금속) 또는 지폐(종이) | 디지털 | 디지털 |
| 화폐의 구분 | 법정통화 (중앙은행법 적용) | 법정통화 (중앙은행법 적용) | 가상화폐 (적용법규 없음) |
| 사용처 | 모든 거래 | 가맹점 | 가상공간 |

---

**03** 문제지의 지시사항 및 세부조건을 참고하여 《출력형태》에 알맞게 작업하시오.

• 소스 파일 : [출제유형 05]-정복05_문제03.show　　• 정답 파일 : [출제유형 05]-정복05_정답03.show

◆ [슬라이드 4] 《표 슬라이드》　　　　　　　　　　　　　　　　　　　　　　　　　　(80점)

(1) 도형과 표 작성 기능을 이용하여 슬라이드를 작성한다(글꼴 : 맑은 고딕, 18pt).

**세부조건**

① **상단 도형** :
　2개 도형의 조합으로 작성

② **좌측 도형** :
　그러데이션 효과(선형 위쪽)

③ **표 스타일** :
　보통 스타일 4 - 강조 1

### 2. 지속가능 목표 제안

|  | 기후위기대응 | 자원절약 및 보호 | 회복지원강화 |
|---|---|---|---|
| 영역1 | 식물 기반 대체육 소비 | 물 사용과 음식물 쓰레기 줄이기 | 여성과 여아의 지원 여성 기업 지원 |
| 영역2 | 스마트 에너지 도입 | 자원 순환 재활용, 대여, 공유 등 | 형평성 및 기회 증진 공정무역 제품 구입 |
| 영역3 | 오래 쓰는 제품 도입 | 자연친화적 제품 선택 | 적극적인 사회 참여 투표 참여, 자원봉사 |

**04** 문제지의 지시사항 및 세부조건을 참고하여 《출력형태》에 알맞게 작업하시오.

• 소스 파일 : [출제유형 05]-정복05_문제04.show   • 정답 파일 : [출제유형 05]-정복05_정답04.show

◆ [슬라이드 4] 《표 슬라이드》 (80점)

(1) 도형과 표 작성 기능을 이용하여 슬라이드를 작성한다(글꼴 : 맑은 고딕, 18pt).

**세부조건**

① **상단 도형 :**
    2개 도형의 조합으로 작성

② **좌측 도형 :**
    그러데이션 효과(선형 위쪽)

③ **표 스타일 :**
    보통 스타일 4 - 강조 3

**2. 다문화가족 실태 조사 방법**

| 구분 | | 내용 |
|---|---|---|
| 목표 모집단 | 대한민국 거주 | 대한민국에 거주, 다문화가족지원법에서 정의하는 다문화 가구의 가구주 및 가구원 |
| 조사 모집단 | 조사모집단 | 결혼이민자 또는 한국인과 결혼한 기타 이민자(외국인) |
| | | 귀화에 의한 국적취득자(한국인)인 다문화 대상자 |
| | 표본추출물 | 등록자료(가족관계등록, 주민등록, 외국인등록) |

---

**05** 문제지의 지시사항 및 세부조건을 참고하여 《출력형태》에 알맞게 작업하시오.

• 소스 파일 : [출제유형 05]-정복05_문제05.show   • 정답 파일 : [출제유형 05]-정복05_정답05.show

◆ [슬라이드 4] 《표 슬라이드》 (80점)

(1) 도형과 표 작성 기능을 이용하여 슬라이드를 작성한다(글꼴 : 맑은 고딕, 18pt).

**세부조건**

① **상단 도형 :**
    2개 도형의 조합으로 작성

② **좌측 도형 :**
    그러데이션 효과(선형 위쪽)

③ **표 스타일 :**
    보통 스타일 4 - 강조 5

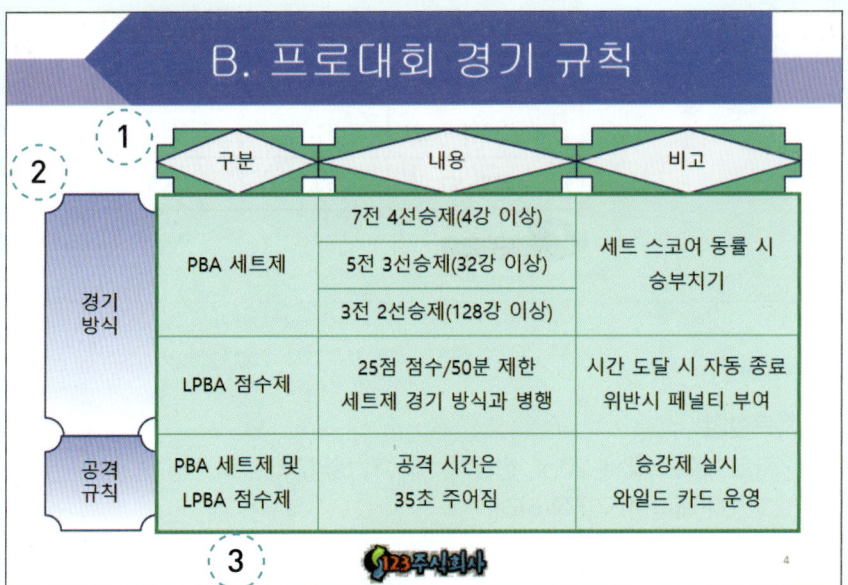

## 출제유형 06

**PART 02** 출제유형 완전정복

# [슬라이드 5] 《차트 슬라이드》

☑ 차트 작성 및 편집하기
☑ 차트 안에 도형 작성하기

문제 풀이

---

### 문제 미리보기

**소스 파일** : [출제유형 06]-유형06_문제.show   **정답 파일** : [출제유형 06]-유형06_정답.show

◆ [슬라이드 5] 《차트 슬라이드》  (100점)

(1) 차트 작성 기능을 이용하여 슬라이드를 작성한다.
(2) 차트 : 유형(묶은 세로 막대형), 글꼴(굴림, 16pt), 외곽선
(3) 표 : 차트 하단에 이미지와 같이 표 그리기

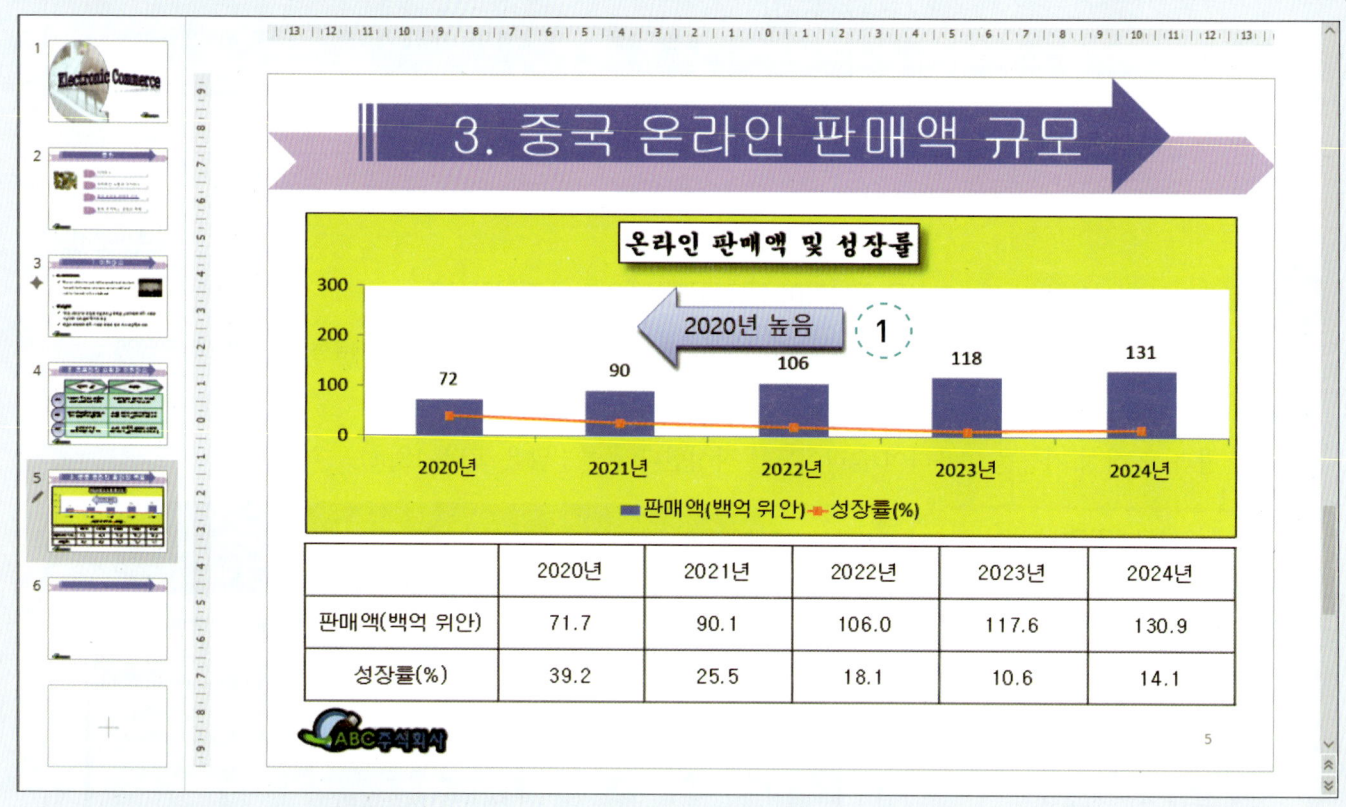

◆ 세부조건

※ **차트설명**
- 차트 제목 : 궁서, 20pt, 진하게, 채우기(하양), 테두리, 그림자(대각선 오른쪽 아래)
- 범례 위치 : 아래쪽
- 차트 영역 : 채우기(노랑)   • 그림 영역 : 채우기(하양)
- 데이터 서식 : 성장률(%) 계열을 표식이 있는 꺾은선형으로 변경
- 값 표시 : 판매액(백억 위안) 계열만

① **도형 삽입**
- 스타일 : 밝은 계열 - 강조1
- 글꼴 : 맑은 고딕, 18pt

## 차트 작성하기

(2) 차트 : 유형(묶은 세로 막대형)

① '유형06_문제.show' 파일을 불러와 [슬라이드 5]를 클릭한 후 작업합니다.

※ 파일 불러오기 : [파일]-[불러오기]([Ctrl]+[O])를 클릭한 후 [불러오기] 대화상자에서 파일을 선택합니다.

② 슬라이드 상단에 '제목을 입력하십시오'를 클릭한 후 '**3. 중국 온라인 판매액 규모**'를 입력합니다.

③ '내용을 입력하십시오' 글상자의 테두리를 클릭한 후 Delete 키를 눌러 삭제합니다.

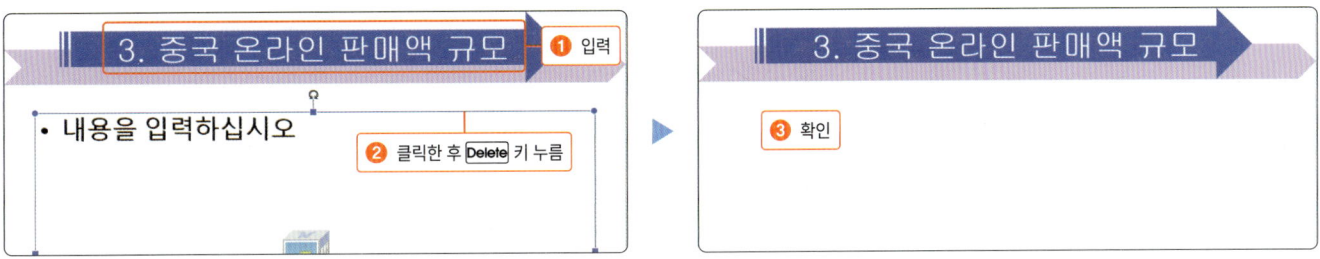

④ [입력] 탭에서 '차트'-'**묶은 세로 막대형**'을 선택합니다.

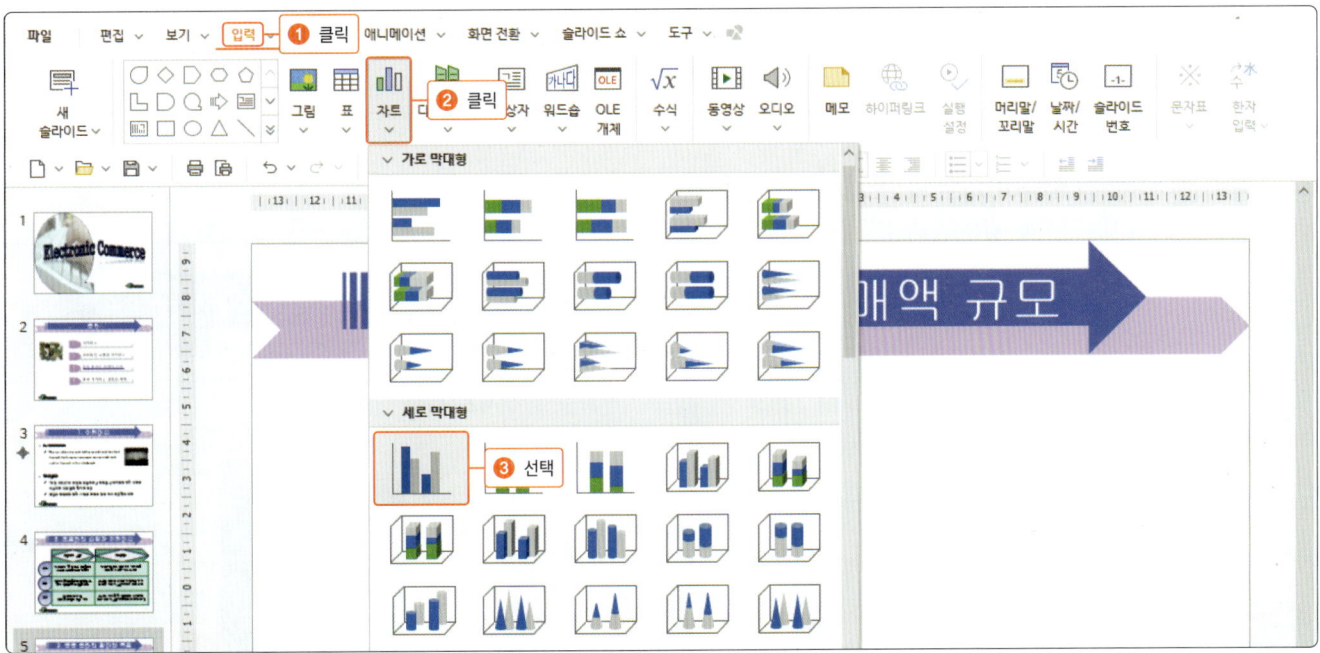

⑤ 차트가 삽입되고 [차트 데이터 편집] 대화상자가 나오면 [D]열 머리글을 클릭합니다. 이어서, 마우스 오른쪽 단추를 누른 다음 [**삭제**]를 클릭합니다.

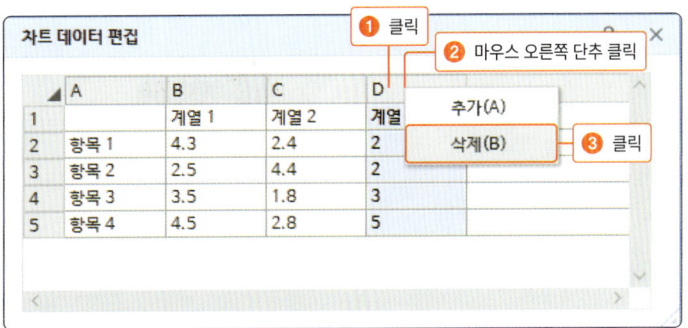

❻ [차트 데이터 편집] 대화상자에서 '계열1', '계열2'를 차례로 클릭한 후 **'판매액(백억 위안)'**, **'성장률(%)'**를 입력합니다.

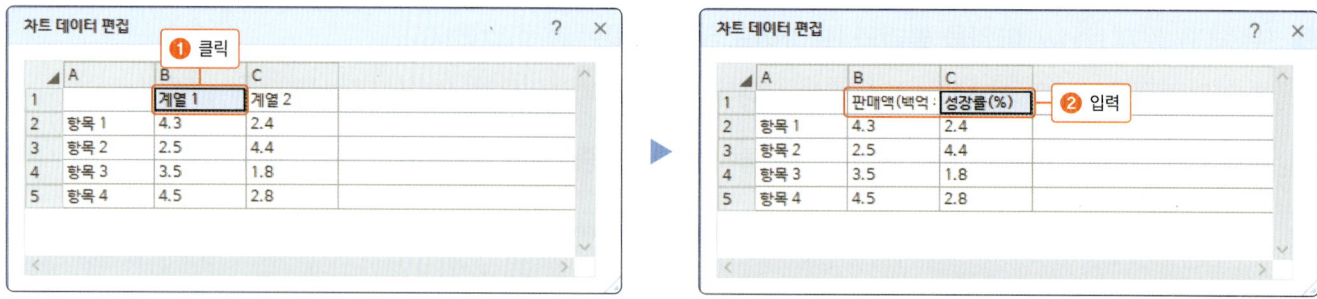

❼ [차트 데이터 편집] 대화상자에서 [2]행 머리글을 클릭합니다. 이어서, 마우스 오른쪽 단추를 클릭한 후 [추가]를 클릭한 다음 데이터를 입력하고 '닫기(×)'를 클릭합니다.

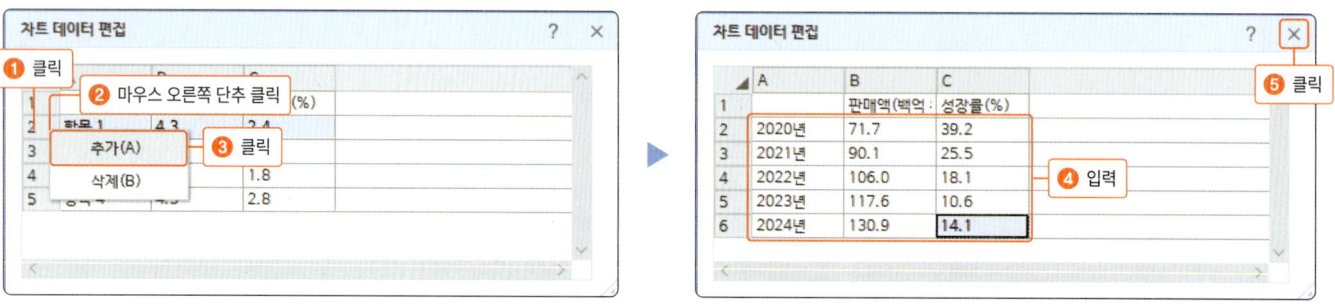

❽ 《출력형태》를 참고하여 차트의 크기 및 위치를 조절합니다.

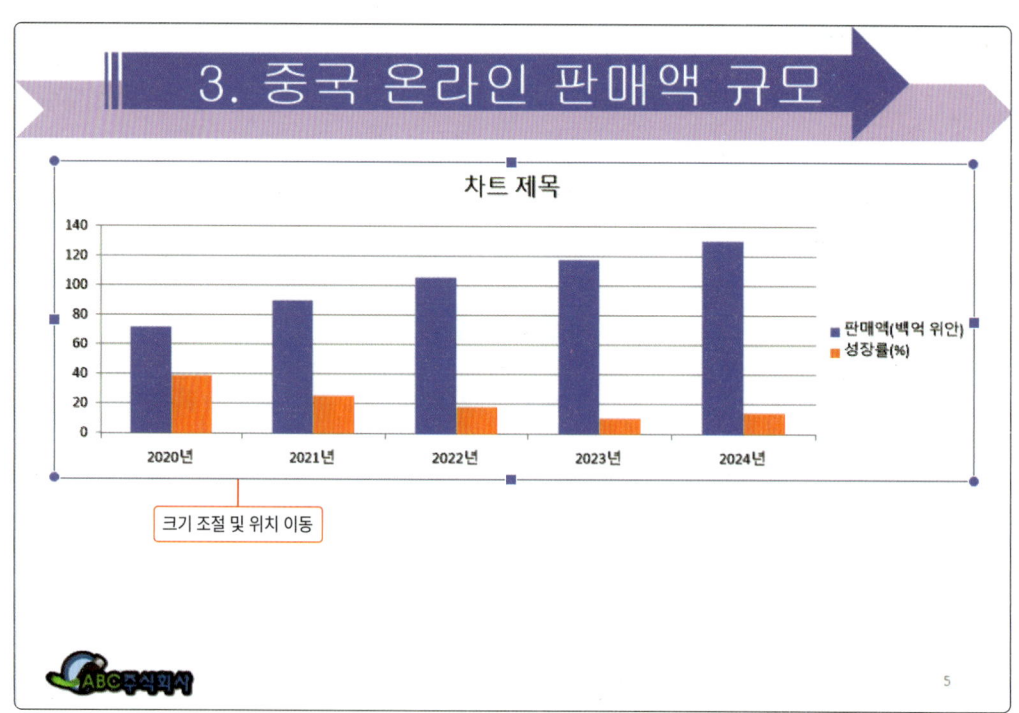

❾ [차트 디자인( )] 탭에서 '차트 레이아웃'–'**레이아웃1**'을 선택합니다.

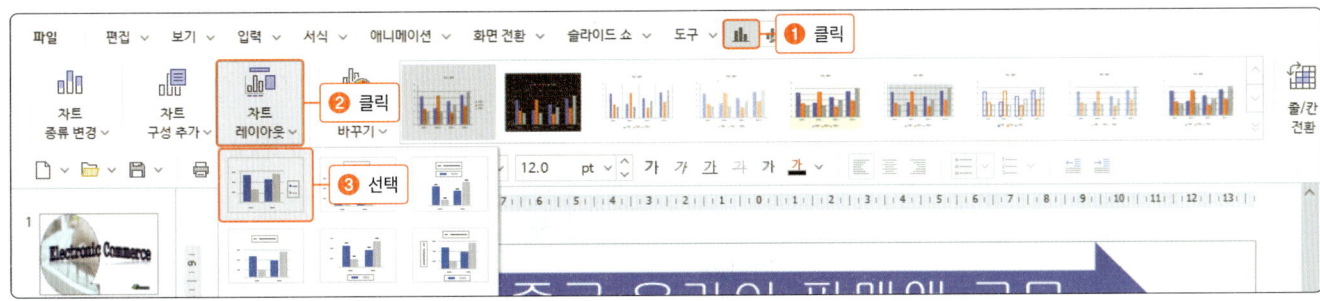

❿ [차트 디자인( )] 탭에서 '차트 구성 추가'–'차트 제목'–'**위쪽**'을 선택합니다.

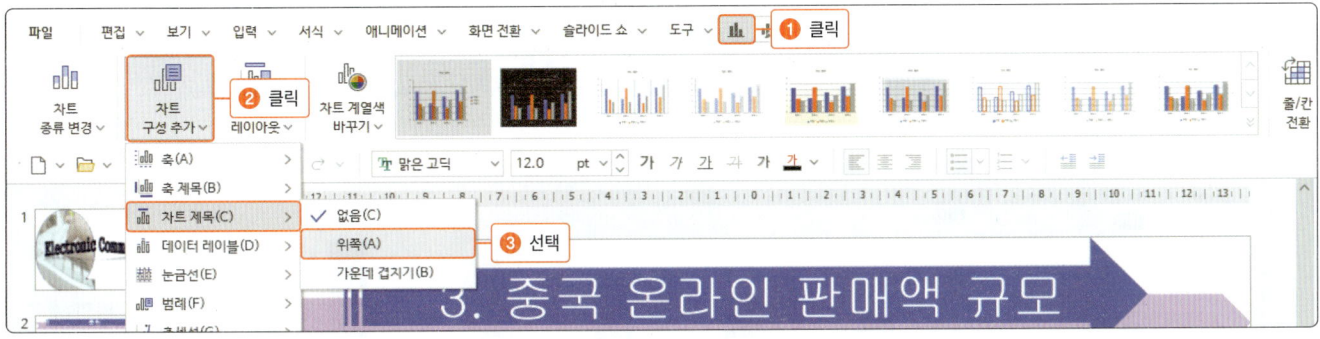

⓫ 《출력형태》와 같이 주 눈금선을 없애기 위해 [차트 디자인( )] 탭에서 '차트 구성 추가'–'눈금선'–'**기본 주 가로**'를 선택하여 선택 표시를 해제합니다.

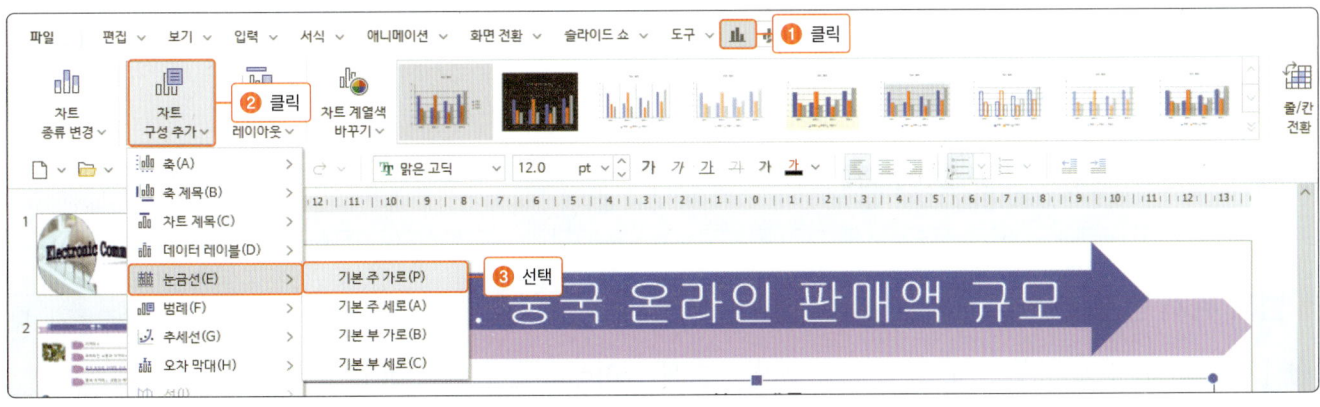

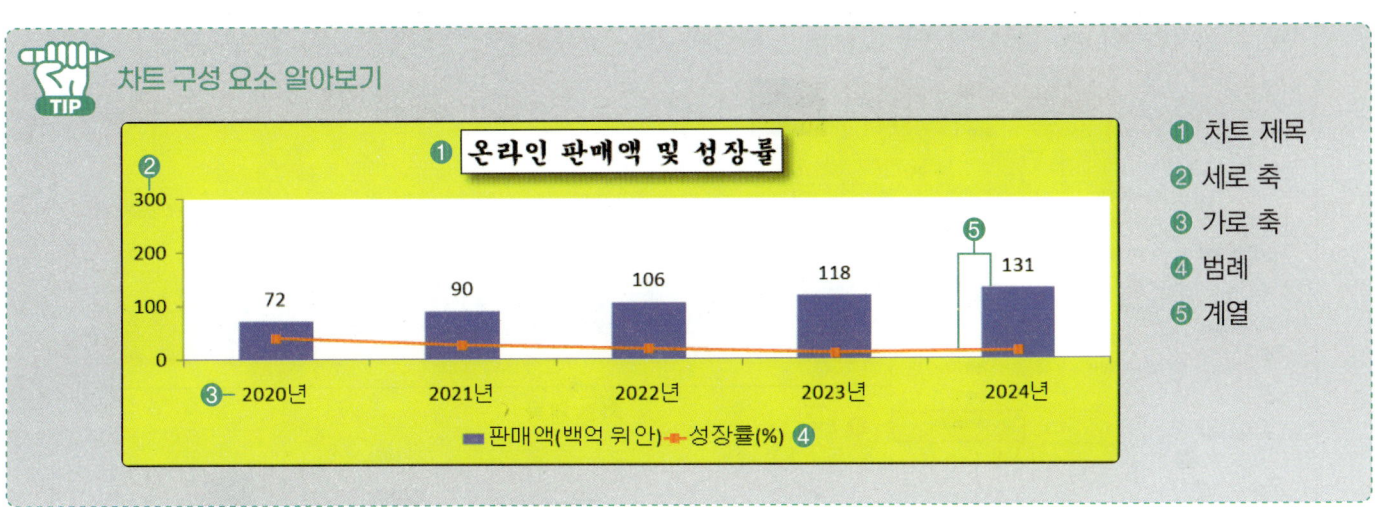

## 02 차트 전체 글꼴 변경하기

> 글꼴(굴림, 16pt), 외곽선

■ **차트 전체 글꼴 변경하기**

① 차트의 외곽선을 클릭합니다. 이어서, 서식 도구 상자에서 '**글꼴(굴림), 글자 크기(16pt)**'를 지정합니다.

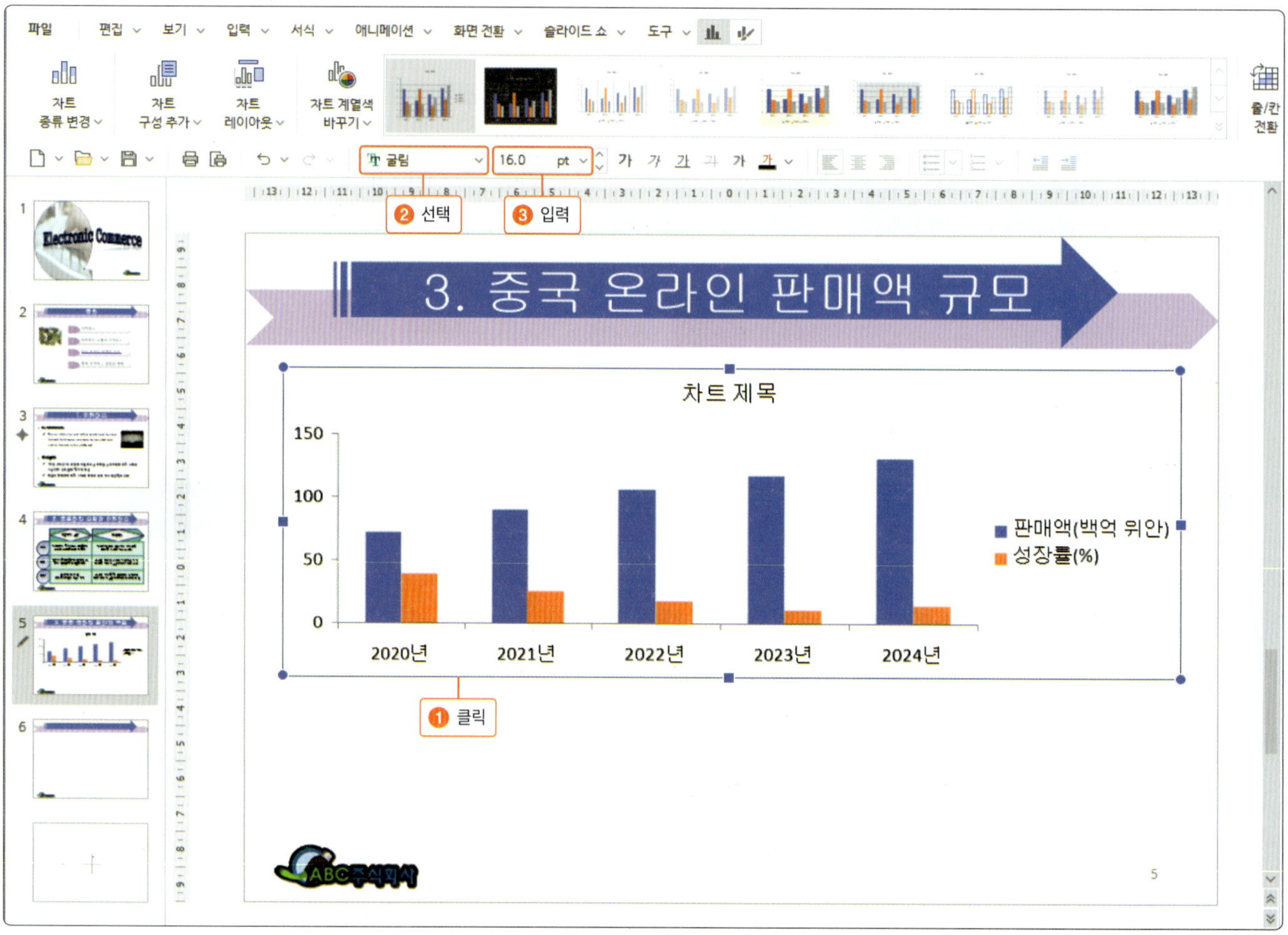

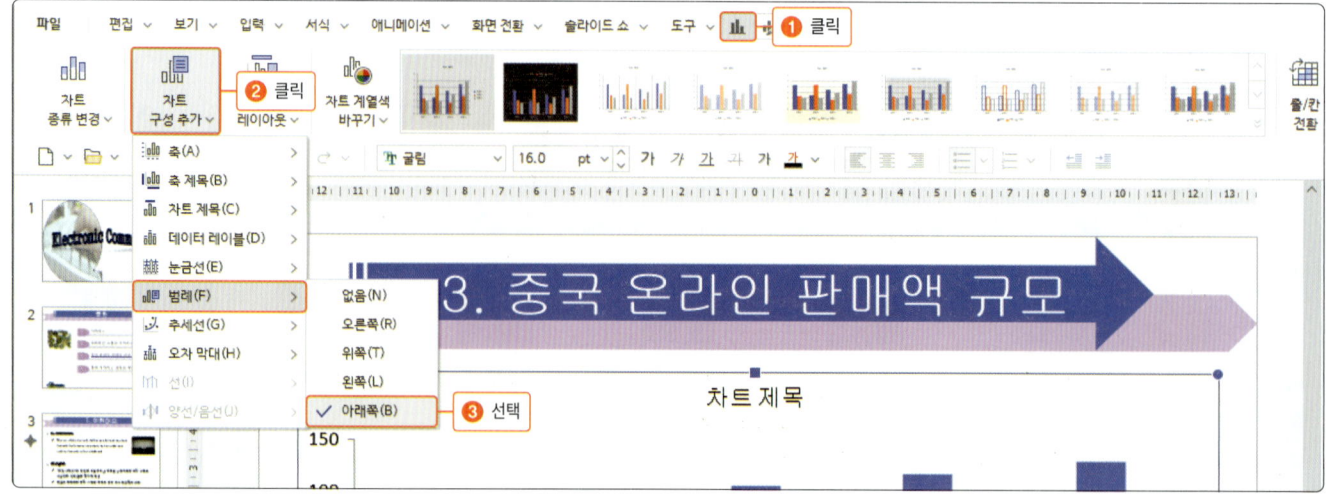

■ **범례 위치 변경하기**

> 범례 위치 : 아래쪽

① [차트 디자인()] 탭에서 '차트 구성 추가'-'범례'-'**아래쪽**'을 선택합니다.

## ■ 외곽선 지정하기

① 외곽선을 지정하기 위해 차트 테두리 선을 더블 클릭합니다.

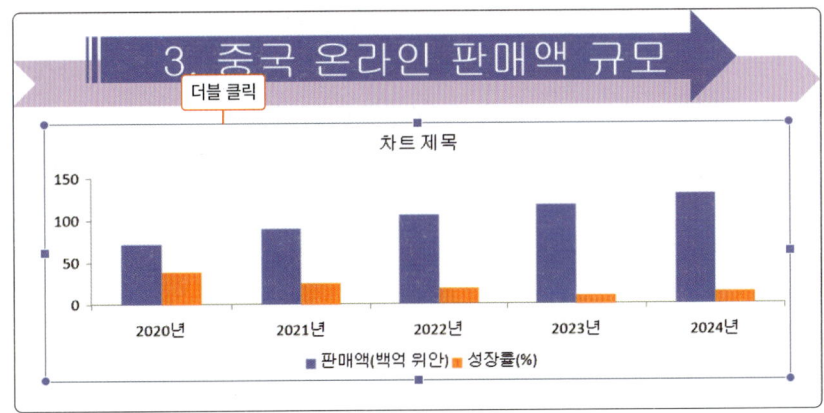

② 오른쪽에 [개체 속성] 창이 나오면 '선'-'단색'-'색'을 클릭합니다. 이어서, '검정(RGB: 0,0,0)'을 선택합니다.

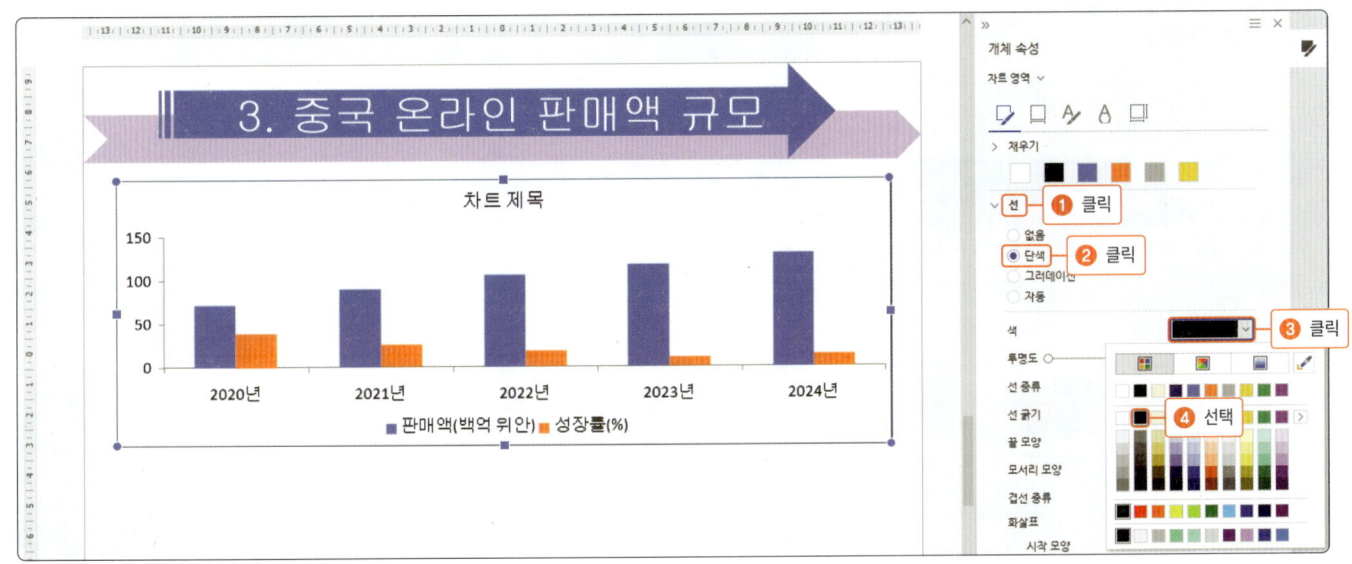

차트 제목 : 궁서, 20pt, 진하게, 채우기(하양), 테두리, 그림자(대각선 오른쪽 아래)

## 03 차트 세부 조건 작성하기

### ■ 차트 제목 작성하기

① 차트에서 차트 제목을 마우스 오른쪽 단추를 눌러 바로 가기 메뉴가 나오면 [제목 편집]을 클릭합니다.

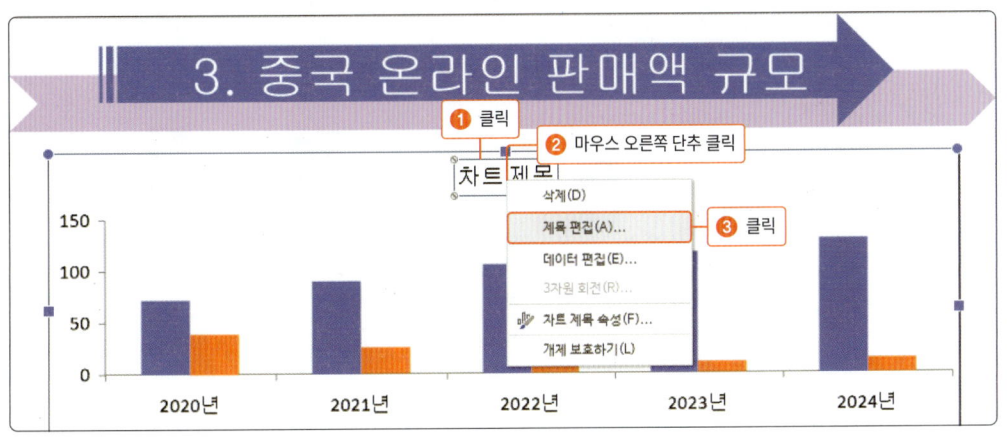

❷ [제목 편집] 대화상자가 나오면 Delete 키를 눌러 '내용'에 입력된 '차트 제목'을 삭제하고, '내용'에 '**온라인 판매액 및 성장률**'을 입력합니다. 이어서, '**글꼴(궁서), 글자 크기(20pt), 진하게(가)**'을 지정하고 〈설정〉 단추를 클릭합니다.

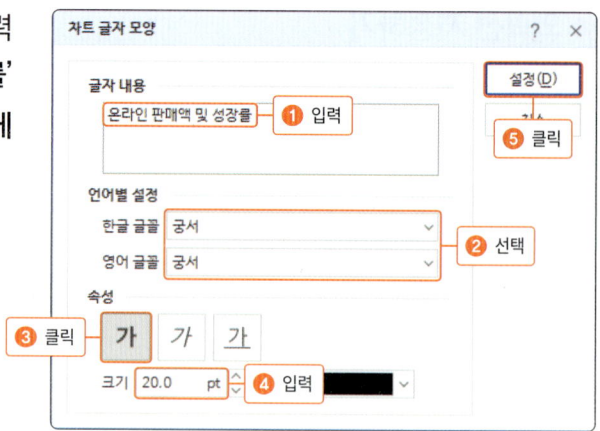

❸ 차트 제목을 다시 마우스 오른쪽 단추를 눌러 바로 가기 메뉴가 나오면 [개체 속성]을 클릭합니다.

❹ 오른쪽에 [개체 속성] 창이 나오면 '채우기'-'단색'-'색'을 클릭합니다. 이어서, '**하양(RGB: 255,255,255)**'을 선택합니다.

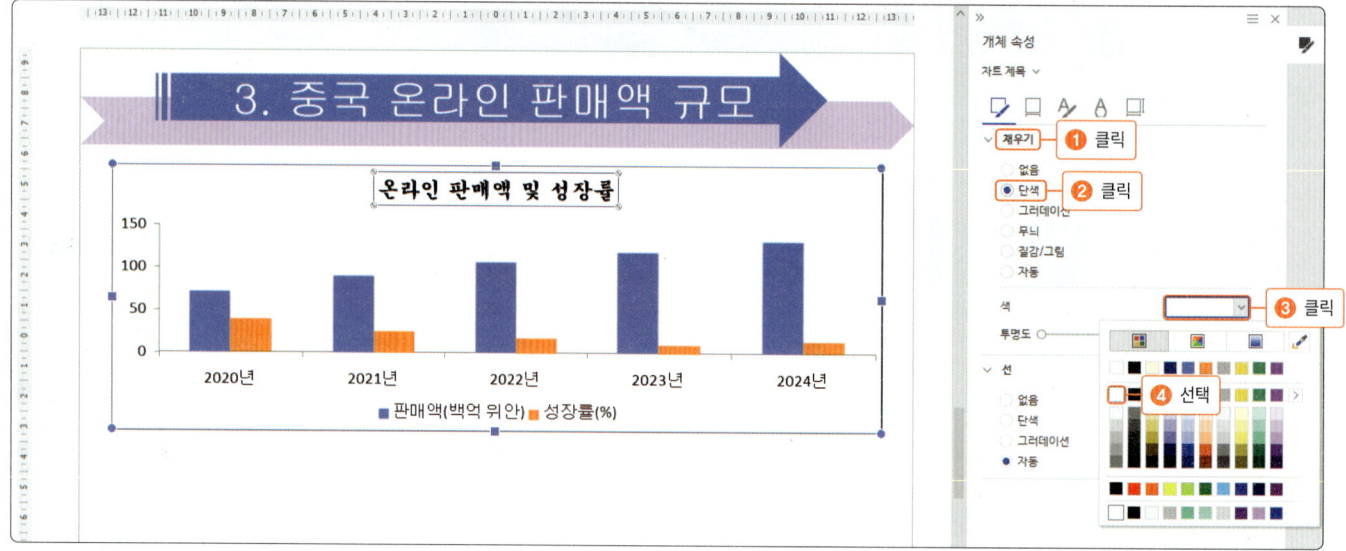

❺ [개체 속성] 창에서 '선'-'단색'-'색'을 클릭합니다. 이어서, '**검정(RGB: 0,0,0)**'을 선택합니다.

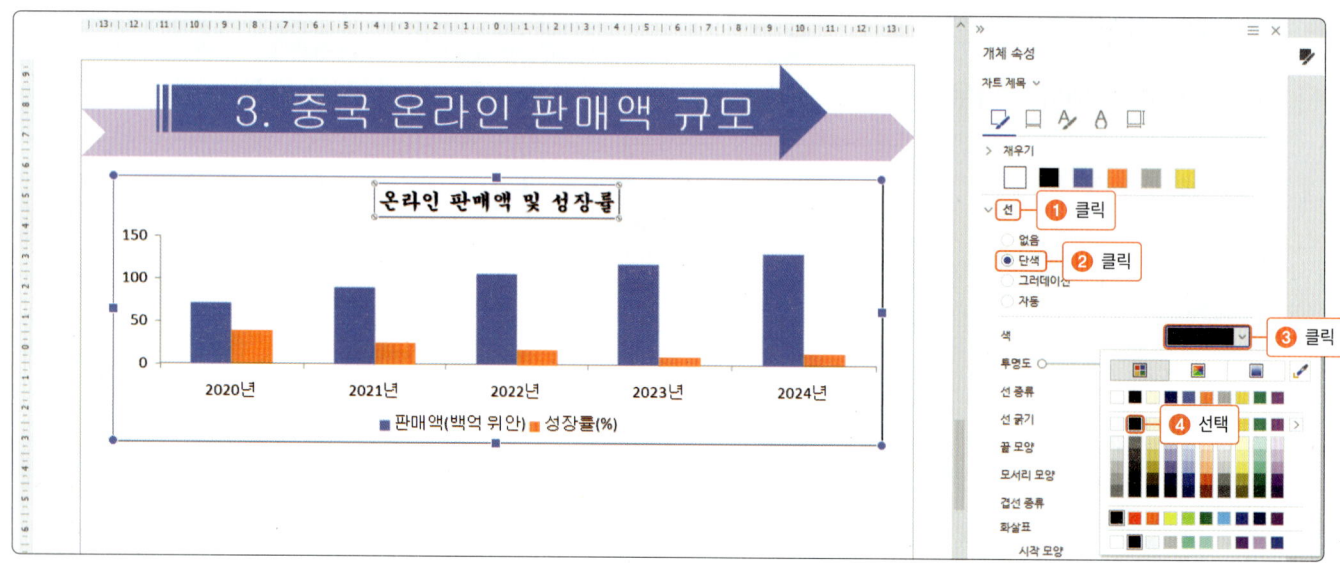

❻ [개체 속성] 창에서 '효과'–'그림자'를 클릭합니다. 이어서, '대각선 오른쪽 아래'를 선택합니다.

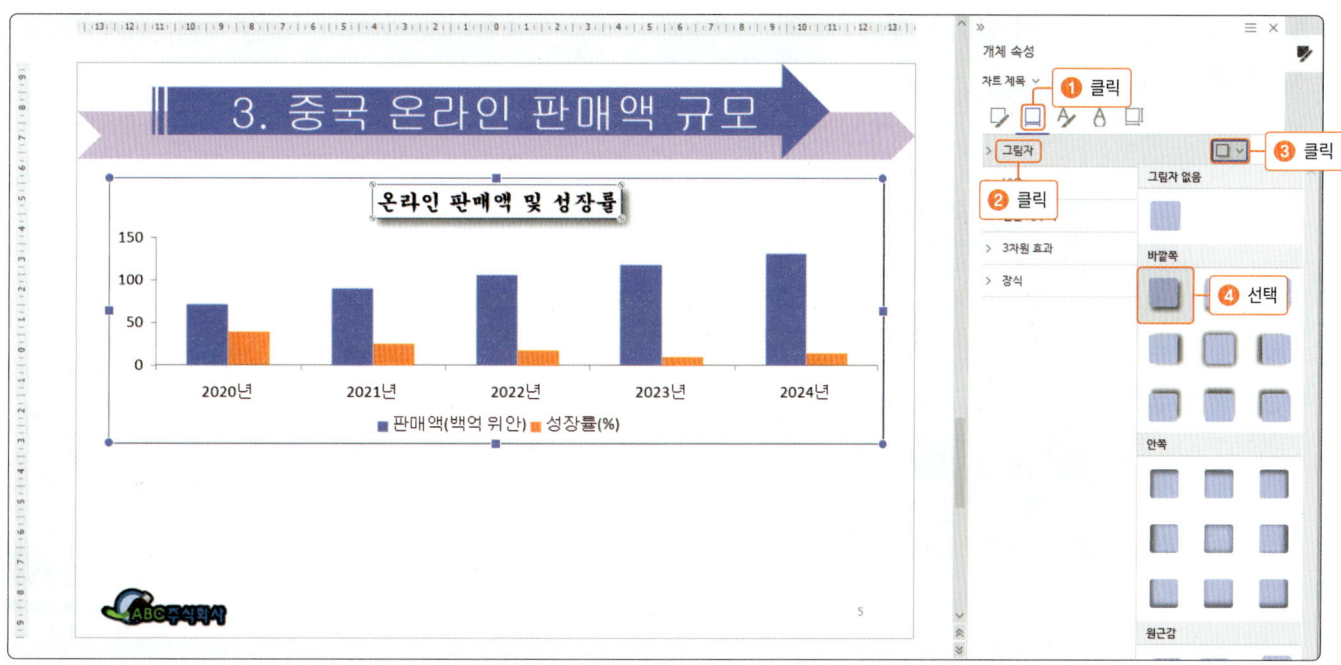

### ■ 차트 영역 및 그림 영역 색상 채우기

차트 영역 : 채우기(노랑) / 그림 영역 : 채우기(하양)

❶ `Esc` 키를 눌러 차트 제목 선택을 취소합니다.

❷ 차트 영역을 더블 클릭합니다.

❸ 오른쪽에 [개체 속성] 창이 나오면 '그리기 속성'–'채우기'–'단색'–'색'을 클릭합니다. 이어서, '**노랑**(RGB: 255,255,0)'을 선택합니다.

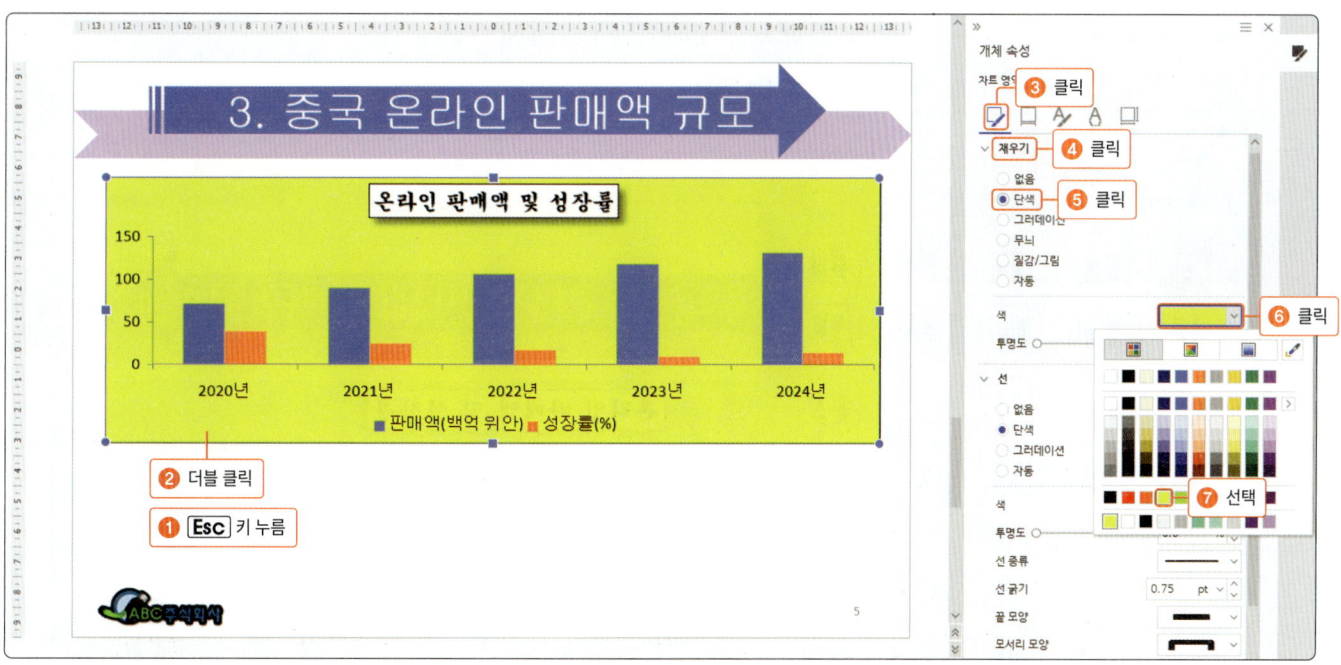

❹ 그림 영역을 더블 클릭합니다.

❺ 오른쪽에 [개체 속성] 창이 나오면 '채우기'-'단색'-'색'을 클릭합니다. 이어서, '하양(RGB: 255,255,255)'을 선택합니다.

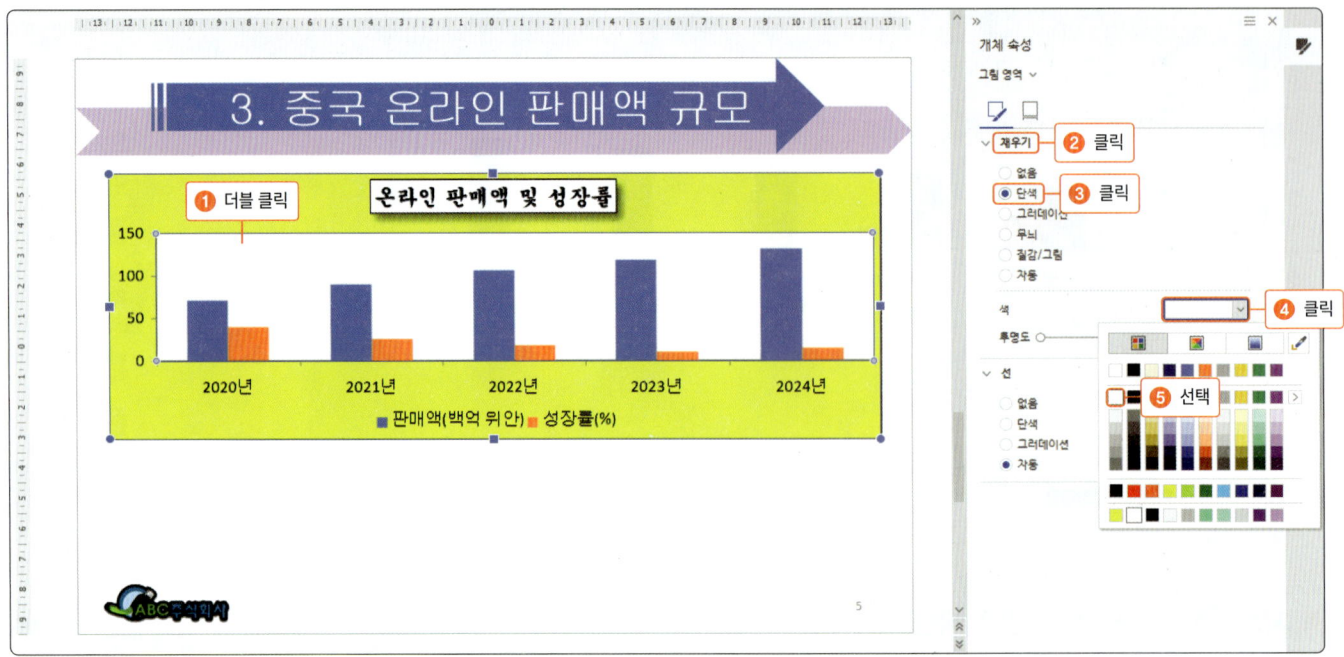

■ **차트 유형 변경(표식이 있는 꺾은선형)**   데이터 서식 : 성장률(%) 계열을 표식이 있는 꺾은선형으로 변경

❶ 차트의 '성장률(%)' 계열을 클릭합니다.

❷ [차트 디자인]-[차트 종류 변경]-[꺾은선형]-'표식이 있는 꺾은선형'을 선택합니다.

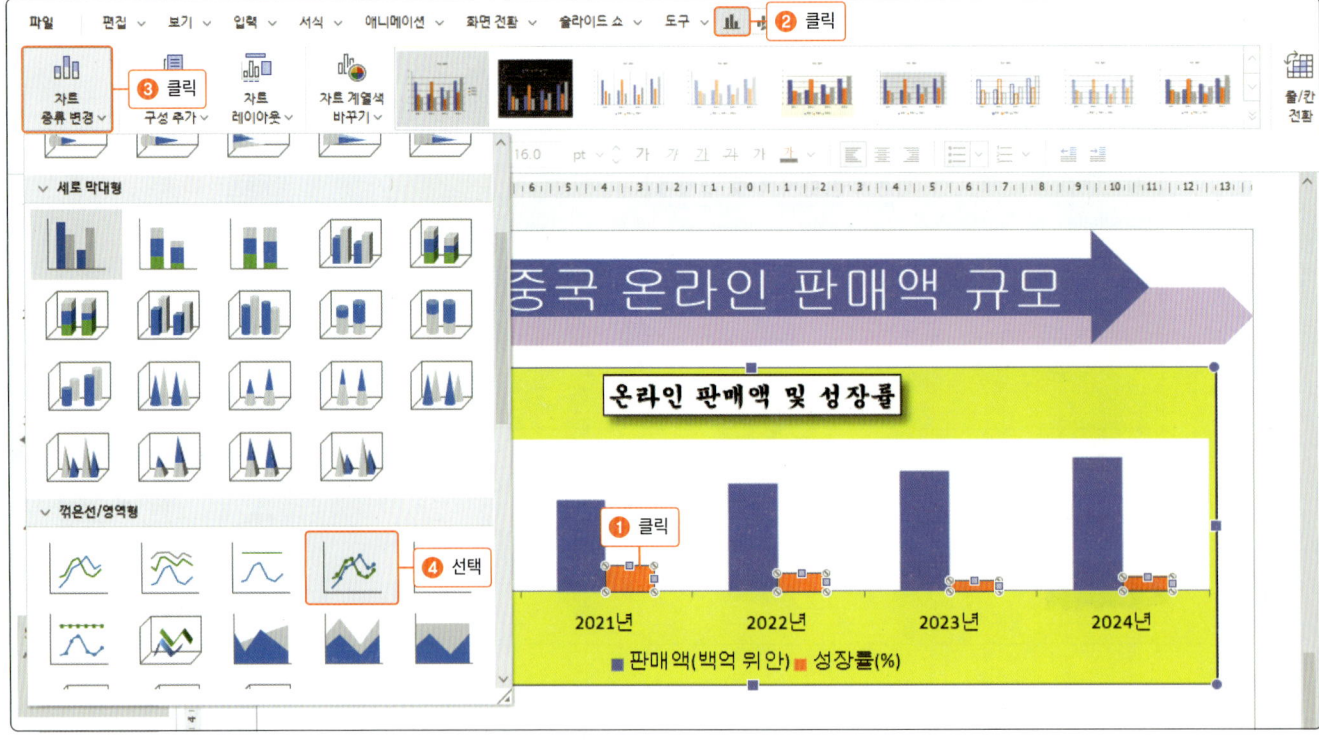

## ■ 값 표시하기

값 표시 : 판매액(백억 위안) 계열만

① 차트의 '판매액(백억 위안)' 계열 위에서 마우스 오른쪽 단추를 눌러 바로 가기 메뉴가 나오면 **[데이터 레이블 추가]**를 클릭합니다.

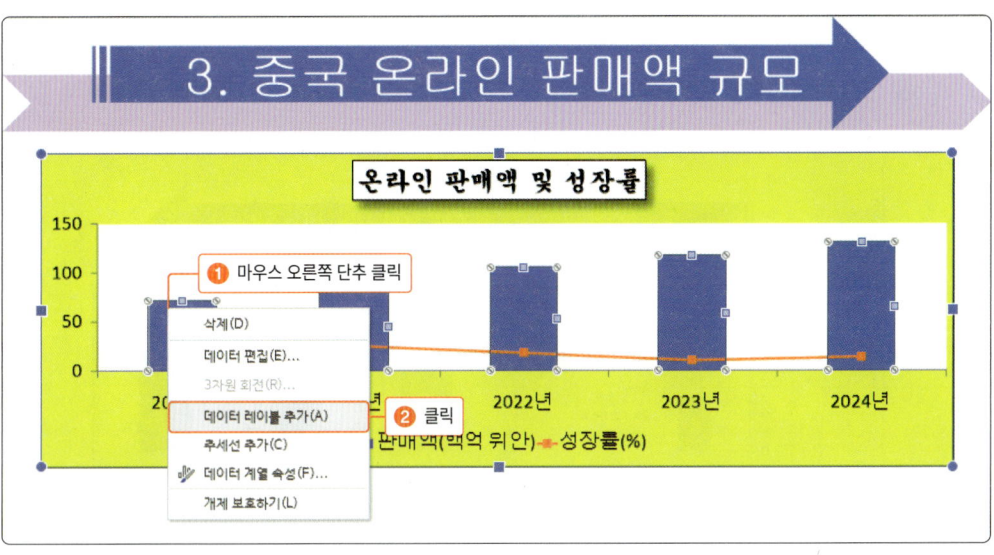

② 계열 값을 클릭하고 서식이 맞게 되어있는지 확인합니다. 이어서, '기본 세로' 축을 더블 클릭한 다음 최대값을 '300'으로 입력합니다.

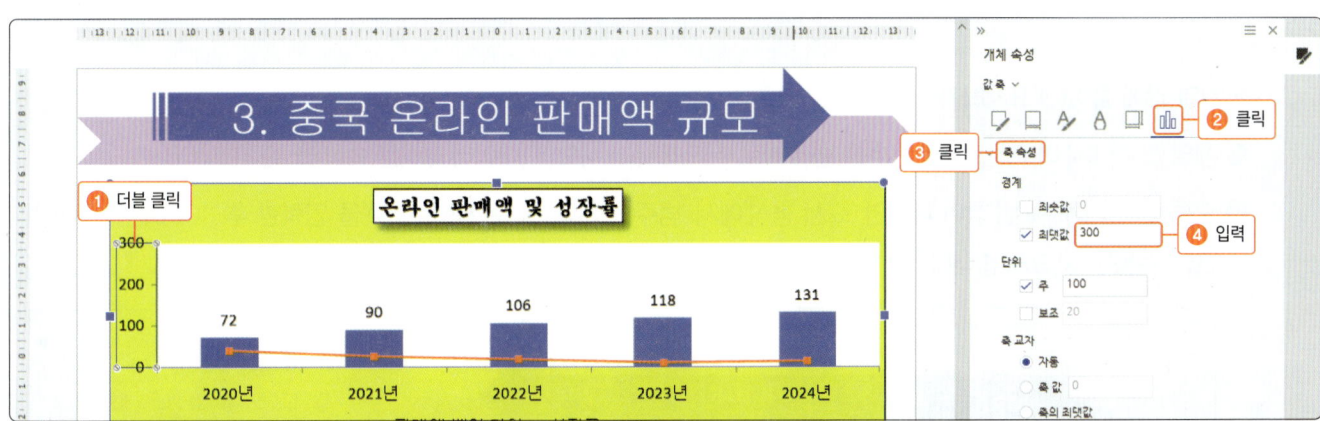

> **TIP 계열 값 표시하기**
> - 계열 값 표시에서 전체 계열에 값을 표시하거나, 특정 요소만 값을 표시하는 문제가 출제됩니다.
> - 특정 요소만 값을 표시하는 경우에는 마우스 오른쪽 단추를 눌러 바로 가기 메뉴가 나오면 [데이터 레이블 추가]를 클릭하여 전체 계열 값을 표시합니다. 그 다음, 필요 없는 요소 값을 마우스로 한번 더 클릭하여 선택한 후 Delete 키를 눌러 삭제합니다.
>
>
>
> ▲ 계열 값 표시      ▲ 필요 없는 계열 값을 선택한 후 Delete 키를 눌러 삭제

## 데이터 레이블 편집하기

■ **값 표시 위치 변경하기**

① 계열 값 위에서 마우스 오른쪽 단추를 눌러 바로 가기 메뉴가 나오면 [데이터 레이블 속성]을 클릭합니다.

② 오른쪽에 [개체 속성] 창이 나오면 [데이터 레이블 속성] 탭의 '레이블 위치'에서 값 표시 위치를 클릭합니다.

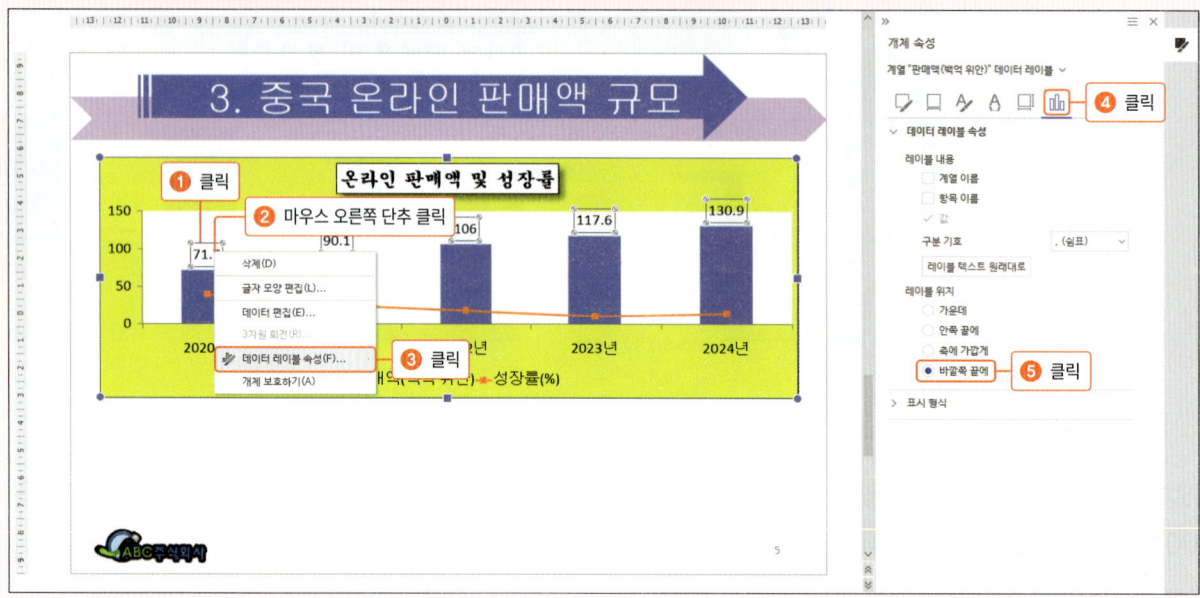

■ **계열 값에 콤마(,) 표시하기**

① 계열 값 위에서 마우스 오른쪽 단추를 눌러 바로 가기 메뉴가 나오면 [데이터 레이블 속성]을 클릭합니다.

② 오른쪽에 [개체 속성] 창이 나오면 '표시 형식'에서 '범주'-'숫자', '소수 자릿수'-'0'을 입력한 후 '1000단위 구분기호(,) 사용'을 체크해 줍니다.

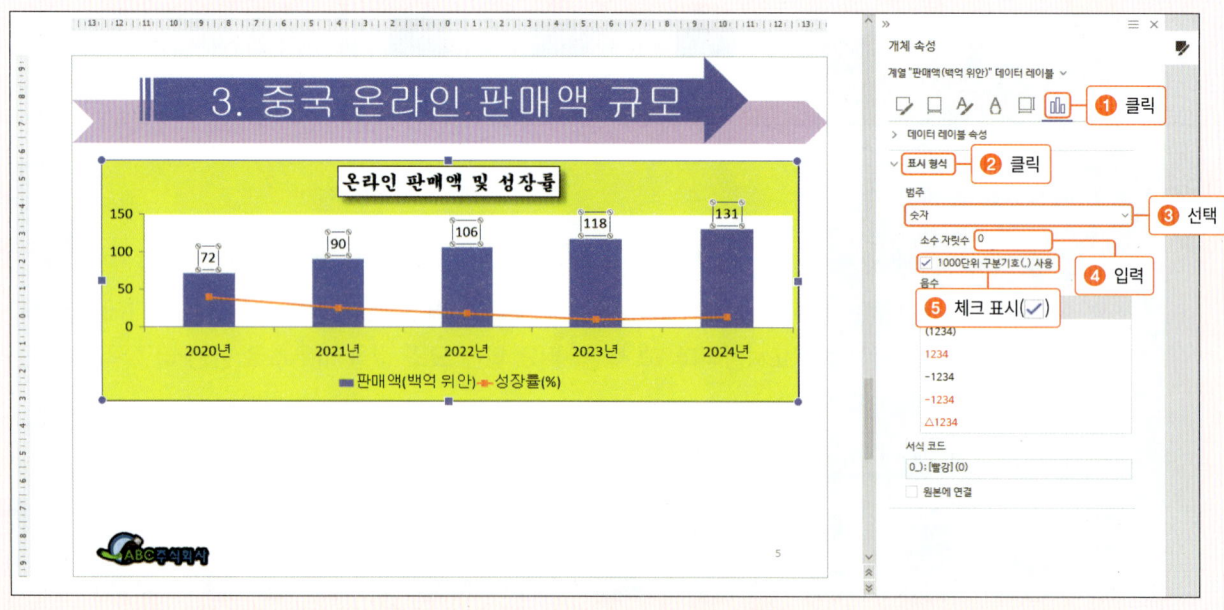

### 표식이 있는 꺾은선형

※ 한쇼 2022 버전부터 차트 문제는 '묶은 세로 막대형'과 '표식이 있는 꺾은선형'이 번갈아 출제될 수 있으므로, 묶은 세로 막대형에서 설명이 안되어 있는 보조축에 대해 알아 보도록 하겠습니다.

■ 표식이 있는 꺾은선형

유형(표식이 있는 꺾은선형)

❶ [입력] 탭에서 '차트'-'표식이 있는 꺾은선형'을 클릭합니다.

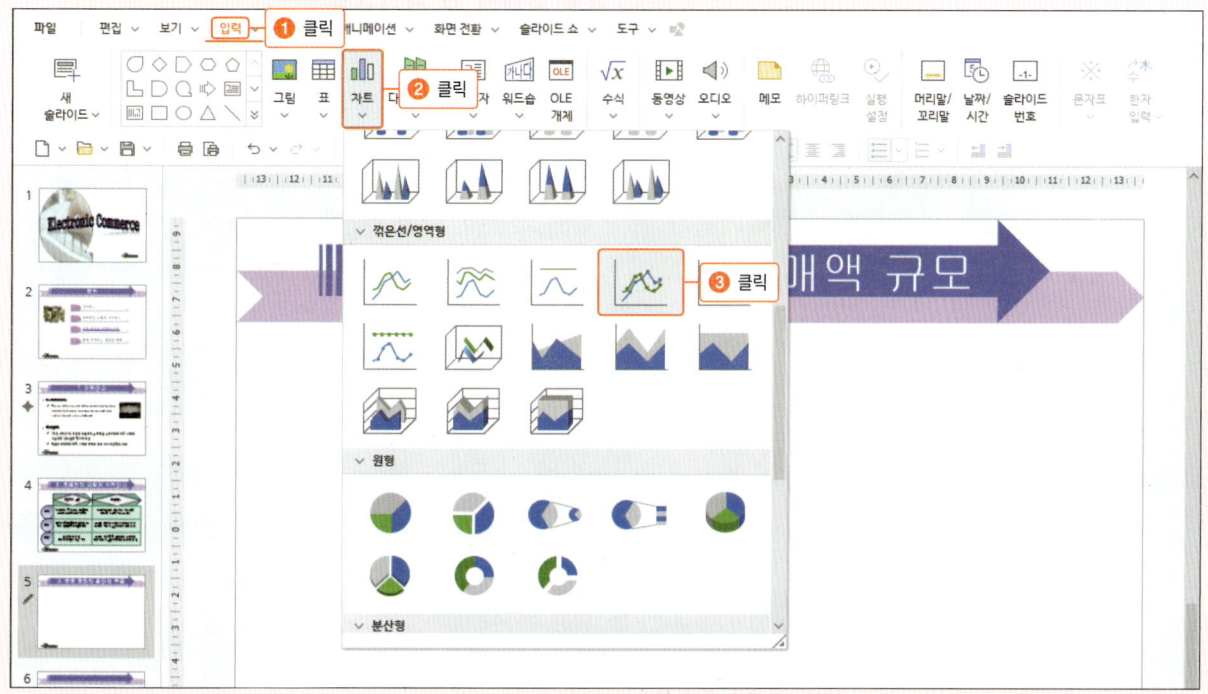

❷ 차트가 삽입되고 [차트 데이터 편집] 대화상자가 나오면 앞에서 설명한 매뉴얼을 참고하여 데이터를 입력합니다.

※ 글꼴, 제목, 범례, 차트 영역, 그림 영역, 값 표시는 앞에서 설명한 매뉴얼을 참고하시기 바랍니다.

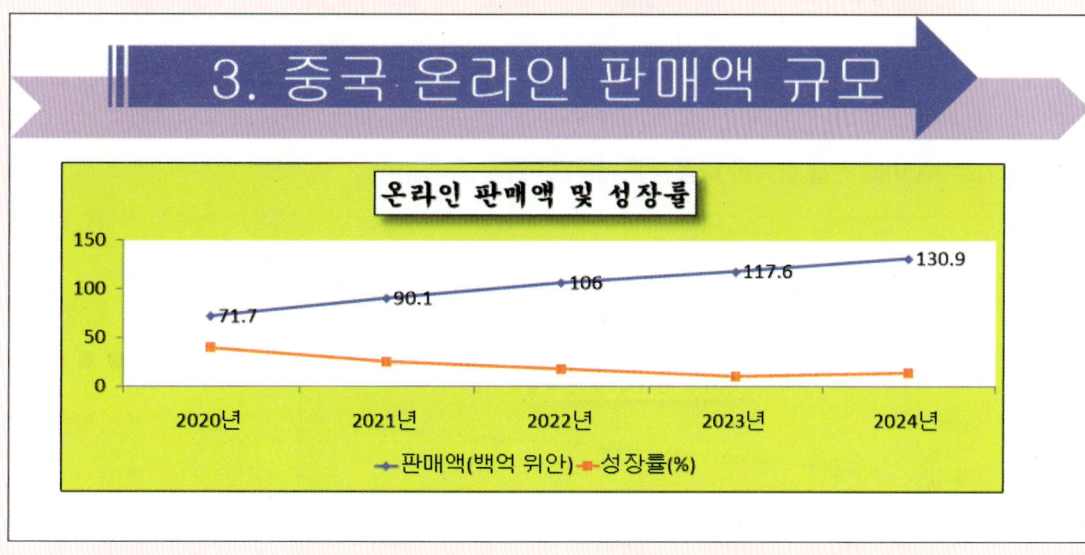

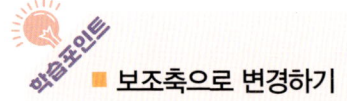

■ **보조축으로 변경하기**

데이터 서식 : 성장률(%) 계열을 보조축으로 변경

❶ 차트의 '성장률(%)' 계열을 클릭합니다. 이어서, 마우스 오른쪽 단추를 눌러 [데이터 계열 속성]을 클릭합니다.

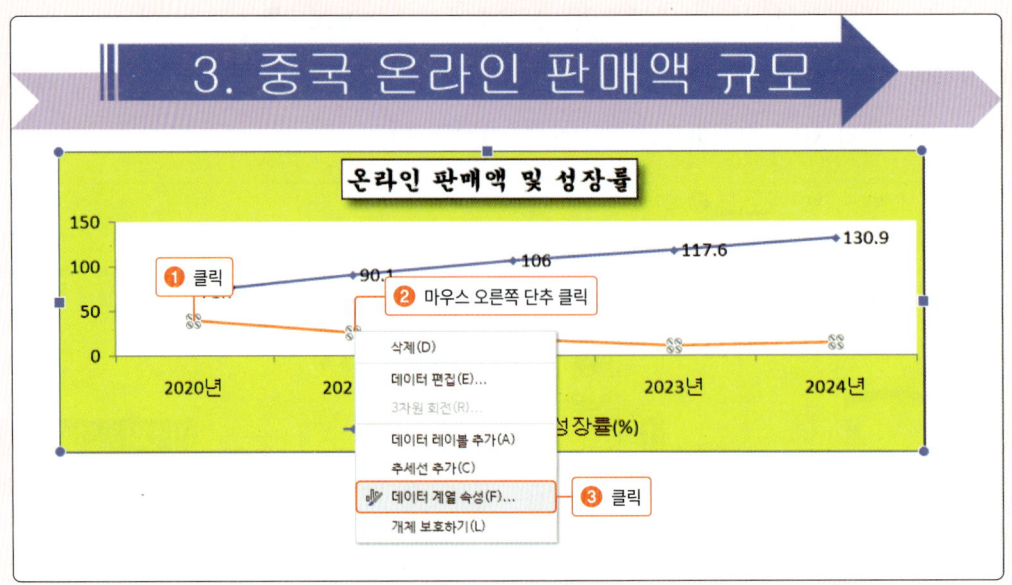

❷ 오른쪽 [개체 속성] 창이 나오면 '계열 속성'–'데이터 계열 지정'에서 '보조 축'을 클릭합니다.

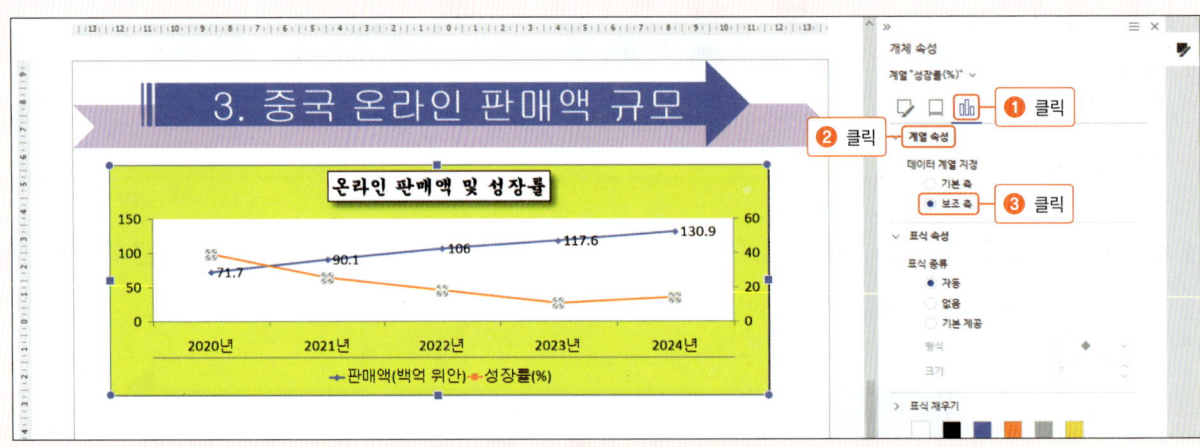

❸ '기본 가로' 축 아래 선을 클릭한 다음 '선'–'없음'을 클릭합니다.

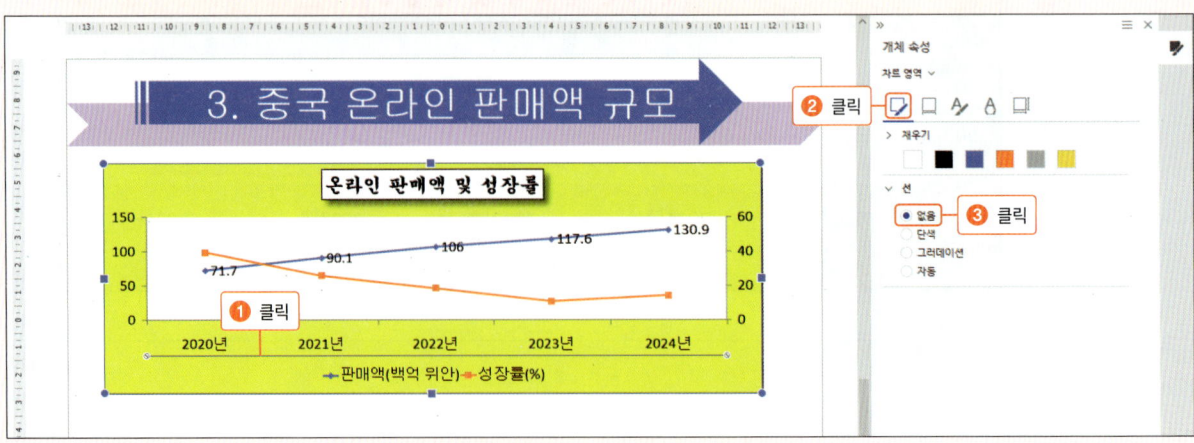

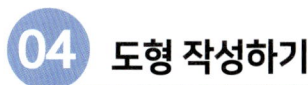

## 04 도형 작성하기

① 도형 삽입 - 스타일 : 밝은 계열 - 강조1
- 글꼴 : 맑은 고딕, 18pt

❶ [입력] 탭에서 '도형' 이미지 꾸러미의 자세히 단추(▼)를 눌러 '기본 도형'–'**왼쪽 화살표(⇦)**'를 선택합니다.

❷ 마우스 포인터가 ✚ 모양으로 변경되면 드래그하여 도형을 삽입합니다. 이어서, 조절점(●)을 드래그하여 《출력형태》와 같이 크기를 조절한 후 위치를 변경합니다.

❸ '**2020년 높음**'을 입력한 후 Esc 키를 누릅니다.

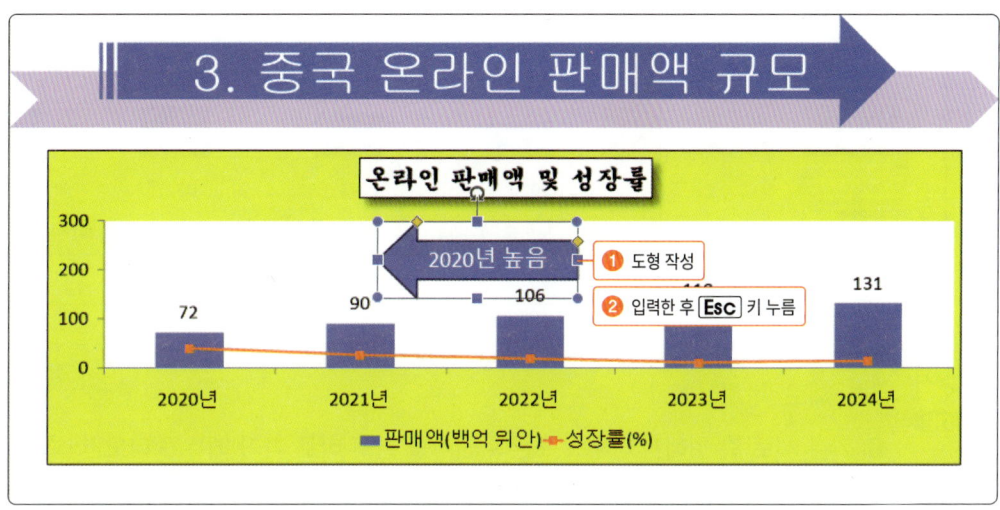

❹ 도형 스타일을 지정하기 위해 [도형(🖼)] 탭에서 도형 스타일의 자세히 단추(▼)를 눌러 '**밝은 계열 – 강조1**'을 선택합니다.

※ 반드시 도형이 선택된 상태에서 작업합니다.

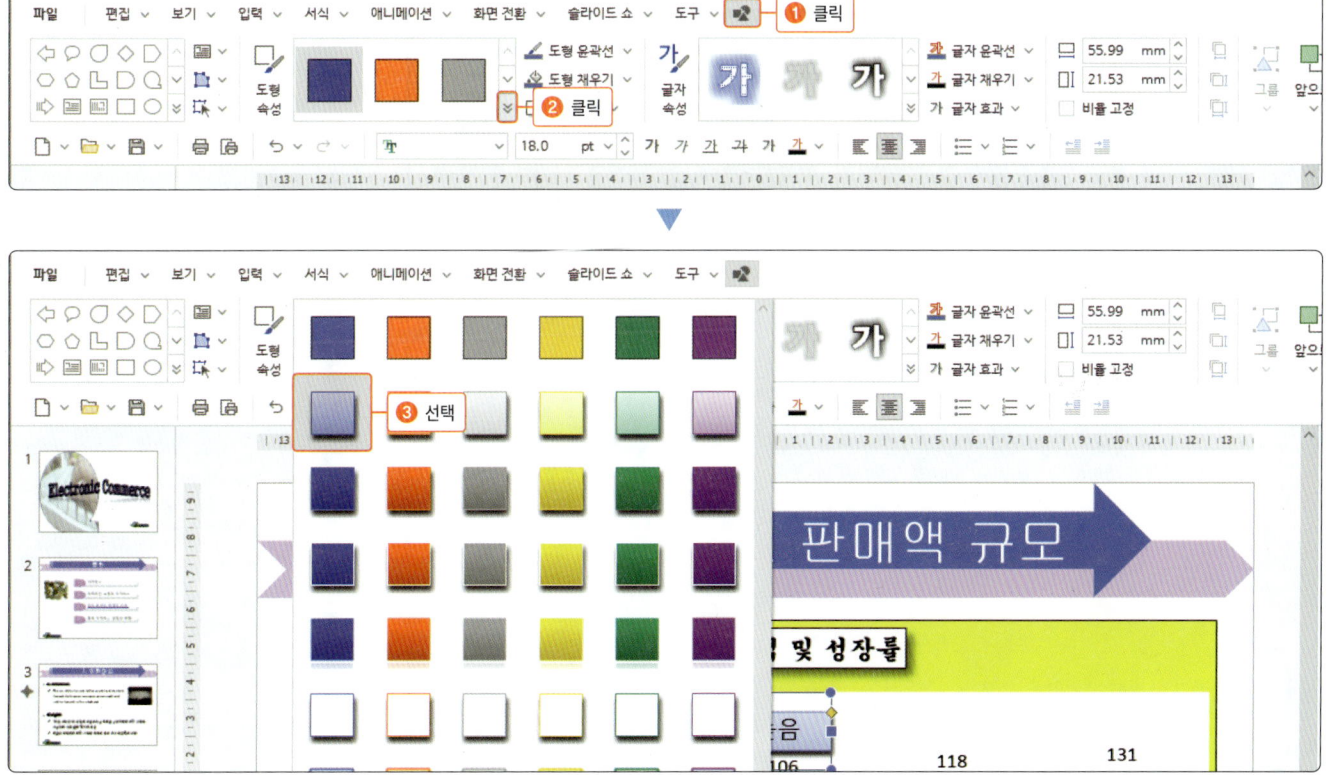

❺ 서식 도구 상자에서 '글꼴(맑은 고딕), 글자 크기(18pt)'를 지정합니다.

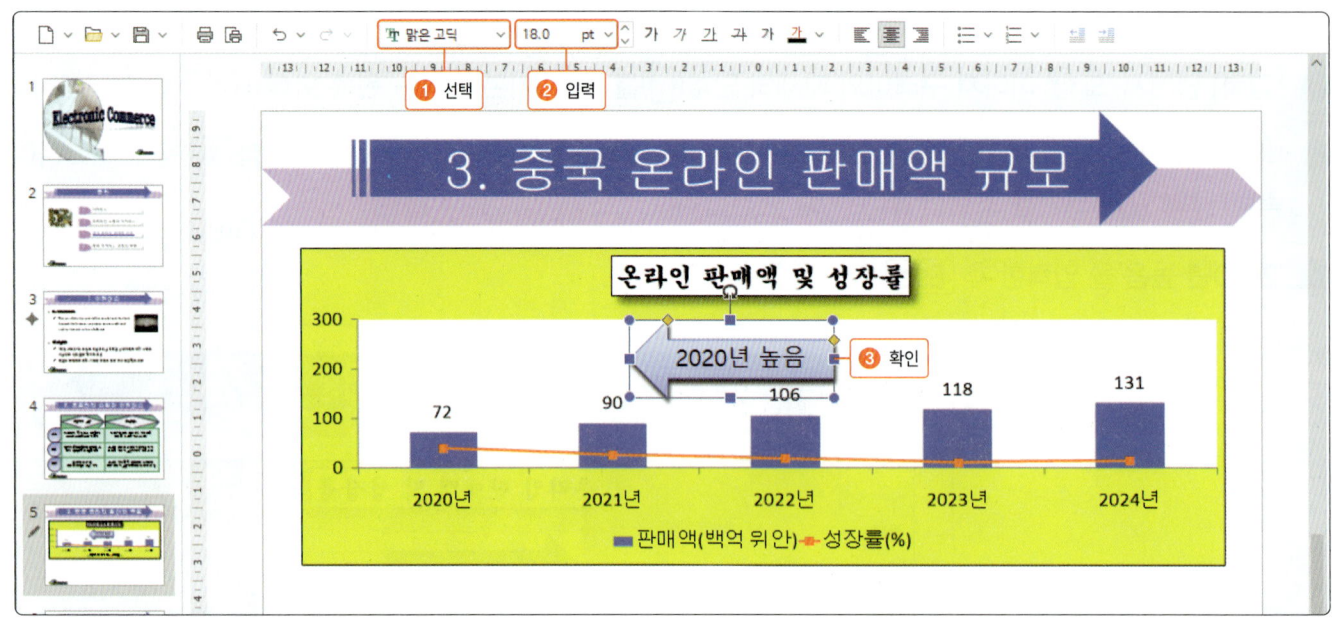

### 기본 세로 축 지정하기

❶ 기본 세로 축 위에서 마우스 오른쪽 단추를 눌러 바로 가기 메뉴가 나오면 [축 속성]을 클릭합니다.
❷ 오른쪽에 [개체 속성] 창이 나오면 '축 속성'-'경계'에서 '최댓값'과 '주 단위'를 체크하고 '300'과 '100'을 입력합니다.

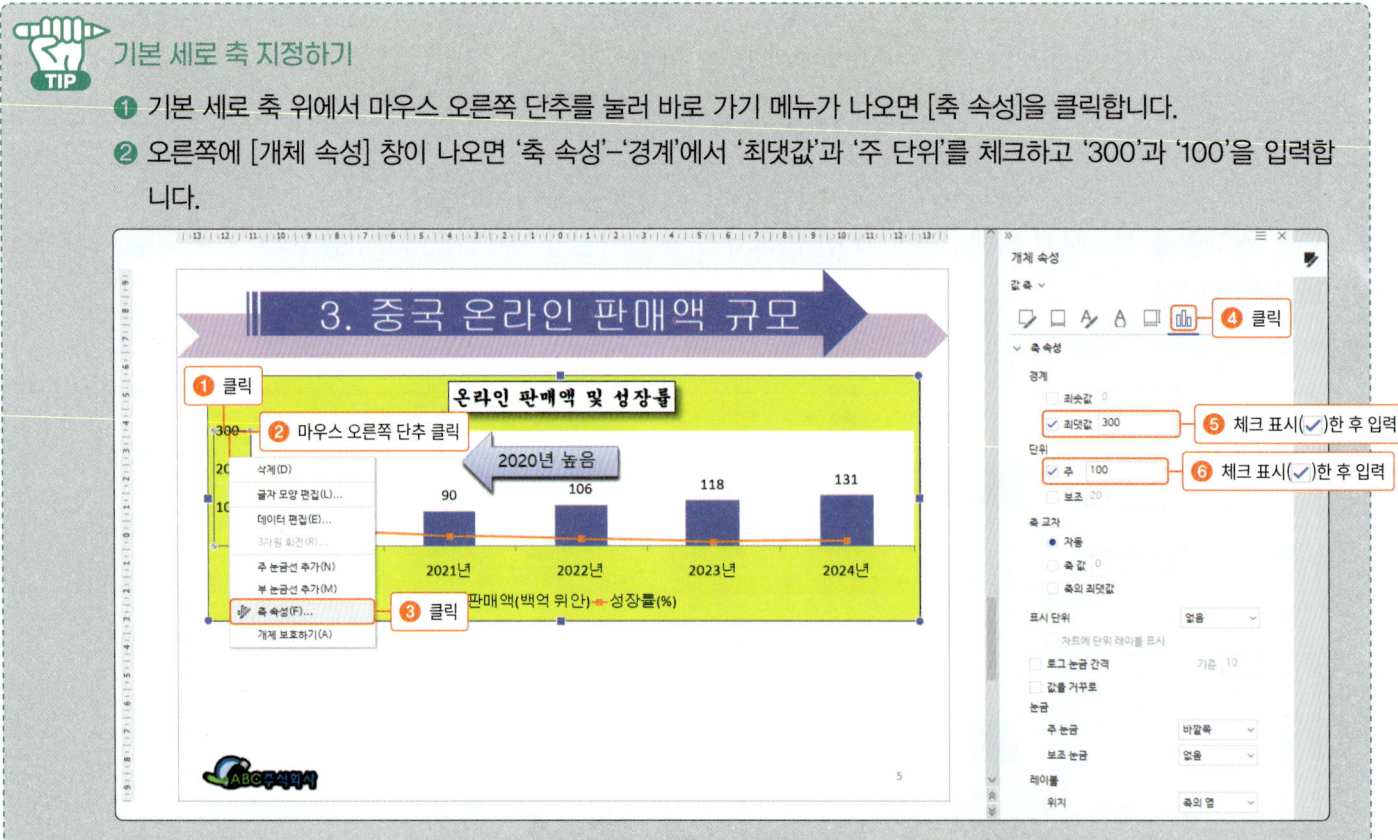

# 05 표 작성하기

(3) 표 : 차트 하단에 이미지와 같이 표 그리기

❶ [입력] 탭에서 '표( )'를 클릭합니다. 이어서, [표 만들기] 대화상자가 나오면 《출력형태》를 참고하여 '줄 개수(3)'와 '칸 개수(6)'를 입력한 후 〈확인〉 단추를 클릭합니다.

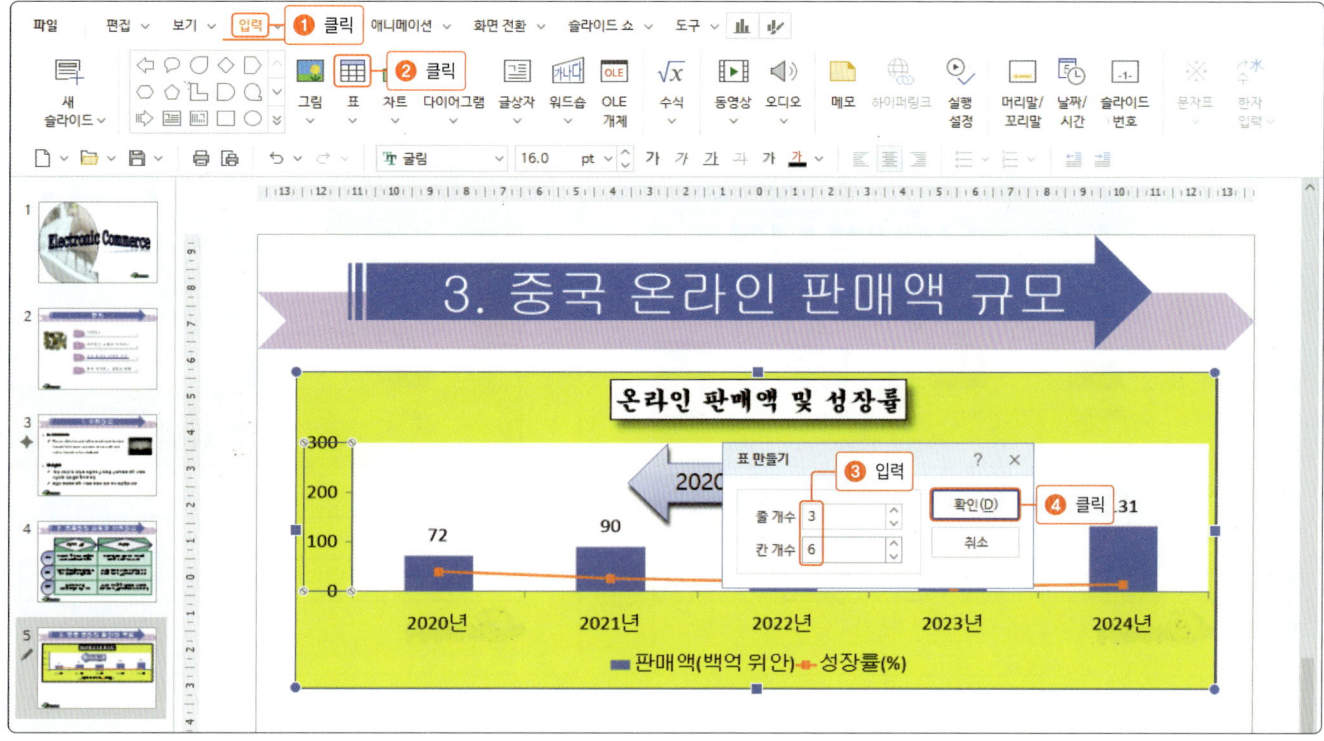

❷ 표가 만들어지면 표 테두리를 드래그하여 차트 아래쪽으로 위치를 이동하고 《출력형태》와 같이 크기를 변경합니다.

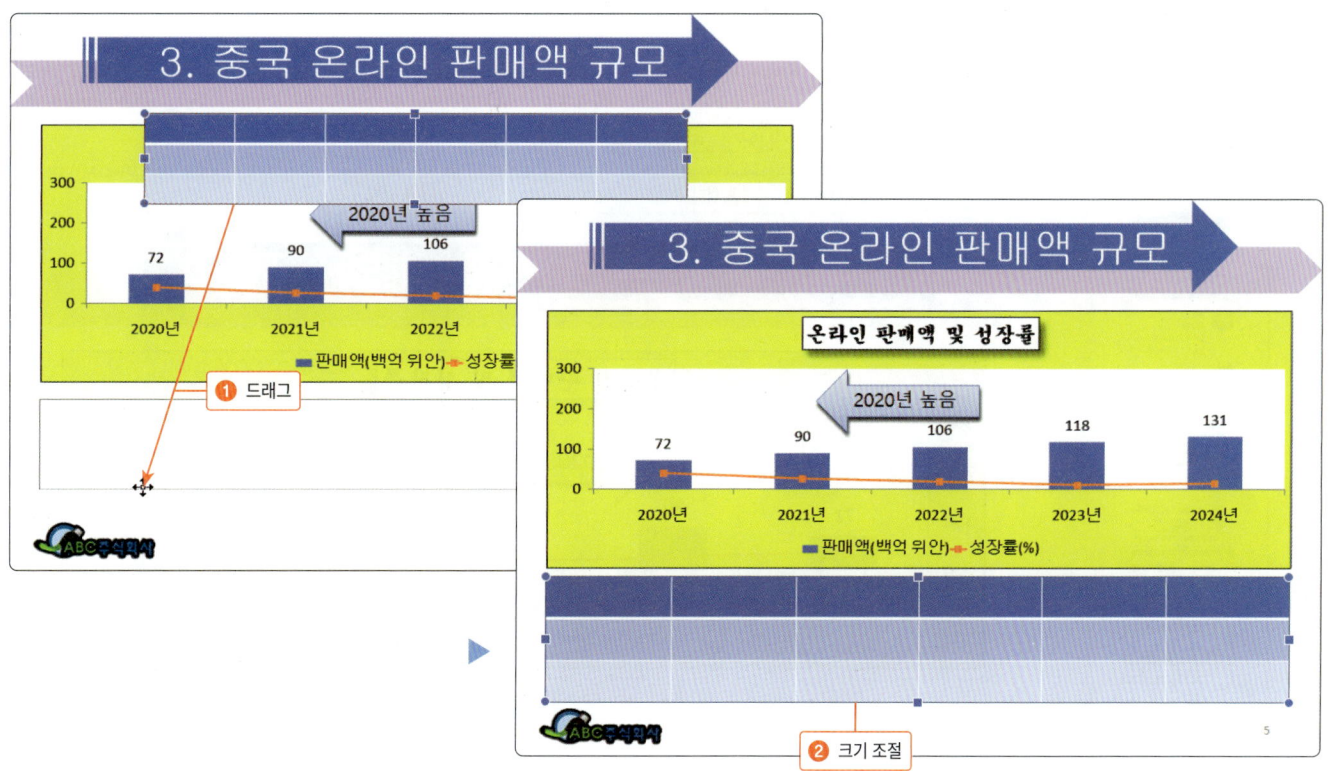

[슬라이드 5] 《차트 슬라이드》

❸ [표 디자인(　)] 탭에서 '테두리'의 목록 단추(　)를 눌러 '**모든 테두리(　)**'를 선택합니다.

❹ [표 디자인(　)] 탭에서 '표 채우기(　표 채우기　)'의 목록 단추(　)를 눌러 '**없음**'을 선택합니다.

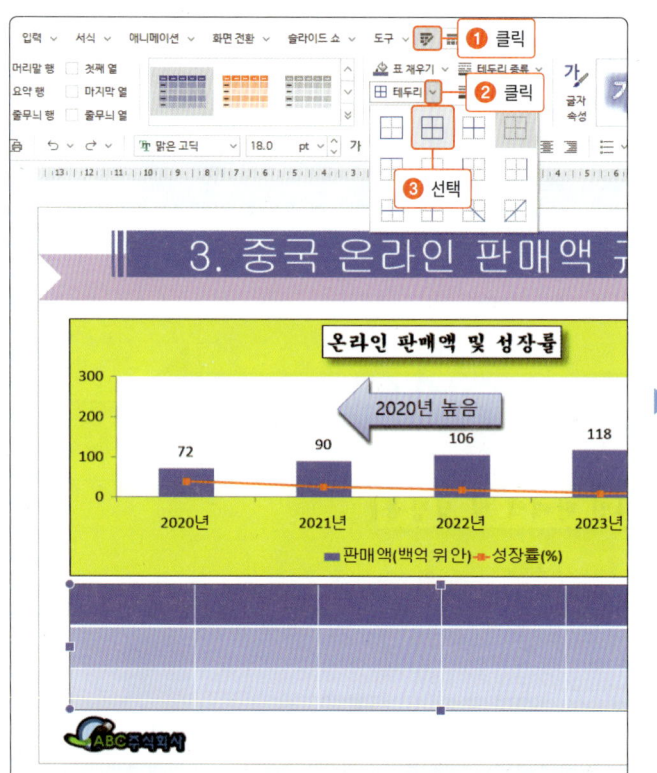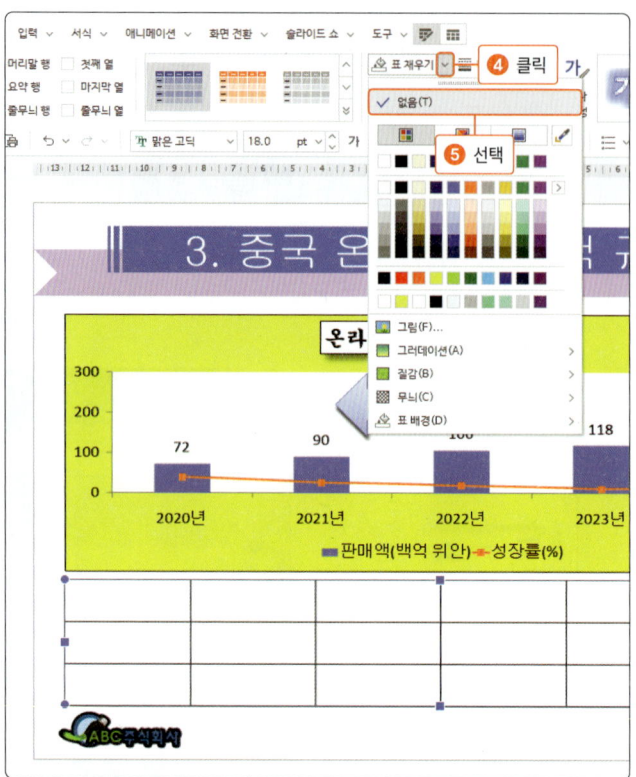

❺ [표 디자인(　)] 탭에서 '**머리글 행**', '**줄무늬 행**'을 클릭하여 체크 표시(　)를 해제합니다.

❻ 표 테두리를 클릭한 후 서식 도구 상자에서 '**글꼴(굴림), 글자 크기(16pt), 가운데 정렬**'을 지정합니다.

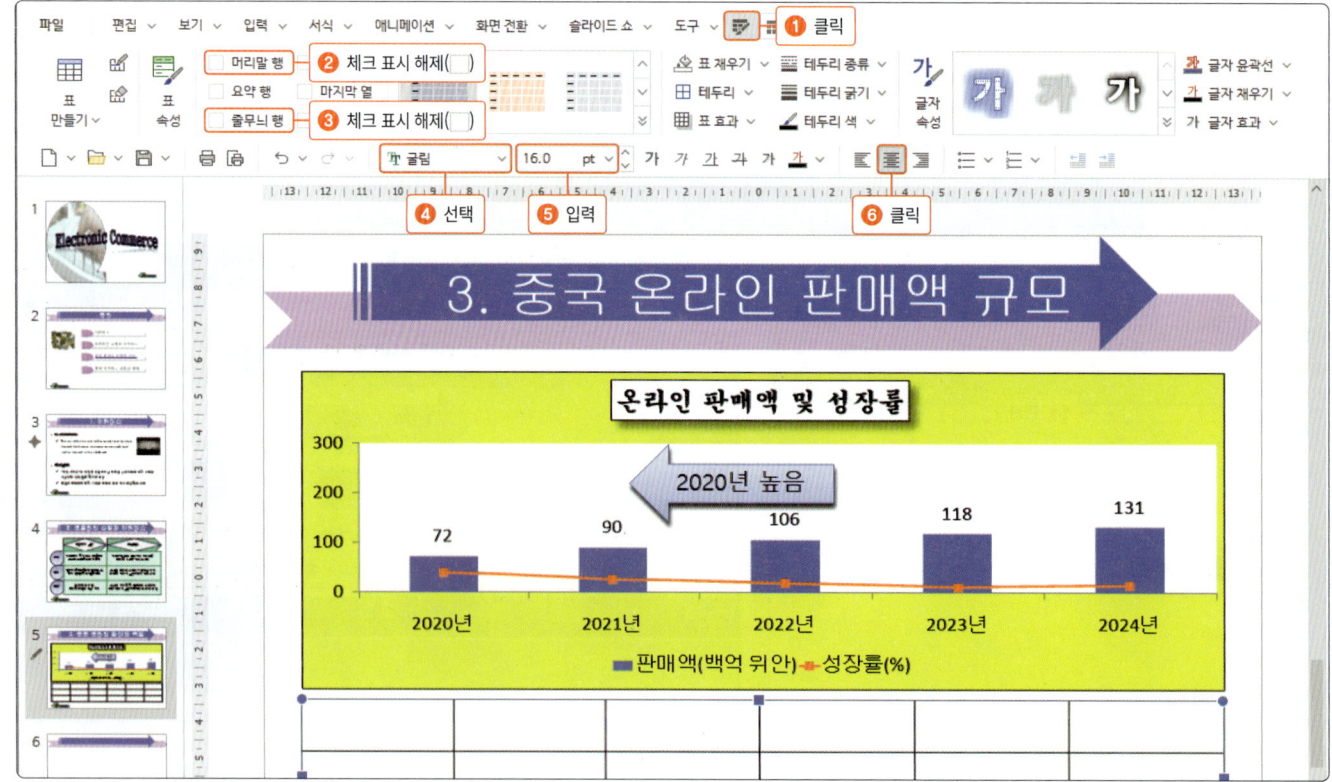

❼ [표 레이아웃(▥)] 탭에서 '내용 정렬'–'**중간**'을 선택합니다.

※ 정렬에 대한 별도의 지시사항이 없기 때문에 《출력형태》를 참고하여 작업합니다.

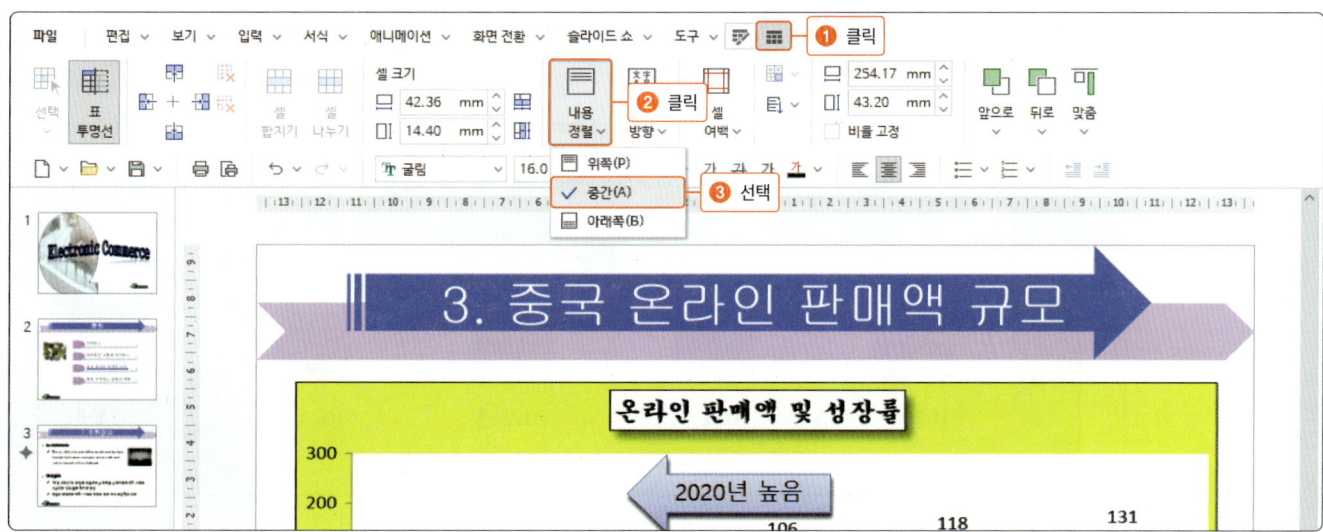

❽ 첫 번째 열에 내용을 입력합니다. 왼쪽 세로선 위에 마우스 포인터를 위치한 후 마우스 포인터가 ⇔ 모양으로 변경되면 오른쪽으로 드래그하여 셀의 너비를 조절합니다.

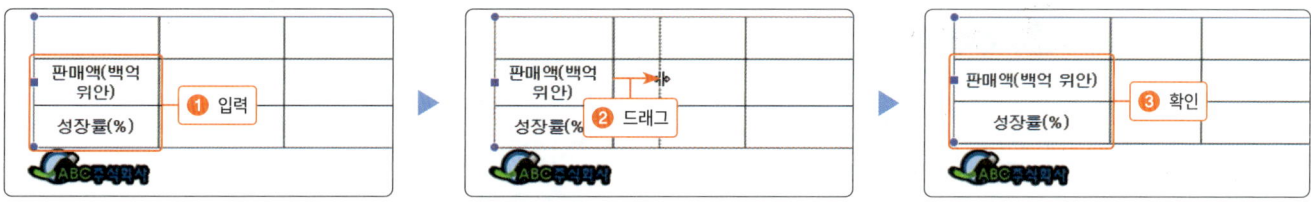

❾ 《출력형태》와 같이 나머지 셀의 너비를 같게 만들기 위해 그림과 같이 나머지 셀을 드래그하여 블록으로 지정하고 [표 레이아웃(▥)] 탭에서 '**셀 너비를 같게(▥)**'를 클릭합니다.

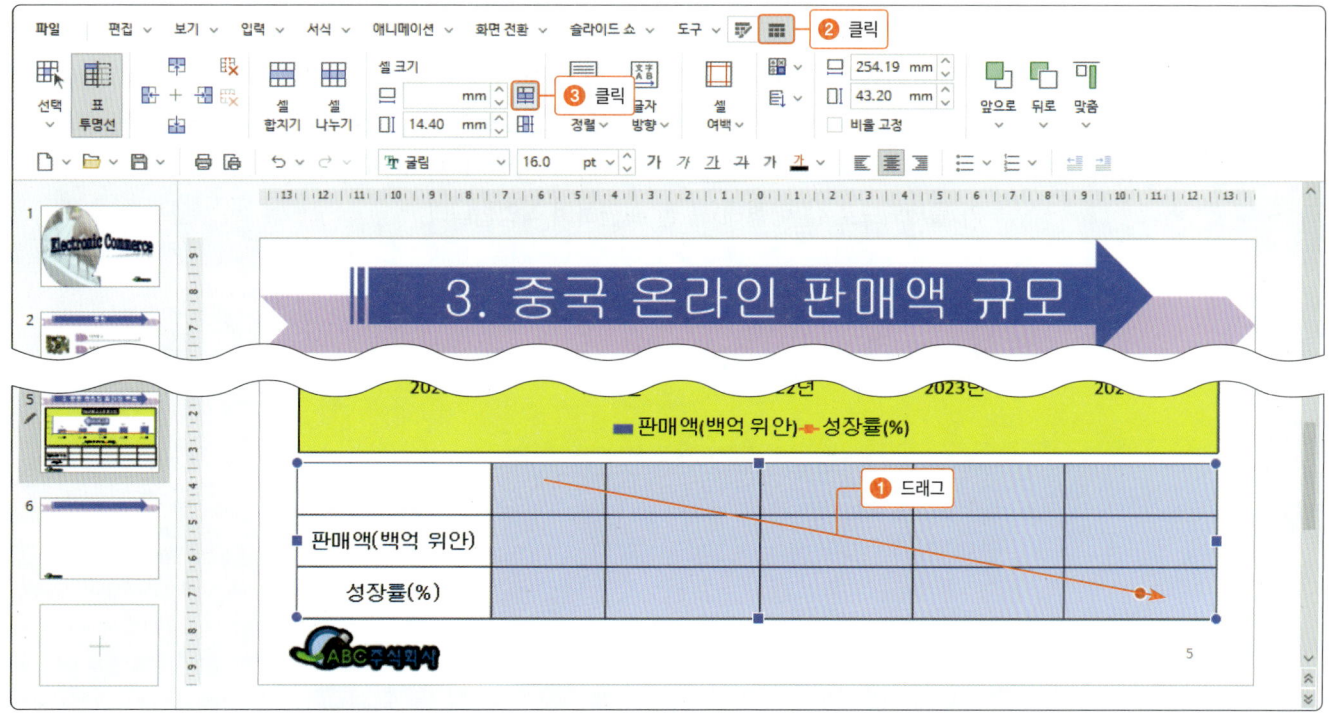

⑩ [Esc] 키를 눌러 블록 지정을 해제하고 내용을 입력합니다.

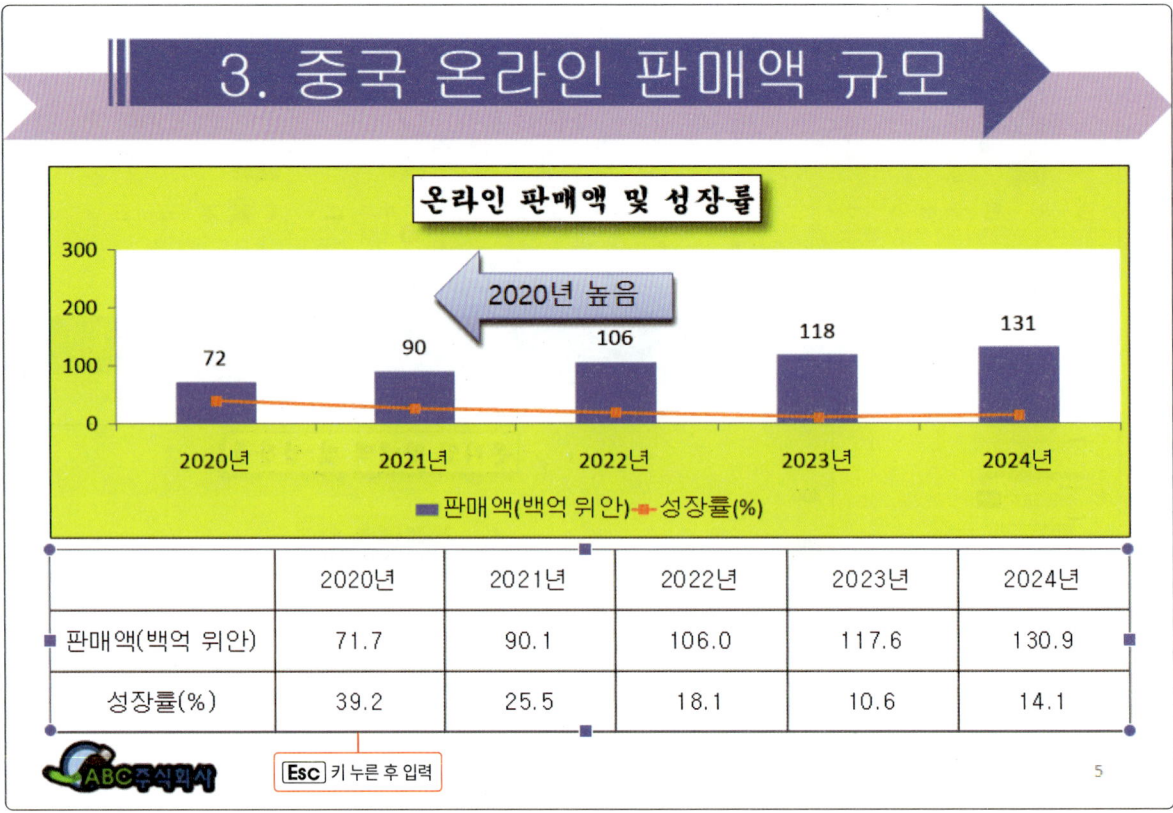

⑪ [파일]-[저장하기]([Ctrl]+[S]) 또는 서식 도구 상자에서 '**저장하기(💾)**'를 클릭합니다.

※ 실제 시험을 볼 때 작업 도중에 수시로(10분에 한 번 정도) 저장을 하는 것이 좋습니다.

> **시험분석**
>
> [슬라이드 5] 《차트 슬라이드》
> - **차트 모양** : 새롭게 변경된 시험에서는 '묶은 세로 막대형'과 '표식이 있는 꺾은선형'이 출제될 수 있습니다.
> - **차트 도형** : 차트 도형에는 다양한 도형이 출제되고 있기 때문에 도형의 모양과 위치를 잘 알고 있어야 합니다. 도형의 노란색 마름모 모양의 조절점(◆)을 이용하여 도형의 모양을 변형하는 문제가 출제됩니다.
> - **계열 값 표시하기** : 시험에서는 계열 값 표시에서 전체 계열에 값을 표시 하거나, 특정 요소만 값을 표시하는 문제가 출제되므로 《출력형태》를 잘 확인하여 작업합니다.

# [슬라이드 5] 《차트 슬라이드》

**01** 문제지의 지시사항 및 세부조건을 참고하여 《출력형태》에 알맞게 작업하시오.

• 소스 파일 : [출제유형 06]-정복06_문제01.show   • 정답 파일 : [출제유형 06]-정복06_정답01.show

◆ [슬라이드 5] 《차트 슬라이드》 (100점)

(1) 차트 작성 기능을 이용하여 슬라이드를 작성한다.
(2) 차트 : 유형(표식이 있는 꺾은선형), 글꼴(굴림, 16pt), 외곽선
(3) 표 : 차트 하단에 이미지와 같이 표 그리기

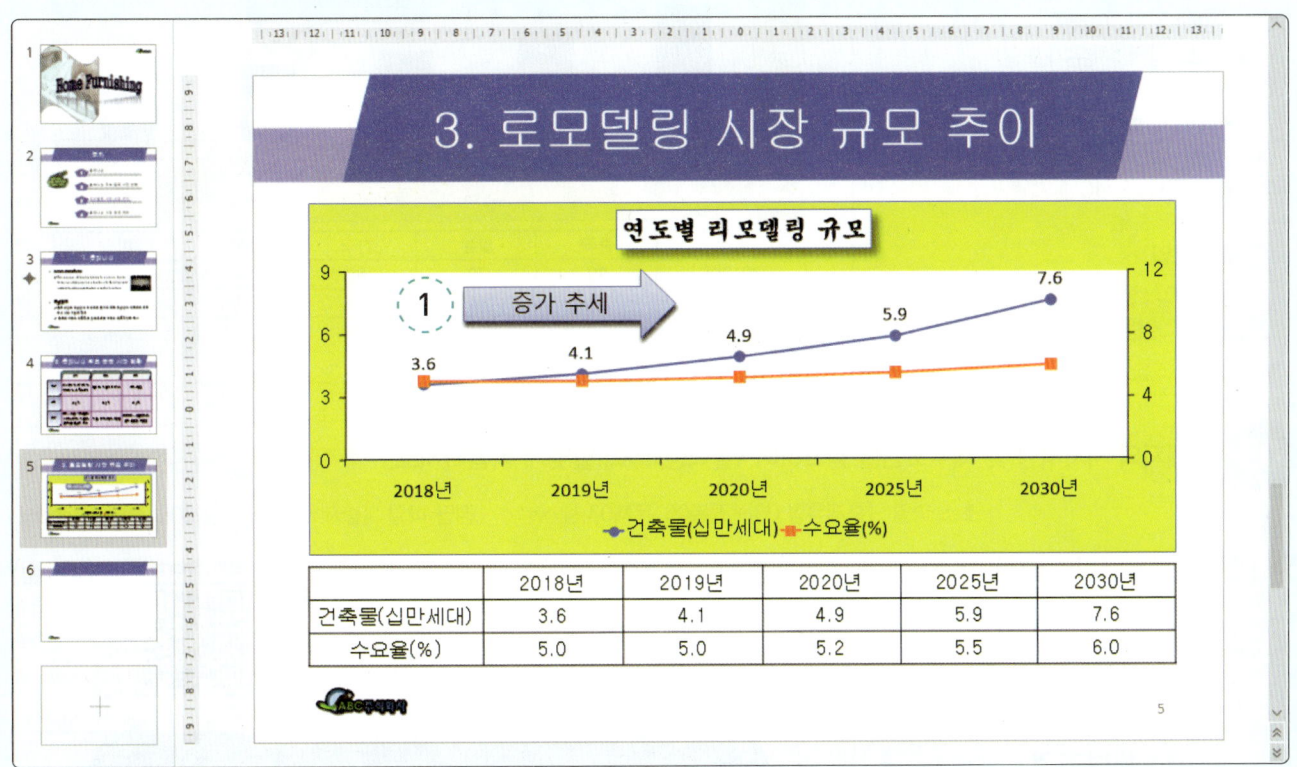

◆ 세부조건

※ 차트설명
• 차트 제목 : 궁서, 20pt, 진하게, 채우기(하양), 테두리, 그림자(대각선 오른쪽 아래)
• 범례 위치 : 아래쪽
• 차트 영역 : 채우기(노랑)
• 그림 영역 : 채우기(하양)
• 데이터 서식 : 수요율(%) 계열을 보조축으로 변경
• 값 표시 : 건출물(십만세대) 계열만

① 도형 삽입
 - 스타일 : 밝은 계열 - 강조1
 - 글꼴 : 맑은 고딕, 18pt

**02** 문제지의 지시사항 및 세부조건을 참고하여 《출력형태》에 알맞게 작업하시오.

- 소스 파일 : [출제유형 06]-정복06_문제02.show
- 정답 파일 : [출제유형 06]-정복06_정답02.show

◆ [슬라이드 5] 《차트 슬라이드》

(100점)

(1) 차트 작성 기능을 이용하여 슬라이드를 작성한다.
(2) 차트 : 유형(묶은 세로 막대형), 글꼴(굴림, 16pt), 외곽선
(3) 표 : 차트 하단에 이미지와 같이 표 그리기

### 세부조건

※ **차트설명**
- 차트 제목 : 궁서, 20pt, 진하게, 채우기(하양), 테두리, 그림자(대각선 오른쪽 아래)
- 범례 위치 : 아래쪽
- 차트 영역 : 채우기(노랑)
- 그림 영역 : 채우기(하양)
- 데이터 서식 : 2020년 계열을 표식이 있는 꺾은선형으로 변경
- 값 표시 : 2010년 계열만

① **도형 삽입**
  - 스타일 : 밝은 계열 - 강조1
  - 글꼴 : 맑은 고딕, 18pt

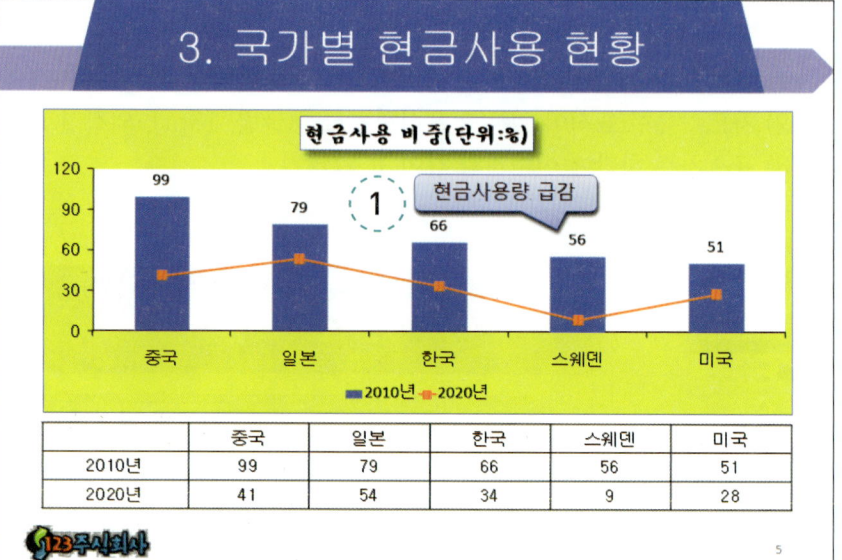

---

**03** 문제지의 지시사항 및 세부조건을 참고하여 《출력형태》에 알맞게 작업하시오.

- 소스 파일 : [출제유형 06]-정복06_문제03.show
- 정답 파일 : [출제유형 06]-정복06_정답03.show

◆ [슬라이드 5] 《차트 슬라이드》 (100점)

(1) 차트 작성 기능을 이용하여 슬라이드를 작성한다.
(2) 차트 : 유형(표식이 있는 꺾은선형), 글꼴(굴림, 16pt), 외곽선
(3) 표 : 차트 하단에 이미지와 같이 표 그리기

### 세부조건

※ **차트설명**
- 차트 제목 : 궁서, 20pt, 진하게, 채우기(하양), 테두리, 그림자(대각선 오른쪽 아래)
- 범례 위치 : 아래쪽
- 차트 영역 : 채우기(노랑)
- 그림 영역 : 채우기(하양)
- 데이터 서식 : 글로벌 계열을 보조 축으로 변경
- 값 표시 : 국내 계열만

① **도형 삽입**
  - 스타일 : 밝은 계열 - 강조1
  - 글꼴 : 맑은 고딕, 18pt

3. 지속가능 금융 현황

지속가능채권 발행 현황

|  | A금융그룹 | B금융지주 | C금융그룹 | D은행 |
|---|---|---|---|---|
| 국내 | 24.1 | 10.5 | 11.7 | 11.3 |
| 글로벌 | 13.9 | 7.5 | 14.0 | 6.0 |

**04** 문제지의 지시사항 및 세부조건을 참고하여 《출력형태》에 알맞게 작업하시오.

• 소스 파일 : [출제유형 06]-정복06_문제04.show    • 정답 파일 : [출제유형 06]-정복06_정답04.show

◆ [슬라이드 5] 《차트 슬라이드》                숏츠(Shorts)  (100점)

(1) 차트 작성 기능을 이용하여 슬라이드를 작성한다.
(2) 차트 : 유형(묶은 세로 막대형), 글꼴(굴림, 16pt), 외곽선
(3) 표 : 차트 하단에 이미지와 같이 표 그리기

### 세부조건

※ 차트설명
- 차트 제목 : 궁서, 20pt, 진하게, 채우기(하양), 테두리, 그림자(대각선 오른쪽 아래)
- 범례 위치 : 아래쪽
- 차트 영역 : 채우기(노랑)
- 그림 영역 : 채우기(하양)
- 데이터 서식 : 비율(%) 계열을 표식이 있는 꺾은선형으로 변경
- 값 표시 : 인원(천명) 계열만

① 도형 삽입
- 스타일 : 밝은 계열 - 강조1
- 글꼴 : 맑은 고딕, 18pt

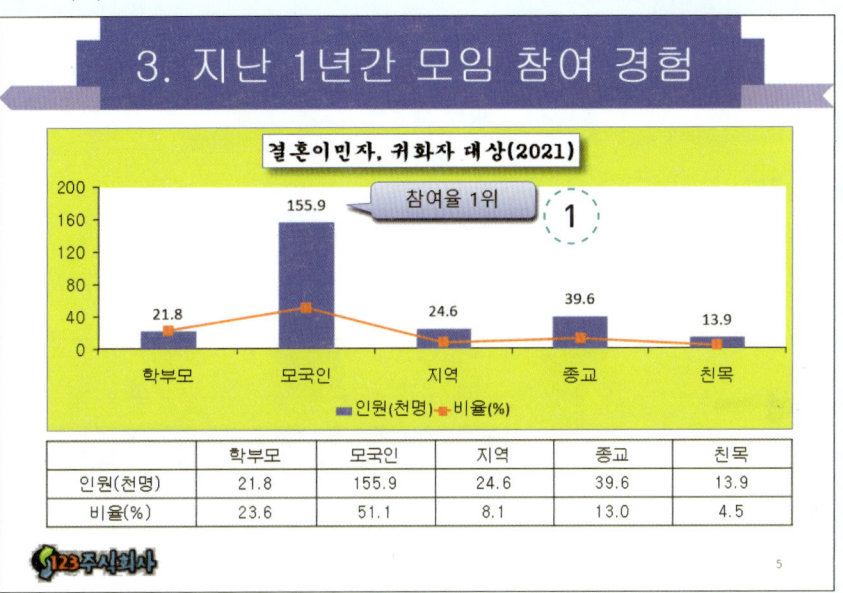

---

**05** 문제지의 지시사항 및 세부조건을 참고하여 《출력형태》에 알맞게 작업하시오.

• 소스 파일 : [출제유형 06]-정복06_문제05.show    • 정답 파일 : [출제유형 06]-정복06_정답05.show

◆ [슬라이드 5] 《차트 슬라이드》                숏츠(Shorts)  (100점)

(1) 차트 작성 기능을 이용하여 슬라이드를 작성한다.
(2) 차트 : 유형(표식이 있는 꺾은선형), 글꼴(굴림, 16pt), 외곽선
(3) 표 : 차트 하단에 이미지와 같이 표 그리기

### 세부조건

※ 차트설명
- 차트 제목 : 궁서, 20pt, 진하게, 채우기(하양), 테두리, 그림자(대각선 오른쪽 아래)
- 범례 위치 : 아래쪽
- 차트 영역 : 채우기(노랑)
- 그림 영역 : 채우기(하양)
- 데이터 서식 : 근사각 계열을 보조축으로 변경
- 값 표시 : 계산각 계열만

① 도형 삽입
- 스타일 : 밝은 계열 - 강조1
- 글꼴 : 맑은 고딕, 18pt

## 출제유형 07

**PART 02** 출제유형 완전정복

# [슬라이드 6] 《도형 슬라이드》

☑ 다양한 도형 작성하기　　☑ 그룹 지정하기
☑ 애니메이션 효과 설정하기

문제 풀이

---

### 문제 미리보기

**소스 파일** : [출제유형 07]-유형07_문제.show　　**정답 파일** : [출제유형 07]-유형07_정답.show

◆ [슬라이드 6] 《도형 슬라이드》　　(100점)

(1) 슬라이드와 같이 도형을 배치한다(글꼴 : 맑은 고딕, 18pt).
(2) 애니메이션 순서 : ① ⇒ ②

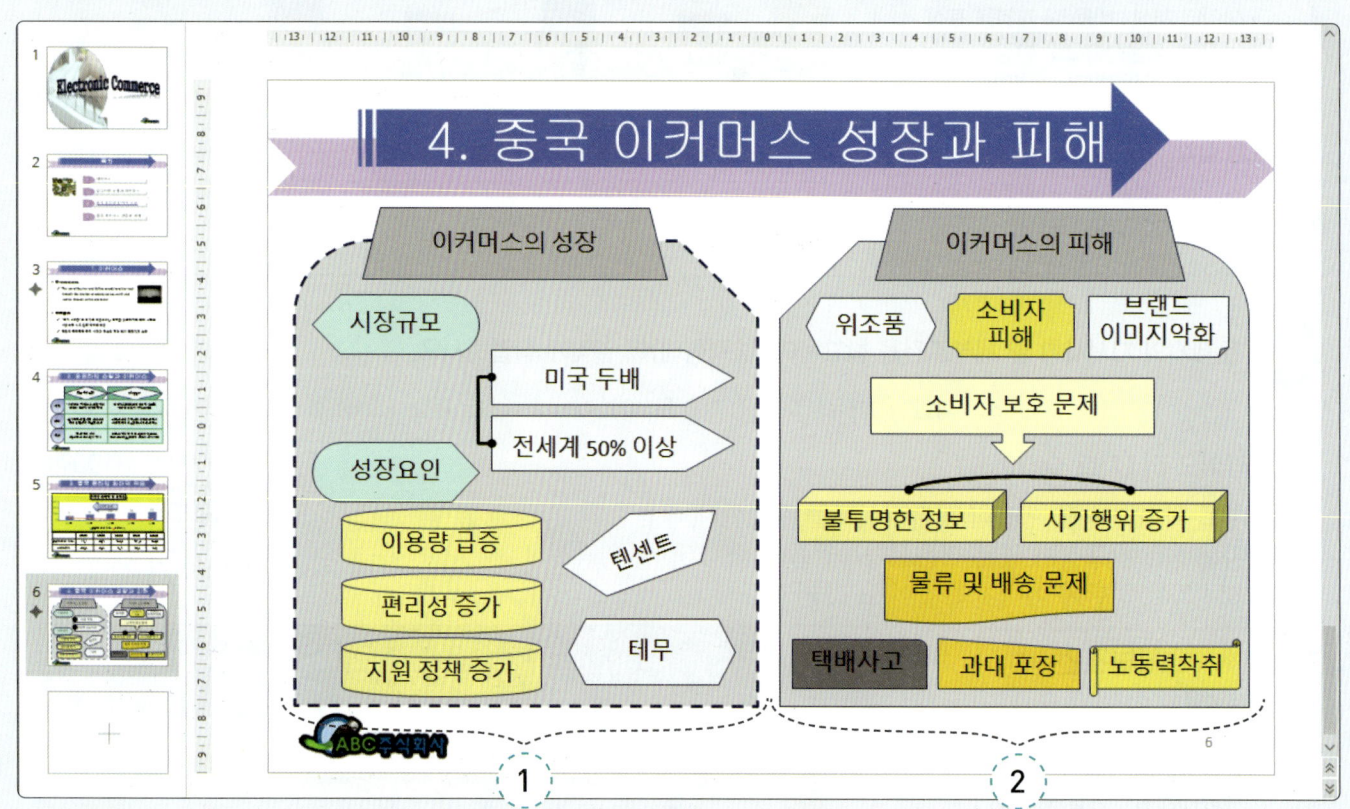

◆ 세부조건

① 도형 편집
　- 그룹화 후 애니메이션 효과 :
　　날아오기(왼쪽으로)

② 도형 편집
　- 그룹화 후 애니메이션 효과 :
　　시계 방향 회전

# 01 배경 도형 작성하기

## ■ 오른쪽 배경 도형 작성하기

① '유형07_문제.show' 파일을 불러와 [슬라이드 6]를 클릭한 후 작업합니다.

　※ 파일 불러오기 : [파일]-[불러오기]([Ctrl]+[O])를 클릭한 후 [불러오기] 대화상자에서 파일을 선택합니다.

② 슬라이드 상단에 '제목을 입력하십시오'를 클릭한 후 '**4. 중국 이커머스 성장과 피해**'를 입력합니다.

③ '내용을 입력하십시오' 글상자의 테두리를 클릭한 후 [Delete] 키를 눌러 삭제합니다.

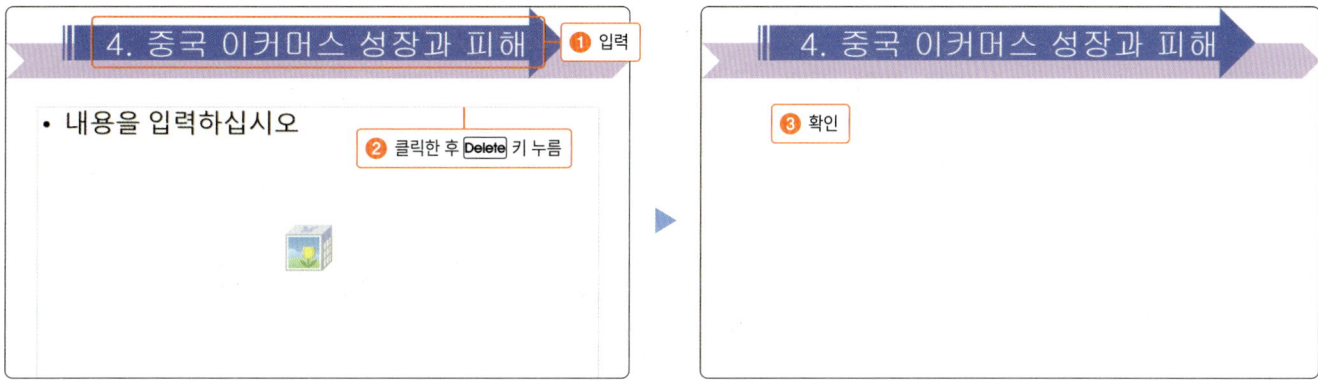

④ [입력] 탭에서 '도형' 이미지 꾸러미의 자세히 단추([∨])를 눌러 '사각형'-'**한쪽 모서리는 잘리고 다른 쪽 모서리는 둥근 사각형([□])**'을 선택합니다.

⑤ 마우스 포인터가 [十] 모양으로 변경되면 드래그하여 도형을 삽입합니다. 이어서, 조절점([●])을 드래그하여 《출력형태》와 같이 크기를 조절한 후 위치를 변경합니다.

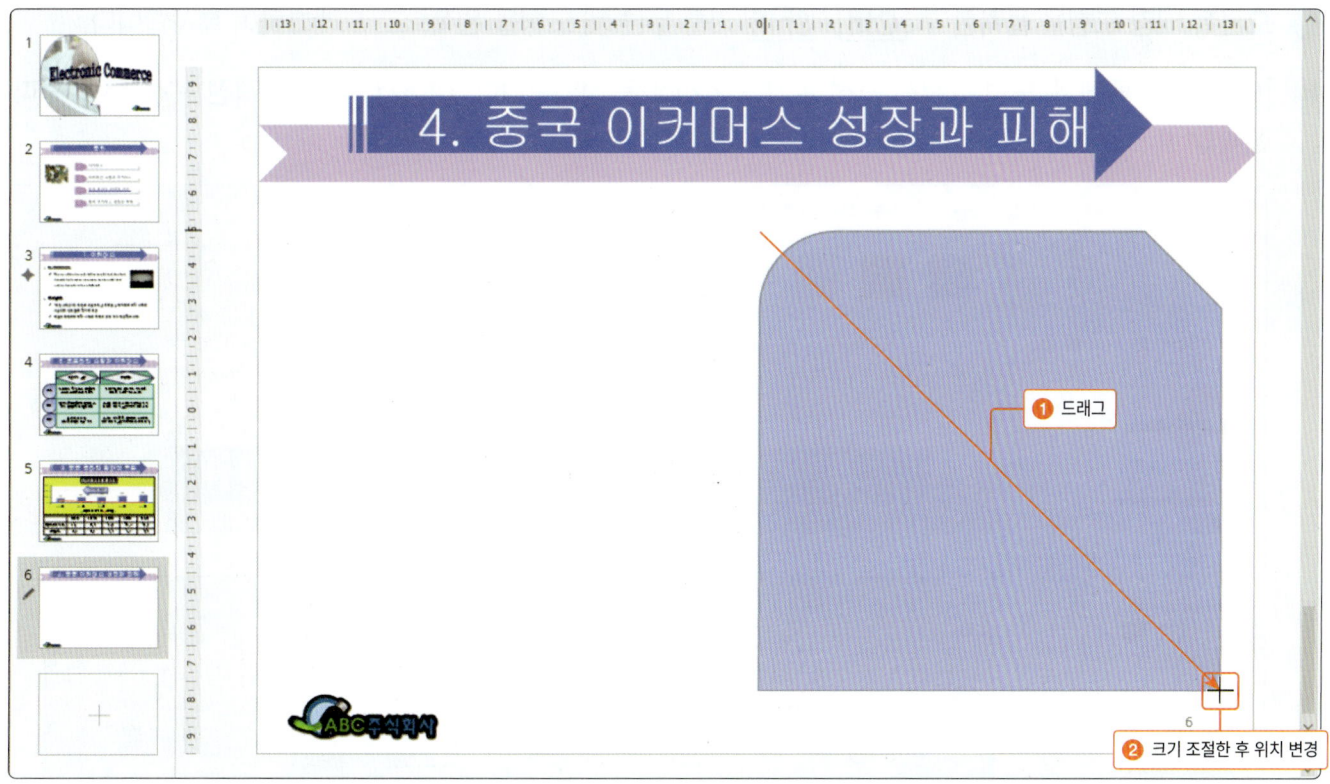

⑥ [도형(🖌)] 탭에서 '도형 채우기(🎨 도형 채우기 ∨)'의 목록 단추(∨)를 눌러 '하양(RGB: 255,255,255) 15% 어둡게'를 선택합니다.

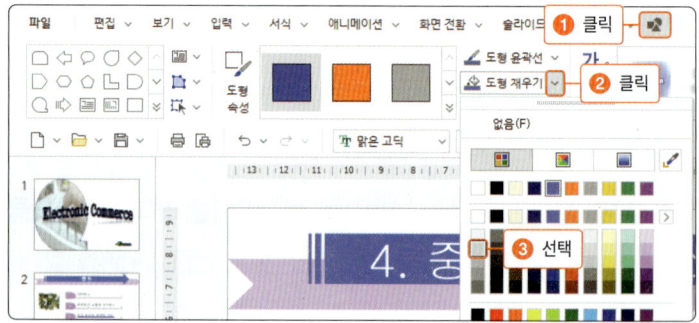

⑦ [도형(🖌)] 탭에서 '도형 윤곽선'-'선 굵기'-'1pt'를 선택합니다.

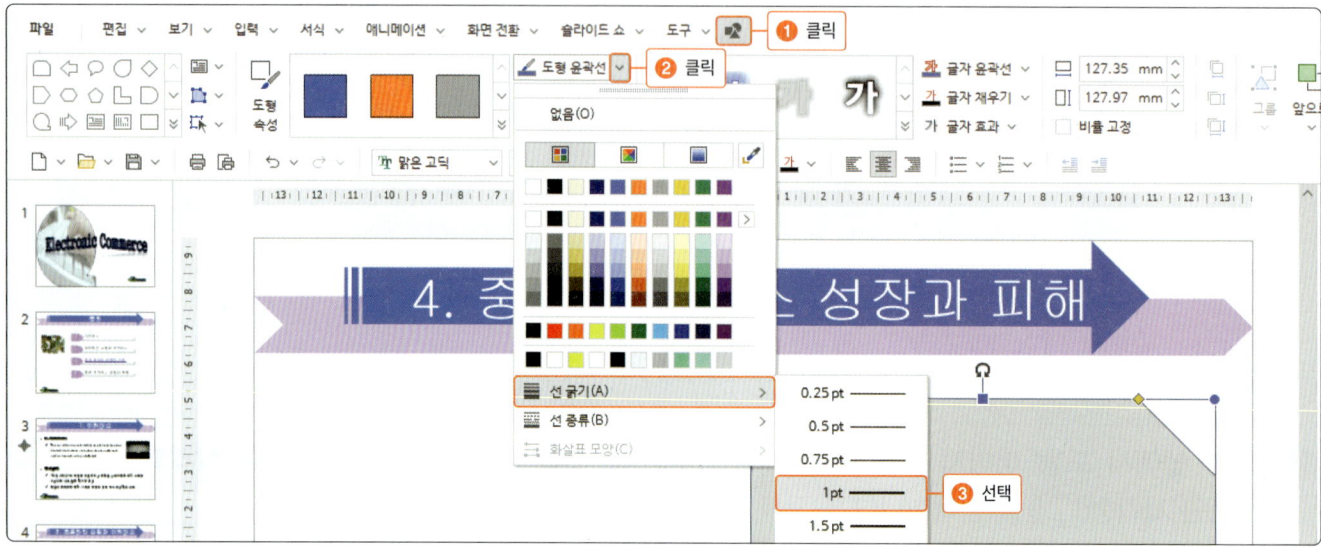

■ 왼쪽 배경 도형 작성하기

① 오른쪽 배경 도형을 클릭한 후 Ctrl + Shift 키를 누른 채 도형을 왼쪽으로 드래그하여 복사합니다.

② [도형(🖌)) 탭에서 '도형 윤곽선'-'선 굵기'-'2.25pt'를 선택합니다. 이어서, '도형 윤곽선'-'선 종류'-'파선'을 선택합니다.

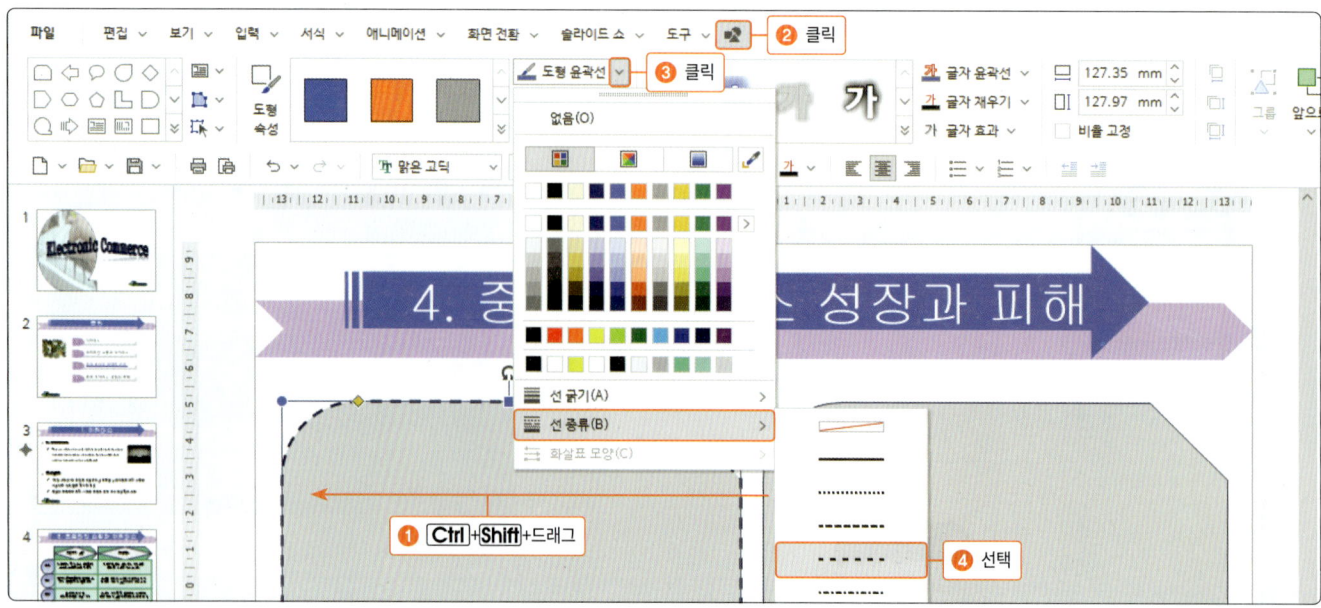

❸ 《출력형태》와 같이 도형을 회전하기 위해 오른쪽 도형을 클릭합니다. 이어서, [도형( )] 탭에서 '회전'–'**좌우 대칭**'을 선택합니다.

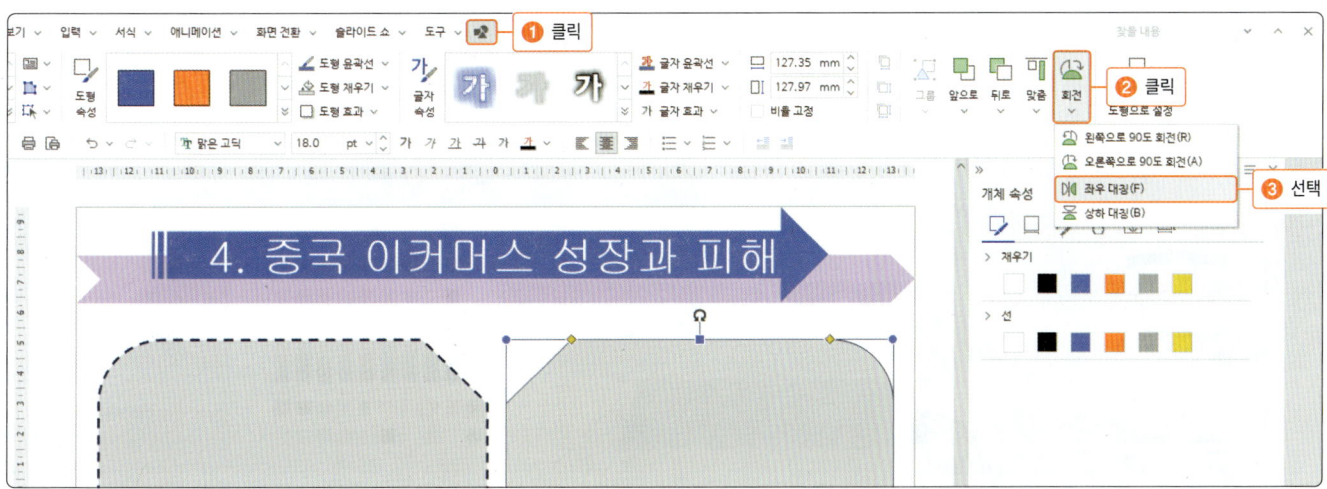

## 02  왼쪽 도형 작성하기

■ '이커머스의 성장' 도형 작성하기

❶ [도형( )] 탭에서 '도형' 이미지 꾸러미의 자세히 단추( )를 눌러 '기본 도형'–'**사다리꼴( )**'을 선택합니다.

❷ 마우스 포인터가 모양으로 변경되면 드래그하여 도형을 삽입합니다. 이어서, 조절점( )을 드래그하여 《출력형태》와 같이 크기를 조절한 후 위치를 변경합니다.

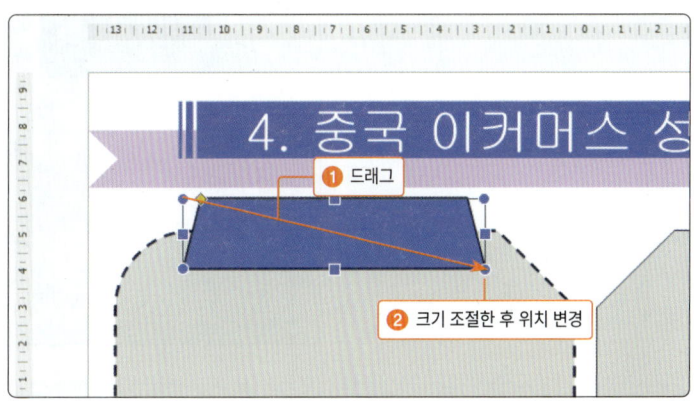

❸ [도형( )] 탭에서 '도형 윤곽선'–'선 굵기'–'**1pt**'를 선택합니다.

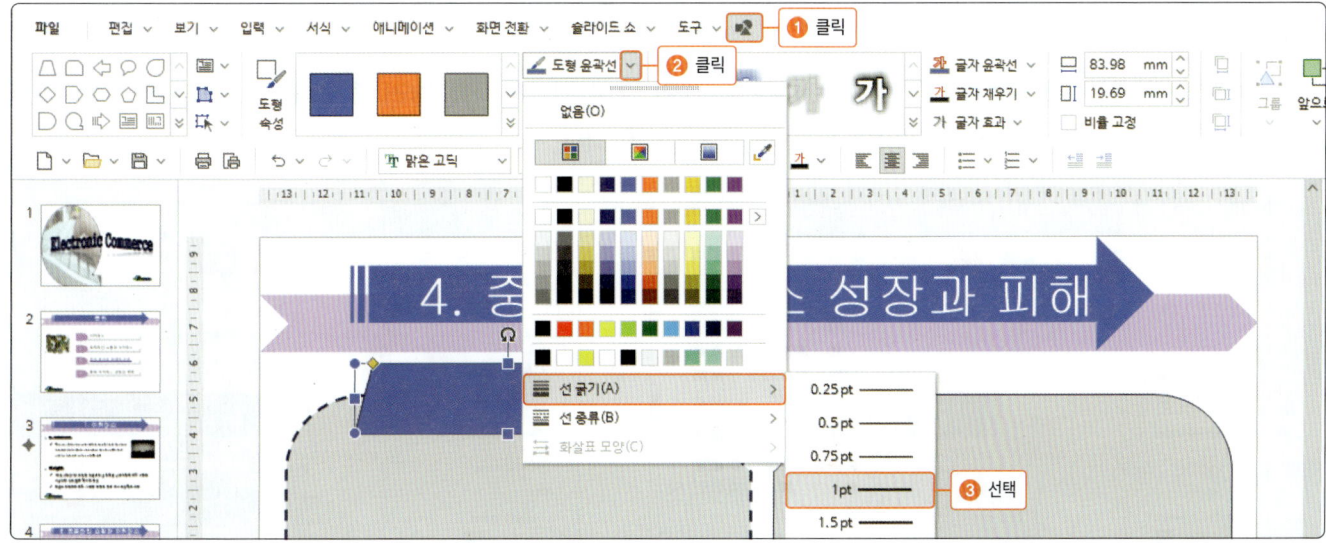

④ 서식 도구 상자에서 '**글꼴(맑은 고딕), 글자 크기(18pt), 글자 색(검정(RGB: 0,0,0))**'을 지정합니다.

※ 반드시 도형이 선택된 상태에서 작업합니다.

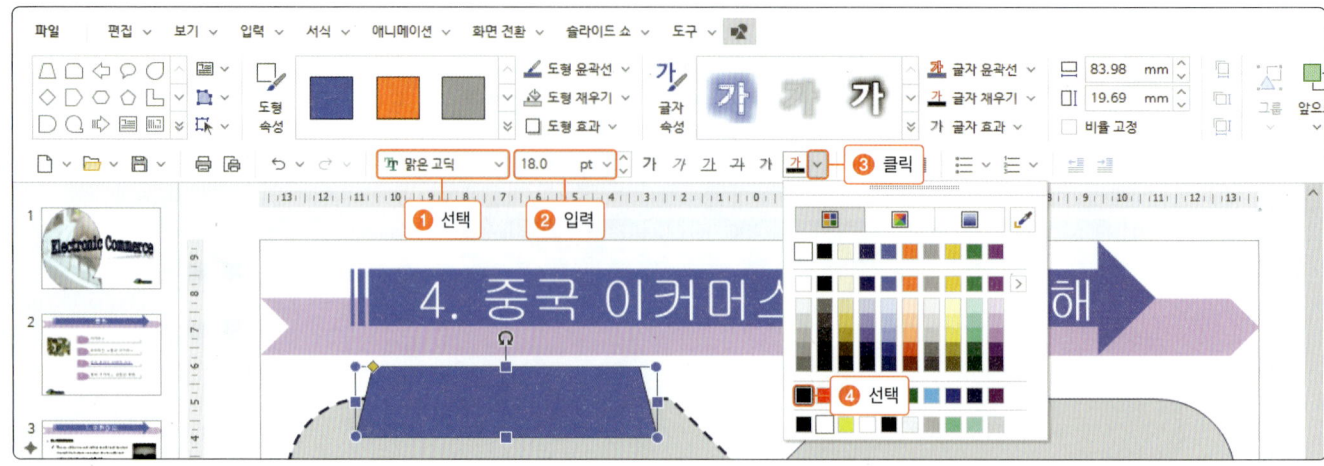

⑤ 도형 위에서 마우스 오른쪽 단추를 눌러 바로 가기 메뉴가 나오면 [**기본 도형으로 설정**]을 클릭합니다.

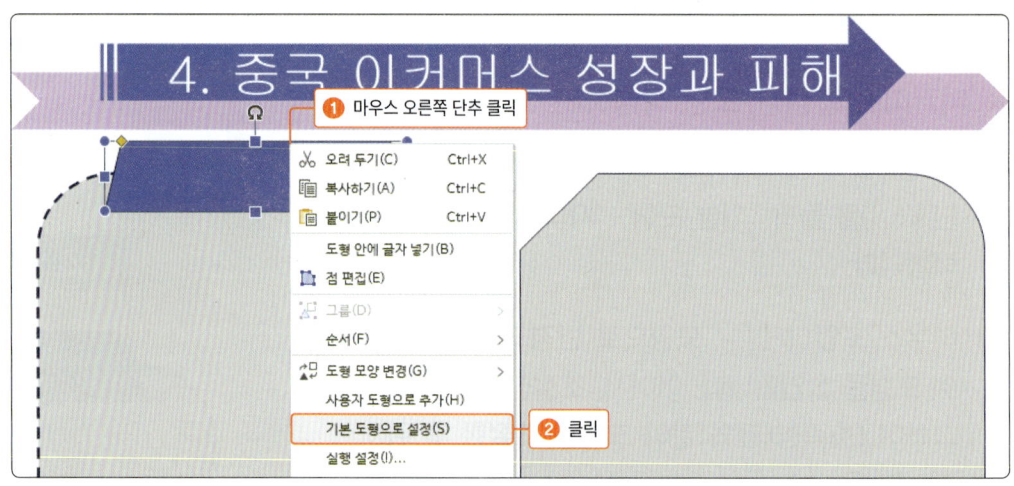

> **TIP 기본 도형으로 설정**
> [슬라이드 6]에서 글꼴을 조건에 맞게 변경한 후 '기본 도형'으로 설정해 놓으면 작업 시간을 단축할 수 있습니다.

⑥ [도형( )] 탭에서 '도형 채우기( 도형 채우기 )'의 목록 단추( )를 눌러 '**하양(RGB: 255,255,255) 25% 어둡게**'를 선택합니다. 이어서, '**이커머스의 성장**'을 입력합니다.

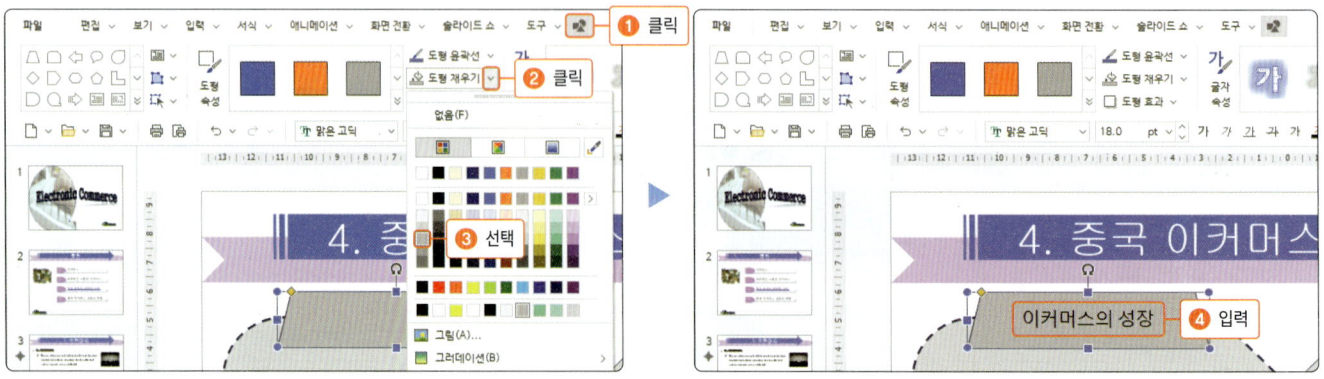

■ '시장 규모' 도형 작성하기

① [도형(📷)] 탭에서 '도형' 이미지 꾸러미의 자세히 단추(⌄)를 눌러 '순서도'–'**순서도: 화면 표시(△)**'를 선택합니다.

② 마우스 포인터가 ⊞ 모양으로 변경되면 드래그하여 도형을 삽입합니다. 이어서, 조절점(●)을 드래그하여 《출력형태》와 같이 크기를 조절한 후 위치를 변경합니다.

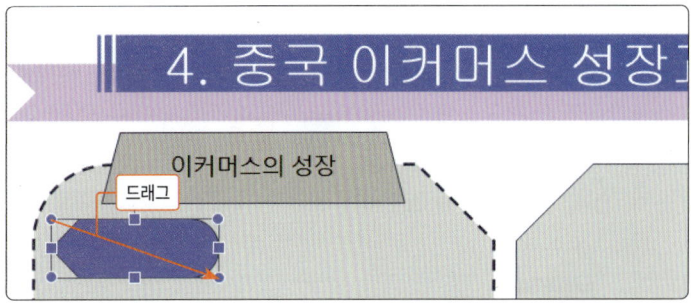

③ [도형(📷)] 탭에서 '도형 채우기( 도형 채우기 ⌄)'의 목록 단추(⌄)를 눌러 눌러 '**초록(RGB: 40,155,110) 80% 밝게**'를 선택합니다. 이어서, '**시장규모**'를 입력합니다.

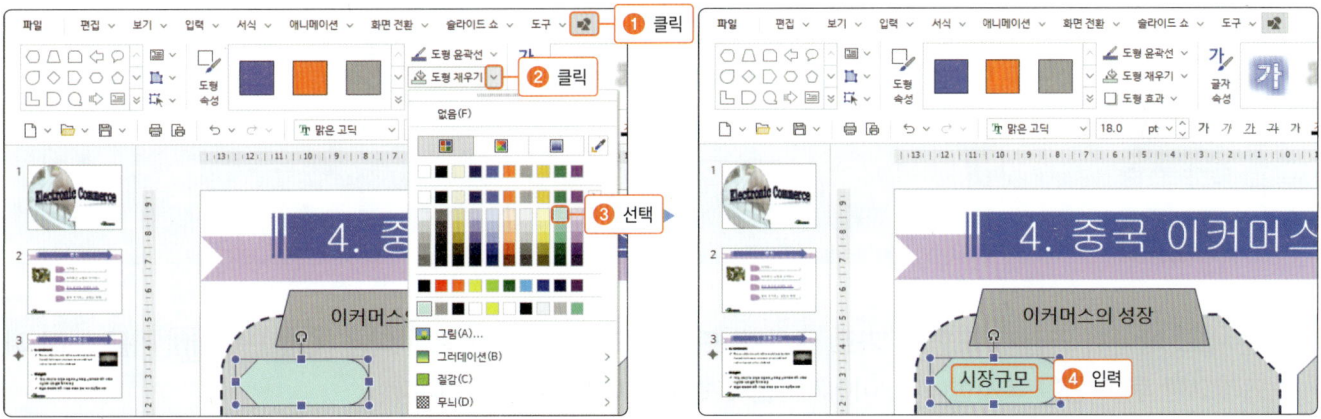

■ '미국 두배', '전세계 50% 이상' 도형 작성하기

① [도형(📷)] 탭에서 '도형' 이미지 꾸러미의 자세히 단추(⌄)를 눌러 '순서도'–'**순서도: 페이지 연결자(▽)**'을 선택합니다.

② 마우스 포인터가 ⊞ 모양으로 변경되면 드래그하여 도형을 삽입합니다. 이어서, [도형(📷)] 탭에서 '회전'–'**왼쪽으로 90도 회전**'을 선택합니다.

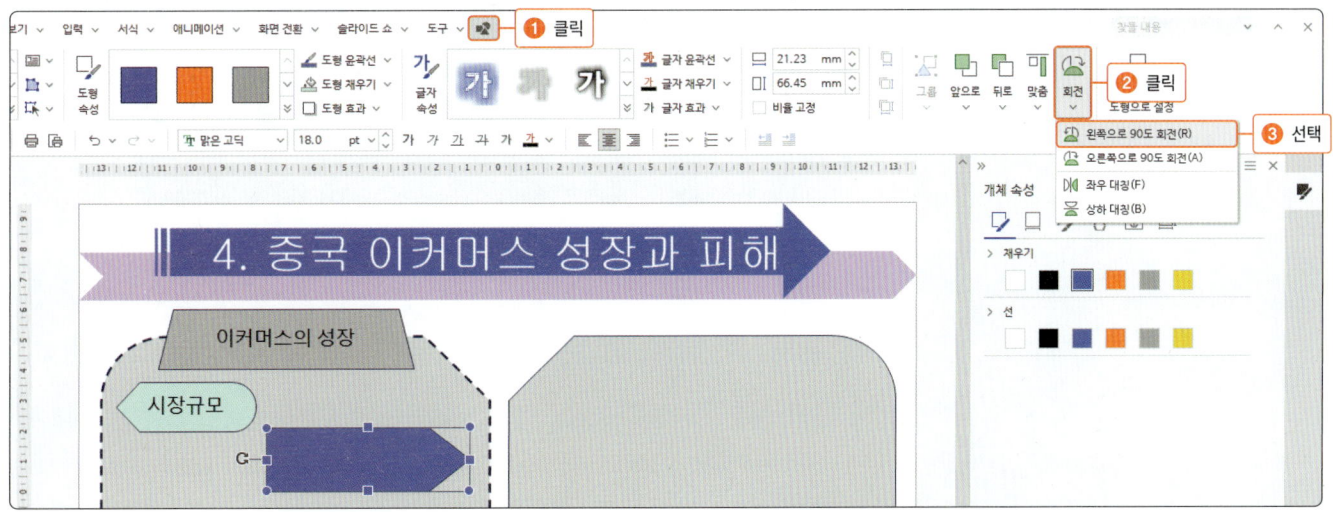

❸ [도형( )] 탭에서 '도형 채우기( 도형 채우기 )'의 목록 단추( )를 눌러 **'하양(RGB: 255,255,255) 5% 어둡게'**를 선택합니다.

❹ [도형( )] 탭에서 '도형' 이미지 꾸러미의 자세히 단추( )를 눌러 '기본 도형'–**'가로 글상자( )'**를 선택한 후 내용을 입력할 위치를 클릭합니다. 이어서, **'미국 두배'**를 입력합니다.

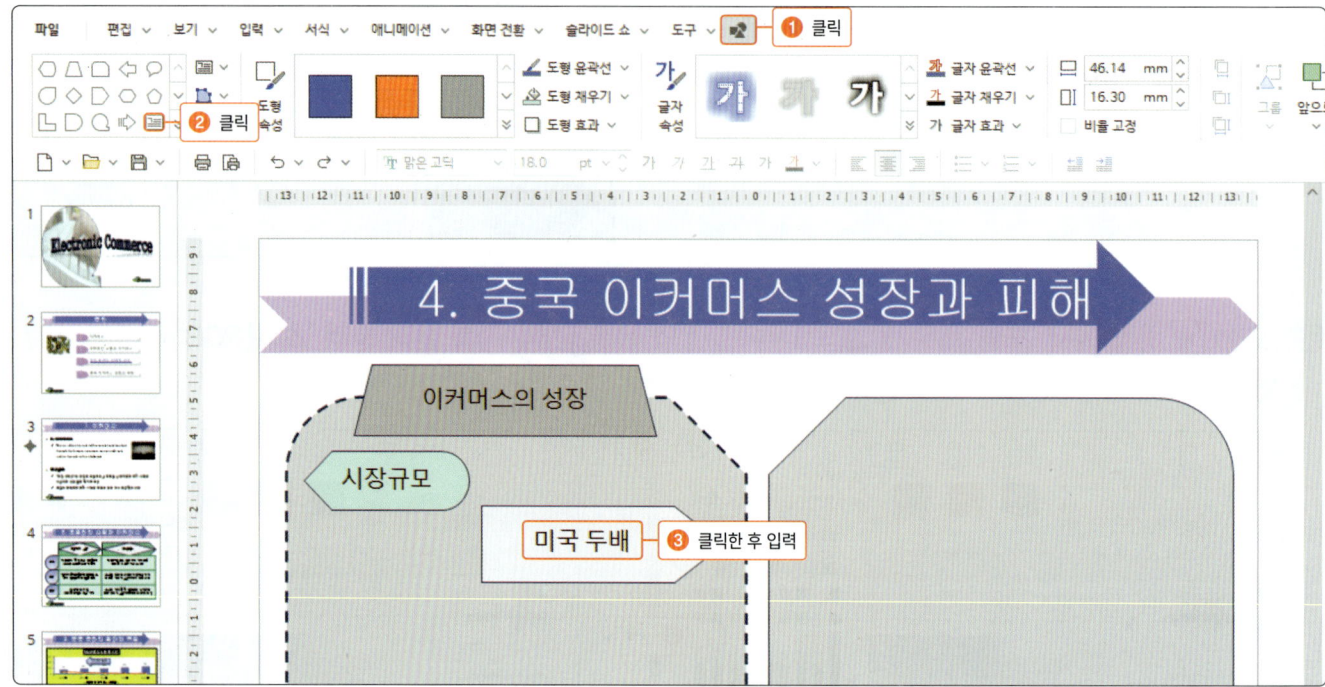

❺ '순서도: 페이지 연결자' 도형과 '가로 글상자' 도형을 드래그하여 선택한 다음 [Ctrl]+[Shift] 키를 눌러 아래로 드래그한 후 도형을 복사합니다. 이어서, **'전세계 50% 이상'**을 입력합니다.

※ '가로 글상자' 크기 및 위치가 맞지 않을 경우 조절점( )을 이용해서 크기 및 위치를 조절합니다.

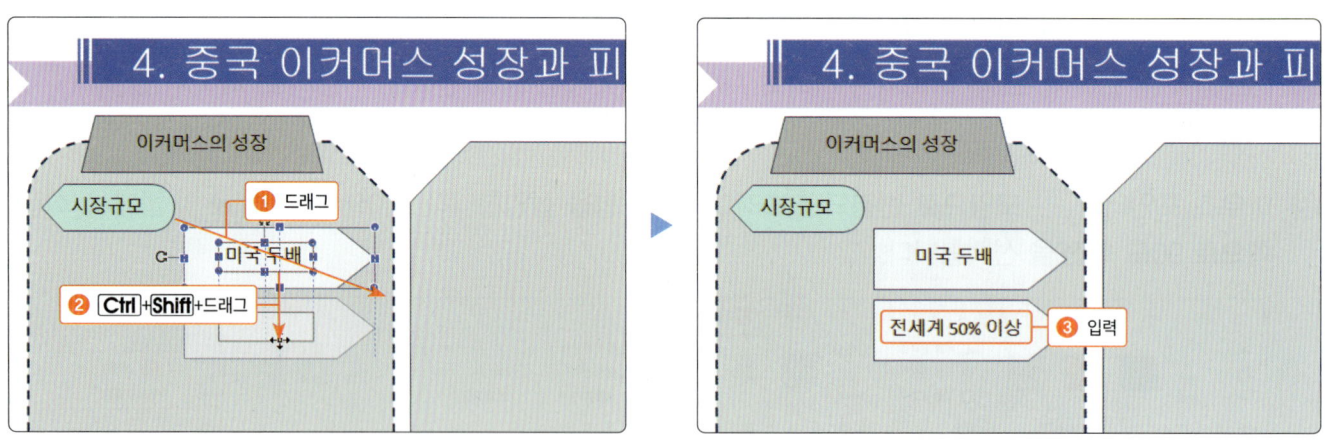

■ 나머지 도형 작성하기

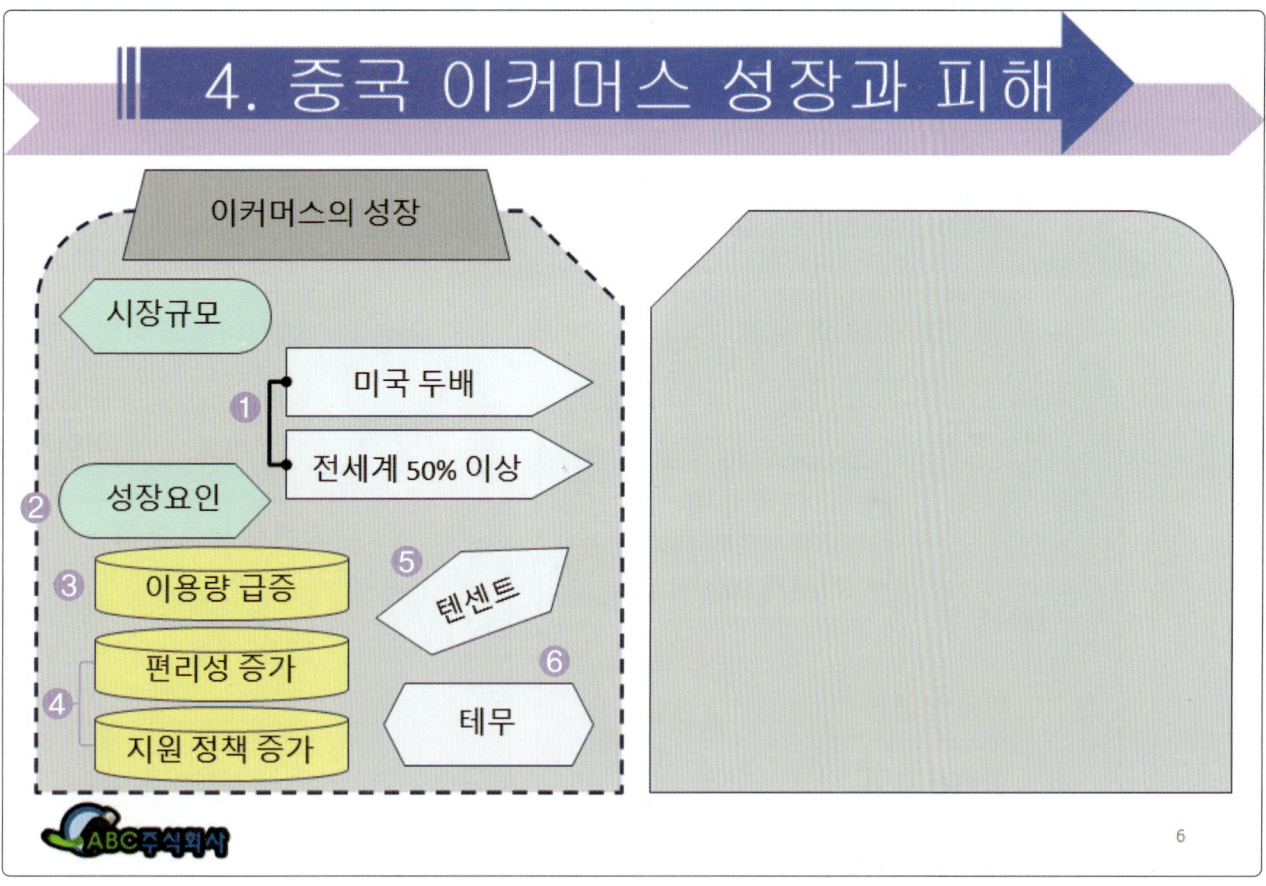

❶ '선'–'꺾인 연결선( ⌐ )' 클릭 → '미국 두배' 도형 왼쪽을 연결선의 시작점 클릭 → '전세계 50% 이상' 도형 왼쪽으로 드래그하여 연결선 끝점 클릭 → '도형 윤곽선'–'선 굵기'–'2.25pt' 지정 → '도형 윤곽선'–'화살표 모양'–'●—●' 지정 → 도형 윤곽선(검정) 지정

❷ '시장규모' 도형의 외곽선을 클릭 → **Ctrl**+**Shift** 키를 누른 채 아래로 드래그 → 회전(좌우 대칭) → 내용 지우기 → '성장요인' 입력

❸ '순서도'–'순서도: 자기 디스크( ▱ )' 그리기 → 도형 채우기(노랑(RGB: 255,215,0) 60% 밝게) 지정 → '이용량 급증' 입력

❹ '이용량 급증' 도형의 외곽선 클릭 → **Ctrl**+**Shift** 키 누른 채 아래로 드래그 → 한 번 더 **Ctrl**+**Shift** 키를 누른 채 드래그 → 두 번째 도형 내용 지우기 → 두 번째 도형의 '편리성 증가' 입력 → 세 번째 도형 내용 지우기 → 세 번째 도형의 '지원 정책 증가' 입력

❺ '기본 도형'–'정오각형( ⬠ )' 그리기 → 회전( ↻ )을 왼쪽으로 드래그 → 도형 채우기(하양(RGB: 255,255,255) 5% 어둡게) 지정 → '텐센트' 입력

❻ '기본 도형'–'육각형( ⬡ )' 그리기 → 도형 채우기(하양(RGB: 255,255,255) 5% 어둡게) 지정 → '테무' 입력

## 03 오른쪽 도형 작성하기

■ 《출력형태》를 참고하여 상단 도형을 작성한 후 임의의 색을 지정하고 내용 입력하기

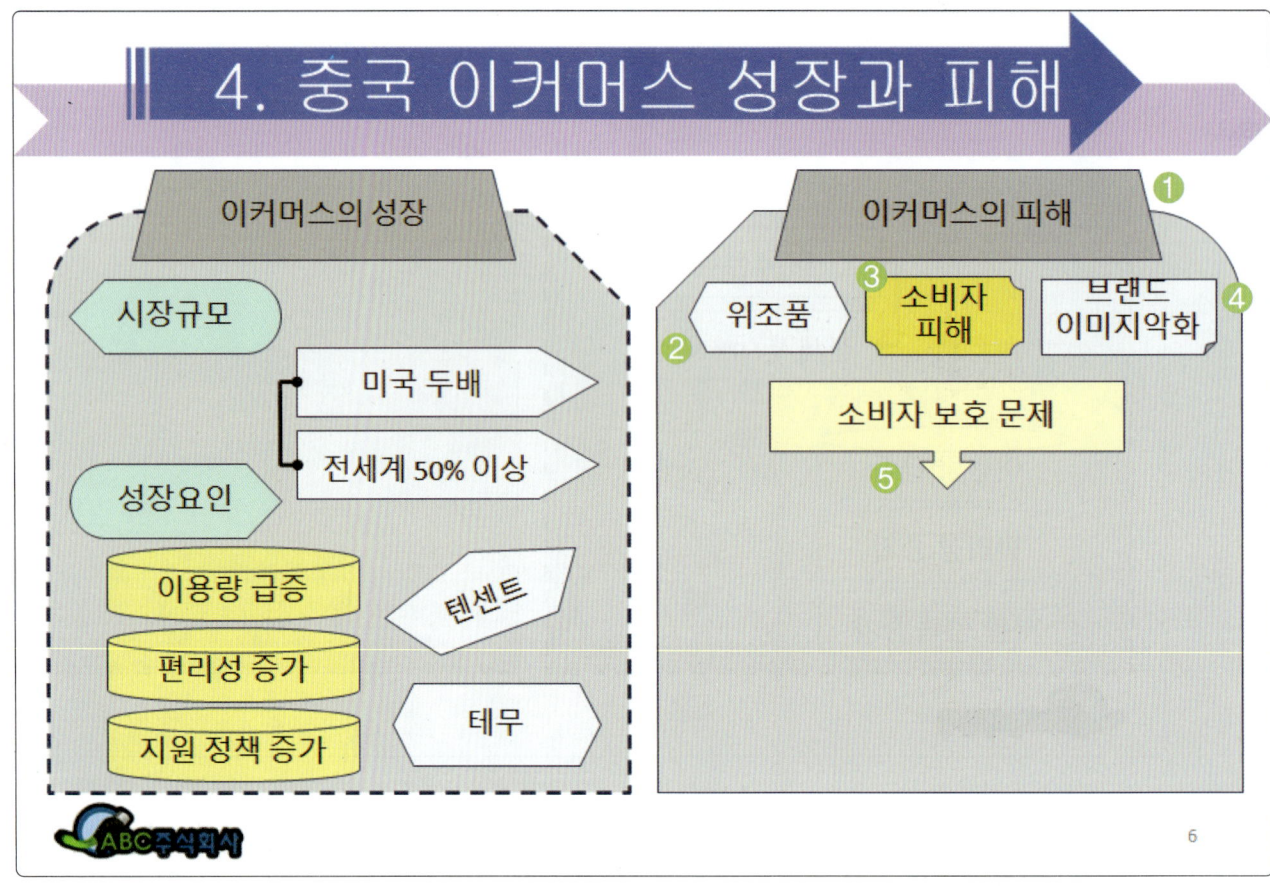

① 왼쪽 '이커머스의 성장' 도형의 외곽선을 클릭 → Ctrl+Shift 키를 누른 채 오른쪽으로 드래그 → 내용 지우기 → '이커머스의 피해' 입력

② '기본 도형'–'육각형(⬡)' 그리기 → 도형 채우기(하양(RGB: 255,255,255) 5% 어둡게) 지정 → '위조품' 입력

③ '기본 도형'–'배지(◇)' 그리기 → 도형 채우기(노랑(RGB: 255,215,0) 40% 밝게) 지정 → '소비자피해' 입력

④ '기본 도형'–'모서리가 접힌 도형(📄)' 그리기 → 도형 채우기(하양(RGB: 255,255,255) 5% 어둡게) 지정 → '브랜드이미지악화' 입력

⑤ '블록 화살표'–'아래쪽 화살표 설명선(⬇)' 그리기 → 도형 채우기(하양(RGB: 255,255,255) 80% 밝게) 지정 → '소비자 보호 문제' 입력

■ 《출력형태》를 참고하여 나머지 도형을 작성한 후 임의의 색을 지정하고 내용 입력하기

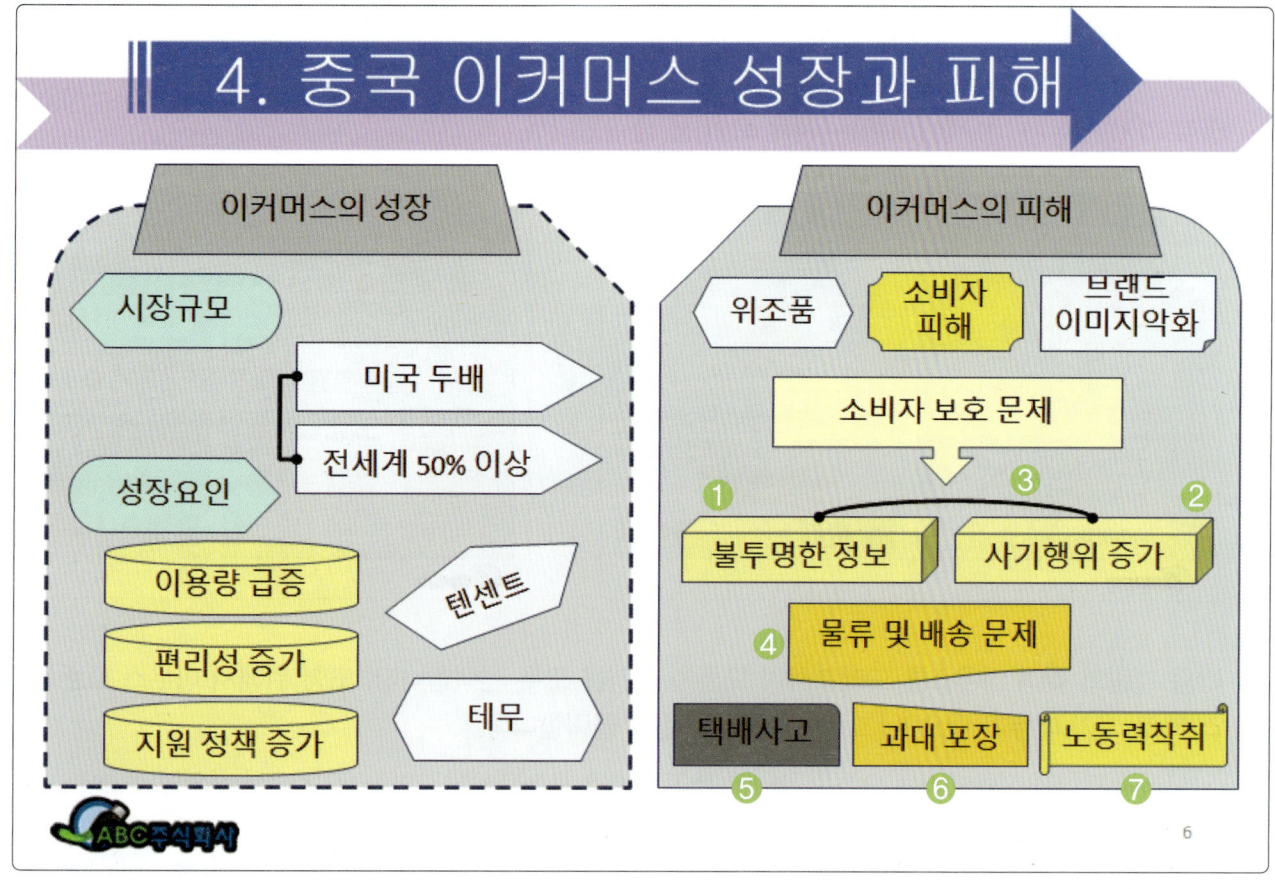

❶ '기본 도형'–'정육면체(▱)' 그리기 → 도형 채우기(노랑(RGB: 255,215,0) 60% 밝게) 지정 → '불투명한 정보' 입력

❷ '불투명한 정보' 도형의 외곽선을 클릭 → **Ctrl**+**Shift** 키를 누른 채 오른쪽으로 드래그 → 내용 지우기 → '사기행위 증가' 입력

❸ '선'–'구부러진 연결선(╭)' 클릭 → 왼쪽 도형 위에서 연결선의 시작점 클릭 → 오른쪽 도형으로 드래그하여 연결선 끝점 클릭 → '도형 윤곽선'–'선 굵기'–'2.25pt' 지정 → '도형 윤곽선'–'화살표 모양'–'●━' 지정 → 도형 윤곽선(검정) 지정

❹ '순서도'–'순서도: 문서(▱〈113-4〉)' 그리기 → 도형 채우기(노랑(RGB: 255,215,0)) 지정 → '물류 및 배송 문제' 입력

❺ '사각형'–'한쪽 모서리가 둥근 사각형(▱)' 그리기 → 도형 채우기(검정(RGB: 0,0,0) 50% 밝게) 지정 → '택배사고' 입력

❻ '순서도'–'순서도: 수동 입력(▱)' 그리기 → 회전(좌우 대칭) → 도형 채우기(노랑(RGB: 255,215,0)) 지정 → '과대 포장' 입력

❼ '별 및 현수막'–'가로로 말린 두루마리 모양(▱)' 그리기 → 도형 채우기(노랑(RGB: 255,215,0) 40% 밝게) 지정 → '노동력착취' 입력

## 04  그룹화한 후 애니메이션 지정하기

① 도형 편집 – 그룹화 후 애니메이션 효과 : 날아오기(왼쪽으로)
② 도형 편집 – 그룹화 후 애니메이션 효과 : 시계 방향 회전

❶ 다음 그림과 같이 마우스를 드래그하여 왼쪽 도형을 모두 선택합니다. 도형 위에서 마우스 오른쪽 단추를 눌러 바로 가기 메뉴가 나오면 [그룹]-[개체 묶기]를 클릭합니다.

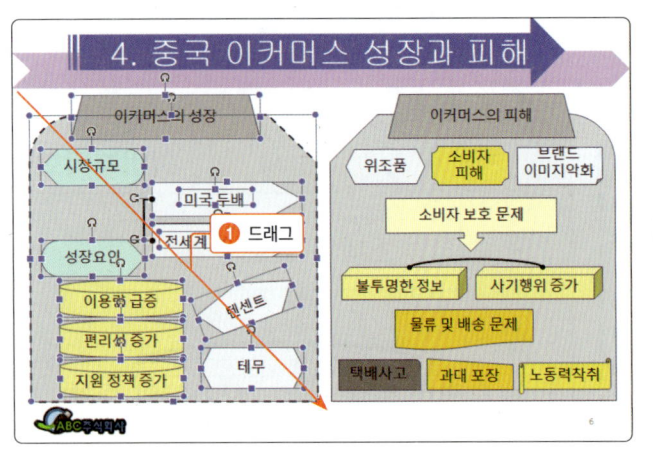
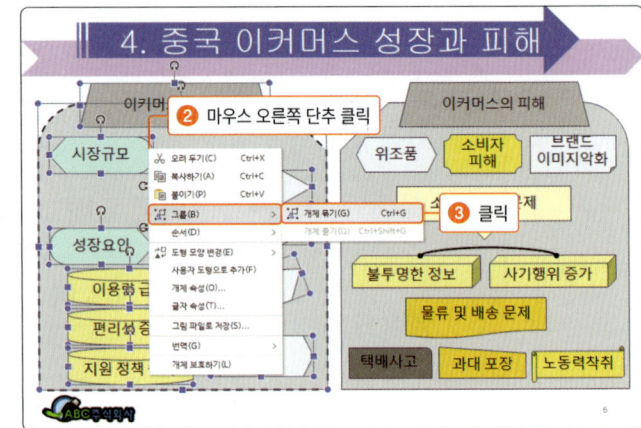

❷ 다음 그림과 같이 마우스를 드래그하여 오른쪽 도형을 모두 선택합니다. 도형 위에서 마우스 오른쪽 단추를 눌러 바로 가기 메뉴가 나오면 [그룹]-[개체 묶기]를 클릭합니다.

※ 오른쪽 도형을 선택할 때는 오른쪽 하단의 '페이지 번호 글상자(6)'가 선택되지 않도록 주의합니다.

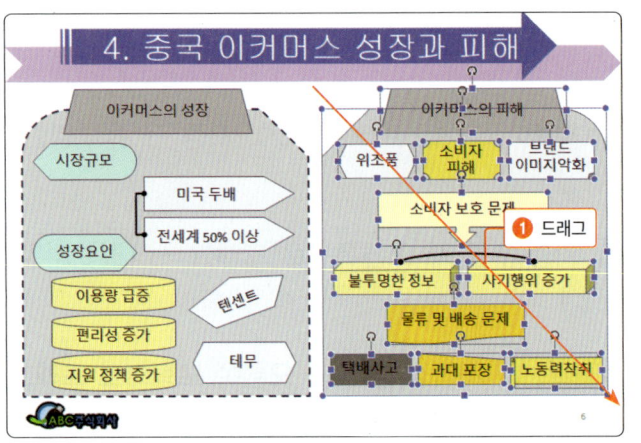
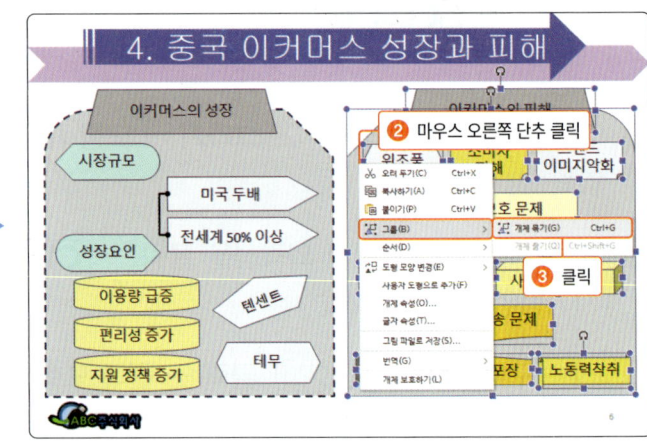

❸ 그룹화된 왼쪽 도형을 클릭합니다. [애니메이션] 탭의 애니메이션 효과 목록에서 '**날아오기**'를 클릭합니다.

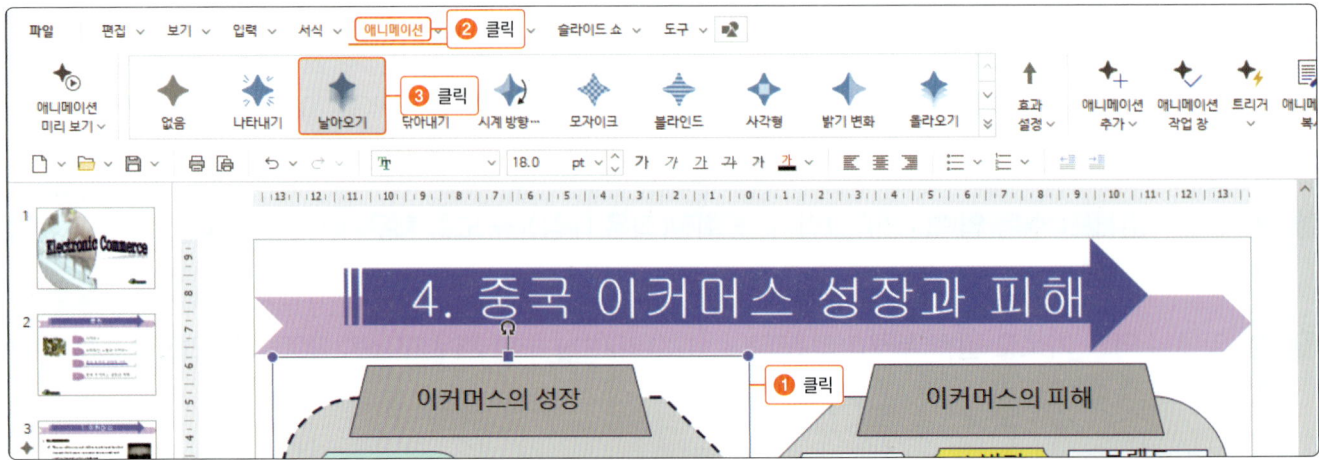

④ [애니메이션] 탭에서 '효과 설정'–'**왼쪽으로**'를 선택합니다.

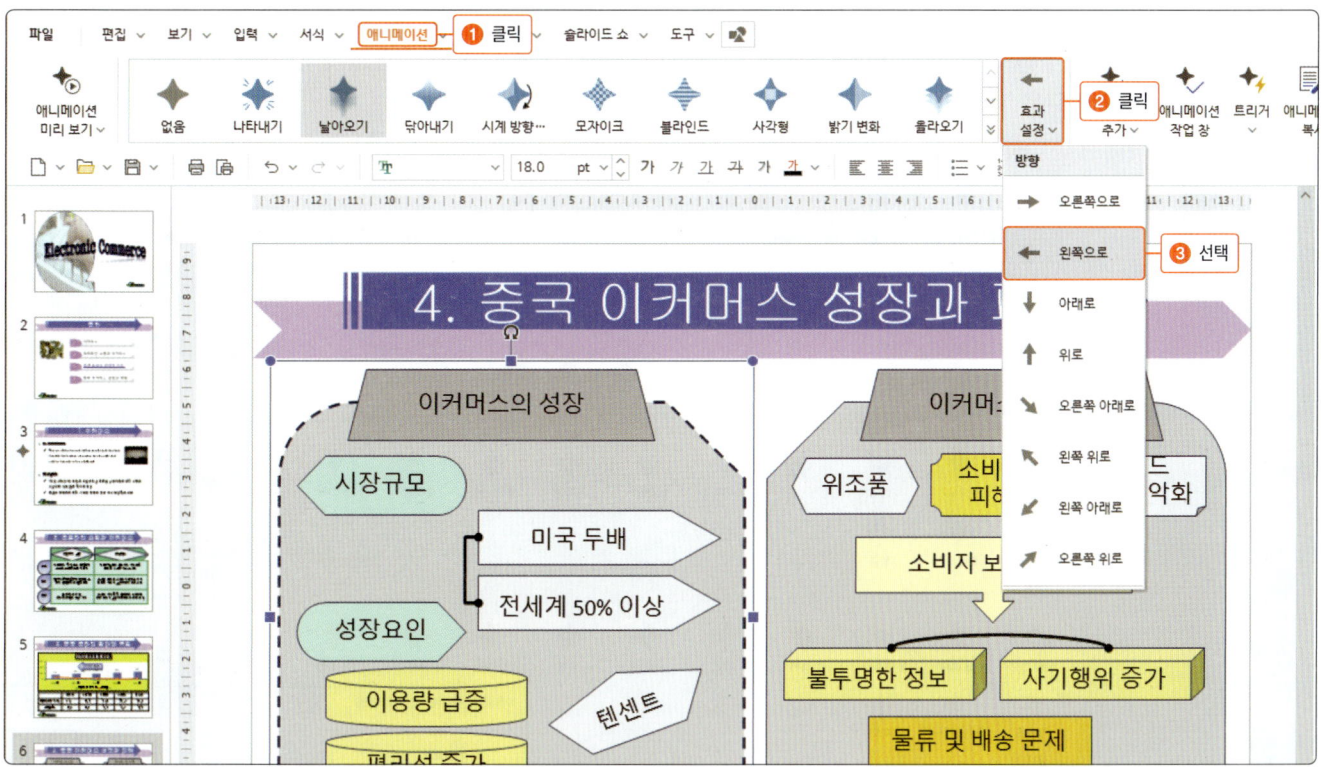

> **TIP 애니메이션 효과를 잘못 지정한 경우**
> ❶ [애니메이션] 탭에서 '애니메이션 작업 창'을 클릭합니다.
> ❷ 애니메이션 효과를 잘못 지정한 경우에는 오른쪽에서 나타난 [애니메이션] 창에서 잘못 선택한 애니메이션 효과를 선택하고 Delete 키를 눌러 삭제한 후 다시 애니메이션 효과를 지정합니다.

⑤ 그룹화된 오른쪽 도형을 클릭합니다. [애니메이션] 탭의 애니메이션 효과 목록에서 '**시계 방향 회전**'을 클릭합니다.

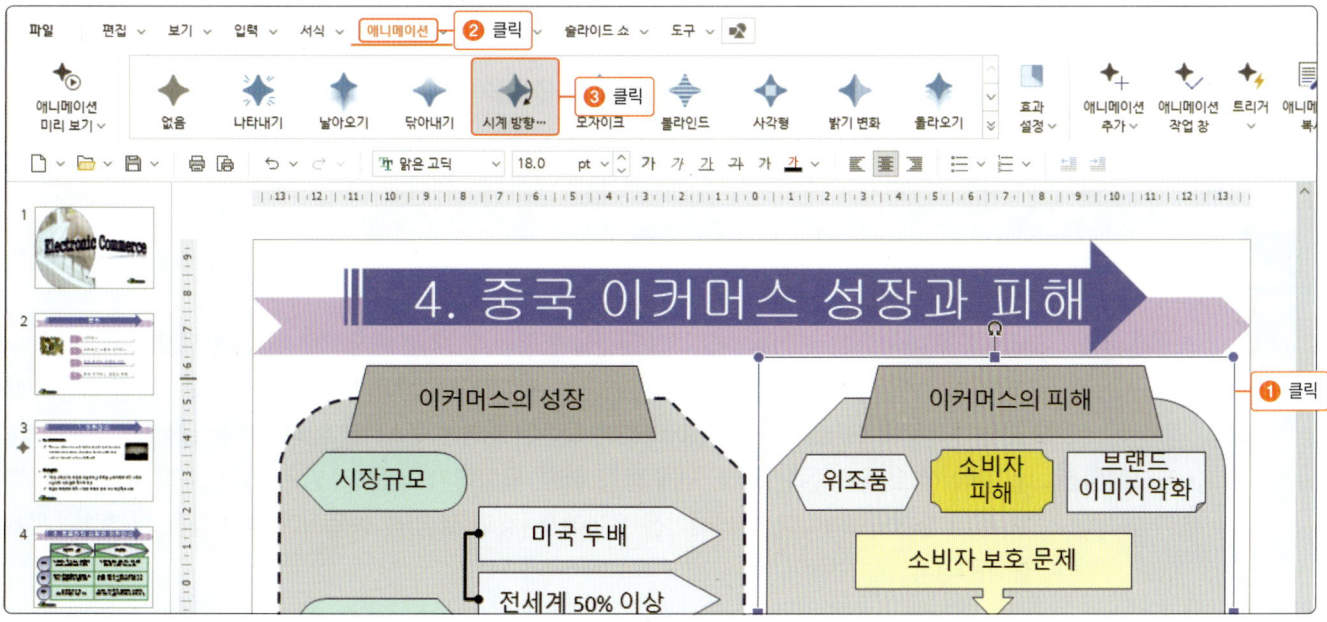

### 애니메이션 효과

- [애니메이션] 탭의 애니메이션 효과 목록에 문제지에 제시된 조건에 맞는 효과가 없는 경우에는 자세히 단추(⌄)를 클릭한 다음 '나타내기 다른 효과'를 클릭합니다.
- [나타내기 애니메이션 효과 변경] 대화상자에서 원하는 효과를 선택하고 〈적용〉 단추를 클릭합니다.

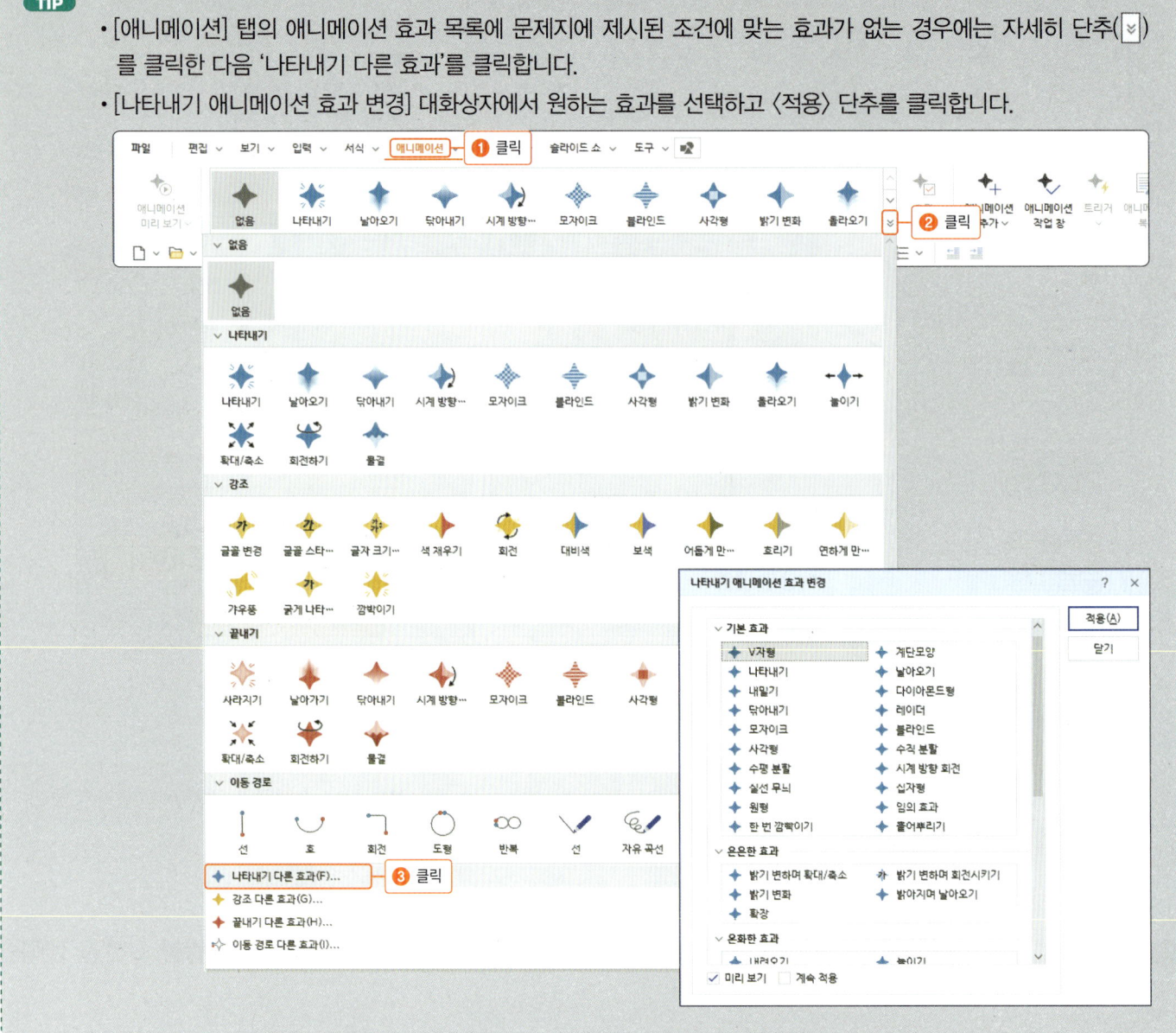

⑥ [파일]-[저장하기](Ctrl+S) 또는 서식 도구 상자에서 '**저장하기(💾)**'를 클릭합니다.

※ 실제 시험을 볼 때 작업 도중에 수시로(10분에 한 번 정도) 저장을 하는 것이 좋습니다.

### 시험분석

**[슬라이드 6] 《도형 슬라이드》**

- **도형 삽입** : [슬라이드 6]에서 처음 도형을 삽입하여 글꼴을 변경한 후 [기본 도형으로 설정]을 지정합니다(배경 도형 및 테두리가 변경된 도형 제외). 최근 시험에서는 도형의 조절점이나 회전 등을 이용한 변형 도형이 출제되고 있기 때문에 모양을 잘 알고 있어야하며, 회전된 도형에 텍스트를 입력할 때는 글상자를 이용합니다.
- **애니메이션** : 애니메이션 효과로 '실선 무늬, 시계 방향 회전, 닦아내기, 바운드, 밝기 변화, 수직 분할, 흩어 뿌리기' 등이 출제되었습니다. 애니메이션 효과에서 [효과 설정]를 이용하여 방향 등을 변경하는 문제도 출제됩니다.

# [슬라이드 6] 《도형 슬라이드》

숏츠(Shorts)

**01** 문제지의 지시사항 및 세부조건을 참고하여 《출력형태》에 알맞게 작업하시오.

• 소스 파일 : [출제유형 07]-정복07_문제01.show    • 정답 파일 : [출제유형 07]-정복07_정답01.show

◆ [슬라이드 6] 《도형 슬라이드》 (100점)

(1) 슬라이드와 같이 도형을 배치한다(글꼴 : 맑은 고딕, 18pt).
(2) 애니메이션 순서 : ① ⇒ ②

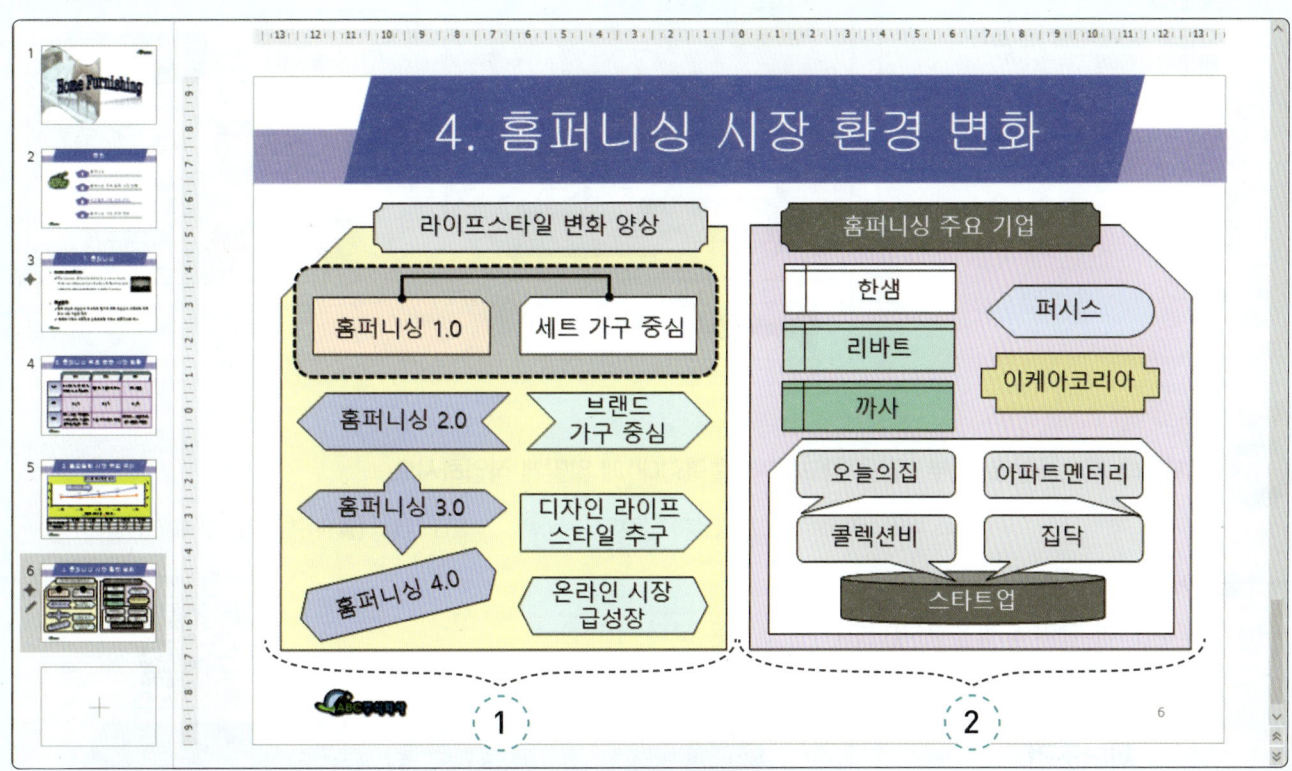

◆ 세부조건

① 도형 편집
  - 그룹화 후 애니메이션 효과 :
    닦아내기(왼쪽으로)

② 도형 편집
  - 그룹화 후 애니메이션 효과 :
    바운드

## 02 문제지의 지시사항 및 세부조건을 참고하여 《출력형태》에 알맞게 작업하시오.

• 소스 파일 : [출제유형 07]-정복07_문제02.show   • 정답 파일 : [출제유형 07]-정복07_정답02.show

◆ [슬라이드 6]《도형 슬라이드》

숏츠(Shorts) (100점)

(1) 슬라이드와 같이 도형을 배치한다(글꼴 : 맑은 고딕, 18pt).
(2) 애니메이션 순서 : ① ⇒ ②

**세부조건**

① 도형 편집
   - 그룹화 후 애니메이션 효과 :
     닦아내기(왼쪽으로)

② 도형 편집
   - 그룹화 후 애니메이션 효과 :
     바운드

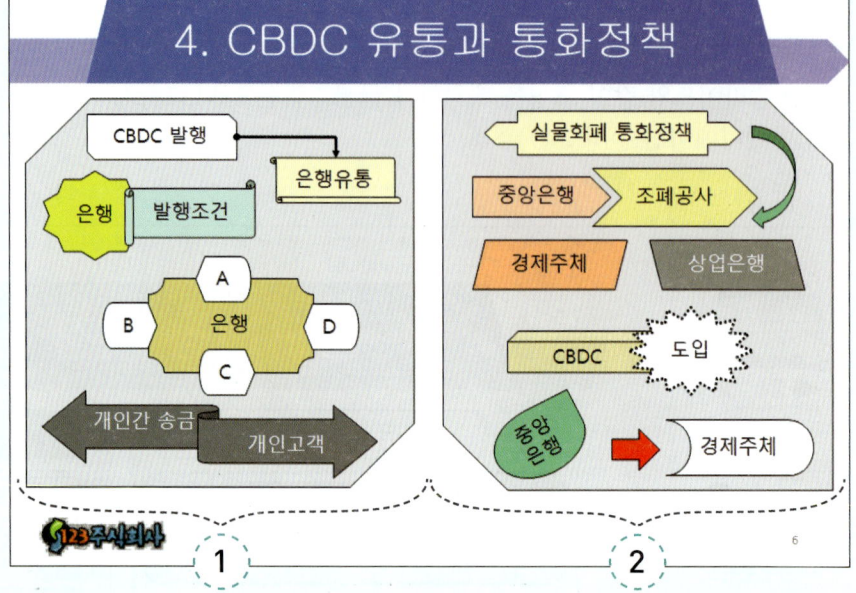

## 03 문제지의 지시사항 및 세부조건을 참고하여 《출력형태》에 알맞게 작업하시오.

• 소스 파일 : [출제유형 07]-정복07_문제03.show   • 정답 파일 : [출제유형 07]-정복07_정답03.show

◆ [슬라이드 6]《도형 슬라이드》

숏츠(Shorts) (100점)

(1) 슬라이드와 같이 도형을 배치한다(글꼴 : 맑은 고딕, 18pt).
(2) 애니메이션 순서 : ① ⇒ ②

**세부조건**

① 도형 편집
   - 그룹화 후 애니메이션 효과 :
     닦아내기(왼쪽으로)

② 도형 편집
   - 그룹화 후 애니메이션 효과 :
     바운드

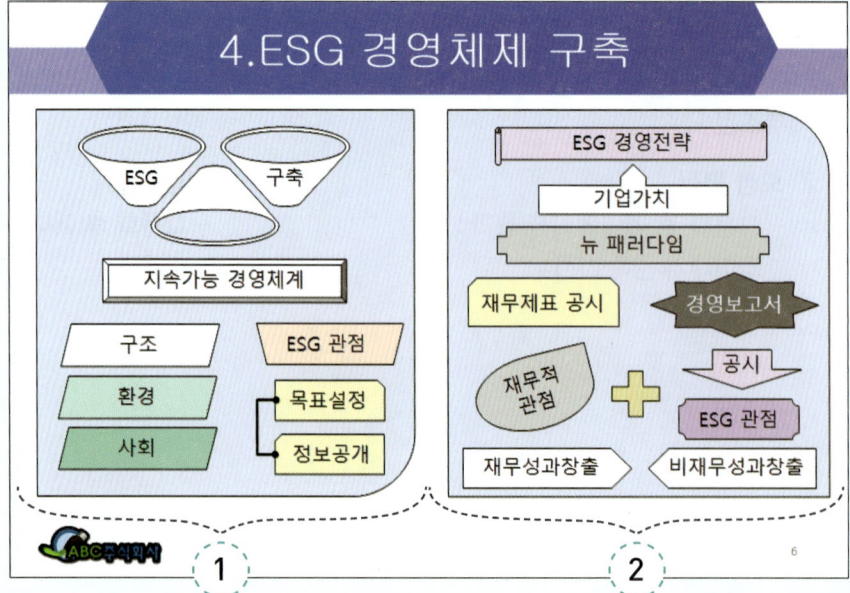

**04** 문제지의 지시사항 및 세부조건을 참고하여 《출력형태》에 알맞게 작업하시오.

• 소스 파일 : [출제유형 07]-정복07_문제04.show    • 정답 파일 : [출제유형 07]-정복07_정답04.show

◆ [슬라이드 6] 《도형 슬라이드》   (100점)

(1) 슬라이드와 같이 도형을 배치한다(글꼴 : 맑은 고딕, 18pt).
(2) 애니메이션 순서 : ① ⇒ ②

**세부조건**

① **도형 편집**
  - 그룹화 후 애니메이션 효과 :
    닦아내기(왼쪽으로)

② **도형 편집**
  - 그룹화 후 애니메이션 효과 :
    바운드

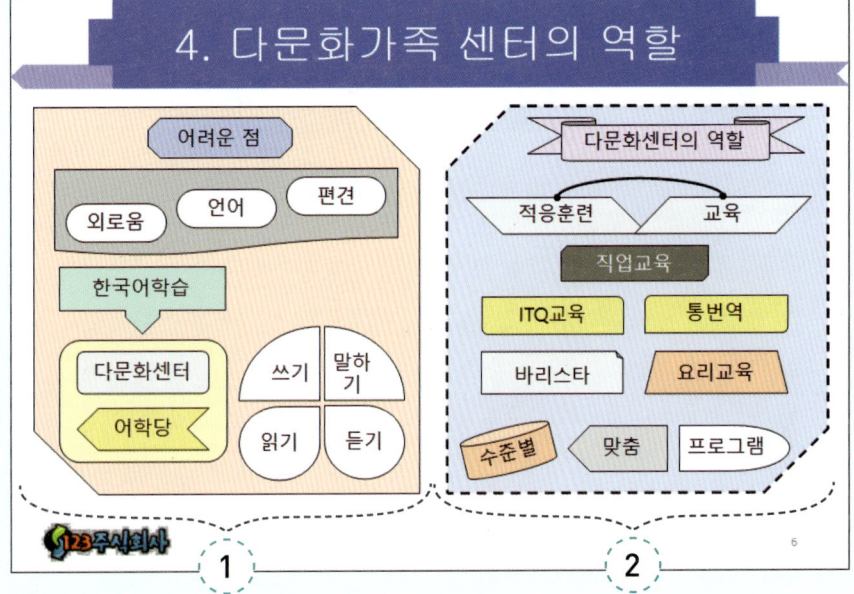

---

**05** 문제지의 지시사항 및 세부조건을 참고하여 《출력형태》에 알맞게 작업하시오.

• 소스 파일 : [출제유형 07]-정복07_문제05.show    • 정답 파일 : [출제유형 07]-정복07_정답05.show

◆ [슬라이드 6] 《도형 슬라이드》   (100점)

(1) 슬라이드와 같이 도형을 배치한다(글꼴 : 맑은 고딕, 18pt).
(2) 애니메이션 순서 : ① ⇒ ②

**세부조건**

① **도형 편집**
  - 그룹화 후 애니메이션 효과 :
    닦아내기(왼쪽으로)

② **도형 편집**
  - 그룹화 후 애니메이션 효과 :
    바운드

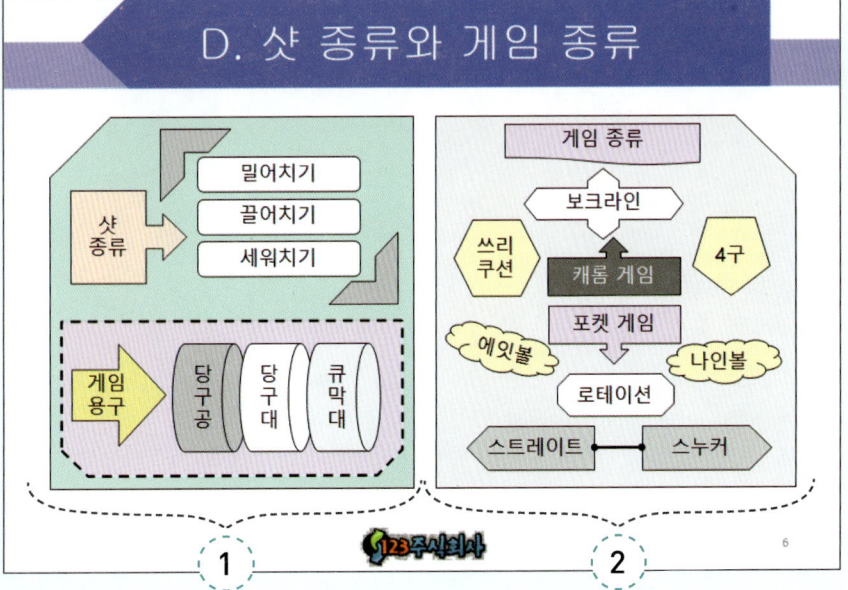

# MEMO

# 제 01 회 정보기술자격(ITQ) 출제예상 모의고사

| 과목 | 코드 | 문제유형 | 시험시간 | 수험번호 | 성명 |
|---|---|---|---|---|---|
| 한쇼 | 1141 | A | 60분 | | |

**한컴오피스**

## ·수험자 유의사항·

- 수험자는 문제지를 받는 즉시 문제지와 **수험표상의 시험과목(프로그램)이 동일한지 반드시 확인**하여야 합니다.
- 파일명은 본인의 "수험번호-성명"으로 입력하여 답안 폴더(내 PC\문서\ITQ)에 하나의 파일로 저장해야 하며, 답안 문서 파일명이 "수험번호-성명"과 일치하지 않거나, 답안 파일을 전송하지 않아 미제출로 처리될 경우 실격 처리합니다 (예 : 12345678-홍길동.show).
- 답안 작성을 마치면 파일을 저장하고, '답안 전송' 버튼을 선택하여 감독위원 PC로 답안을 전송하십시오. 수험생 정보와 저장한 파일명이 다를 경우 전송되지 않으므로 주의하시기 바랍니다.
- 답안 작성 중에도 **주기적으로 저장하고, '답안 전송'**하여야 문제 발생을 줄일 수 있습니다. 작업한 내용을 저장하지 않고 전송할 경우 이전에 저장된 내용이 전송되오니 이점 유의하시기 바랍니다.
- 답안 문서는 지정된 경로 외의 다른 보조기억장치에 저장하는 경우, 지정된 시험 시간 외에 작성된 파일을 활용할 경우, 기타 통신 수단(이메일, 메신저, 네트워크 등)을 이용하여 타인에게 전달 또는 외부 반출하는 경우는 부정 처리합니다.
- 시험 중 부주의 또는 고의로 시스템을 파손한 경우는 수험자가 변상해야 하며, 〈수험자 유의사항〉에 기재된 방법대로 이행하지 않아 생기는 불이익은 수험생 당사자의 책임임을 알려 드립니다.
- 문제의 조건은 한컴오피스 2022 버전으로 설정되어 있으니 유의하시기 바랍니다.
- 시험을 완료한 수험자는 답안 파일이 전송되었는지 확인한 후 감독위원의 지시에 따라 문제지를 제출하고 퇴실합니다.

## ·답안 작성요령·

- 온라인 답안 작성 절차
  수험자 등록 ⇒ 시험 시작 ⇒ 답안 파일 저장 ⇒ 답안 전송 ⇒ 시험 종료
- 슬라이드의 크기는 A4 Paper로 설정하여 작성합니다.
- 슬라이드의 총 개수는 6개로 구성되어 있으며 슬라이드 1부터 순서대로 작업하고 반드시 문제와 세부 조건대로 합니다.
- 별도의 지시사항이 없는 경우 출력형태를 참조하여 글꼴 색은 검정 또는 흰색으로 작성하고, 기타사항은 전체적인 균형을 고려하여 작성합니다.
- 슬라이드 도형 및 개체에 출력형태와 다른 스타일(그림자, 외곽선 등)을 적용했을 경우 감점처리 됩니다.
- 슬라이드 번호를 작성합니다(슬라이드 1에는 생략).
- 2~6번 슬라이드 제목 도형과 하단 로고는 슬라이드 마스터를 이용하여 출력형태와 동일하게 작성합니다(슬라이드 1에는 생략).
- 문제와 세부조건, 세부조건 번호 ○ (점선원)는 입력하지 않습니다.
- 각 개체의 위치는 오른쪽의 슬라이드와 동일하게 구성합니다.
- 그림 삽입 문제의 경우 반드시 「내 PC\문서\ITQ\Picture」 폴더에서 정확한 파일을 선택하여 삽입 하십시오.
- 각 슬라이드를 각각의 파일로 작업해서 저장할 경우 실격 처리됩니다.

한국생산성본부

## [전체구성]

60점

(1) 슬라이드 크기 및 순서 : 크기를 A4 용지로 설정하고 슬라이드 순서에 맞게 작성한다.
(2) 슬라이드 마스터 : 2~6슬라이드의 제목, 하단 로고, 슬라이드 번호는 슬라이드 마스터를 이용하여 작성한다.
 - 제목 글꼴(굴림, 40pt, 하양), 가운데 정렬, 도형(선 없음)
 - 하단 로고(「내 PC₩문서₩ITQ₩Picture₩로고1.jpg」, 배경(회색) 투명한 색으로 설정)

## [슬라이드 1]  ≪표지 디자인≫   40점

(1) 표지 디자인 : 도형, 워드숍 및 그림을 이용하여 작성한다.

### 세부조건

① 도형 편집
 - 도형에 그림 채우기 :
  「내 PC₩문서₩ITQ₩Picture₩그림2.jpg」, 투명도 50%
 - 도형 효과 : 옅은 테두리 5pt

② 워드숍
 - 변환 : 갈매기형 수장
 - 글꼴 : 궁서, 진하게
 - 반사 : 1/2 크기, 4pt

③ 그림 삽입
 - 「내 PC₩문서₩ITQ₩Picture₩로고1.jpg」
 - 배경(회색) 투명한 색으로 설정

## [슬라이드 2]  ≪목차 슬라이드≫   60점

(1) 출력형태와 같이 도형을 이용하여 목차를 작성한다(글꼴 : 맑은 고딕, 24pt).
(2) 도형 : 선 없음

### 세부조건

① 텍스트에 하이퍼링크 적용
 → '슬라이드 6'

② 그림 삽입
 - 「내 PC₩문서₩ITQ₩Picture₩그림4.jpg」
 - 자르기 기능 이용

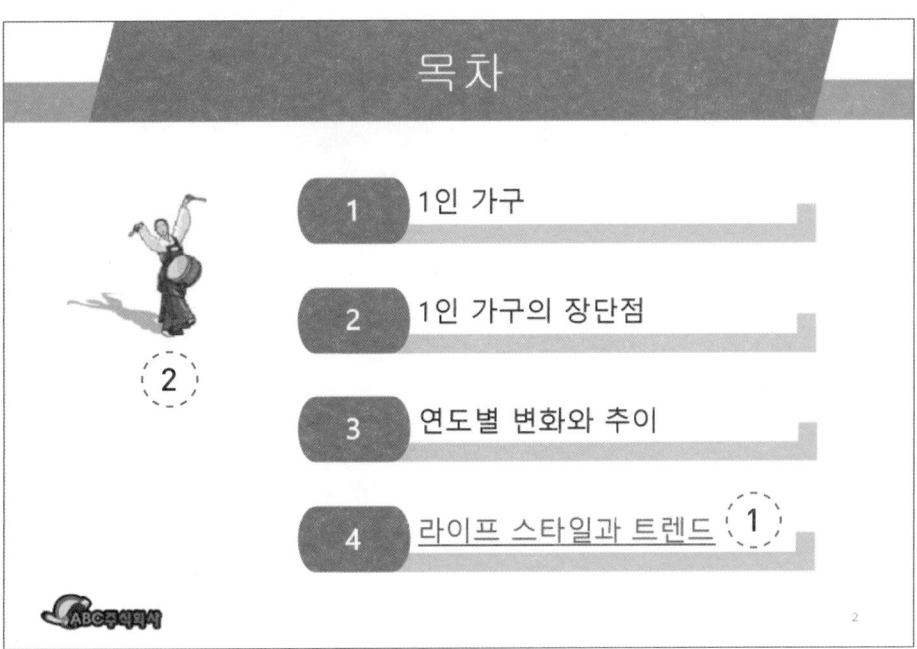

# [슬라이드 3]  ≪텍스트/동영상 슬라이드≫  60점

(1) 텍스트 작성 : 글머리 기호 사용(❖, ➢)

　❖문단(굴림, 24pt, 진하게, 줄간격 : 1.5줄), ➢문단(굴림, 20pt, 줄간격 : 1.5줄)

**세부조건**

① 동영상 삽입 :
- 「내 PC\문서\ITQ\Picture\동영상.wmv」
- 자동 실행, 반복 재생 설정

## 1. 1인 가구

❖ Single-person household
　➢ It refers to the living unit that makes a living alone
　➢ This is a more simplified form of home, where one person lives in one house or one space

❖ 1인 가구
　➢ 한 명으로 구성된 생활 단위로, 혼자서 생계를 유지하고 있는 단순화된 형태의 가구로 한 집 또는 하나의 공간에 1인이 생활하는 것을 의미함

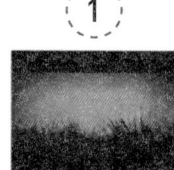

# [슬라이드 4]  ≪표 슬라이드≫  80점

(1) 도형과 표 작성 기능을 이용하여 슬라이드를 작성한다(글꼴 : 맑은 고딕, 18pt).

**세부조건**

① 상단 도형 :
　2개 도형의 조합으로 작성

② 좌측 도형 :
　그러데이션 효과(선형 위쪽)

③ 표 스타일 :
　보통 스타일 4 – 강조 5

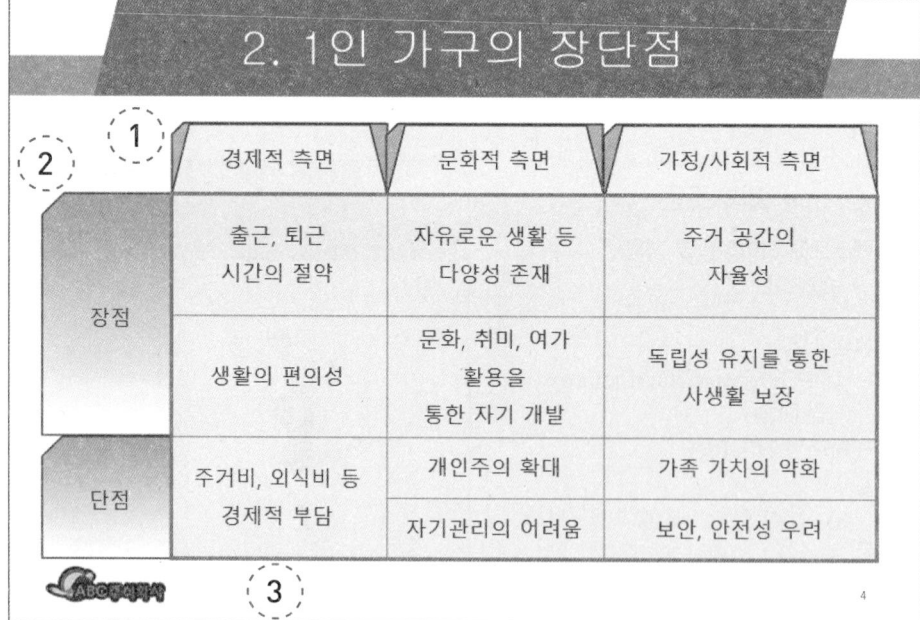

## 2. 1인 가구의 장단점

|  | 경제적 측면 | 문화적 측면 | 가정/사회적 측면 |
|---|---|---|---|
| 장점 | 출근, 퇴근 시간의 절약 | 자유로운 생활 등 다양성 존재 | 주거 공간의 자율성 |
| 장점 | 생활의 편의성 | 문화, 취미, 여가 활용을 통한 자기 개발 | 독립성 유지를 통한 사생활 보장 |
| 단점 | 주거비, 외식비 등 경제적 부담 | 개인주의 확대 | 가족 가치의 약화 |
| 단점 | 주거비, 외식비 등 경제적 부담 | 자기관리의 어려움 | 보안, 안전성 우려 |

## [슬라이드 5]  ≪차트 슬라이드≫   100점

(1) 차트 작성 기능을 이용하여 슬라이드를 작성한다.
(2) 차트 : 유형(묶은 세로 막대형), 글꼴(굴림, 16pt), 외곽선
(3) 표 : 차트 하단에 이미지와 같이 표 그리기

**세부조건**

※ 차트설명
- 차트 제목 : 궁서, 20pt, 진하게, 채우기(하양), 테두리, 그림자(바깥쪽 : 대각선 오른쪽 아래)
- 범례 위치 : 아래쪽
- 차트 영역 : 채우기(노랑)
- 그림 영역 : 채우기(하양)
- 데이터 서식 : 1인 가구비율 계열을 표식이 있는 꺾은선형으로 변경
- 값 표시 : 1인 가구수 계열만

① 도형 삽입
 - 스타일 : 밝은 계열 - 강조1
 - 글꼴 : 맑은 고딕, 18pt

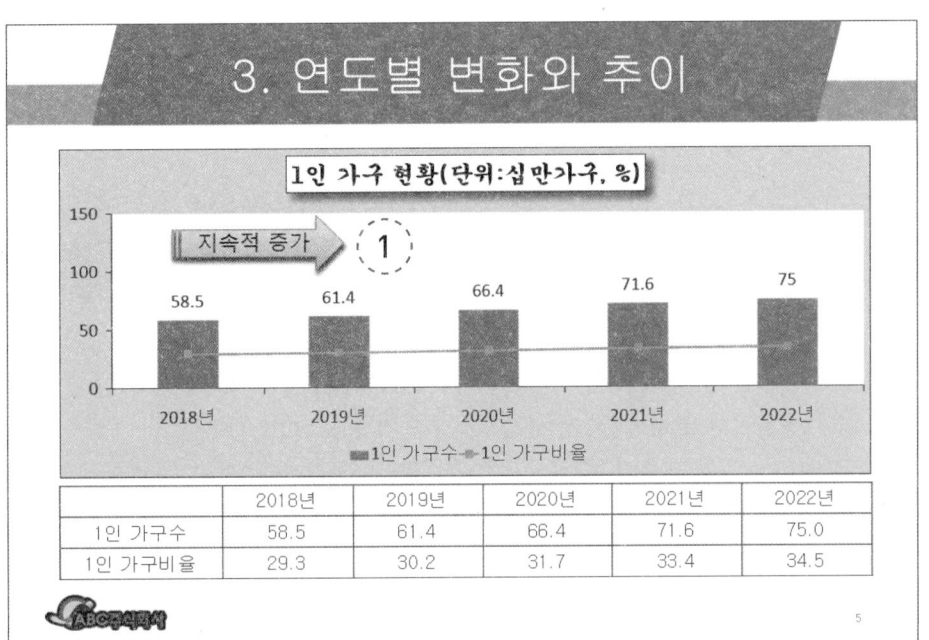

## [슬라이드 6]  ≪도형 슬라이드≫   100점

(1) 슬라이드와 같이 도형을 배치한다(글꼴 : 맑은 고딕, 18pt).
(2) 애니메이션 순서 : ① ⇒ ②

**세부조건**

① 도형 편집
 - 그룹화 후 애니메이션 효과
  : 닦아내기(왼쪽으로)

② 도형 편집
 - 그룹화 후 애니메이션 효과
  : 바운드

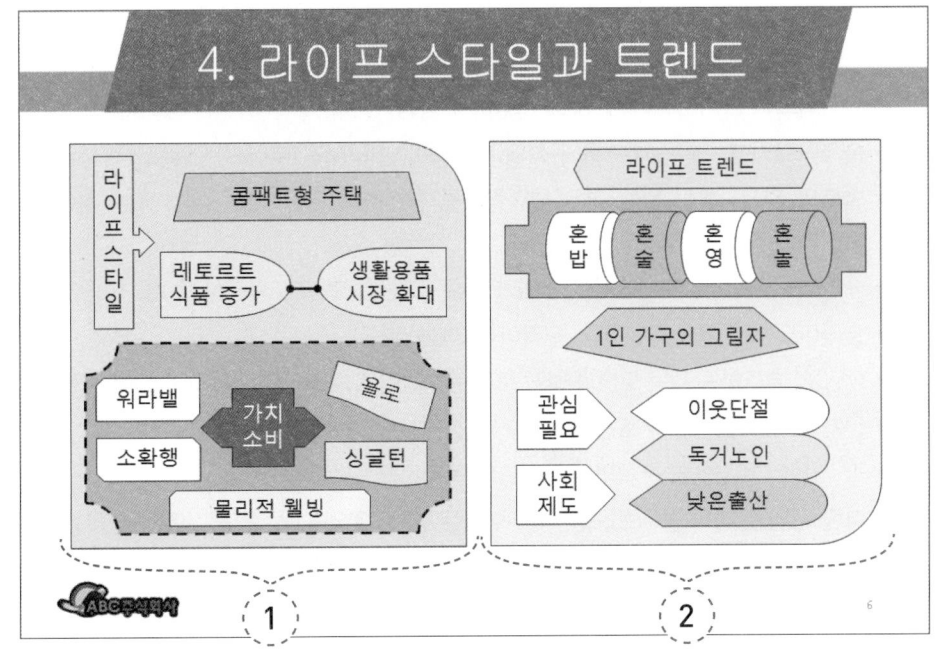

# 제 02 회 정보기술자격(ITQ) 출제예상 모의고사

| 과목 | 코드 | 문제유형 | 시험시간 | 수험번호 | 성명 |
|---|---|---|---|---|---|
| 한쇼 | 1141 | A | 60분 | | |

**한컴오피스**

## ·수험자 유의사항·

- 수험자는 문제지를 받는 즉시 문제지와 **수험표상의 시험과목(프로그램)이 동일한지 반드시 확인**하여야 합니다.
- 파일명은 본인의 "수험번호-성명"으로 입력하여 답안 폴더(내 PC\문서\ITQ)에 하나의 파일로 저장해야 하며, 답안 문서 파일명이 "수험번호-성명"과 일치하지 않거나, 답안 파일을 전송하지 않아 미제출로 처리될 경우 실격 처리합니다 (예 : 12345678-홍길동.show).
- 답안 작성을 마치면 파일을 저장하고, '답안 전송' 버튼을 선택하여 감독위원 PC로 답안을 전송하십시오. 수험생 정보와 저장한 파일명이 다를 경우 전송되지 않으므로 주의하시기 바랍니다.
- 답안 작성 중에도 **주기적으로 저장하고, '답안 전송'**하여야 문제 발생을 줄일 수 있습니다. 작업한 내용을 저장하지 않고 전송할 경우 이전에 저장된 내용이 전송되오니 이점 유의하시기 바랍니다.
- 답안 문서는 지정된 경로 외의 다른 보조기억장치에 저장하는 경우, 지정된 시험 시간 외에 작성된 파일을 활용할 경우, 기타 통신 수단(이메일, 메신저, 네트워크 등)을 이용하여 타인에게 전달 또는 외부 반출하는 경우는 부정 처리합니다.
- 시험 중 부주의 또는 고의로 시스템을 파손한 경우는 수험자가 변상해야 하며, 〈수험자 유의사항〉에 기재된 방법대로 이행하지 않아 생기는 불이익은 수험생 당사자의 책임임을 알려 드립니다.
- 문제의 조건은 한컴오피스 2022 버전으로 설정되어 있으니 유의하시기 바랍니다.
- 시험을 완료한 수험자는 답안 파일이 전송되었는지 확인한 후 감독위원의 지시에 따라 문제지를 제출하고 퇴실합니다.

## ·답안 작성요령·

- 온라인 답안 작성 절차
  수험자 등록 ⇒ 시험 시작 ⇒ 답안 파일 저장 ⇒ 답안 전송 ⇒ 시험 종료
- 슬라이드의 크기는 A4 Paper로 설정하여 작성합니다.
- 슬라이드의 총 개수는 6개로 구성되어 있으며 슬라이드 1부터 순서대로 작업하고 반드시 문제와 세부 조건대로 합니다.
- 별도의 지시사항이 없는 경우 출력형태를 참조하여 글꼴 색은 검정 또는 흰색으로 작성하고, 기타사항은 전체적인 균형을 고려하여 작성합니다.
- 슬라이드 도형 및 개체에 출력형태와 다른 스타일(그림자, 외곽선 등)을 적용했을 경우 감점처리 됩니다.
- 슬라이드 번호를 작성합니다(슬라이드 1에는 생략).
- 2~6번 슬라이드 제목 도형과 하단 로고는 슬라이드 마스터를 이용하여 출력형태와 동일하게 작성합니다(슬라이드 1에는 생략).
- 문제와 세부조건, 세부조건 번호 ⓘ (점선원)는 입력하지 않습니다.
- 각 개체의 위치는 오른쪽의 슬라이드와 동일하게 구성합니다.
- 그림 삽입 문제의 경우 반드시 「내 PC\문서\ITQ\Picture」 폴더에서 정확한 파일을 선택하여 삽입 하십시오.
- 각 슬라이드를 각각의 파일로 작업해서 저장할 경우 실격 처리됩니다.

## [전체구성] 60점

(1) 슬라이드 크기 및 순서 : 크기를 A4 용지로 설정하고 슬라이드 순서에 맞게 작성한다.
(2) 슬라이드 마스터 : 2~6슬라이드의 제목, 하단 로고, 슬라이드 번호는 슬라이드 마스터를 이용하여 작성한다.
 - 제목 글꼴(굴림, 40pt, 하양), 가운데 정렬, 도형(선 없음)
 - 하단 로고(「내 PC₩문서₩ITQ₩Picture₩로고2.jpg」, 배경(회색) 투명한 색으로 설정)

## [슬라이드 1] 《표지 디자인》 40점

(1) 표지 디자인 : 도형, 워드숍 및 그림을 이용하여 작성한다.

**세부조건**

① 도형 편집
 - 도형에 그림 채우기 :
  「내 PC₩문서₩ITQ₩Picture₩
  그림1.jpg」, 투명도 50%
 - 도형 효과 : 옅은 테두리 5pt

② 워드숍
 - 변환 : 물결 1
 - 글꼴 : 궁서, 진하게
 - 반사 : 전체 반사, 근접

③ 그림 삽입
 - 「내 PC₩문서₩ITQ₩Picture₩
  로고2.jpg」
 - 배경(회색) 투명한 색으로 설정

## [슬라이드 2] 《목차 슬라이드》 60점

(1) 출력형태와 같이 도형을 이용하여 목차를 작성한다(글꼴 : 맑은 고딕, 24pt).
(2) 도형 : 선 없음

**세부조건**

① 텍스트에 하이퍼링크 적용
 → '슬라이드 6'

② 그림 삽입
 - 「내 PC₩문서₩ITQ₩Picture₩
  그림5.jpg」
 - 자르기 기능 이용

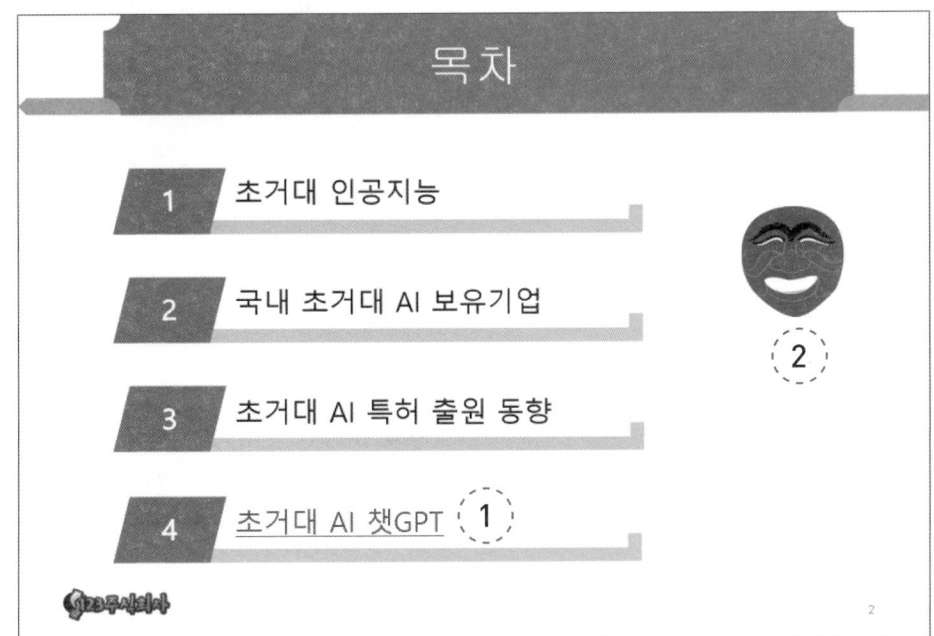

# [슬라이드 3] ≪텍스트/동영상 슬라이드≫  60점

(1) 텍스트 작성 : 글머리 기호 사용(❖, ▪)
  ❖문단(굴림, 24pt, 진하게, 줄간격 : 1.5줄), ▪문단(굴림, 20pt, 줄간격 : 1.5줄)

**세부조건**
① 동영상 삽입 :
  - 「내 PC₩문서₩ITQ₩Picture₩동영상.wmv」
  - 자동 실행, 반복 재생 설정

### 1. 초거대 인공지능

❖ Hyper scale AI
  ▪ Artificial intelligence comparable to the human brain structure that thinks, learns, judges, and acts comprehensively and autonomously

❖ 초거대 인공지능
  ▪ 초거대 인공지능은 데이터 분석과 학습을 넘어 인간의 뇌처럼 스스로 추론할 수 있음
  ▪ 방대한 데이터와 파라미터(매개변수)를 활용하여 창작이 가능한 인공지능 모델을 의미

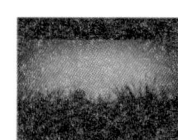

# [슬라이드 4] ≪표 슬라이드≫  80점

(1) 도형과 표 작성 기능을 이용하여 슬라이드를 작성한다(글꼴 : 맑은 고딕, 18pt).

**세부조건**
① 상단 도형 :
  2개 도형의 조합으로 작성
② 좌측 도형 :
  그러데이션 효과(선형 위쪽)
③ 표 스타일 :
  보통 스타일 4 - 강조 5

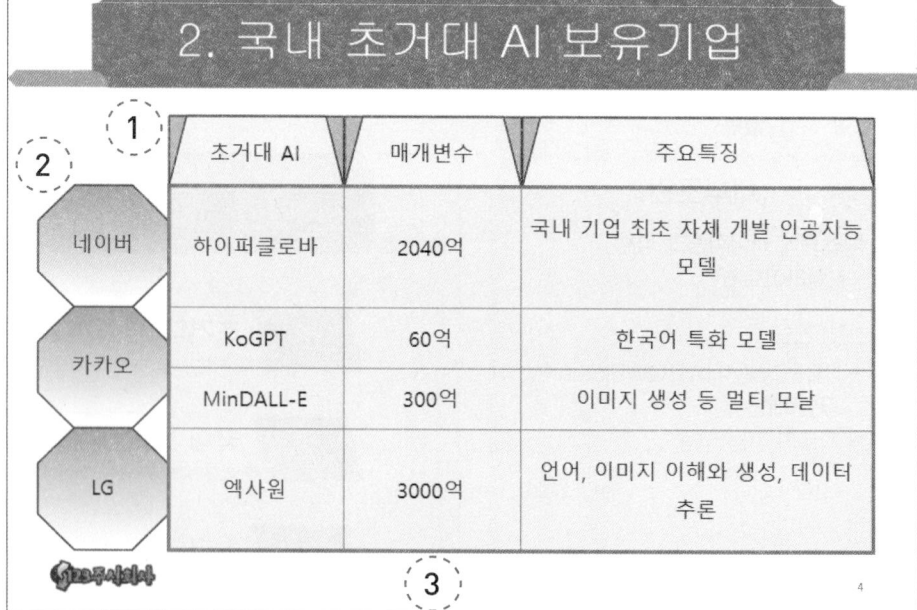

### 2. 국내 초거대 AI 보유기업

| | 초거대 AI | 매개변수 | 주요특징 |
|---|---|---|---|
| 네이버 | 하이퍼클로바 | 2040억 | 국내 기업 최초 자체 개발 인공지능 모델 |
| 카카오 | KoGPT | 60억 | 한국어 특화 모델 |
| | MinDALL-E | 300억 | 이미지 생성 등 멀티 모달 |
| LG | 엑사원 | 3000억 | 언어, 이미지 이해와 생성, 데이터 추론 |

[슬라이드 5] ≪차트 슬라이드≫   100점

(1) 차트 작성 기능을 이용하여 슬라이드를 작성한다.
(2) 차트 : 유형(표식이 있는 꺾은선형), 글꼴(굴림, 16pt), 외곽선
(3) 표 : 차트 하단에 이미지와 같이 표 그리기

세부조건

※ 차트설명
- 차트 제목 : 궁서, 20pt, 진하게,
  채우기(하양), 테두리,
  그림자(바깥쪽 : 대각선 오른쪽 아래)
- 범례 위치 : 아래쪽
- 차트 영역 : 채우기(노랑)
- 그림 영역 : 채우기(하양)
- 데이터 서식 : 한국 계열을 보조축
  으로 변경
- 값 표시 : 전체 계열만

① 도형 삽입
 - 스타일 : 밝은 계열 – 강조1
 - 글꼴 : 맑은 고딕, 18pt

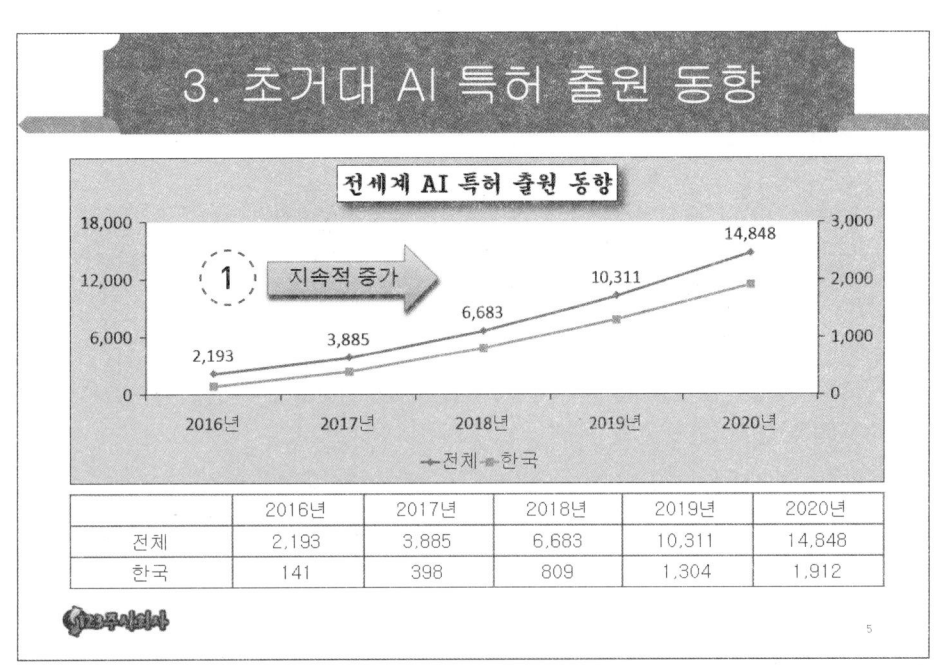

[슬라이드 6] ≪도형 슬라이드≫   100점

(1) 슬라이드와 같이 도형을 배치한다(글꼴 : 맑은 고딕, 18pt).
(2) 애니메이션 순서 : ① ⇒ ②

세부조건

① 도형 편집
 - 그룹화 후 애니메이션 효과
   : 닦아내기(왼쪽으로)

② 도형 편집
 - 그룹화 후 애니메이션 효과
   : 바운드

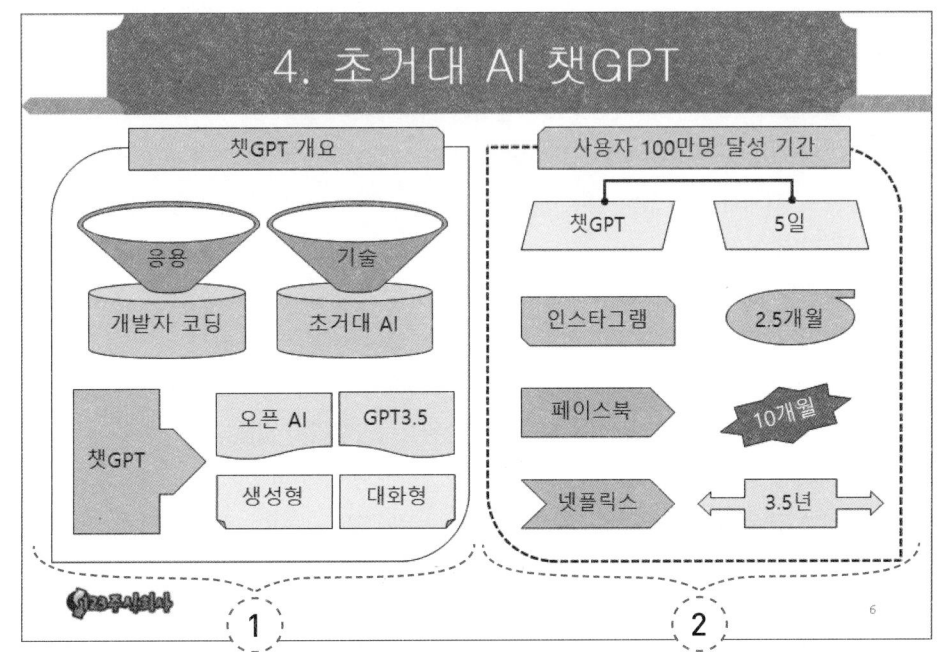

# 제 03 회 정보기술자격(ITQ) 출제예상 모의고사

| 과목 | 코드 | 문제유형 | 시험시간 | 수험번호 | 성명 |
|------|------|----------|----------|----------|------|
| 한쇼 | 1141 | A | 60분 | | |

한컴오피스

### • 수험자 유의사항 •

- 수험자는 문제지를 받는 즉시 문제지와 **수험표상의 시험과목(프로그램)이 동일한지 반드시 확인**하여야 합니다.
- 파일명은 본인의 "수험번호-성명"으로 입력하여 답안 폴더(내 PC\문서\ITQ)에 하나의 파일로 저장해야 하며, 답안 문서 파일명이 "수험번호-성명"과 일치하지 않거나, 답안 파일을 전송하지 않아 미제출로 처리될 경우 실격 처리합니다. (예 : 12345678-홍길동.show).
- 답안 작성을 마치면 파일을 저장하고, '답안 전송' 버튼을 선택하여 감독위원 PC로 답안을 전송하십시오. 수험생 정보와 저장한 파일명이 다를 경우 전송되지 않으므로 주의하시기 바랍니다.
- 답안 작성 중에도 **주기적으로 저장하고, '답안 전송'**하여야 문제 발생을 줄일 수 있습니다. 작업한 내용을 저장하지 않고 전송할 경우 이전에 저장된 내용이 전송되오니 이점 유의하시기 바랍니다.
- 답안 문서는 지정된 경로 외의 다른 보조기억장치에 저장하는 경우, 지정된 시험 시간 외에 작성된 파일을 활용할 경우, 기타 통신 수단(이메일, 메신저, 네트워크 등)을 이용하여 타인에게 전달 또는 외부 반출하는 경우는 부정 처리합니다.
- 시험 중 부주의 또는 고의로 시스템을 파손한 경우는 수험자가 변상해야 하며, 〈수험자 유의사항〉에 기재된 방법대로 이행하지 않아 생기는 불이익은 수험생 당사자의 책임임을 알려 드립니다.
- 문제의 조건은 한컴오피스 2022 버전으로 설정되어 있으니 유의하시기 바랍니다.
- 시험을 완료한 수험자는 답안 파일이 전송되었는지 확인한 후 감독위원의 지시에 따라 문제지를 제출하고 퇴실합니다.

### • 답안 작성요령 •

- 온라인 답안 작성 절차
  수험자 등록 ⇒ 시험 시작 ⇒ 답안 파일 저장 ⇒ 답안 전송 ⇒ 시험 종료
- 슬라이드의 크기는 A4 Paper로 설정하여 작성합니다.
- 슬라이드의 총 개수는 6개로 구성되어 있으며 슬라이드 1부터 순서대로 작업하고 반드시 문제와 세부 조건대로 합니다.
- 별도의 지시사항이 없는 경우 출력형태를 참조하여 글꼴 색은 검정 또는 흰색으로 작성하고, 기타사항은 전체적인 균형을 고려하여 작성합니다.
- 슬라이드 도형 및 개체에 출력형태와 다른 스타일(그림자, 외곽선 등)을 적용했을 경우 감점처리 됩니다.
- 슬라이드 번호를 작성합니다(슬라이드 1에는 생략).
- 2~6번 슬라이드 제목 도형과 하단 로고는 슬라이드 마스터를 이용하여 출력형태와 동일하게 작성합니다(슬라이드 1에는 생략).
- 문제와 세부조건, 세부조건 번호 ⋯ (점선원)는 입력하지 않습니다.
- 각 개체의 위치는 오른쪽의 슬라이드와 동일하게 구성합니다.
- 그림 삽입 문제의 경우 반드시 「내 PC\문서\ITQ\Picture」 폴더에서 정확한 파일을 선택하여 삽입 하십시오.
- 각 슬라이드를 각각의 파일로 작업해서 저장할 경우 실격 처리됩니다.

## [전체구성] 60점

(1) 슬라이드 크기 및 순서 : 크기를 A4 용지로 설정하고 슬라이드 순서에 맞게 작성한다.
(2) 슬라이드 마스터 : 2~6슬라이드의 제목, 하단 로고, 슬라이드 번호는 슬라이드 마스터를 이용하여 작성한다.
    - 제목 글꼴(굴림, 40pt, 하양), 가운데 정렬, 도형(선 없음)
    - 하단 로고(「내 PC\문서\ITQ\Picture\로고1.jpg」, 배경(회색) 투명한 색으로 설정)

## [슬라이드 1] 《표지 디자인》 40점

(1) 표지 디자인 : 도형, 워드숍 및 그림을 이용하여 작성한다.

**세부조건**

① 도형 편집
  - 도형에 그림 채우기 :
    「내 PC\문서\ITQ\Picture\
    그림1.jpg」, 투명도 50%
  - 도형 효과 : 옅은 테두리 5pt

② 워드숍
  - 변환 : 위로 기울기
  - 글꼴 : 궁서, 진하게
  - 반사 : 1/2 크기, 4pt

③ 그림 삽입
  - 「내 PC\문서\ITQ\Picture\
    로고1.jpg」
  - 배경(회색) 투명한 색으로 설정

## [슬라이드 2] 《목차 슬라이드》 60점

(1) 출력형태와 같이 도형을 이용하여 목차를 작성한다(글꼴 : 맑은 고딕, 24pt).
(2) 도형 : 선 없음

**세부조건**

① 텍스트에 하이퍼링크 적용
  → '슬라이드 6'

② 그림 삽입
  - 「내 PC\문서\ITQ\Picture\
    그림4.jpg」
  - 자르기 기능 이용

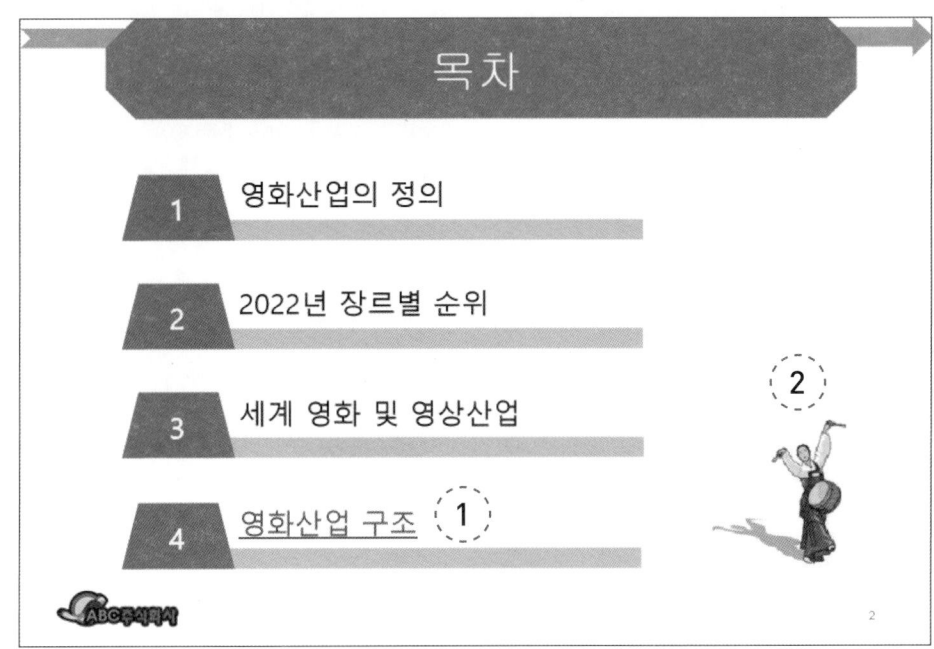

## [슬라이드 3] ≪텍스트/동영상 슬라이드≫ 60점

(1) 텍스트 작성 : 글머리 기호 사용(◆, ✓)

◆문단(굴림, 24pt, 진하게, 줄간격 : 1.5줄), ✓문단(굴림, 20pt, 줄간격 : 1.5줄)

### 세부조건
① 동영상 삽입 :
- 「내 PC₩문서₩ITQ₩Picture₩동영상.wmv」
- 자동 실행, 반복 재생 설정

### 1. 영화산업의 정의

◆ **Film industry**
  ✓ The film industry comprises the technological and commercial institutions of filmmaking, i.e., film production companies, animation, cinematography, film production, pre-production, post production, distribution, and actors

◆ **영화시장**
  ✓ 1차 : 영화관 개봉으로 관객을 이용한 수익창출
  ✓ 2차 : DVD, 블루레이 디스크, VOD, 부가상품 등

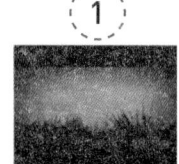

## [슬라이드 4] ≪표 슬라이드≫ 80점

(1) 도형과 표 작성 기능을 이용하여 슬라이드를 작성한다(글꼴 : 맑은 고딕, 18pt).

### 세부조건
① 상단 도형 :
  2개 도형의 조합으로 작성
② 좌측 도형 :
  그러데이션 효과(선형 위쪽)
③ 표 스타일 :
  보통 스타일 4 - 강조 6

### 2. 2022년 장르별 순위

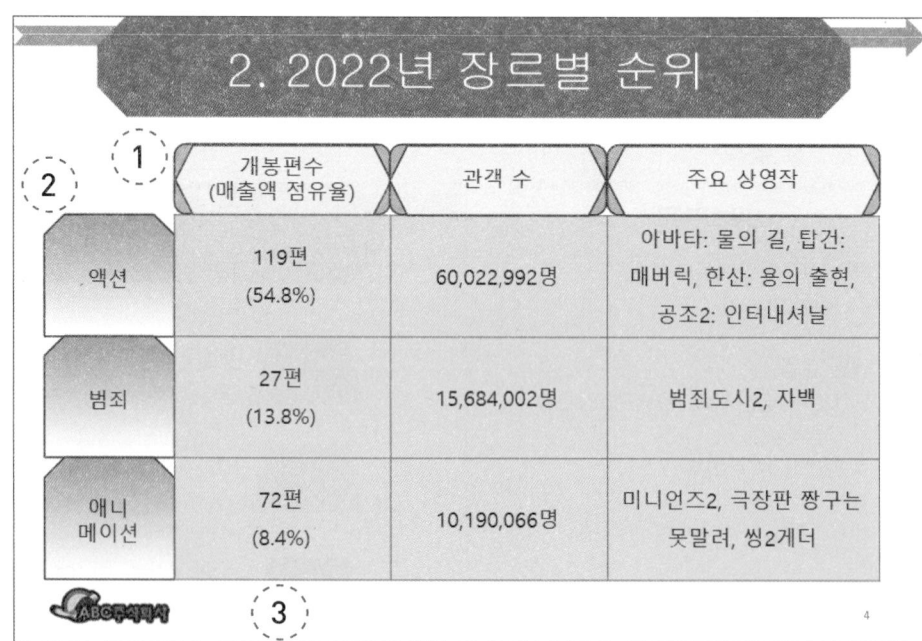

[슬라이드 5]    ≪차트 슬라이드≫                                                    100점

(1) 차트 작성 기능을 이용하여 슬라이드를 작성한다.
(2) 차트 : 유형(묶은 세로 막대형), 글꼴(굴림, 16pt), 외곽선
(3) 표 : 차트 하단에 이미지와 같이 표 그리기

**세부조건**

※ 차트설명
- 차트 제목 : 궁서, 20pt, 진하게, 채우기(하양), 테두리, 그림자(바깥쪽 : 대각선 오른쪽 아래)
- 범례 위치 : 아래쪽
- 차트 영역 : 채우기(노랑)
- 그림 영역 : 채우기(하양)
- 데이터 서식 : 극장 계열을 표식이 있는 꺾은선형으로 변경
- 값 표시 : OTT 계열만

① 도형 삽입
   - 스타일 : 밝은 계열 - 강조1
   - 글꼴 : 맑은 고딕, 18pt

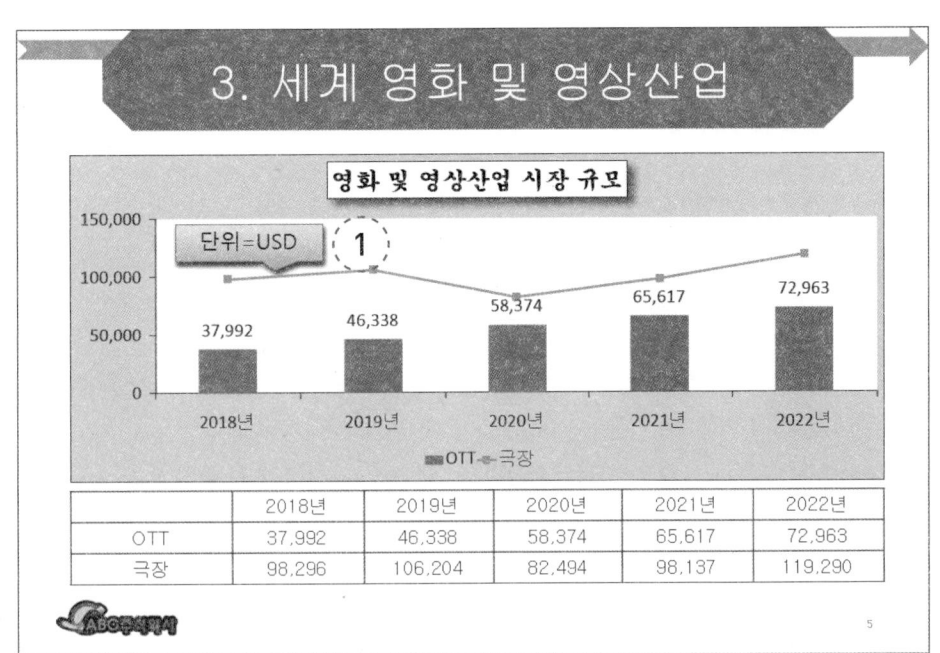

[슬라이드 6]    ≪도형 슬라이드≫                                                    100점

(1) 슬라이드와 같이 도형을 배치한다(글꼴 : 맑은 고딕, 18pt).
(2) 애니메이션 순서 : ① ⇒ ②

**세부조건**

① 도형 편집
   - 그룹화 후 애니메이션 효과
     : 닦아내기(왼쪽으로)

② 도형 편집
   - 그룹화 후 애니메이션 효과
     : 바운드

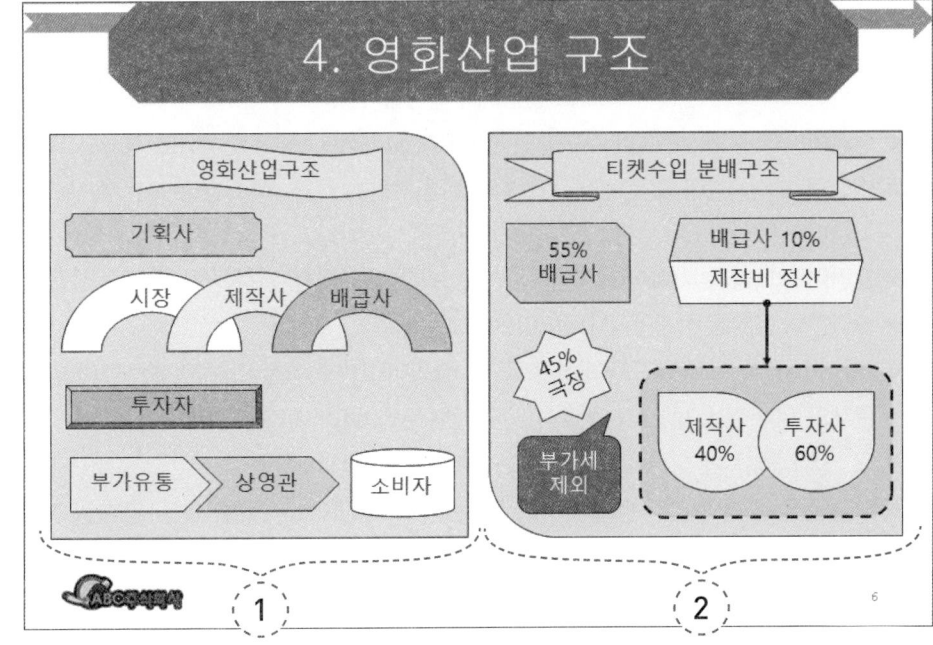

# 제 04 회 정보기술자격(ITQ) 출제예상 모의고사

| 과목 | 코드 | 문제유형 | 시험시간 | 수험번호 | 성명 |
|---|---|---|---|---|---|
| 한쇼 | 1141 | A | 60분 | | |

**한컴오피스**

## • 수험자 유의사항 •

- 수험자는 문제지를 받는 즉시 문제지와 **수험표상의 시험과목(프로그램)이 동일한지 반드시 확인**하여야 합니다.
- 파일명은 본인의 "수험번호-성명"으로 입력하여 답안 폴더(내 PC₩문서₩ITQ)에 하나의 파일로 저장해야 하며, 답안 문서 파일명이 "수험번호-성명"과 일치하지 않거나, 답안 파일을 전송하지 않아 미제출로 처리될 경우 실격 처리합니다. (예 : 12345678-홍길동.show).
- 답안 작성을 마치면 파일을 저장하고, '답안 전송' 버튼을 선택하여 감독위원 PC로 답안을 전송하십시오. 수험생 정보와 저장한 파일명이 다를 경우 전송되지 않으므로 주의하시기 바랍니다.
- 답안 작성 중에도 **주기적으로 저장하고, '답안 전송'**하여야 문제 발생을 줄일 수 있습니다. 작업한 내용을 저장하지 않고 전송할 경우 이전에 저장된 내용이 전송되오니 이점 유의하시기 바랍니다.
- 답안 문서는 지정된 경로 외의 다른 보조기억장치에 저장하는 경우, 지정된 시험 시간 외에 작성된 파일을 활용할 경우, 기타 통신 수단(이메일, 메신저, 네트워크 등)을 이용하여 타인에게 전달 또는 외부 반출하는 경우는 부정 처리합니다.
- 시험 중 부주의 또는 고의로 시스템을 파손한 경우는 수험자가 변상해야 하며, 〈수험자 유의사항〉에 기재된 방법대로 이행하지 않아 생기는 불이익은 수험생 당사자의 책임임을 알려 드립니다.
- 문제의 조건은 한컴오피스 2022 버전으로 설정되어 있으니 유의하시기 바랍니다.
- 시험을 완료한 수험자는 답안 파일이 전송되었는지 확인한 후 감독위원의 지시에 따라 문제지를 제출하고 퇴실합니다.

## • 답안 작성요령 •

- 온라인 답안 작성 절차
  수험자 등록 ⇒ 시험 시작 ⇒ 답안 파일 저장 ⇒ 답안 전송 ⇒ 시험 종료
- 슬라이드의 크기는 A4 Paper로 설정하여 작성합니다.
- 슬라이드의 총 개수는 6개로 구성되어 있으며 슬라이드 1부터 순서대로 작업하고 반드시 문제와 세부 조건대로 합니다.
- 별도의 지시사항이 없는 경우 출력형태를 참조하여 글꼴 색은 검정 또는 흰색으로 작성하고, 기타사항은 전체적인 균형을 고려하여 작성합니다.
- 슬라이드 도형 및 개체에 출력형태와 다른 스타일(그림자, 외곽선 등)을 적용했을 경우 감점처리 됩니다.
- 슬라이드 번호를 작성합니다(슬라이드 1에는 생략).
- 2~6번 슬라이드 제목 도형과 하단 로고는 슬라이드 마스터를 이용하여 출력형태와 동일하게 작성합니다(슬라이드 1에는 생략).
- 문제와 세부조건, 세부조건 번호 ◌ (점선원)는 입력하지 않습니다.
- 각 개체의 위치는 오른쪽의 슬라이드와 동일하게 구성합니다.
- 그림 삽입 문제의 경우 반드시 「내 PC₩문서₩ITQ₩Picture」 폴더에서 정확한 파일을 선택하여 삽입 하십시오.
- 각 슬라이드를 각각의 파일로 작업해서 저장할 경우 실격 처리됩니다.

## [전체구성] 60점

(1) 슬라이드 크기 및 순서 : 크기를 A4 용지로 설정하고 슬라이드 순서에 맞게 작성한다.
(2) 슬라이드 마스터 : 2~6슬라이드의 제목, 하단 로고, 슬라이드 번호는 슬라이드 마스터를 이용하여 작성한다.
 - 제목 글꼴(굴림, 40pt, 하양), 가운데 정렬, 도형(선 없음)
 - 하단 로고(「내 PC\문서\ITQ\Picture\로고2.jpg」, 배경(회색) 투명한 색으로 설정)

## [슬라이드 1] 《표지 디자인》 40점

(1) 표지 디자인 : 도형, 워드숍 및 그림을 이용하여 작성한다.

**세부조건**

① 도형 편집
 - 도형에 그림 채우기 :
  「내 PC\문서\ITQ\Picture\
  그림1.jpg」, 투명도 50%
 - 도형 효과 : 옅은 테두리 5pt

② 워드숍
 - 변환 : 왼쪽 줄이기
 - 글꼴 : 궁서, 진하게
 - 반사 : 전체 크기, 근접

③ 그림 삽입
 -「내 PC\문서\ITQ\Picture\
  로고2.jpg」
 - 배경(회색) 투명한 색으로 설정

## [슬라이드 2] 《목차 슬라이드》 60점

(1) 출력형태와 같이 도형을 이용하여 목차를 작성한다(글꼴 : 맑은 고딕, 24pt).
(2) 도형 : 선 없음

**세부조건**

① 텍스트에 하이퍼링크 적용
 → '슬라이드 5'

② 그림 삽입
 -「내 PC\문서\ITQ\Picture\
  그림4.jpg」
 - 자르기 기능 이용

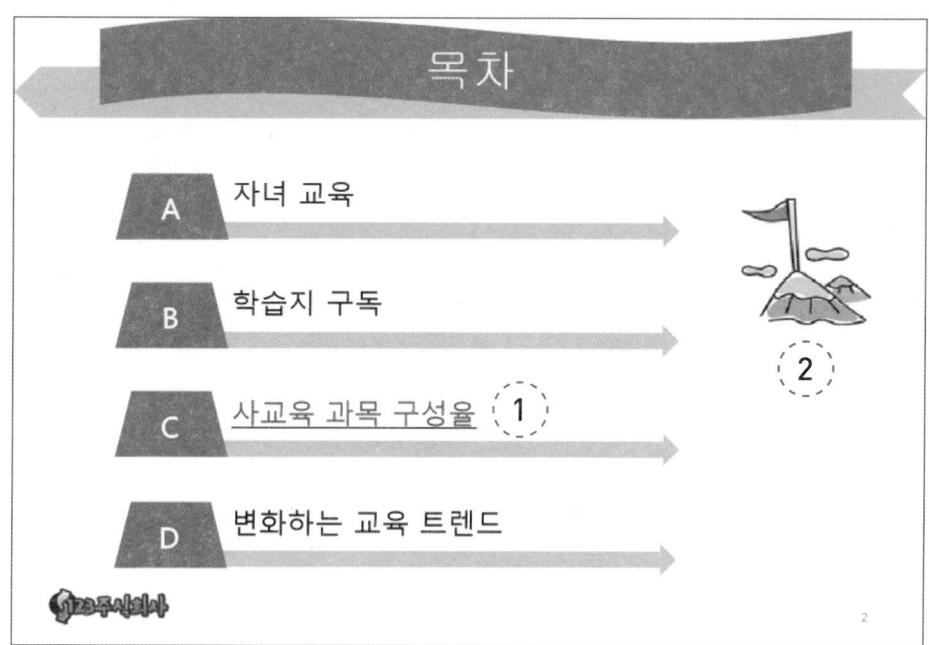

## [슬라이드 3]  ≪텍스트/동영상 슬라이드≫  60점

(1) 텍스트 작성 : 글머리 기호 사용(➤, ✓)
  ➤문단(굴림, 24pt, 진하게, 줄간격 : 1.5줄), ✓문단(굴림, 20pt, 줄간격 : 1.5줄)

**세부조건**
① 동영상 삽입 :
  - 「내 PC₩문서₩ITQ₩Picture₩동영상.wmv」
  - 자동 실행, 반복 재생 설정

### A. 자녀 교육

➤ Children education
  ✓ Children education develops humanity formation and social adaptability as a social being
  ✓ These include personality traits and knowledge transfer

➤ 자녀 교육
  ✓ 교육은 자녀를 사회적 존재로서 인간성 형성과 사회 적응성을 기르는 데 중점을 두고 있으며 여기에는 성격 특성과 지식 전달을 포함하고 있음

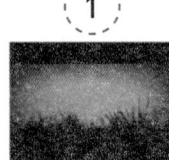

## [슬라이드 4]  ≪표 슬라이드≫  80점

(1) 도형과 표 작성 기능을 이용하여 슬라이드를 작성한다(글꼴 : 맑은 고딕, 18pt).

**세부조건**
① 상단 도형 :
  2개 도형의 조합으로 작성
② 좌측 도형 :
  그러데이션 효과(선형 위쪽)
③ 표 스타일 :
  보통 스타일 4 - 강조 6

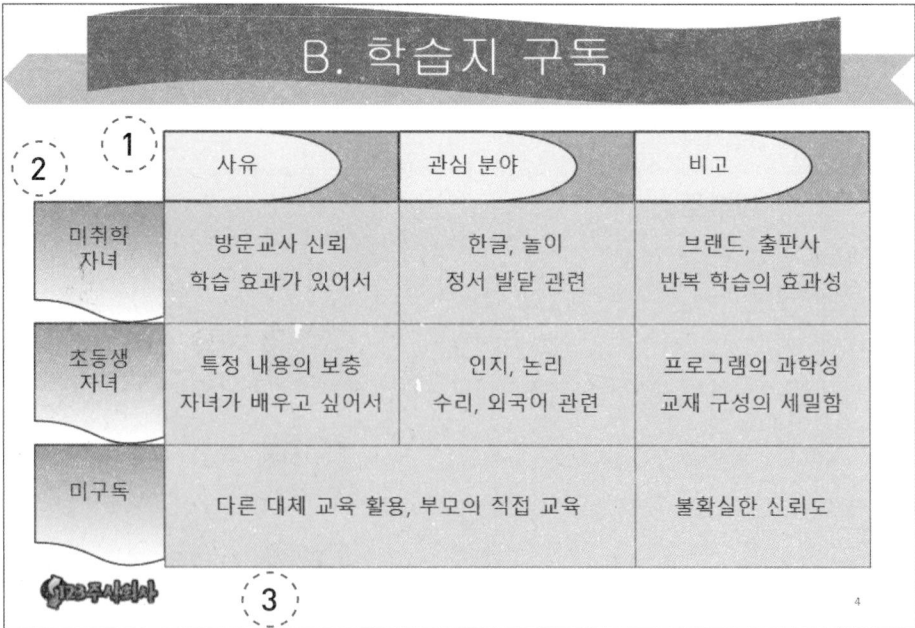

## [슬라이드 5]  ≪차트 슬라이드≫   100점

(1) 차트 작성 기능을 이용하여 슬라이드를 작성한다.
(2) 차트 : 유형(표식이 있는 꺾은선형), 글꼴(굴림, 16pt), 외곽선
(3) 표 : 차트 하단에 이미지와 같이 표 그리기

### 세부조건

※ 차트설명
- 차트 제목 : 궁서, 20pt, 진하게, 채우기(하양), 테두리, 그림자(바깥쪽 : 대각선 오른쪽 아래)
- 범례 위치 : 아래쪽
- 차트 영역 : 채우기(노랑)
- 그림 영역 : 채우기(하양)
- 데이터 서식 : 여자아동 계열을 보조축으로 변경
- 값 표시 : 남자아동 계열만

① 도형 삽입
  - 스타일 : 밝은 계열 – 강조1
  - 글꼴 : 맑은 고딕, 18pt

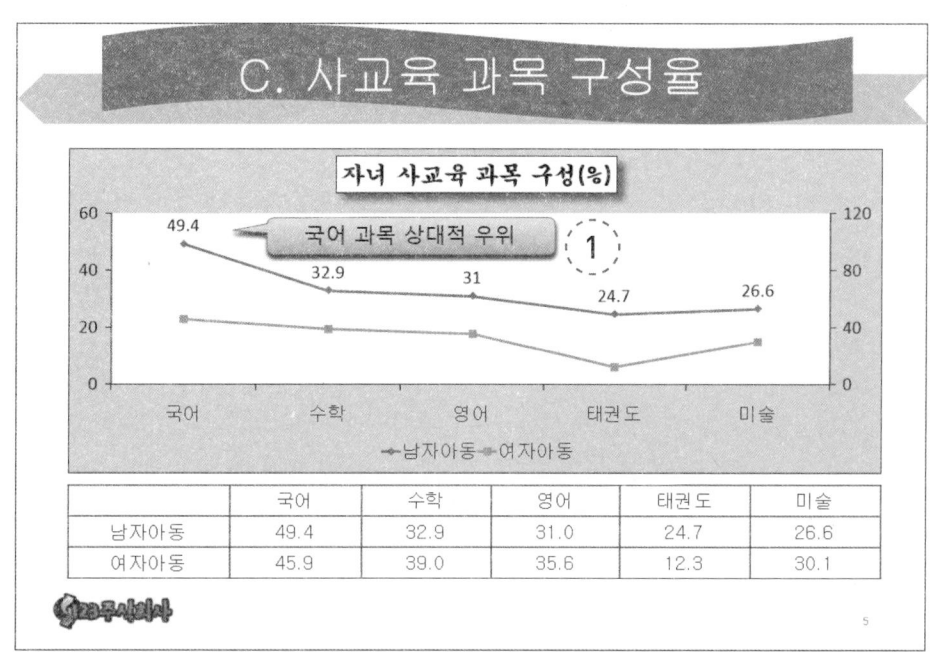

## [슬라이드 6]  ≪도형 슬라이드≫   100점

(1) 슬라이드와 같이 도형을 배치한다(글꼴 : 맑은 고딕, 18pt).
(2) 애니메이션 순서 : ① ⇒ ②

### 세부조건

① 도형 편집
  - 그룹화 후 애니메이션 효과
    : 닦아내기(아래로)

② 도형 편집
  - 그룹화 후 애니메이션 효과
    : 바운드

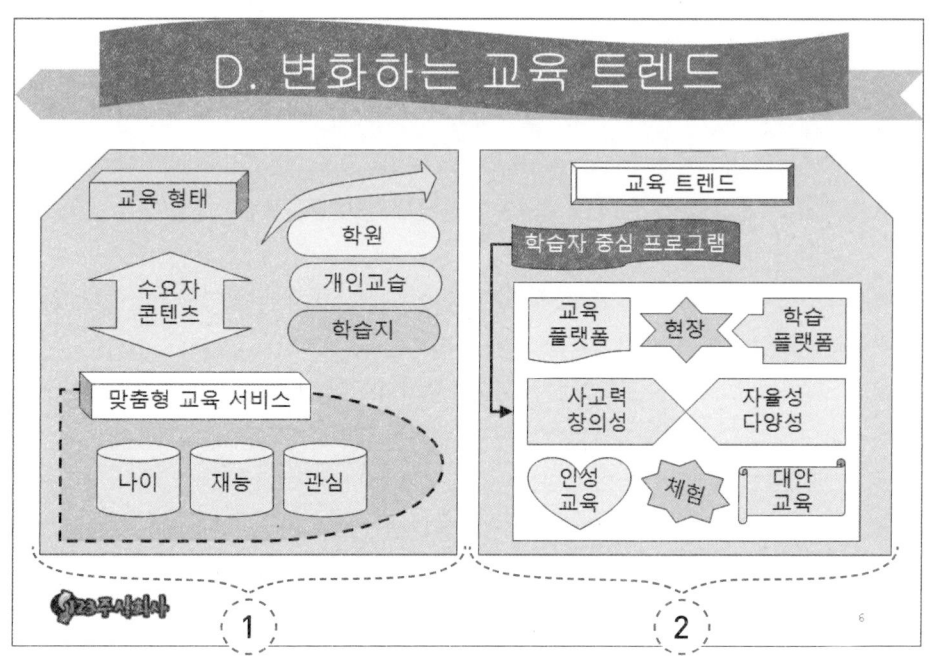

# 제 05 회 정보기술자격(ITQ) 출제예상 모의고사

| 과목 | 코드 | 문제유형 | 시험시간 | 수험번호 | 성명 |
|---|---|---|---|---|---|
| 한쇼 | 1141 | A | 60분 | | |

한컴오피스

### ·수험자 유의사항·

- 수험자는 문제지를 받는 즉시 문제지와 **수험표상의 시험과목(프로그램)이 동일한지 반드시 확인**하여야 합니다.
- 파일명은 본인의 "수험번호-성명"으로 입력하여 답안 폴더(내 PC₩문서₩ITQ)에 하나의 파일로 저장해야 하며, 답안 문서 파일명이 "수험번호-성명"과 일치하지 않거나, 답안 파일을 전송하지 않아 미제출로 처리될 경우 실격 처리합니다 (예 : 12345678-홍길동.show).
- 답안 작성을 마치면 파일을 저장하고, '답안 전송' 버튼을 선택하여 감독위원 PC로 답안을 전송하십시오. 수험생 정보와 저장한 파일명이 다를 경우 전송되지 않으므로 주의하시기 바랍니다.
- 답안 작성 중에도 **주기적으로 저장하고, '답안 전송'**하여야 문제 발생을 줄일 수 있습니다. 작업한 내용을 저장하지 않고 전송할 경우 이전에 저장된 내용이 전송되오니 이점 유의하시기 바랍니다.
- 답안 문서는 지정된 경로 외의 다른 보조기억장치에 저장하는 경우, 지정된 시험 시간 외에 작성된 파일을 활용할 경우, 기타 통신 수단(이메일, 메신저, 네트워크 등)을 이용하여 타인에게 전달 또는 외부 반출하는 경우는 부정 처리합니다.
- 시험 중 부주의 또는 고의로 시스템을 파손한 경우는 수험자가 변상해야 하며, 〈수험자 유의사항〉에 기재된 방법대로 이행하지 않아 생기는 불이익은 수험생 당사자의 책임임을 알려 드립니다.
- 문제의 조건은 한컴오피스 2022 버전으로 설정되어 있으니 유의하시기 바랍니다.
- 시험을 완료한 수험자는 답안 파일이 전송되었는지 확인한 후 감독위원의 지시에 따라 문제지를 제출하고 퇴실합니다.

### ·답안 작성요령·

- 온라인 답안 작성 절차
  수험자 등록 ⇒ 시험 시작 ⇒ 답안 파일 저장 ⇒ 답안 전송 ⇒ 시험 종료
- 슬라이드의 크기는 A4 Paper로 설정하여 작성합니다.
- 슬라이드의 총 개수는 6개로 구성되어 있으며 슬라이드 1부터 순서대로 작업하고 반드시 문제와 세부 조건대로 합니다.
- 별도의 지시사항이 없는 경우 출력형태를 참조하여 글꼴 색은 검정 또는 흰색으로 작성하고, 기타사항은 전체적인 균형을 고려하여 작성합니다.
- 슬라이드 도형 및 개체에 출력형태와 다른 스타일(그림자, 외곽선 등)을 적용했을 경우 감점처리 됩니다.
- 슬라이드 번호를 작성합니다(슬라이드 1에는 생략).
- 2~6번 슬라이드 제목 도형과 하단 로고는 슬라이드 마스터를 이용하여 출력형태와 동일하게 작성합니다(슬라이드 1에는 생략).
- 문제와 세부조건, 세부조건 번호 ⊙ (점선원)는 입력하지 않습니다.
- 각 개체의 위치는 오른쪽의 슬라이드와 동일하게 구성합니다.
- 그림 삽입 문제의 경우 반드시 「내 PC₩문서₩ITQ₩Picture」 폴더에서 정확한 파일을 선택하여 삽입 하십시오.
- 각 슬라이드를 각각의 파일로 작업해서 저장할 경우 실격 처리됩니다.

## [전체구성] 60점

(1) 슬라이드 크기 및 순서 : 크기를 A4 용지로 설정하고 슬라이드 순서에 맞게 작성한다.
(2) 슬라이드 마스터 : 2~6슬라이드의 제목, 하단 로고, 슬라이드 번호는 슬라이드 마스터를 이용하여 작성한다.
   - 제목 글꼴(굴림, 40pt, 하양), 가운데 정렬, 도형(선 없음)
   - 하단 로고(「내 PC₩문서₩ITQ₩Picture₩로고2.jpg」, 배경(회색) 투명한 색으로 설정)

## [슬라이드 1]  ≪표지 디자인≫ 40점

(1) 표지 디자인 : 도형, 워드숍 및 그림을 이용하여 작성한다.

**세부조건**

① 도형 편집
  - 도형에 그림 채우기 :
    「내 PC₩문서₩ITQ₩Picture₩
    그림1.jpg」, 투명도 50%
  - 도형 효과 : 옅은 테두리 5pt

② 워드숍
  - 변환 : 갈매기형 수장
  - 글꼴 : 궁서, 진하게
  - 반사 : 1/2 크기, 근접

③ 그림 삽입
  - 「내 PC₩문서₩ITQ₩Picture₩
    로고2.jpg」
  - 배경(회색) 투명한 색으로 설정

## [슬라이드 2]  ≪목차 슬라이드≫ 60점

(1) 출력형태와 같이 도형을 이용하여 목차를 작성한다(글꼴 : 맑은 고딕, 24pt).
(2) 도형 : 선 없음

**세부조건**

① 텍스트에 하이퍼링크 적용
  → '슬라이드 4'

② 그림 삽입
  - 「내 PC₩문서₩ITQ₩Picture₩
    그림5.jpg」
  - 자르기 기능 이용

## [슬라이드 3]  ≪텍스트/동영상 슬라이드≫                60점

(1) 텍스트 작성 : 글머리 기호 사용(❖, ■)
   ❖문단(굴림, 24pt, 진하게, 줄간격 : 1.5줄), ■문단(굴림, 20pt, 줄간격 : 1.5줄)

**세부조건**
① 동영상 삽입 :
 - 「내 PC₩문서₩ITQ₩Picture₩동영상.wmv」
 - 자동 실행, 반복 재생 설정

### 1. 챗GPT란?

❖ ChatGPT
  ■ ChatGPT is OpenAI's AI model, 'GPT-3.5' Chatbot made available in a way
  ■ GPT stands for Generative Pretrained Transformer

❖ 챗GPT
  ■ 챗GPT는 초거대 인공지능 모델 GPT-3.5를 누구나 쉽게 사용할 수 있도록 만든 미국 오픈에이아이의 챗봇으로 질문을 하면 체계적 구성을 가진 문서로 만들어주는 생성형 AI 모델

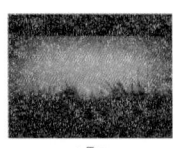

---

## [슬라이드 4]  ≪표 슬라이드≫                80점

(1) 도형과 표 작성 기능을 이용하여 슬라이드를 작성한다(글꼴 : 맑은 고딕, 18pt).

**세부조건**
① 상단 도형 :
  2개 도형의 조합으로 작성
② 좌측 도형 :
  그러데이션 효과(선형 위쪽)
③ 표 스타일 :
  보통 스타일 4 - 강조 5

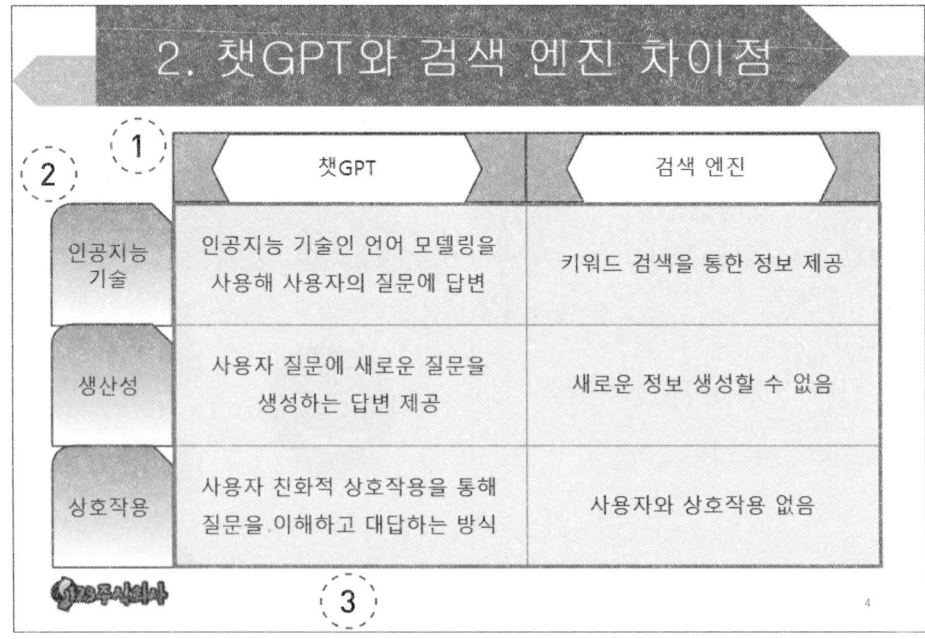

## [슬라이드 5]  ≪차트 슬라이드≫    100점

(1) 차트 작성 기능을 이용하여 슬라이드를 작성한다.
(2) 차트 : 유형(묶은 세로 막대형), 글꼴(굴림, 16pt), 외곽선
(3) 표 : 차트 하단에 이미지와 같이 표 그리기

**세부조건**

※ 차트설명
- 차트 제목 : 궁서, 20pt, 진하게,
  채우기(하양), 테두리,
  그림자(바깥쪽 : 대각선 오른쪽 아래)
- 범례 위치 : 아래쪽
- 차트 영역 : 채우기(노랑)
- 그림 영역 : 채우기(하양)
- 데이터 서식 : 기술격차(년) 계열을
  표식이 있는 꺾은선형으로 변경
- 값 표시 : 기술수준 계열만

① 도형 삽입
  - 스타일 : 밝은 계열 - 강조1
  - 글꼴 : 맑은 고딕, 18pt

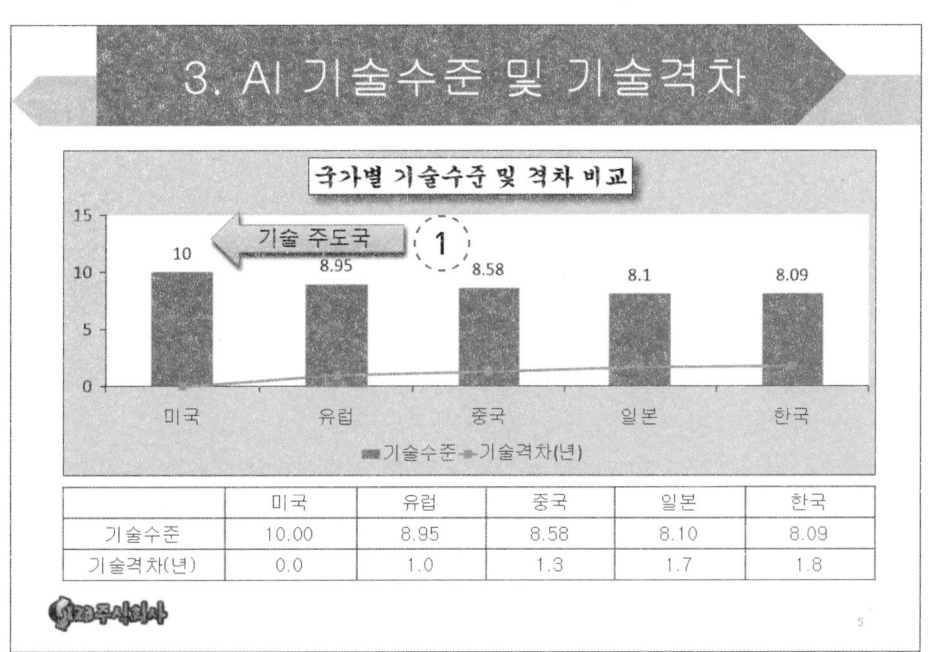

## [슬라이드 6]  ≪도형 슬라이드≫    100점

(1) 슬라이드와 같이 도형을 배치한다(글꼴 : 맑은 고딕, 18pt).
(2) 애니메이션 순서 : ① ⇒ ②

**세부조건**

① 도형 편집
  - 그룹화 후 애니메이션 효과
    : 닦아내기(왼쪽으로)

② 도형 편집
  - 그룹화 후 애니메이션 효과
    : 바운드

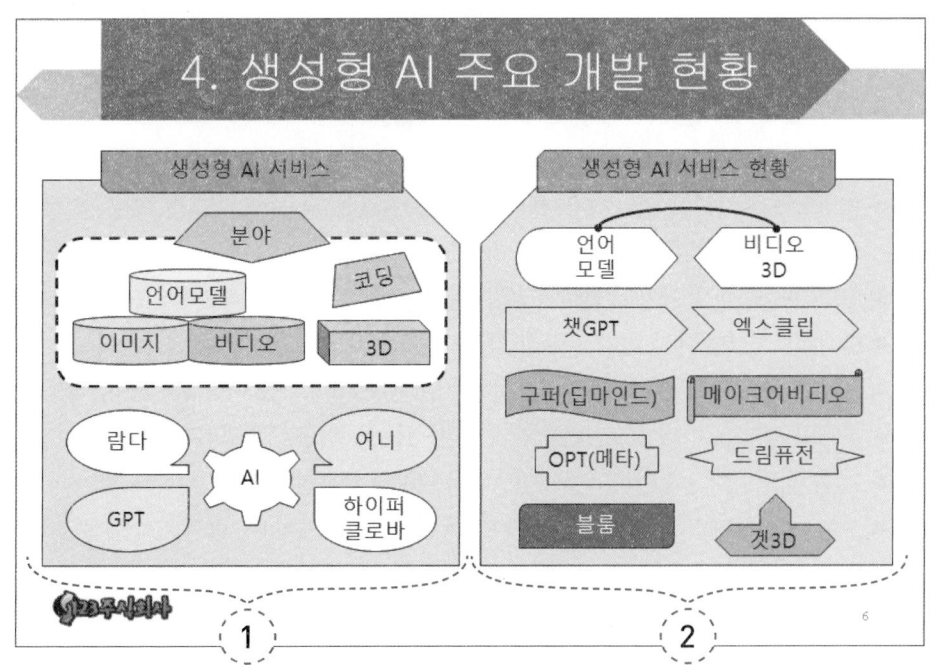

# 제 06 회 정보기술자격(ITQ) 출제예상 모의고사

| 과목 | 코드 | 문제유형 | 시험시간 | 수험번호 | 성명 |
|---|---|---|---|---|---|
| 한쇼 | 1141 | A | 60분 | | |

**한컴오피스**

### • 수험자 유의사항 •

- 수험자는 문제지를 받는 즉시 문제지와 **수험표상의 시험과목(프로그램)이 동일한지 반드시 확인**하여야 합니다.
- 파일명은 본인의 "수험번호-성명"으로 입력하여 답안 폴더(내 PC₩문서₩ITQ)에 하나의 파일로 저장해야 하며, 답안 문서 파일명이 "수험번호-성명"과 일치하지 않거나, 답안 파일을 전송하지 않아 미제출로 처리될 경우 실격 처리합니다. (예 : 12345678-홍길동.show).
- 답안 작성을 마치면 파일을 저장하고, '답안 전송' 버튼을 선택하여 감독위원 PC로 답안을 전송하십시오. 수험생 정보와 저장한 파일명이 다를 경우 전송되지 않으므로 주의하시기 바랍니다.
- 답안 작성 중에도 **주기적으로 저장하고, '답안 전송'**하여야 문제 발생을 줄일 수 있습니다. 작업한 내용을 저장하지 않고 전송할 경우 이전에 저장된 내용이 전송되오니 이점 유의하시기 바랍니다.
- 답안 문서는 지정된 경로 외의 다른 보조기억장치에 저장하는 경우, 지정된 시험 시간 외에 작성된 파일을 활용할 경우, 기타 통신 수단(이메일, 메신저, 네트워크 등)을 이용하여 타인에게 전달 또는 외부 반출하는 경우는 부정 처리합니다.
- 시험 중 부주의 또는 고의로 시스템을 파손한 경우는 수험자가 변상해야 하며, 〈수험자 유의사항〉에 기재된 방법대로 이행하지 않아 생기는 불이익은 수험생 당사자의 책임임을 알려 드립니다.
- 문제의 조건은 한컴오피스 2022 버전으로 설정되어 있으니 유의하시기 바랍니다.
- 시험을 완료한 수험자는 답안 파일이 전송되었는지 확인한 후 감독위원의 지시에 따라 문제지를 제출하고 퇴실합니다.

### • 답안 작성요령 •

- 온라인 답안 작성 절차
  수험자 등록 ⇒ 시험 시작 ⇒ 답안 파일 저장 ⇒ 답안 전송 ⇒ 시험 종료
- 슬라이드의 크기는 A4 Paper로 설정하여 작성합니다.
- 슬라이드의 총 개수는 6개로 구성되어 있으며 슬라이드 1부터 순서대로 작업하고 반드시 문제와 세부 조건대로 합니다.
- 별도의 지시사항이 없는 경우 출력형태를 참조하여 글꼴 색은 검정 또는 흰색으로 작성하고, 기타사항은 전체적인 균형을 고려하여 작성합니다.
- 슬라이드 도형 및 개체에 출력형태와 다른 스타일(그림자, 외곽선 등)을 적용했을 경우 감점처리 됩니다.
- 슬라이드 번호를 작성합니다(슬라이드 1에는 생략).
- 2~6번 슬라이드 제목 도형과 하단 로고는 슬라이드 마스터를 이용하여 출력형태와 동일하게 작성합니다(슬라이드 1에는 생략).
- 문제와 세부조건, 세부조건 번호 ○ (점선원)는 입력하지 않습니다.
- 각 개체의 위치는 오른쪽의 슬라이드와 동일하게 구성합니다.
- 그림 삽입 문제의 경우 반드시 「내 PC₩문서₩ITQ₩Picture」폴더에서 정확한 파일을 선택하여 삽입 하십시오.
- 각 슬라이드를 각각의 파일로 작업해서 저장할 경우 실격 처리됩니다.

**kpc 한국생산성본부**

## [전체구성] 60점

(1) 슬라이드 크기 및 순서 : 크기를 A4 용지로 설정하고 슬라이드 순서에 맞게 작성한다.
(2) 슬라이드 마스터 : 2~6슬라이드의 제목, 하단 로고, 슬라이드 번호는 슬라이드 마스터를 이용하여 작성한다.
  - 제목 글꼴(굴림, 40pt, 하양), 가운데 정렬, 도형(선 없음)
  - 하단 로고(「내 PC₩문서₩ITQ₩Picture₩로고2.jpg」, 배경(회색) 투명한 색으로 설정)

## [슬라이드 1]  ≪표지 디자인≫ 40점

(1) 표지 디자인 : 도형, 워드숍 및 그림을 이용하여 작성한다.

세부조건
① 도형 편집
  - 도형에 그림 채우기 :
    「내 PC₩문서₩ITQ₩Picture₩
    그림3.jpg」, 투명도 50%
  - 도형 효과 : 옅은 테두리 5pt

② 워드숍
  - 변환 : 삼각형
  - 글꼴 : 궁서, 진하게
  - 반사 : 전체 크기, 근접

③ 그림 삽입
  - 「내 PC₩문서₩ITQ₩Picture₩
    로고2.jpg」
  - 배경(회색) 투명한 색으로 설정

## [슬라이드 2]  ≪목차 슬라이드≫ 60점

(1) 출력형태와 같이 도형을 이용하여 목차를 작성한다(글꼴 : 맑은 고딕, 24pt).
(2) 도형 : 선 없음

세부조건
① 텍스트에 하이퍼링크 적용
  → '슬라이드 5'

② 그림 삽입
  - 「내 PC₩문서₩ITQ₩Picture₩
    그림5.jpg」
  - 자르기 기능 이용

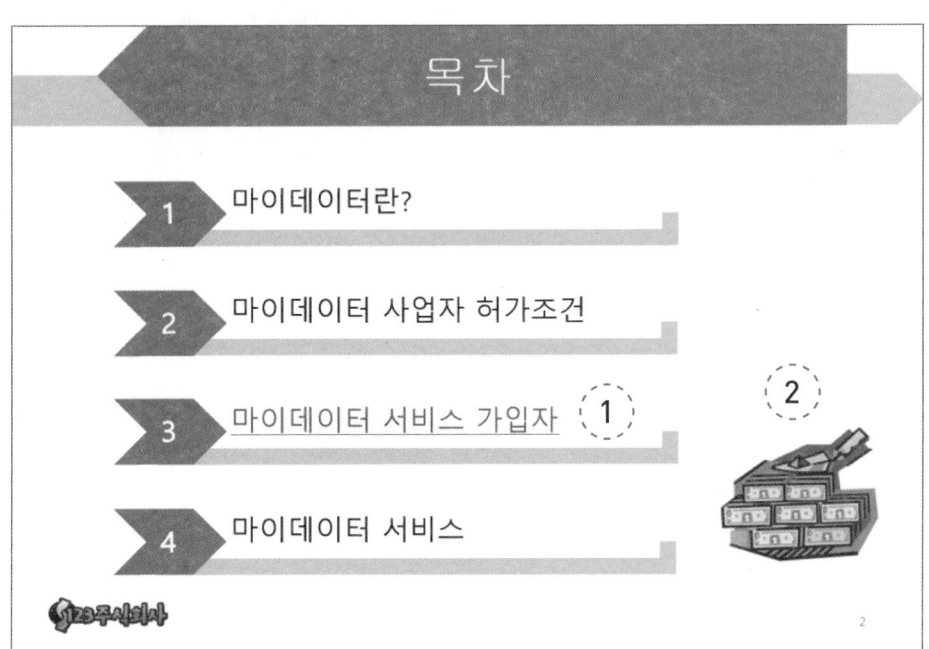

## [슬라이드 3] ≪텍스트/동영상 슬라이드≫ 60점

(1) 텍스트 작성 : 글머리 기호 사용(❖, ■)
　❖문단(굴림, 24pt, 진하게, 줄간격 : 1.5줄), ■문단(굴림, 20pt, 줄간격 : 1.5줄)

**세부조건**
① 동영상 삽입 :
 - 「내 PC₩문서₩ITQ₩Picture₩동영상.wmv」
 - 자동 실행, 반복 재생 설정

### 1. 마이데이터란?

❖ **MyData**
　■ MyData is one of the government's flagship financial business initiatives, which aims to enable customers to browse their own personal financial information gathered from various financial firms and made available all in one place

❖ **마이데이터 사업자**
　■ 마이데이터 사업자는 개인신용정보 전송 요구권 행사에 기반
　■ 고객에게 더욱 편리한 금융서비스 제공

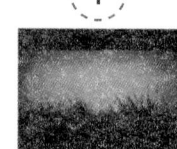

## [슬라이드 4] ≪표 슬라이드≫ 80점

(1) 도형과 표 작성 기능을 이용하여 슬라이드를 작성한다(글꼴 : 맑은 고딕, 18pt).

**세부조건**
① 상단 도형 :
　2개 도형의 조합으로 작성

② 좌측 도형 :
　그러데이션 효과(선형 위쪽)

③ 표 스타일 :
　보통 스타일 4 - 강조 6

### 2. 마이데이터 사업자 허가조건

| | 개요 | 법 | 시행령 |
|---|---|---|---|
| 자본금 | 최소 자본금 5억원 | 제6조2항 1호의4 | - |
| 물적 | 시스템 구성의 적정성<br>보안체계의 적정성 | 제6조1항 1호 | 제6조1항 5호, 2항 2호 |
| 임원<br>자격 | 선임(예정) 임원이<br>금융회사의 지배구조에<br>관한 법률의 요건을 충족 | 제6조1항 3호의2,<br>제22조1항,<br>지배구조법 제5조 | 지배구조법 시행령<br>제7조 |

[슬라이드 5]  ≪차트 슬라이드≫                                                100점

(1) 차트 작성 기능을 이용하여 슬라이드를 작성한다.
(2) 차트 : 유형(표식이 있는 꺾은선형), 글꼴(굴림, 16pt), 외곽선
(3) 표 : 차트 하단에 이미지와 같이 표 그리기

세부조건

※ 차트설명
- 차트 제목 : 궁서, 20pt, 진하게, 채우기(하양), 테두리, 그림자(바깥쪽 : 대각선 오른쪽 아래)
- 범례 위치 : 아래쪽
- 차트 영역 : 채우기(노랑)
- 그림 영역 : 채우기(하양)
- 데이터 서식 : 핀테크-IT 계열을 보조축으로 변경
- 값 표시 : 금융기관 계열만

① 도형 삽입
  - 스타일 : 밝은 계열 - 강조1
  - 글꼴 : 맑은 고딕, 18pt

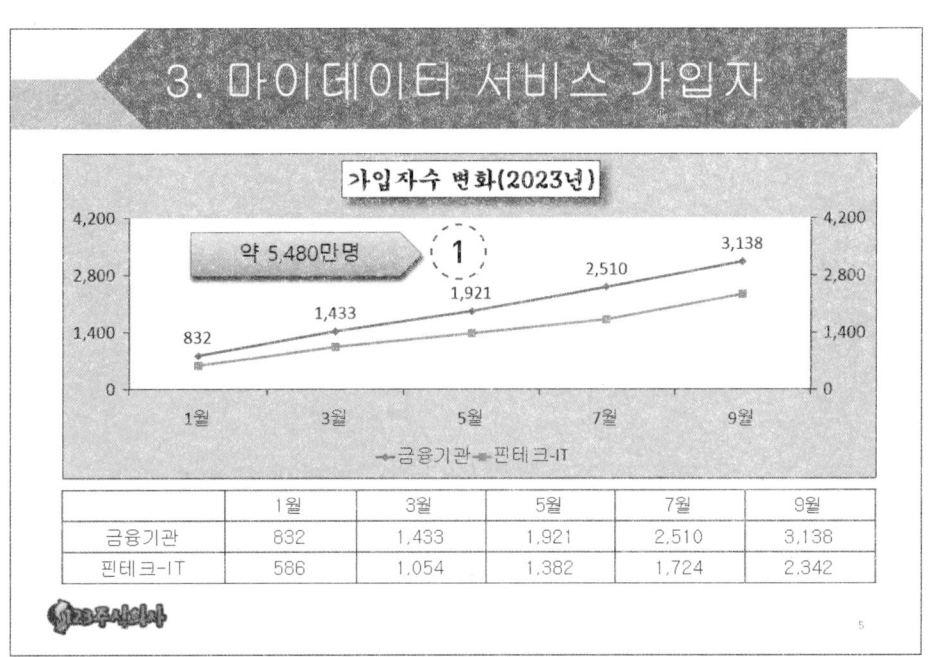

[슬라이드 6]  ≪도형 슬라이드≫                                                100점

(1) 슬라이드와 같이 도형을 배치한다(글꼴 : 맑은 고딕, 18pt).
(2) 애니메이션 순서 : ① ⇒ ②

세부조건

① 도형 편집
  - 그룹화 후 애니메이션 효과
    : 블라인드(세로)

② 도형 편집
  - 그룹화 후 애니메이션 효과
    : 바운드

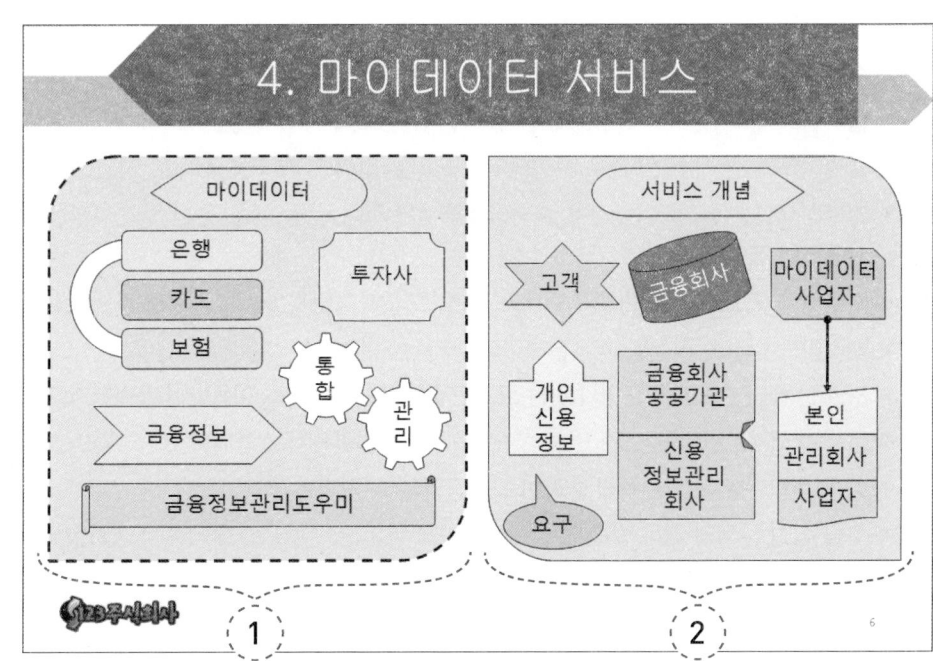

# 제 07 회 정보기술자격(ITQ) 출제예상 모의고사

| 과목 | 코드 | 문제유형 | 시험시간 | 수험번호 | 성명 |
|------|------|---------|---------|---------|------|
| 한쇼 | 1141 | A | 60분 | | |

한컴오피스

## •수험자 유의사항•

- 수험자는 문제지를 받는 즉시 문제지와 **수험표상의 시험과목(프로그램)이 동일한지 반드시 확인**하여야 합니다.
- 파일명은 본인의 "수험번호-성명"으로 입력하여 답안 폴더(내 PC₩문서₩ITQ)에 하나의 파일로 저장해야 하며, 답안 문서 파일명이 "수험번호-성명"과 일치하지 않거나, 답안 파일을 전송하지 않아 미제출로 처리될 경우 실격 처리합니다(예 : 12345678-홍길동.show).
- 답안 작성을 마치면 파일을 저장하고, '답안 전송' 버튼을 선택하여 감독위원 PC로 답안을 전송하십시오. 수험생 정보와 저장한 파일명이 다를 경우 전송되지 않으므로 주의하시기 바랍니다.
- 답안 작성 중에도 **주기적으로 저장하고, '답안 전송'**하여야 문제 발생을 줄일 수 있습니다. 작업한 내용을 저장하지 않고 전송할 경우 이전에 저장된 내용이 전송되오니 이점 유의하시기 바랍니다.
- 답안 문서는 지정된 경로 외의 다른 보조기억장치에 저장하는 경우, 지정된 시험 시간 외에 작성된 파일을 활용할 경우, 기타 통신 수단(이메일, 메신저, 네트워크 등)을 이용하여 타인에게 전달 또는 외부 반출하는 경우는 부정 처리합니다.
- 시험 중 부주의 또는 고의로 시스템을 파손한 경우는 수험자가 변상해야 하며, 〈수험자 유의사항〉에 기재된 방법대로 이행하지 않아 생기는 불이익은 수험생 당사자의 책임임을 알려 드립니다.
- 문제의 조건은 한컴오피스 2022 버전으로 설정되어 있으니 유의하시기 바랍니다.
- 시험을 완료한 수험자는 답안 파일이 전송되었는지 확인한 후 감독위원의 지시에 따라 문제지를 제출하고 퇴실합니다.

## •답안 작성요령•

- 온라인 답안 작성 절차
  수험자 등록 ⇒ 시험 시작 ⇒ 답안 파일 저장 ⇒ 답안 전송 ⇒ 시험 종료
- 슬라이드의 크기는 A4 Paper로 설정하여 작성합니다.
- 슬라이드의 총 개수는 6개로 구성되어 있으며 슬라이드 1부터 순서대로 작업하고 반드시 문제와 세부 조건대로 합니다.
- 별도의 지시사항이 없는 경우 출력형태를 참조하여 글꼴 색은 검정 또는 흰색으로 작성하고, 기타사항은 전체적인 균형을 고려하여 작성합니다.
- 슬라이드 도형 및 개체에 출력형태와 다른 스타일(그림자, 외곽선 등)을 적용했을 경우 감점처리 됩니다.
- 슬라이드 번호를 작성합니다(슬라이드 1에는 생략).
- 2~6번 슬라이드 제목 도형과 하단 로고는 슬라이드 마스터를 이용하여 출력형태와 동일하게 작성합니다(슬라이드 1에는 생략).
- 문제와 세부조건, 세부조건 번호 ◌ (점선원)는 입력하지 않습니다.
- 각 개체의 위치는 오른쪽의 슬라이드와 동일하게 구성합니다.
- 그림 삽입 문제의 경우 반드시 「내 PC₩문서₩ITQ₩Picture」 폴더에서 정확한 파일을 선택하여 삽입 하십시오.
- 각 슬라이드를 각각의 파일로 작업해서 저장할 경우 실격 처리됩니다.

## [전체구성] 60점

(1) 슬라이드 크기 및 순서 : 크기를 A4 용지로 설정하고 슬라이드 순서에 맞게 작성한다.
(2) 슬라이드 마스터 : 2~6슬라이드의 제목, 하단 로고, 슬라이드 번호는 슬라이드 마스터를 이용하여 작성한다.
 - 제목 글꼴(굴림, 40pt, 하양), 가운데 정렬, 도형(선 없음)
 - 하단 로고(「내 PC₩문서₩ITQ₩Picture₩로고1.jpg」, 배경(회색) 투명한 색으로 설정)

## [슬라이드 1]  ≪표지 디자인≫ 40점

(1) 표지 디자인 : 도형, 워드숍 및 그림을 이용하여 작성한다.

**세부조건**

① 도형 편집
 - 도형에 그림 채우기 :
  「내 PC₩문서₩ITQ₩Picture₩그림1.jpg」, 투명도 50%
 - 도형 효과 : 옅은 테두리 5pt

② 워드숍
 - 변환 : 갈매기형 수장
 - 글꼴 : 궁서, 진하게
 - 반사 : 1/2 크기, 근접

③ 그림 삽입
 - 「내 PC₩문서₩ITQ₩Picture₩로고1.jpg」
 - 배경(회색) 투명한 색으로 설정

## [슬라이드 2]  ≪목차 슬라이드≫ 60점

(1) 출력형태와 같이 도형을 이용하여 목차를 작성한다(글꼴 : 맑은 고딕, 24pt).
(2) 도형 : 선 없음

**세부조건**

① 텍스트에 하이퍼링크 적용
 → '슬라이드 4'

② 그림 삽입
 - 「내 PC₩문서₩ITQ₩Picture₩그림5.jpg」
 - 자르기 기능 이용

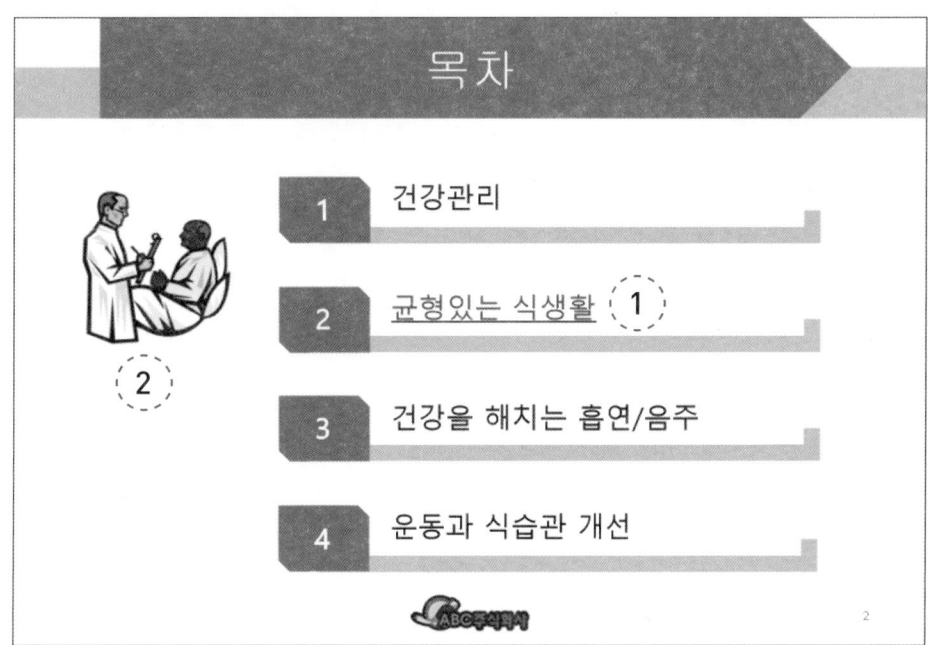

## [슬라이드 3]  ≪텍스트/동영상 슬라이드≫    60점

(1) 텍스트 작성 : 글머리 기호 사용(➤, ✓)
   ➤문단(굴림, 24pt, 진하게, 줄간격 : 1.5줄), ✓문단(굴림, 20pt, 줄간격 : 1.5줄)

**세부조건**
① 동영상 삽입 :
  - 「내 PC₩문서₩ITQ₩Picture₩동영상.wmv」
  - 자동 실행, 반복 재생 설정

### 1. 건강관리

➤ Health care
  ✓ In general, health care refers to physical health
  ✓ Regular health care satisfies one's desire for health and makes one mentally happy

➤ 건강관리
  ✓ 일반적으로 신체적 건강을 가리키는 경우가 많으며 규칙적인 건강관리는 자신의 건강을 향한 욕구를 충족시키는 동시에 정신적으로도 행복하게 함

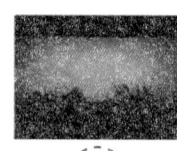

---

## [슬라이드 4]  ≪표 슬라이드≫    80점

(1) 도형과 표 작성 기능을 이용하여 슬라이드를 작성한다(글꼴 : 맑은 고딕, 18pt).

**세부조건**
① 상단 도형 :
   2개 도형의 조합으로 작성
② 좌측 도형 :
   그러데이션 효과(선형 위쪽)
③ 표 스타일 :
   보통 스타일 4 - 강조 5

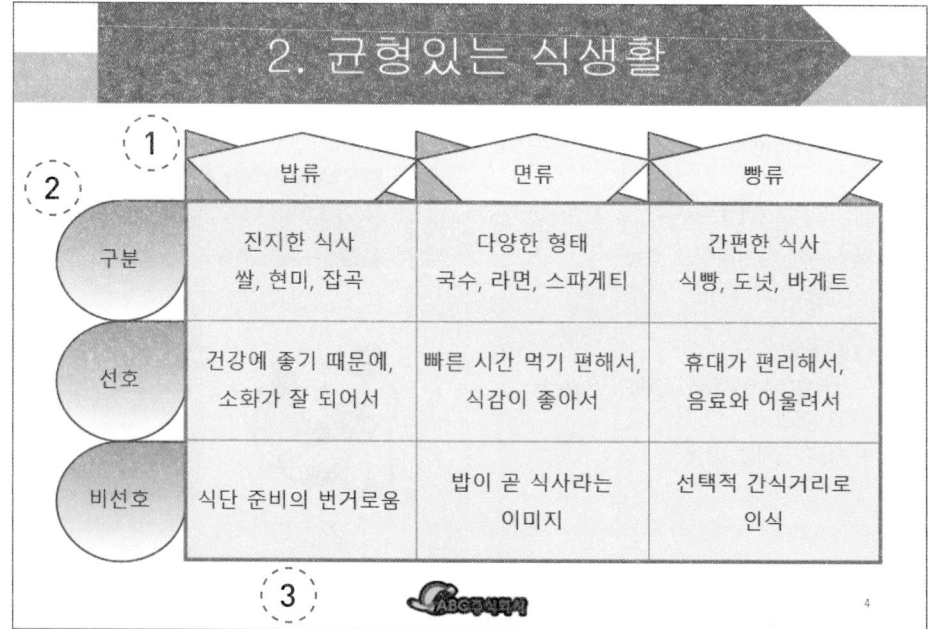

### 2. 균형있는 식생활

| 구분 | 밥류 | 면류 | 빵류 |
|---|---|---|---|
| 구분 | 진지한 식사<br>쌀, 현미, 잡곡 | 다양한 형태<br>국수, 라면, 스파게티 | 간편한 식사<br>식빵, 도넛, 바게트 |
| 선호 | 건강에 좋기 때문에,<br>소화가 잘 되어서 | 빠른 시간 먹기 편해서,<br>식감이 좋아서 | 휴대가 편리해서,<br>음료와 어울려서 |
| 비선호 | 식단 준비의 번거로움 | 밥이 곧 식사라는<br>이미지 | 선택적 간식거리로<br>인식 |

# [슬라이드 5] ≪차트 슬라이드≫ 100점

(1) 차트 작성 기능을 이용하여 슬라이드를 작성한다.
(2) 차트 : 유형(묶은 세로 막대형), 글꼴(굴림, 16pt), 외곽선
(3) 표 : 차트 하단에 이미지와 같이 표 그리기

### 세부조건

※ 차트설명
- 차트 제목 : 궁서, 20pt, 진하게, 채우기(하양), 테두리, 그림자(바깥쪽 : 대각선 오른쪽 아래)
- 범례 위치 : 아래쪽
- 차트 영역 : 채우기(노랑)
- 그림 영역 : 채우기(하양)
- 데이터 서식 : 음주율 계열을 표식이 있는 꺾은선형으로 변경
- 값 표시 : 흡연율 계열만

① 도형 삽입
- 스타일 : 밝은 계열 – 강조1
- 글꼴 : 맑은 고딕, 18pt

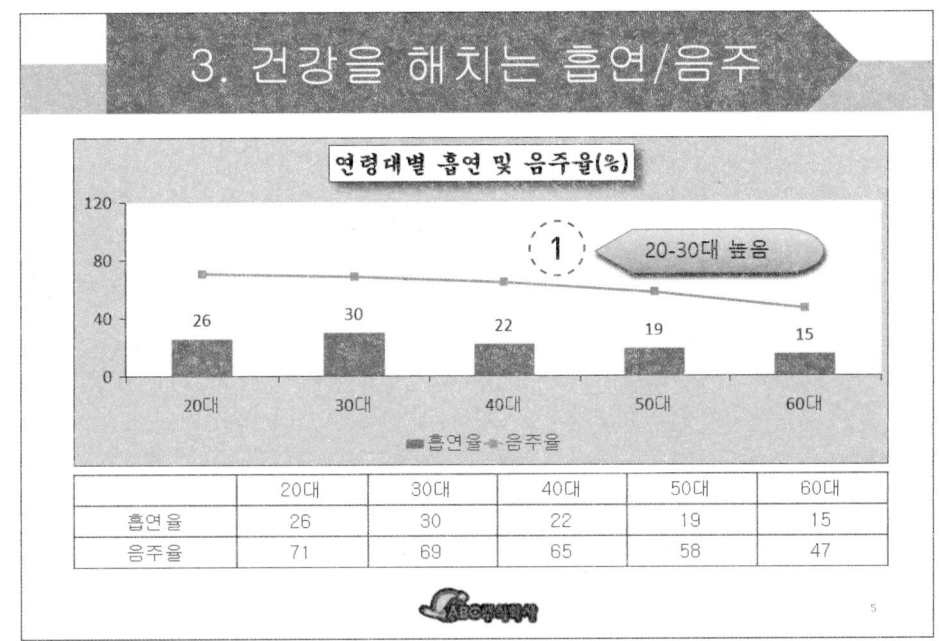

# [슬라이드 6] ≪도형 슬라이드≫ 100점

(1) 슬라이드와 같이 도형을 배치한다(글꼴 : 맑은 고딕, 18pt).
(2) 애니메이션 순서 : ① ⇒ ②

### 세부조건

① 도형 편집
- 그룹화 후 애니메이션 효과
  : 시계 방향 회전

② 도형 편집
- 그룹화 후 애니메이션 효과
  : 블라인드(세로)

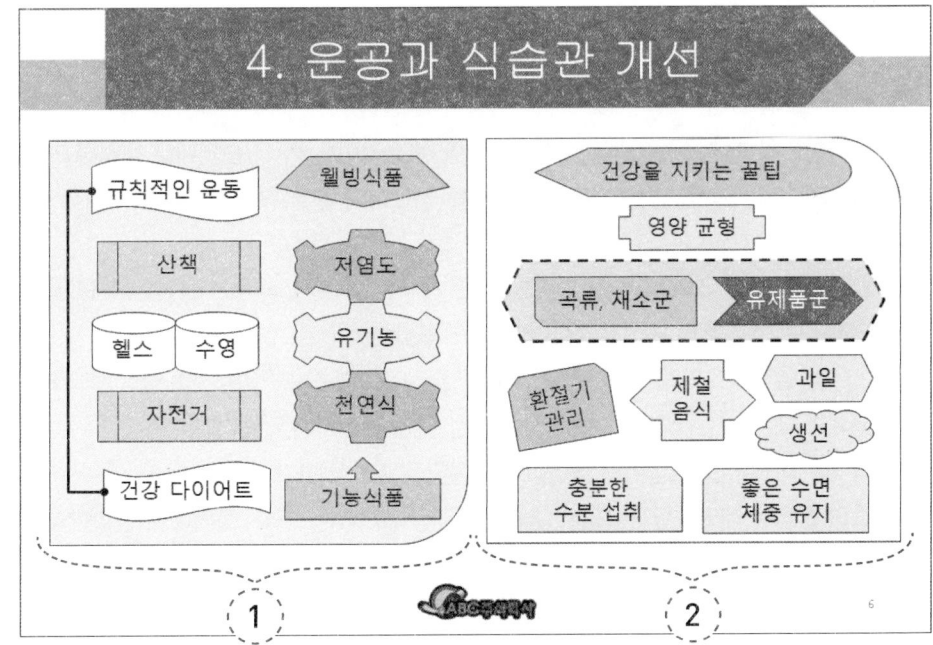

제 07 회 165 출제예상 모의고사

# 제 08 회 정보기술자격(ITQ) 출제예상 모의고사

| 과목 | 코드 | 문제유형 | 시험시간 | 수험번호 | 성명 |
|---|---|---|---|---|---|
| 한쇼 | 1141 | A | 60분 | | |

**한컴오피스**

## • 수험자 유의사항 •

- 수험자는 문제지를 받는 즉시 문제지와 **수험표상의 시험과목(프로그램)이 동일한지 반드시 확인**하여야 합니다.
- 파일명은 본인의 "수험번호-성명"으로 입력하여 답안 폴더(내 PC₩문서₩ITQ)에 하나의 파일로 저장해야 하며, 답안 문서 파일명이 "수험번호-성명"과 일치하지 않거나, 답안 파일을 전송하지 않아 미제출로 처리될 경우 실격 처리합니다 (예 : 12345678-홍길동.show).
- 답안 작성을 마치면 파일을 저장하고, '답안 전송' 버튼을 선택하여 감독위원 PC로 답안을 전송하십시오. 수험생 정보와 저장한 파일명이 다를 경우 전송되지 않으므로 주의하시기 바랍니다.
- 답안 작성 중에도 **주기적으로 저장하고, '답안 전송'**하여야 문제 발생을 줄일 수 있습니다. 작업한 내용을 저장하지 않고 전송할 경우 이전에 저장된 내용이 전송되오니 이점 유의하시기 바랍니다.
- 답안 문서는 지정된 경로 외의 다른 보조기억장치에 저장하는 경우, 지정된 시험 시간 외에 작성된 파일을 활용할 경우, 기타 통신 수단(이메일, 메신저, 네트워크 등)을 이용하여 타인에게 전달 또는 외부 반출하는 경우는 부정 처리합니다.
- 시험 중 부주의 또는 고의로 시스템을 파손한 경우는 수험자가 변상해야 하며, 〈수험자 유의사항〉에 기재된 방법대로 이행하지 않아 생기는 불이익은 수험생 당사자의 책임임을 알려 드립니다.
- 문제의 조건은 한컴오피스 2022 버전으로 설정되어 있으니 유의하시기 바랍니다.
- 시험을 완료한 수험자는 답안 파일이 전송되었는지 확인한 후 감독위원의 지시에 따라 문제지를 제출하고 퇴실합니다.

## • 답안 작성요령 •

- 온라인 답안 작성 절차
  수험자 등록 ⇒ 시험 시작 ⇒ 답안 파일 저장 ⇒ 답안 전송 ⇒ 시험 종료
- 슬라이드의 크기는 A4 Paper로 설정하여 작성합니다.
- 슬라이드의 총 개수는 6개로 구성되어 있으며 슬라이드 1부터 순서대로 작업하고 반드시 문제와 세부 조건대로 합니다.
- 별도의 지시사항이 없는 경우 출력형태를 참조하여 글꼴 색은 검정 또는 흰색으로 작성하고, 기타사항은 전체적인 균형을 고려하여 작성합니다.
- 슬라이드 도형 및 개체에 출력형태와 다른 스타일(그림자, 외곽선 등)을 적용했을 경우 감점처리 됩니다.
- 슬라이드 번호를 작성합니다(슬라이드 1에는 생략).
- 2~6번 슬라이드 제목 도형과 하단 로고는 슬라이드 마스터를 이용하여 출력형태와 동일하게 작성합니다(슬라이드 1에는 생략).
- 문제와 세부조건, 세부조건 번호 ۞ (점선원)는 입력하지 않습니다.
- 각 개체의 위치는 오른쪽의 슬라이드와 동일하게 구성합니다.
- 그림 삽입 문제의 경우 반드시 「내 PC₩문서₩ITQ₩Picture」 폴더에서 정확한 파일을 선택하여 삽입 하십시오.
- 각 슬라이드를 각각의 파일로 작업해서 저장할 경우 실격 처리됩니다.

## [전체구성] 60점

(1) 슬라이드 크기 및 순서 : 크기를 A4 용지로 설정하고 슬라이드 순서에 맞게 작성한다.
(2) 슬라이드 마스터 : 2~6슬라이드의 제목, 하단 로고, 슬라이드 번호는 슬라이드 마스터를 이용하여 작성한다.
- 제목 글꼴(굴림, 40pt, 하양), 가운데 정렬, 도형(선 없음)
- 하단 로고(「내 PC\문서\ITQ\Picture\로고2.jpg」, 배경(회색) 투명한 색으로 설정)

## [슬라이드 1] ≪표지 디자인≫ 40점

(1) 표지 디자인 : 도형, 워드숍 및 그림을 이용하여 작성한다.

### 세부조건

① 도형 편집
- 도형에 그림 채우기 :
  「내 PC\문서\ITQ\Picture\
  그림3.jpg」, 투명도 50%
- 도형 효과 : 옅은 테두리 5pt

② 워드숍
- 변환 : 위로 기울기
- 글꼴 : 궁서, 진하게
- 반사 : 전체 크기, 근접

③ 그림 삽입
- 「내 PC\문서\ITQ\Picture\
  로고2.jpg」
- 배경(회색) 투명한 색으로 설정

## [슬라이드 2] ≪목차 슬라이드≫ 60점

(1) 출력형태와 같이 도형을 이용하여 목차를 작성한다(글꼴 : 맑은 고딕, 24pt).
(2) 도형 : 선 없음

### 세부조건

① 텍스트에 하이퍼링크 적용
  → '슬라이드 6'

② 그림 삽입
- 「내 PC\문서\ITQ\Picture\
  그림5.jpg」
- 자르기 기능 이용

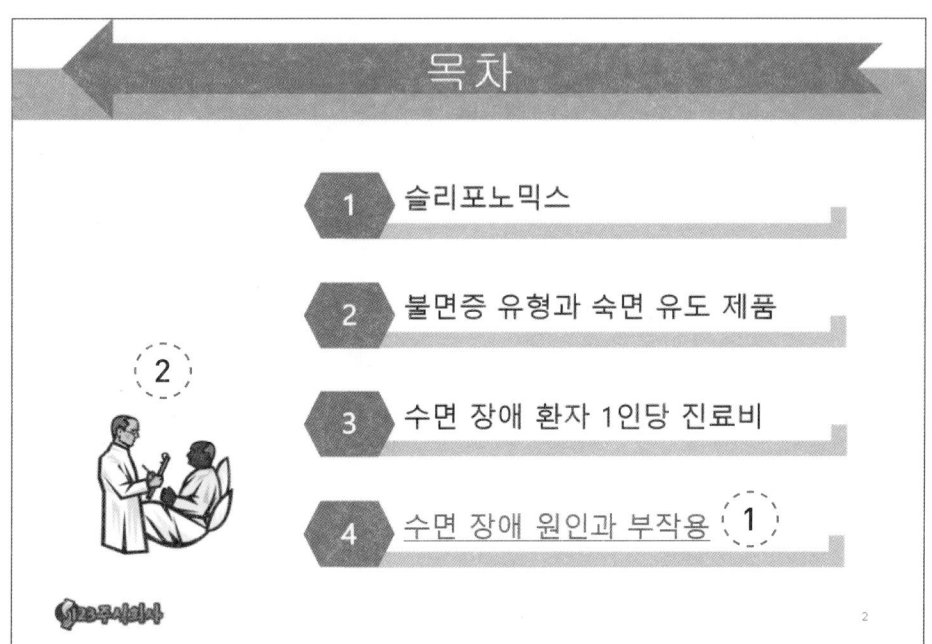

## [슬라이드 3] ≪텍스트/동영상 슬라이드≫ 60점

(1) 텍스트 작성 : 글머리 기호 사용(❖, ■)
   ❖문단(굴림, 24pt, 진하게, 줄간격 : 1.5줄), ■문단(굴림, 20pt, 줄간격 : 1.5줄)

### 세부조건
① 동영상 삽입 :
 - 「내 PC₩문서₩ITQ₩Picture₩동영상.wmv」
 - 자동 실행, 반복 재생 설정

### 1. 슬리포노믹스

❖ Sleeponomics
  ■ Sleeponomics is a compound word that combines 'sleep' and 'economy' and is a related industry that grows as it pays a lot of money for a good night's sleep

❖ 슬리포노믹스
  ■ 수면과 경제를 합친 합성어로 숙면을 위해 많은 돈을 지불함에 따라 성장하는 관련 산업
  ■ 수면상태를 분석하는 슬립테크와 함께 성장

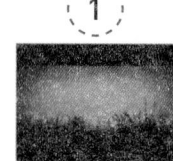

## [슬라이드 4] ≪표 슬라이드≫ 80점

(1) 도형과 표 작성 기능을 이용하여 슬라이드를 작성한다(글꼴 : 맑은 고딕, 18pt).

### 세부조건
① 상단 도형 :
   2개 도형의 조합으로 작성
② 좌측 도형 :
   그러데이션 효과(선형 위쪽)
③ 표 스타일 :
   보통 스타일 4 - 강조 5

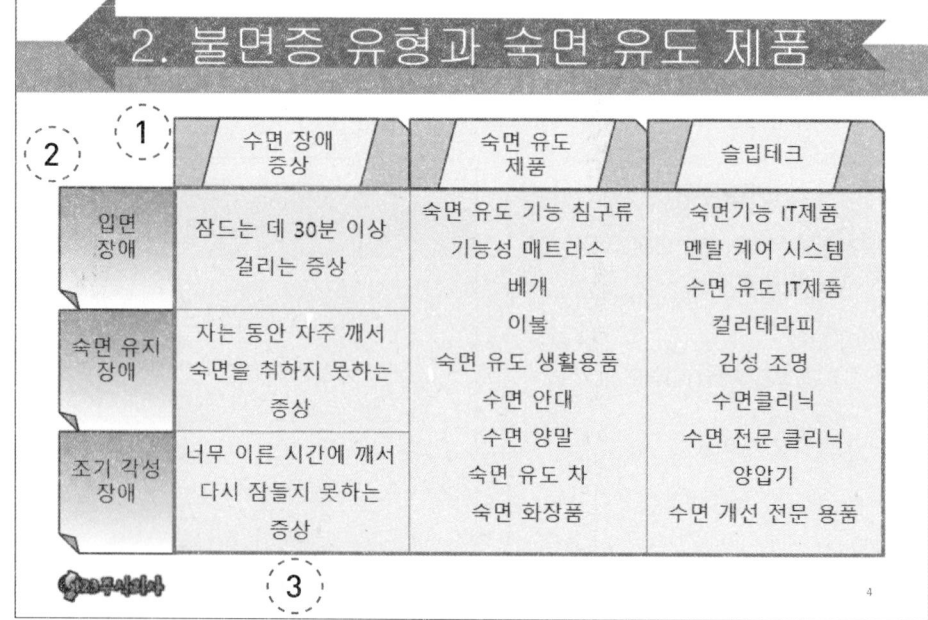

## [슬라이드 5] ≪차트 슬라이드≫   100점

(1) 차트 작성 기능을 이용하여 슬라이드를 작성한다.
(2) 차트 : 유형(표식이 있는 꺾은선형), 글꼴(굴림, 16pt), 외곽선
(3) 표 : 차트 하단에 이미지와 같이 표 그리기

### 세부조건

※ 차트설명
- 차트 제목 : 궁서, 20pt, 진하게,
  채우기(하양), 테두리,
  그림자(바깥쪽 : 대각선 오른쪽 아래)
- 범례 위치 : 아래쪽
- 차트 영역 : 채우기(노랑)
- 그림 영역 : 채우기(하양)
- 데이터 서식 : 1인당 진료비(천원)
  계열을 보조축으로 변경
- 값 표시 : 환자수(천명) 계열만

① 도형 삽입
  - 스타일 : 밝은 계열 - 강조1
  - 글꼴 : 맑은 고딕, 18pt

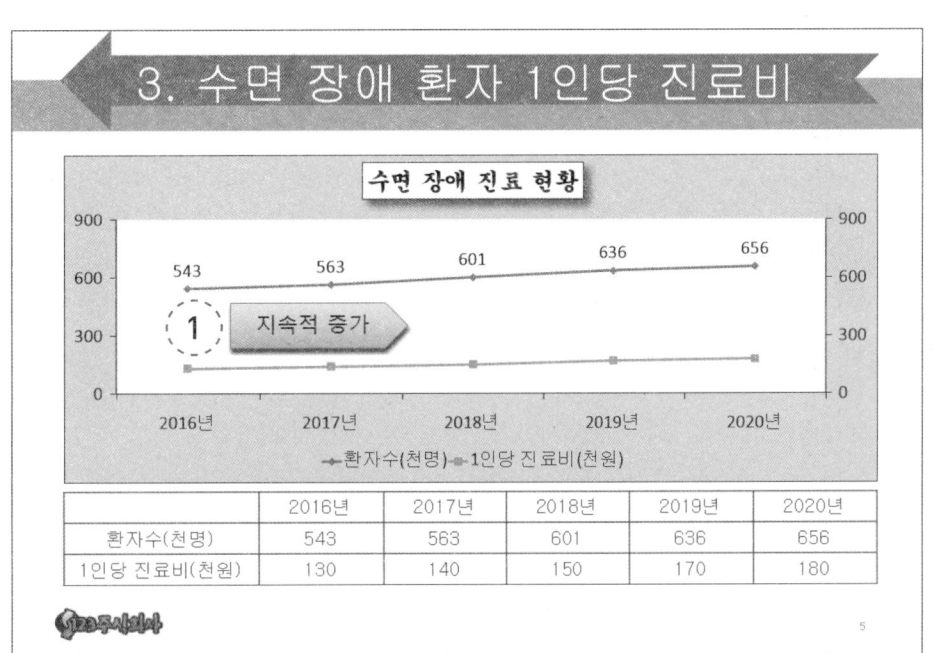

## [슬라이드 6] ≪도형 슬라이드≫   100점

(1) 슬라이드와 같이 도형을 배치한다(글꼴 : 맑은 고딕, 18pt).
(2) 애니메이션 순서 : ① ⇒ ②

### 세부조건

① 도형 편집
  - 그룹화 후 애니메이션 효과
    : 바운드

② 도형 편집
  - 그룹화 후 애니메이션 효과
    : 닦아내기(왼쪽으로)

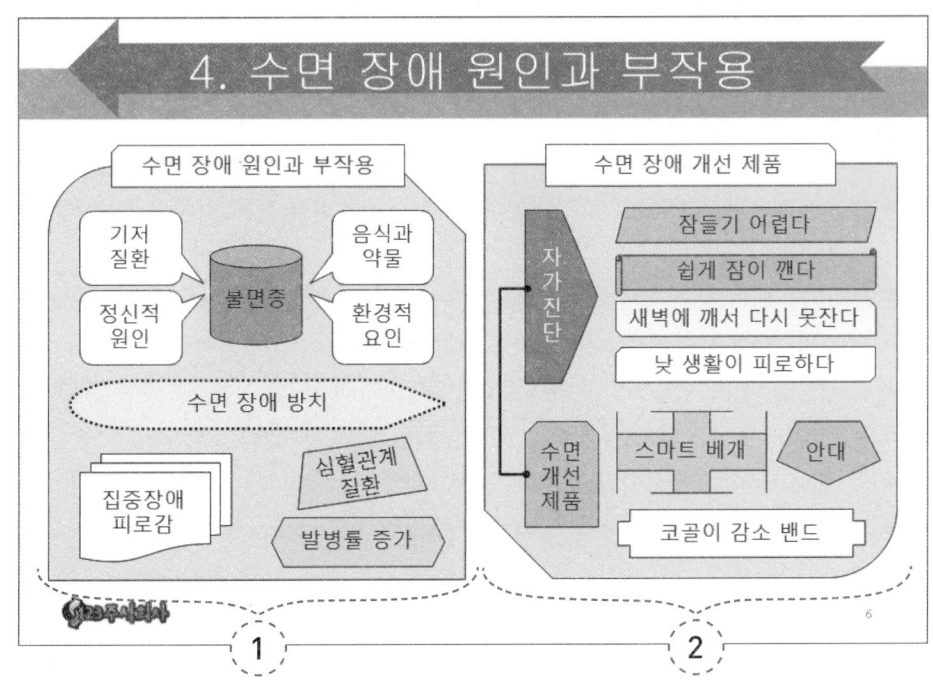

# 제 09 회 정보기술자격(ITQ) 출제예상 모의고사

| 과목 | 코드 | 문제유형 | 시험시간 | 수험번호 | 성명 |
|---|---|---|---|---|---|
| 한쇼 | 1141 | A | 60분 | | |

한컴오피스

### • 수험자 유의사항 •

- 수험자는 문제지를 받는 즉시 문제지와 **수험표상의 시험과목(프로그램)이 동일한지 반드시 확인**하여야 합니다.
- 파일명은 본인의 "수험번호-성명"으로 입력하여 답안 폴더(내 PC\문서\ITQ)에 하나의 파일로 저장해야 하며, 답안 문서 파일명이 "수험번호-성명"과 일치하지 않거나, 답안 파일을 전송하지 않아 미제출로 처리될 경우 실격 처리합니다 (예 : 12345678-홍길동.show).
- 답안 작성을 마치면 파일을 저장하고, '답안 전송' 버튼을 선택하여 감독위원 PC로 답안을 전송하십시오. 수험생 정보와 저장한 파일명이 다를 경우 전송되지 않으므로 주의하시기 바랍니다.
- 답안 작성 중에도 **주기적으로 저장하고, '답안 전송'**하여야 문제 발생을 줄일 수 있습니다. 작업한 내용을 저장하지 않고 전송할 경우 이전에 저장된 내용이 전송되오니 이점 유의하시기 바랍니다.
- 답안 문서는 지정된 경로 외의 다른 보조기억장치에 저장하는 경우, 지정된 시험 시간 외에 작성된 파일을 활용할 경우, 기타 통신 수단(이메일, 메신저, 네트워크 등)을 이용하여 타인에게 전달 또는 외부 반출하는 경우는 부정 처리합니다.
- 시험 중 부주의 또는 고의로 시스템을 파손한 경우는 수험자가 변상해야 하며, 〈수험자 유의사항〉에 기재된 방법대로 이행하지 않아 생기는 불이익은 수험생 당사자의 책임임을 알려 드립니다.
- 문제의 조건은 한컴오피스 2022 버전으로 설정되어 있으니 유의하시기 바랍니다.
- 시험을 완료한 수험자는 답안 파일이 전송되었는지 확인한 후 감독위원의 지시에 따라 문제지를 제출하고 퇴실합니다.

### • 답안 작성요령 •

- 온라인 답안 작성 절차
  수험자 등록 ⇒ 시험 시작 ⇒ 답안 파일 저장 ⇒ 답안 전송 ⇒ 시험 종료
- 슬라이드의 크기는 A4 Paper로 설정하여 작성합니다.
- 슬라이드의 총 개수는 6개로 구성되어 있으며 슬라이드 1부터 순서대로 작업하고 반드시 문제와 세부 조건대로 합니다.
- 별도의 지시사항이 없는 경우 출력형태를 참조하여 글꼴 색은 검정 또는 흰색으로 작성하고, 기타사항은 전체적인 균형을 고려하여 작성합니다.
- 슬라이드 도형 및 개체에 출력형태와 다른 스타일(그림자, 외곽선 등)을 적용했을 경우 감점처리 됩니다.
- 슬라이드 번호를 작성합니다(슬라이드 1에는 생략).
- 2~6번 슬라이드 제목 도형과 하단 로고는 슬라이드 마스터를 이용하여 출력형태와 동일하게 작성합니다(슬라이드 1에는 생략).
- 문제와 세부조건, 세부조건 번호 ⌇ (점선원)는 입력하지 않습니다.
- 각 개체의 위치는 오른쪽의 슬라이드와 동일하게 구성합니다.
- 그림 삽입 문제의 경우 반드시 「내 PC\문서\ITQ\Picture」 폴더에서 정확한 파일을 선택하여 삽입 하십시오.
- 각 슬라이드를 각각의 파일로 작업해서 저장할 경우 실격 처리됩니다.

## [전체구성] 60점

(1) 슬라이드 크기 및 순서 : 크기를 A4 용지로 설정하고 슬라이드 순서에 맞게 작성한다.
(2) 슬라이드 마스터 : 2~6슬라이드의 제목, 하단 로고, 슬라이드 번호는 슬라이드 마스터를 이용하여 작성한다.
   - 제목 글꼴(굴림, 40pt, 하양), 가운데 정렬, 도형(선 없음)
   - 하단 로고(「내 PC₩문서₩ITQ₩Picture₩로고2.jpg」, 배경(회색) 투명한 색으로 설정)

## [슬라이드 1] ≪표지 디자인≫ 40점

(1) 표지 디자인 : 도형, 워드숍 및 그림을 이용하여 작성한다.

**세부조건**

① 도형 편집
  - 도형에 그림 채우기 :
    「내 PC₩문서₩ITQ₩Picture₩
    그림1.jpg」, 투명도 50%
  - 도형 효과 : 옅은 테두리 5pt

② 워드숍
  - 변환 : 역갈매기형 수장
  - 글꼴 : 궁서, 진하게
  - 반사 : 1/2 크기, 근접

③ 그림 삽입
  - 「내 PC₩문서₩ITQ₩Picture₩
    로고2.jpg」
  - 배경(회색) 투명한 색으로 설정

## [슬라이드 2] ≪목차 슬라이드≫ 60점

(1) 출력형태와 같이 도형을 이용하여 목차를 작성한다(글꼴 : 맑은 고딕, 24pt).
(2) 도형 : 선 없음

**세부조건**

① 텍스트에 하이퍼링크 적용
  → '슬라이드 6'

② 그림 삽입
  - 「내 PC₩문서₩ITQ₩Picture₩
    그림5.jpg」
  - 자르기 기능 이용

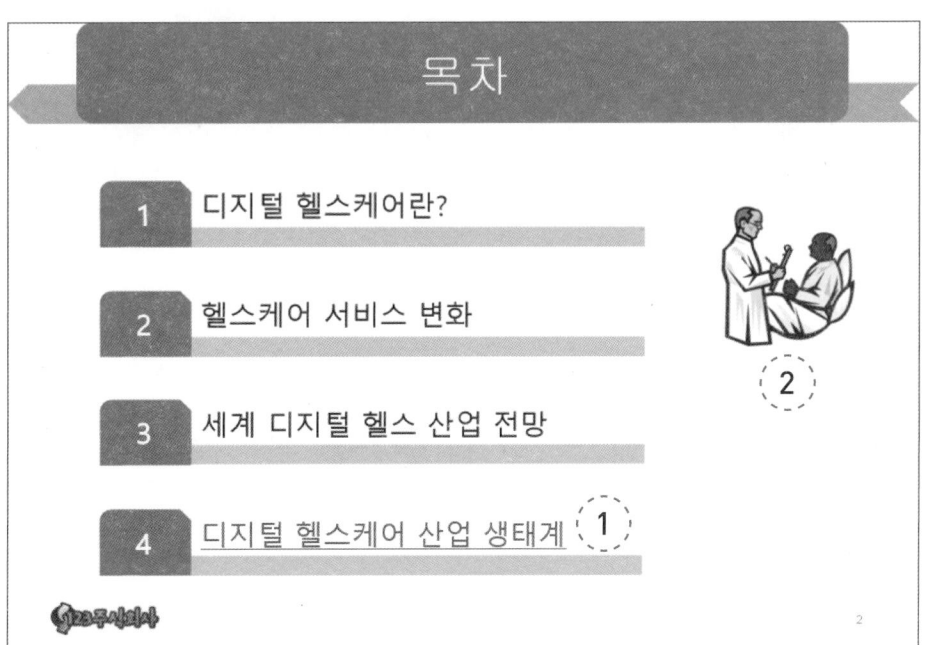

## [슬라이드 3] ≪텍스트/동영상 슬라이드≫ 60점

(1) 텍스트 작성 : 글머리 기호 사용(❖, ✓)
   ❖문단(굴림, 24pt, 진하게, 줄간격 : 1.5줄), ✓문단(굴림, 20pt, 줄간격 : 1.5줄)

**세부조건**
① 동영상 삽입 :
  - 「내 PC₩문서₩ITQ₩Picture₩ 동영상.wmv」
  - 자동 실행, 반복 재생 설정

### 1. 디지털 헬스케어란?

❖ Digital health
  ✓ Digital health is a discipline that includes digital care programs, living, and society to enhance the efficiency of healthcare delivery and to make medicine more precise

❖ 디지털 헬스케어 특징
  ✓ 보건의료용 정보통신기술, 디지털기술 등이 융합
  ✓ 개인 맞춤 의료
  ✓ 예방 의료 및 예측의료 가능

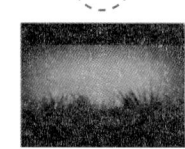

## [슬라이드 4] ≪표 슬라이드≫ 80점

(1) 도형과 표 작성 기능을 이용하여 슬라이드를 작성한다(글꼴 : 맑은 고딕, 18pt).

**세부조건**
① 상단 도형 :
  2개 도형의 조합으로 작성
② 좌측 도형 :
  그러데이션 효과(선형 위쪽)
③ 표 스타일 :
  보통 스타일 4 - 강조 6

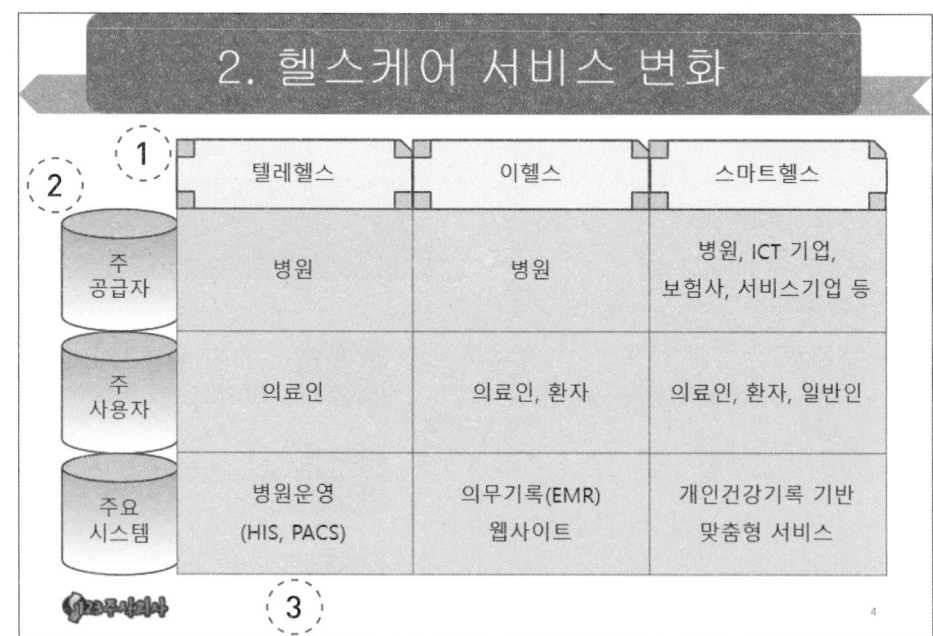

# [슬라이드 5] ≪차트 슬라이드≫ 100점

(1) 차트 작성 기능을 이용하여 슬라이드를 작성한다.
(2) 차트 : 유형(묶은 세로 막대형), 글꼴(굴림, 16pt), 외곽선
(3) 표 : 차트 하단에 이미지와 같이 표 그리기

### 세부조건

※ 차트설명
- 차트 제목 : 궁서, 20pt, 진하게, 채우기(하양), 테두리, 그림자(바깥쪽 : 대각선 오른쪽 아래)
- 범례 위치 : 아래쪽
- 차트 영역 : 채우기(노랑)
- 그림 영역 : 채우기(하양)
- 데이터 서식 : 2027 계열을 표식이 있는 꺾은선형으로 변경
- 값 표시 : 2020 계열만

① 도형 삽입
- 스타일 : 밝은 계열 – 강조1
- 글꼴 : 맑은 고딕, 18pt

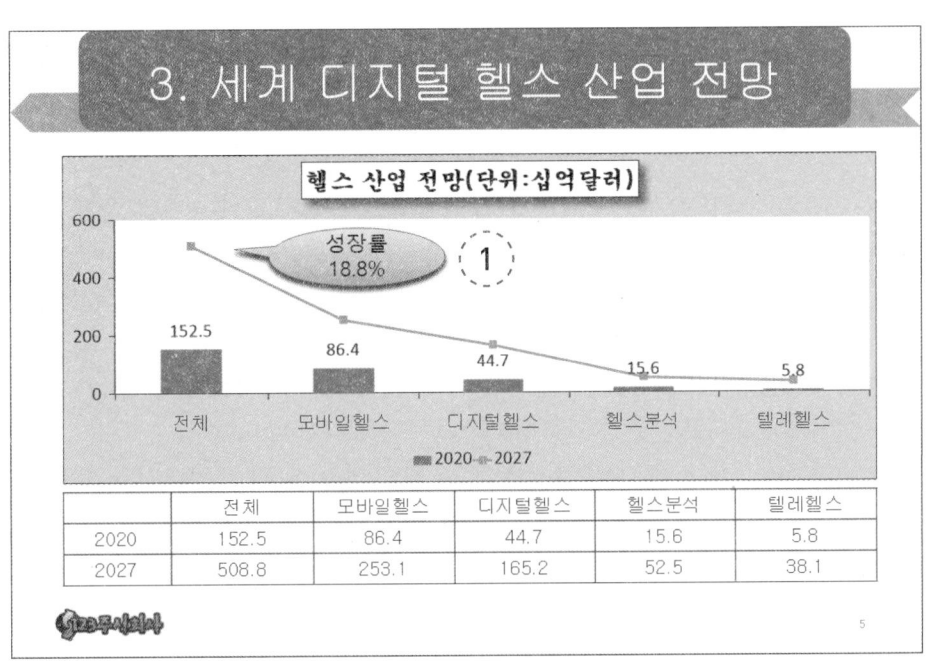

# [슬라이드 6] ≪도형 슬라이드≫ 100점

(1) 슬라이드와 같이 도형을 배치한다(글꼴 : 맑은 고딕, 18pt).
(2) 애니메이션 순서 : ① ⇒ ②

### 세부조건

① 도형 편집
- 그룹화 후 애니메이션 효과 : 바운드

② 도형 편집
- 그룹화 후 애니메이션 효과 : 닦아내기(왼쪽으로)

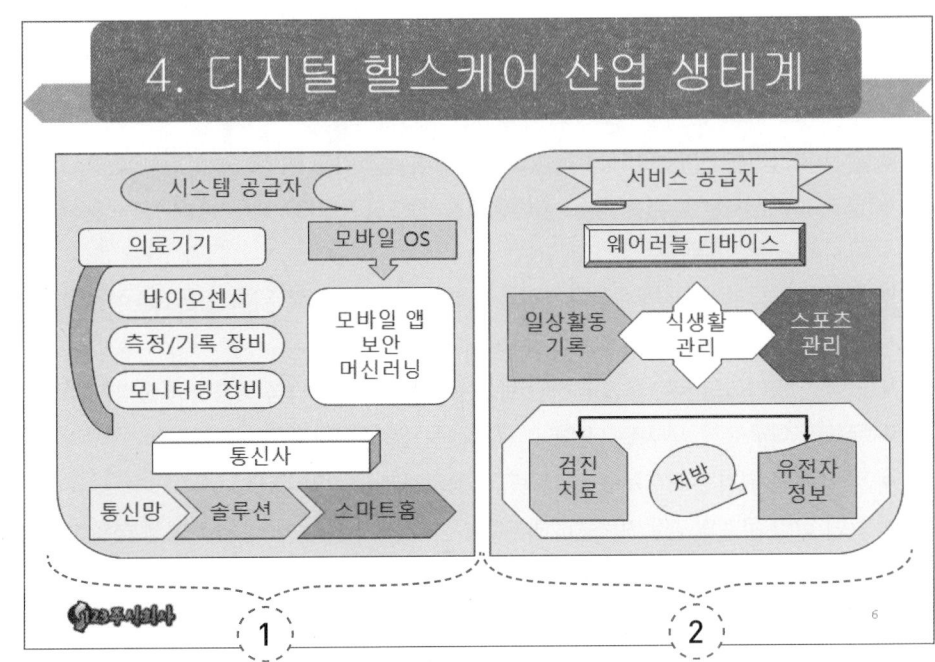

# 제10회 정보기술자격(ITQ) 출제예상 모의고사

| 과목 | 코드 | 문제유형 | 시험시간 | 수험번호 | 성명 |
|------|------|----------|----------|----------|------|
| 한쇼 | 1141 | A | 60분 | | |

한컴오피스

## • 수험자 유의사항 •

- 수험자는 문제지를 받는 즉시 문제지와 **수험표상의 시험과목(프로그램)이 동일한지 반드시 확인**하여야 합니다.
- 파일명은 본인의 "수험번호-성명"으로 입력하여 답안 폴더(내 PC\문서\ITQ)에 하나의 파일로 저장해야 하며, 답안 문서 파일명이 "수험번호-성명"과 일치하지 않거나, 답안 파일을 전송하지 않아 미제출로 처리될 경우 실격 처리합니다. (예 : 12345678-홍길동.show).
- 답안 작성을 마치면 파일을 저장하고, '답안 전송' 버튼을 선택하여 감독위원 PC로 답안을 전송하십시오. 수험생 정보와 저장한 파일명이 다를 경우 전송되지 않으므로 주의하시기 바랍니다.
- 답안 작성 중에도 **주기적으로 저장하고, '답안 전송'**하여야 문제 발생을 줄일 수 있습니다. 작업한 내용을 저장하지 않고 전송할 경우 이전에 저장된 내용이 전송되오니 이점 유의하시기 바랍니다.
- 답안 문서는 지정된 경로 외의 다른 보조기억장치에 저장하는 경우, 지정된 시험 시간 외에 작성된 파일을 활용할 경우, 기타 통신 수단(이메일, 메신저, 네트워크 등)을 이용하여 타인에게 전달 또는 외부 반출하는 경우는 부정 처리합니다.
- 시험 중 부주의 또는 고의로 시스템을 파손한 경우는 수험자가 변상해야 하며, 〈수험자 유의사항〉에 기재된 방법대로 이행하지 않아 생기는 불이익은 수험생 당사자의 책임임을 알려 드립니다.
- 문제의 조건은 한컴오피스 2022 버전으로 설정되어 있으니 유의하시기 바랍니다.
- 시험을 완료한 수험자는 답안 파일이 전송되었는지 확인한 후 감독위원의 지시에 따라 문제지를 제출하고 퇴실합니다.

## • 답안 작성요령 •

- 온라인 답안 작성 절차
  수험자 등록 ⇒ 시험 시작 ⇒ 답안 파일 저장 ⇒ 답안 전송 ⇒ 시험 종료
- 슬라이드의 크기는 A4 Paper로 설정하여 작성합니다.
- 슬라이드의 총 개수는 6개로 구성되어 있으며 슬라이드 1부터 순서대로 작업하고 반드시 문제와 세부 조건대로 합니다.
- 별도의 지시사항이 없는 경우 출력형태를 참조하여 글꼴 색은 검정 또는 흰색으로 작성하고, 기타사항은 전체적인 균형을 고려하여 작성합니다.
- 슬라이드 도형 및 개체에 출력형태와 다른 스타일(그림자, 외곽선 등)을 적용했을 경우 감점처리 됩니다.
- 슬라이드 번호를 작성합니다(슬라이드 1에는 생략).
- 2~6번 슬라이드 제목 도형과 하단 로고는 슬라이드 마스터를 이용하여 출력형태와 동일하게 작성합니다(슬라이드 1에는 생략).
- 문제와 세부조건, 세부조건 번호 ⃝ (점선원)는 입력하지 않습니다.
- 각 개체의 위치는 오른쪽의 슬라이드와 동일하게 구성합니다.
- 그림 삽입 문제의 경우 반드시 「내 PC\문서\ITQ\Picture」 폴더에서 정확한 파일을 선택하여 삽입 하십시오.
- 각 슬라이드를 각각의 파일로 작업해서 저장할 경우 실격 처리됩니다.

## [전체구성]     60점

(1) 슬라이드 크기 및 순서 : 크기를 A4 용지로 설정하고 슬라이드 순서에 맞게 작성한다.
(2) 슬라이드 마스터 : 2~6슬라이드의 제목, 하단 로고, 슬라이드 번호는 슬라이드 마스터를 이용하여 작성한다.
   - 제목 글꼴(굴림, 40pt, 하양), 가운데 정렬, 도형(선 없음)
   - 하단 로고(「내 PC₩문서₩ITQ₩Picture₩로고2.jpg」, 배경(회색) 투명한 색으로 설정)

## [슬라이드 1]  ≪표지 디자인≫   40점

(1) 표지 디자인 : 도형, 워드숍 및 그림을 이용하여 작성한다.

### 세부조건
① 도형 편집
   - 도형에 그림 채우기 :
     「내 PC₩문서₩ITQ₩Picture₩그림1.jpg」, 투명도 50%
   - 도형 효과 : 옅은 테두리 5pt
② 워드숍
   - 변환 : 팽창
   - 글꼴 : 궁서, 진하게
   - 반사 : 1/2 크기, 근접
③ 그림 삽입
   - 「내 PC₩문서₩ITQ₩Picture₩로고2.jpg」
   - 배경(회색) 투명한 색으로 설정

## [슬라이드 2]  ≪목차 슬라이드≫   60점

(1) 출력형태와 같이 도형을 이용하여 목차를 작성한다(글꼴 : 맑은 고딕, 24pt).
(2) 도형 : 선 없음

### 세부조건
① 텍스트에 하이퍼링크 적용
   → '슬라이드 4'
② 그림 삽입
   - 「내 PC₩문서₩ITQ₩Picture₩그림5.jpg」
   - 자르기 기능 이용

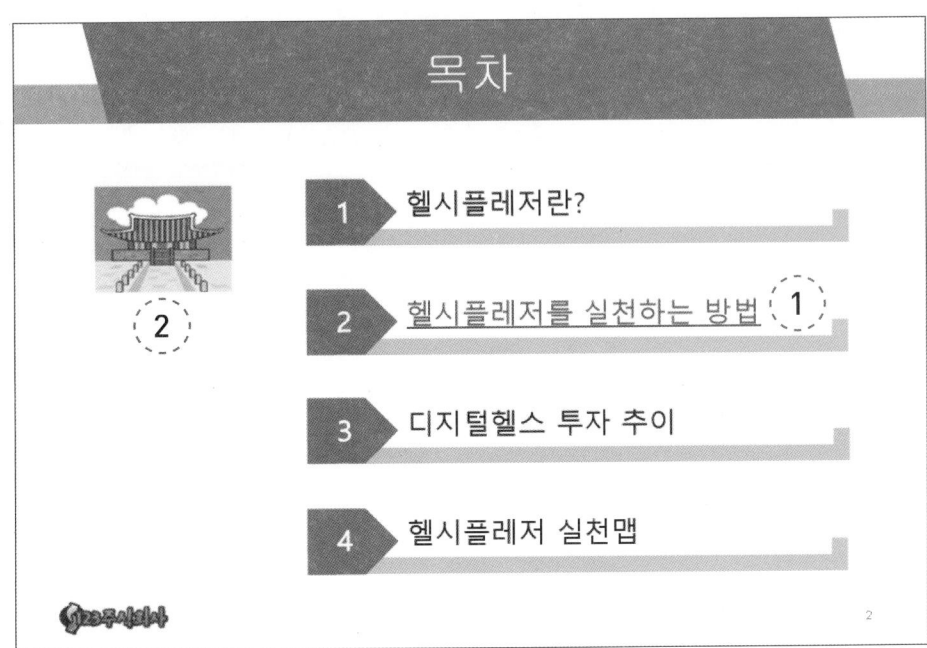

## [슬라이드 3] ≪텍스트/동영상 슬라이드≫ 60점

(1) 텍스트 작성 : 글머리 기호 사용(❖, ■)
　　❖문단(굴림, 24pt, 진하게, 줄간격 : 1.5줄), ■ 문단(굴림, 20pt, 줄간격 : 1.5줄)

**세부조건**
① 동영상 삽입 :
　- 「내 PC₩문서₩ITQ₩Picture₩동영상.wmv」
　- 자동 실행, 반복 재생 설정

### 1. 헬시플레저란?

❖ Healthy Pleasure
　■ A compound word of HEALTH and PLEASURE
　■ A word that means the pleasure of health care instead of the painful past health care

❖ 헬시플레저
　■ 건강과 기쁨이 합쳐진 단어로 건강 관리의 즐거움을 뜻하며 과거의 고통스러운 건강 관리 대신 즐겁고 재미있게 놀이처럼 즐길 수 있는 새롭고 편리한 건강 관리 방식을 의미

## [슬라이드 4] ≪표 슬라이드≫ 80점

(1) 도형과 표 작성 기능을 이용하여 슬라이드를 작성한다(글꼴 : 맑은 고딕, 18pt).

**세부조건**
① 상단 도형 :
　2개 도형의 조합으로 작성
② 좌측 도형 :
　그러데이션 효과(선형 위쪽)
③ 표 스타일 :
　보통 스타일 4 - 강조 5

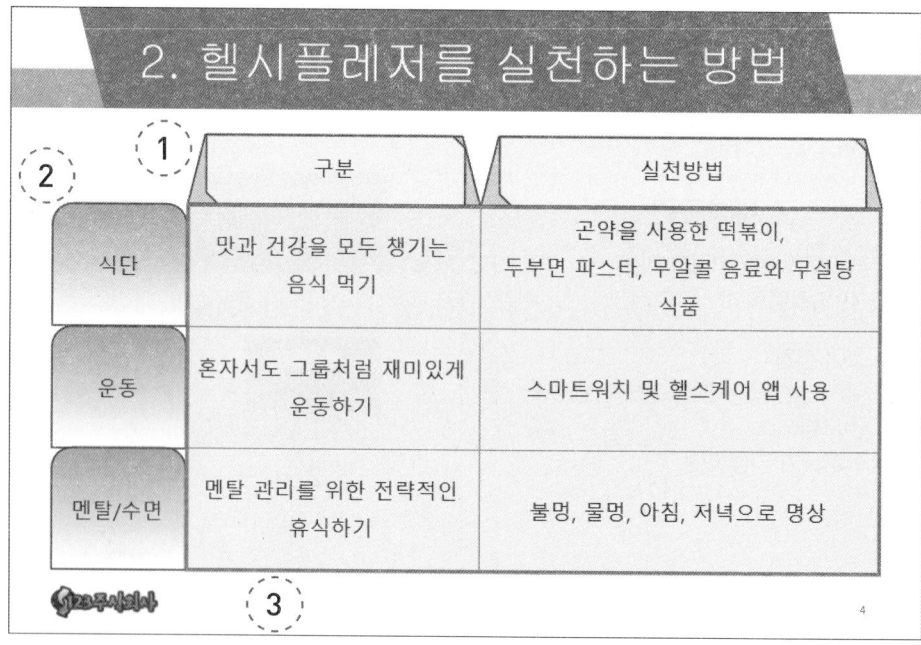

# [슬라이드 5]  ≪차트 슬라이드≫  100점

(1) 차트 작성 기능을 이용하여 슬라이드를 작성한다.
(2) 차트 : 유형(표식이 있는 꺾은선형), 글꼴(굴림, 16pt), 외곽선
(3) 표 : 차트 하단에 이미지와 같이 표 그리기

### 세부조건

※ 차트설명
- 차트 제목 : 궁서, 20pt, 진하게,
  채우기(하양), 테두리,
  그림자(바깥쪽 : 대각선 오른쪽 아래)
- 범례 위치 : 아래쪽
- 차트 영역 : 채우기(노랑)
- 그림 영역 : 채우기(하양)
- 데이터 서식 : 투자금액(십억달러)
  계열을 보조축으로 변경
- 값 표시 : 딜수(건) 계열만

① 도형 삽입
  - 스타일 : 밝은 계열 – 강조1
  - 글꼴 : 맑은 고딕, 18pt

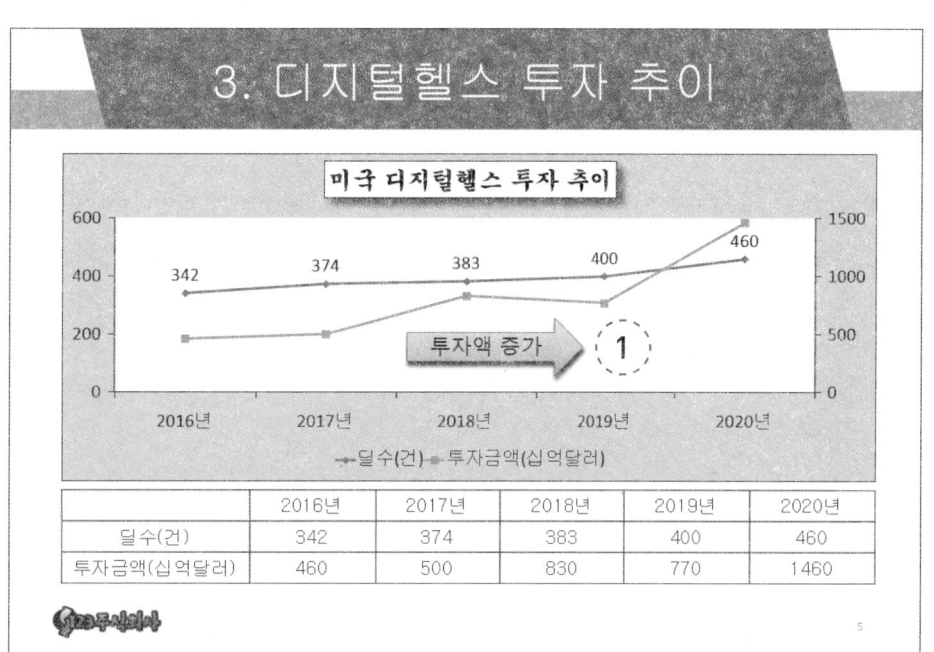

# [슬라이드 6]  ≪도형 슬라이드≫  100점

(1) 슬라이드와 같이 도형을 배치한다(글꼴 : 맑은 고딕, 18pt).
(2) 애니메이션 순서 : ① ⇒ ②

### 세부조건

① 도형 편집
  - 그룹화 후 애니메이션 효과
    : 바운드

② 도형 편집
  - 그룹화 후 애니메이션 효과
    : 모자이크(세로)

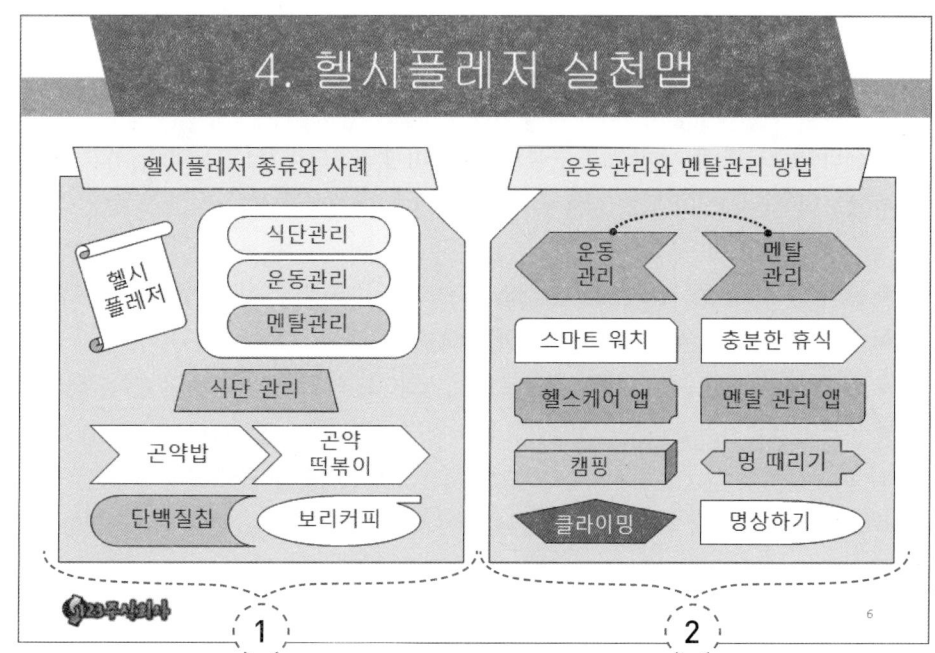

제 10 회  출제예상 모의고사

# 제 11 회 정보기술자격(ITQ) 출제예상 모의고사

| 과목 | 코드 | 문제유형 | 시험시간 | 수험번호 | 성명 |
| --- | --- | --- | --- | --- | --- |
| 한쇼 | 1141 | A | 60분 | | |

한컴오피스

### • 수험자 유의사항 •

- 수험자는 문제지를 받는 즉시 문제지와 **수험표상의 시험과목(프로그램)이 동일한지 반드시 확인**하여야 합니다.
- 파일명은 본인의 "수험번호-성명"으로 입력하여 답안 폴더(내 PC₩문서₩ITQ)에 하나의 파일로 저장해야 하며, 답안 문서 파일명이 "수험번호-성명"과 일치하지 않거나, 답안 파일을 전송하지 않아 미제출로 처리될 경우 실격 처리합니다 (예 : 12345678-홍길동.show).
- 답안 작성을 마치면 파일을 저장하고, '답안 전송' 버튼을 선택하여 감독위원 PC로 답안을 전송하십시오. 수험생 정보와 저장한 파일명이 다를 경우 전송되지 않으므로 주의하시기 바랍니다.
- 답안 작성 중에도 **주기적으로 저장하고, '답안 전송'**하여야 문제 발생을 줄일 수 있습니다. 작업한 내용을 저장하지 않고 전송할 경우 이전에 저장된 내용이 전송되오니 이점 유의하시기 바랍니다.
- 답안 문서는 지정된 경로 외의 다른 보조기억장치에 저장하는 경우, 지정된 시험 시간 외에 작성된 파일을 활용할 경우, 기타 통신 수단(이메일, 메신저, 네트워크 등)을 이용하여 타인에게 전달 또는 외부 반출하는 경우는 부정 처리합니다.
- 시험 중 부주의 또는 고의로 시스템을 파손한 경우는 수험자가 변상해야 하며, 〈수험자 유의사항〉에 기재된 방법대로 이행하지 않아 생기는 불이익은 수험생 당사자의 책임임을 알려 드립니다.
- 문제의 조건은 한컴오피스 2022 버전으로 설정되어 있으니 유의하시기 바랍니다.
- 시험을 완료한 수험자는 답안 파일이 전송되었는지 확인한 후 감독위원의 지시에 따라 문제지를 제출하고 퇴실합니다.

### • 답안 작성요령 •

- 온라인 답안 작성 절차
  수험자 등록 ⇒ 시험 시작 ⇒ 답안 파일 저장 ⇒ 답안 전송 ⇒ 시험 종료
- 슬라이드의 크기는 A4 Paper로 설정하여 작성합니다.
- 슬라이드의 총 개수는 6개로 구성되어 있으며 슬라이드 1부터 순서대로 작업하고 반드시 문제와 세부 조건대로 합니다.
- 별도의 지시사항이 없는 경우 출력형태를 참조하여 글꼴 색은 검정 또는 흰색으로 작성하고, 기타사항은 전체적인 균형을 고려하여 작성합니다.
- 슬라이드 도형 및 개체에 출력형태와 다른 스타일(그림자, 외곽선 등)을 적용했을 경우 감점처리 됩니다.
- 슬라이드 번호를 작성합니다(슬라이드 1에는 생략).
- 2~6번 슬라이드 제목 도형과 하단 로고는 슬라이드 마스터를 이용하여 출력형태와 동일하게 작성합니다(슬라이드 1에는 생략).
- 문제와 세부조건, 세부조건 번호 ◯ (점선원)는 입력하지 않습니다.
- 각 개체의 위치는 오른쪽의 슬라이드와 동일하게 구성합니다.
- 그림 삽입 문제의 경우 반드시 「내 PC₩문서₩ITQ₩Picture」 폴더에서 정확한 파일을 선택하여 삽입 하십시오.
- 각 슬라이드를 각각의 파일로 작업해서 저장할 경우 실격 처리됩니다.

**kpc 한국생산성본부**

## [전체구성]  60점

(1) 슬라이드 크기 및 순서 : 크기를 A4 용지로 설정하고 슬라이드 순서에 맞게 작성한다.
(2) 슬라이드 마스터 : 2~6슬라이드의 제목, 하단 로고, 슬라이드 번호는 슬라이드 마스터를 이용하여 작성한다.
  - 제목 글꼴(굴림, 40pt, 하양), 가운데 정렬, 도형(선 없음)
  - 하단 로고(「내 PC\문서\ITQ\Picture\로고2.jpg」, 배경(회색) 투명한 색으로 설정)

## [슬라이드 1] ≪표지 디자인≫  40점

(1) 표지 디자인 : 도형, 워드숍 및 그림을 이용하여 작성한다.

**세부조건**

① 도형 편집
  - 도형에 그림 채우기 :
    「내 PC\문서\ITQ\Picture\그림1.jpg」, 투명도 50%
  - 도형 효과 : 옅은 테두리 5pt

② 워드숍
  - 변환 : 위로 기울기
  - 글꼴 : 궁서, 진하게
  - 반사 : 1/2 크기, 4pt

③ 그림 삽입
  - 「내 PC\문서\ITQ\Picture\로고2.jpg」
  - 배경(회색) 투명한 색으로 설정

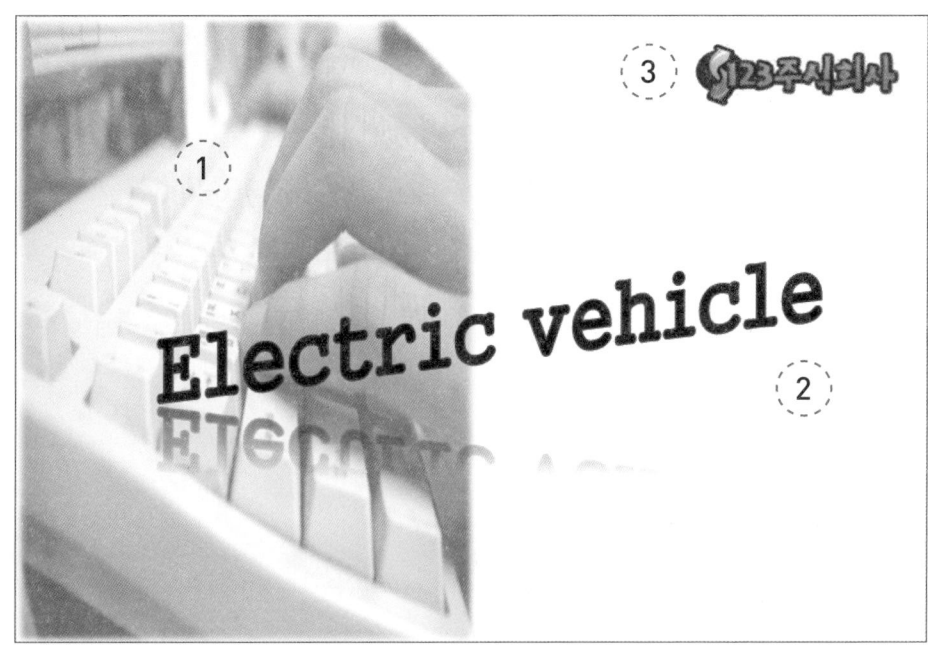

## [슬라이드 2] ≪목차 슬라이드≫  60점

(1) 출력형태와 같이 도형을 이용하여 목차를 작성한다(글꼴 : 맑은 고딕, 24pt).
(2) 도형 : 선 없음

**세부조건**

① 텍스트에 하이퍼링크 적용
  → '슬라이드 6'

② 그림 삽입
  - 「내 PC\문서\ITQ\Picture\그림5.jpg」
  - 자르기 기능 이용

## [슬라이드 3]  ≪텍스트/동영상 슬라이드≫    60점

(1) 텍스트 작성 : 글머리 기호 사용(◆, ✓)
  ◆문단(굴림, 24pt, 진하게, 줄간격 : 1.5줄), ✓문단(굴림, 20pt, 줄간격 : 1.5줄)

**세부조건**
① 동영상 삽입 :
  - 「내 PC₩문서₩ITQ₩Picture₩동영상.wmv」
  - 자동 실행, 반복 재생 설정

### 1. 전기차의 정리

◆ **Electric vehicle**
  ✓ An electric vehicle can be powered by a collector system, with electricity from extravehicular sources, or it can be powered autonomously by a battery

◆ **전기차의 특징**
  ✓ 전기 사용, 작은 소음, 차량 구조설계 용이
  ✓ 뛰어난 제어 성능 및 유지보수성
  ✓ 엔진 소음이 작고, 폭발의 위험성이 작음

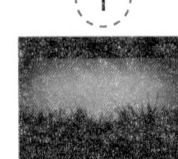

## [슬라이드 4]  ≪표 슬라이드≫    80점

(1) 도형과 표 작성 기능을 이용하여 슬라이드를 작성한다(글꼴 : 맑은 고딕, 18pt).

**세부조건**
① 상단 도형 :
  2개 도형의 조합으로 작성
② 좌측 도형 :
  그러데이션 효과(선형 위쪽)
③ 표 스타일 :
  보통 스타일 4 - 강조 5

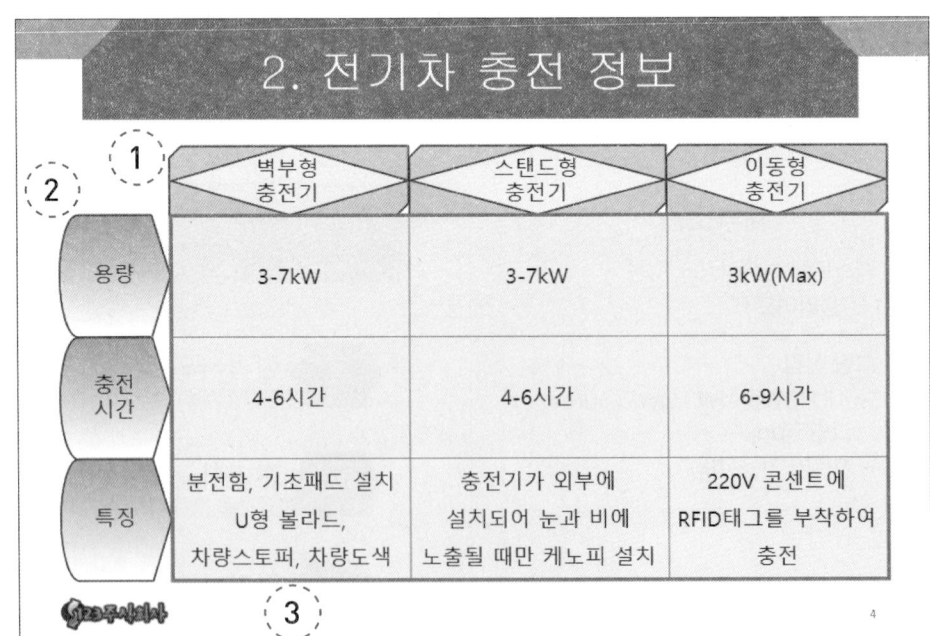

[슬라이드 5]  ≪차트 슬라이드≫   100점

(1) 차트 작성 기능을 이용하여 슬라이드를 작성한다.
(2) 차트 : 유형(묶은 세로 막대형), 글꼴(굴림, 16pt), 외곽선
(3) 표 : 차트 하단에 이미지와 같이 표 그리기

### 세부조건

※ 차트설명
- 차트 제목 : 궁서, 20pt, 진하게,
  채우기(하양), 테두리,
  그림자(바깥쪽 : 대각선 오른쪽 아래)
- 범례 위치 : 아래쪽
- 차트 영역 : 채우기(노랑)
- 그림 영역 : 채우기(하양)
- 데이터 서식 : 국비+지방비 계열을
  표식이 있는 꺾은선형으로 변경
- 값 표시 : 국비 계열만

① 도형 삽입
- 스타일 : 밝은 계열 - 강조1
- 글꼴 : 맑은 고딕, 18pt

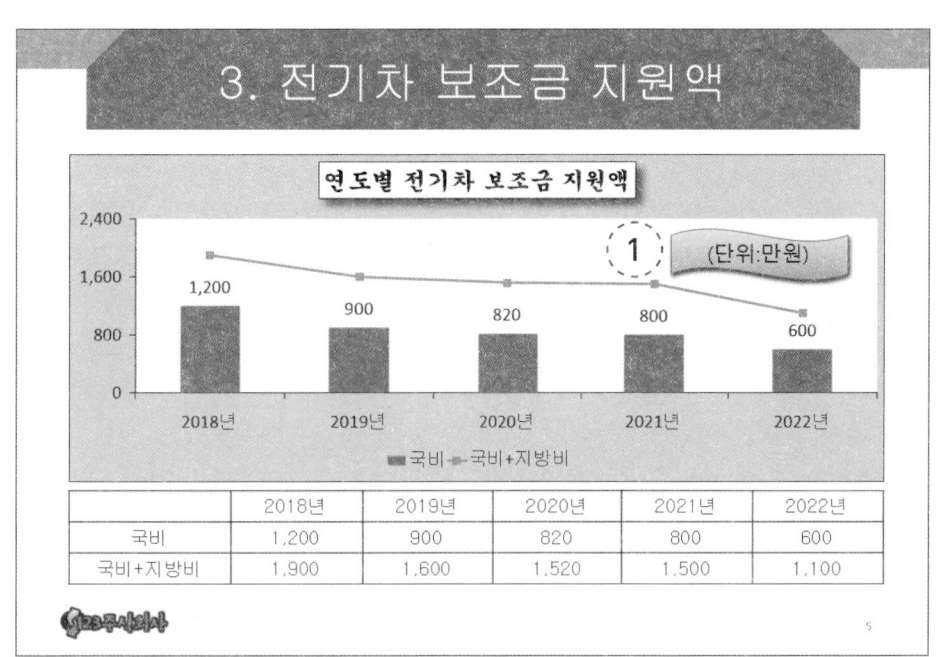

[슬라이드 6]  ≪도형 슬라이드≫   100점

(1) 슬라이드와 같이 도형을 배치한다(글꼴 : 맑은 고딕, 18pt).
(2) 애니메이션 순서 : ① ⇒ ②

### 세부조건

① 도형 편집
- 그룹화 후 애니메이션 효과
  : 바운드

② 도형 편집
- 그룹화 후 애니메이션 효과
  : 블라인드(세로)

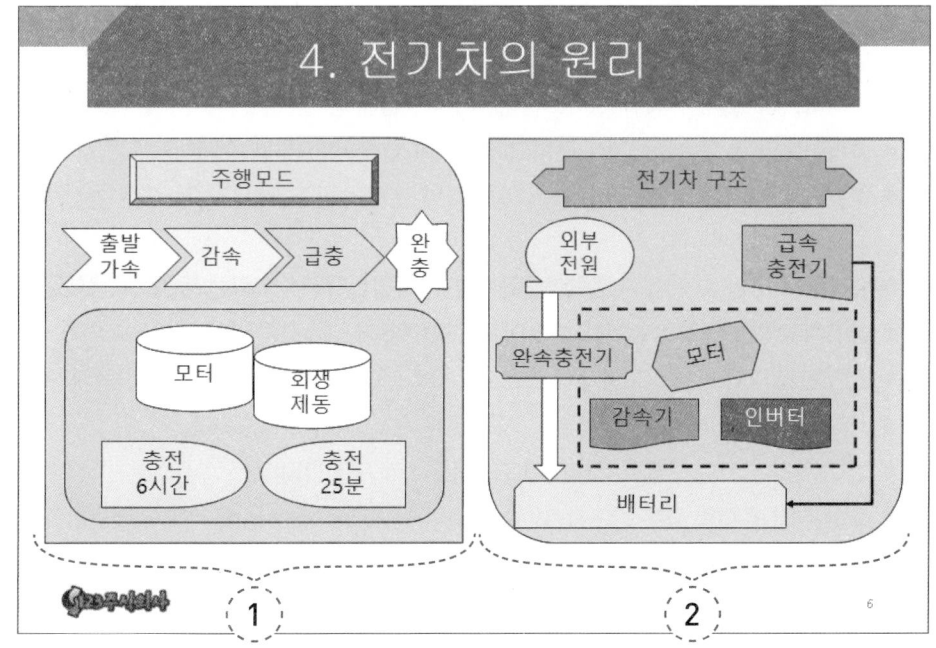

# 제 12 회 정보기술자격(ITQ) 출제예상 모의고사

| 과목 | 코드 | 문제유형 | 시험시간 | 수험번호 | 성명 |
|---|---|---|---|---|---|
| 한쇼 | 1141 | A | 60분 | | |

한컴오피스

## • 수험자 유의사항 •

- 수험자는 문제지를 받는 즉시 문제지와 **수험표상의 시험과목(프로그램)이 동일한지 반드시 확인**하여야 합니다.
- 파일명은 본인의 "수험번호-성명"으로 입력하여 답안 폴더(내 PC₩문서₩ITQ)에 하나의 파일로 저장해야 하며, 답안 문서 파일명이 "수험번호-성명"과 일치하지 않거나, 답안 파일을 전송하지 않아 미제출로 처리될 경우 실격 처리합니다 (예 : 12345678-홍길동.show).
- 답안 작성을 마치면 파일을 저장하고, '답안 전송' 버튼을 선택하여 감독위원 PC로 답안을 전송하십시오. 수험생 정보와 저장한 파일명이 다를 경우 전송되지 않으므로 주의하시기 바랍니다.
- 답안 작성 중에도 **주기적으로 저장하고, '답안 전송'**하여야 문제 발생을 줄일 수 있습니다. 작업한 내용을 저장하지 않고 전송할 경우 이전에 저장된 내용이 전송되오니 이점 유의하시기 바랍니다.
- 답안 문서는 지정된 경로 외의 다른 보조기억장치에 저장하는 경우, 지정된 시험 시간 외에 작성된 파일을 활용할 경우, 기타 통신 수단(이메일, 메신저, 네트워크 등)을 이용하여 타인에게 전달 또는 외부 반출하는 경우는 부정 처리합니다.
- 시험 중 부주의 또는 고의로 시스템을 파손한 경우는 수험자가 변상해야 하며, 〈수험자 유의사항〉에 기재된 방법대로 이행하지 않아 생기는 불이익은 수험생 당사자의 책임임을 알려 드립니다.
- 문제의 조건은 한컴오피스 2022 버전으로 설정되어 있으니 유의하시기 바랍니다.
- 시험을 완료한 수험자는 답안 파일이 전송되었는지 확인한 후 감독위원의 지시에 따라 문제지를 제출하고 퇴실합니다.

## • 답안 작성요령 •

- 온라인 답안 작성 절차
  수험자 등록 ⇒ 시험 시작 ⇒ 답안 파일 저장 ⇒ 답안 전송 ⇒ 시험 종료
- 슬라이드의 크기는 A4 Paper로 설정하여 작성합니다.
- 슬라이드의 총 개수는 6개로 구성되어 있으며 슬라이드 1부터 순서대로 작업하고 반드시 문제와 세부 조건대로 합니다.
- 별도의 지시사항이 없는 경우 출력형태를 참조하여 글꼴 색은 검정 또는 흰색으로 작성하고, 기타사항은 전체적인 균형을 고려하여 작성합니다.
- 슬라이드 도형 및 개체에 출력형태와 다른 스타일(그림자, 외곽선 등)을 적용했을 경우 감점처리 됩니다.
- 슬라이드 번호를 작성합니다(슬라이드 1에는 생략).
- 2~6번 슬라이드 제목 도형과 하단 로고는 슬라이드 마스터를 이용하여 출력형태와 동일하게 작성합니다(슬라이드 1에는 생략).
- 문제와 세부조건, 세부조건 번호 ◌ (점선원)는 입력하지 않습니다.
- 각 개체의 위치는 오른쪽의 슬라이드와 동일하게 구성합니다.
- 그림 삽입 문제의 경우 반드시「내 PC₩문서₩ITQ₩Picture」폴더에서 정확한 파일을 선택하여 삽입 하십시오.
- 각 슬라이드를 각각의 파일로 작업해서 저장할 경우 실격 처리됩니다.

**kpc 한국생산성본부**

## [전체구성] 60점

(1) 슬라이드 크기 및 순서 : 크기를 A4 용지로 설정하고 슬라이드 순서에 맞게 작성한다.
(2) 슬라이드 마스터 : 2~6슬라이드의 제목, 하단 로고, 슬라이드 번호는 슬라이드 마스터를 이용하여 작성한다.
- 제목 글꼴(굴림, 40pt, 하양), 가운데 정렬, 도형(선 없음)
- 하단 로고(「내 PC₩문서₩ITQ₩Picture₩로고2.jpg」, 배경(회색) 투명한 색으로 설정)

## [슬라이드 1] ≪표지 디자인≫ 40점

(1) 표지 디자인 : 도형, 워드숍 및 그림을 이용하여 작성한다.

### 세부조건

① 도형 편집
- 도형에 그림 채우기 :
「내 PC₩문서₩ITQ₩Picture₩
그림1.jpg」, 투명도 50%
- 도형 효과 : 옅은 테두리 5pt

② 워드숍
- 변환 : 삼각형
- 글꼴 : 궁서, 진하게
- 반사 : 1/2 크기, 4pt

③ 그림 삽입
-「내 PC₩문서₩ITQ₩Picture₩
로고2.jpg」
- 배경(회색) 투명한 색으로 설정

## [슬라이드 2] ≪목차 슬라이드≫ 60점

(1) 출력형태와 같이 도형을 이용하여 목차를 작성한다(글꼴 : 맑은 고딕, 24pt).
(2) 도형 : 선 없음

### 세부조건

① 텍스트에 하이퍼링크 적용
→ '슬라이드 6'

② 그림 삽입
-「내 PC₩문서₩ITQ₩Picture₩
그림4.jpg」
- 자르기 기능 이용

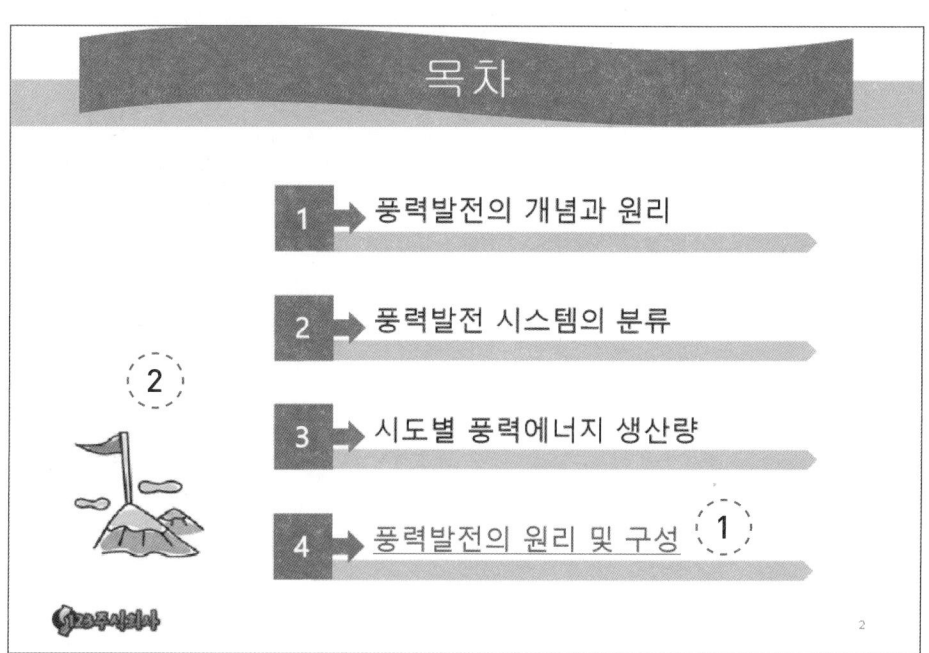

[슬라이드 3]  ≪텍스트/동영상 슬라이드≫   60점

(1) 텍스트 작성 : 글머리 기호 사용(❖, ✓)
  ❖문단(굴림, 24pt, 진하게, 줄간격 : 1.5줄), ✓문단(굴림, 20pt, 줄간격 : 1.5줄)

세부조건
① 동영상 삽입 :
  - 「내 PC₩문서₩ITQ₩Picture₩동영상.wmv」
  - 자동 실행, 반복 재생 설정

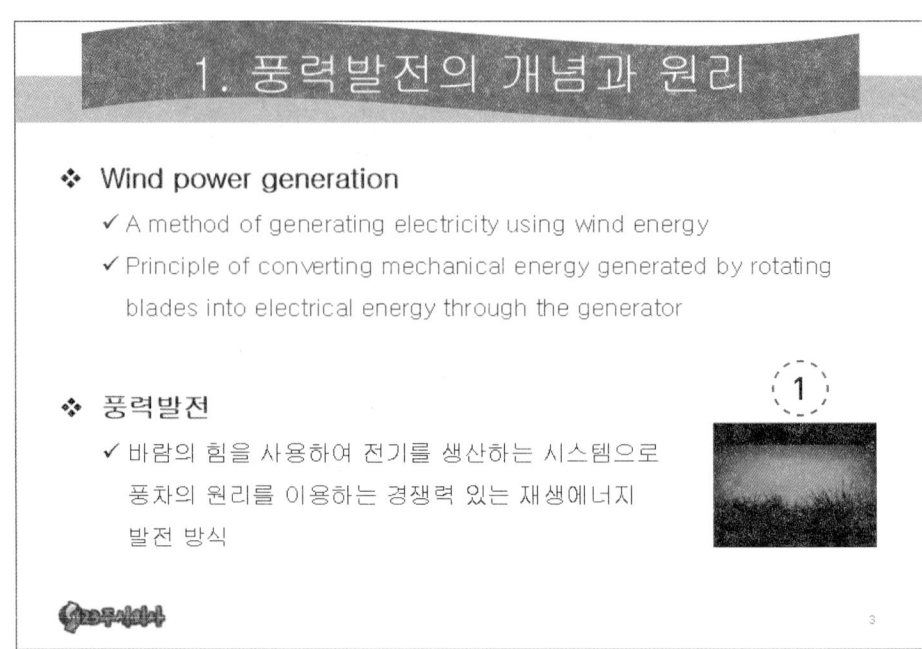

[슬라이드 4]  ≪표 슬라이드≫   80점

(1) 도형과 표 작성 기능을 이용하여 슬라이드를 작성한다(글꼴 : 맑은 고딕, 18pt).

세부조건
① 상단 도형 :
  2개 도형의 조합으로 작성
② 좌측 도형 :
  그러데이션 효과(선형 위쪽)
③ 표 스타일 :
  보통 스타일 4 - 강조 1

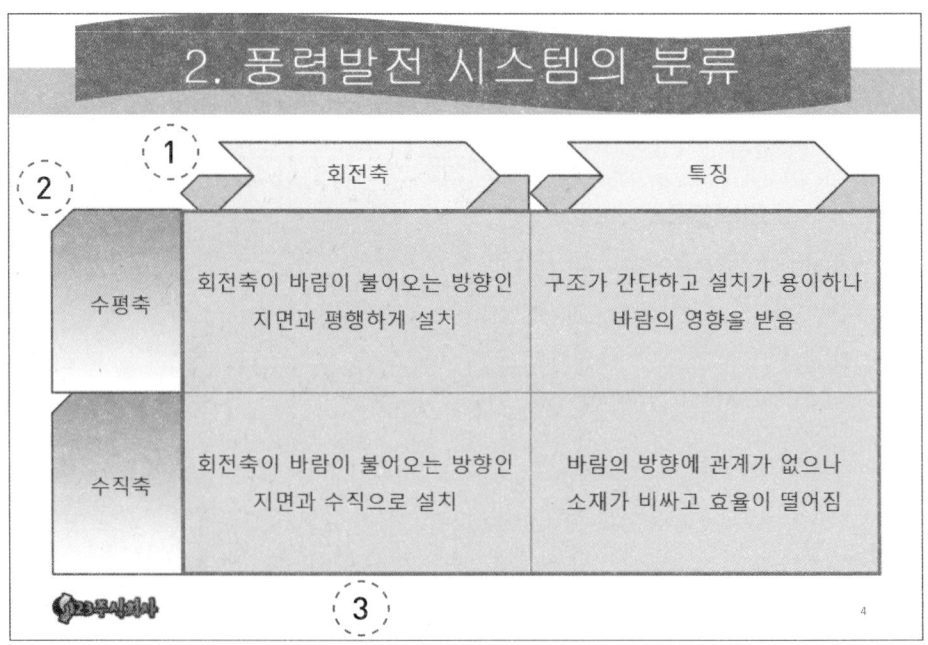

# [슬라이드 5] ≪차트 슬라이드≫       100점

(1) 차트 작성 기능을 이용하여 슬라이드를 작성한다.
(2) 차트 : 유형(표식이 있는 꺾은선형), 글꼴(굴림, 16pt), 외곽선
(3) 표 : 차트 하단에 이미지와 같이 표 그리기

### 세부조건
※ 차트설명
- 차트 제목 : 궁서, 20pt, 진하게, 채우기(하양), 테두리, 그림자(바깥쪽 : 대각선 오른쪽 아래)
- 범례 위치 : 아래쪽
- 차트 영역 : 채우기(노랑)
- 그림 영역 : 채우기(하양)
- 데이터 서식 : 개인용(MWh) 계열을 보조축으로 변경
- 값 표시 : 사업용(GWh) 계열만

① 도형 삽입
 - 스타일 : 밝은 계열 – 강조1
 - 글꼴 : 맑은 고딕, 18pt

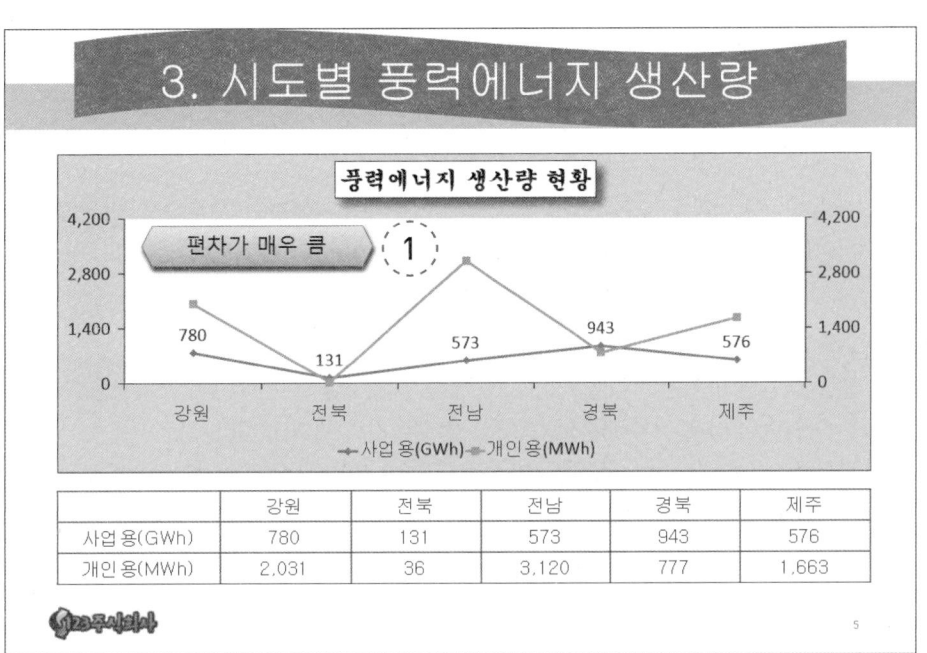

# [슬라이드 6] ≪도형 슬라이드≫       100점

(1) 슬라이드와 같이 도형을 배치한다(글꼴 : 맑은 고딕, 18pt).
(2) 애니메이션 순서 : ① ⇒ ②

### 세부조건
① 도형 편집
 - 그룹화 후 애니메이션 효과
  : 바운드

② 도형 편집
 - 그룹화 후 애니메이션 효과
  : 블라인드(세로)

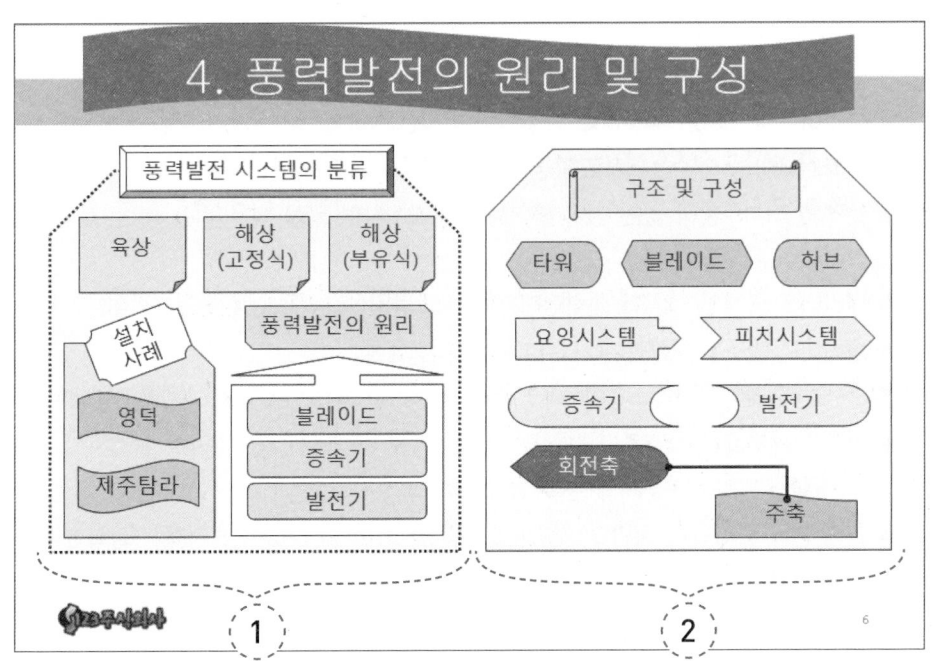

# 제13회 정보기술자격(ITQ) 출제예상 모의고사

| 과목 | 코드 | 문제유형 | 시험시간 | 수험번호 | 성명 |
|---|---|---|---|---|---|
| 한쇼 | 1141 | A | 60분 | | |

한컴오피스

### • 수험자 유의사항 •

- 수험자는 문제지를 받는 즉시 문제지와 **수험표상의 시험과목(프로그램)이 동일한지 반드시 확인**하여야 합니다.
- 파일명은 본인의 "수험번호-성명"으로 입력하여 답안 폴더(내 PC\문서\ITQ)에 하나의 파일로 저장해야 하며, 답안 문서 파일명이 "수험번호-성명"과 일치하지 않거나, 답안 파일을 전송하지 않아 미제출로 처리될 경우 실격 처리합니다 (예 : 12345678-홍길동.show).
- 답안 작성을 마치면 파일을 저장하고, '답안 전송' 버튼을 선택하여 감독위원 PC로 답안을 전송하십시오. 수험생 정보와 저장한 파일명이 다를 경우 전송되지 않으므로 주의하시기 바랍니다.
- 답안 작성 중에도 **주기적으로 저장하고, '답안 전송'**하여야 문제 발생을 줄일 수 있습니다. 작업한 내용을 저장하지 않고 전송할 경우 이전에 저장된 내용이 전송되오니 이점 유의하시기 바랍니다.
- 답안 문서는 지정된 경로 외의 다른 보조기억장치에 저장하는 경우, 지정된 시험 시간 외에 작성된 파일을 활용할 경우, 기타 통신 수단(이메일, 메신저, 네트워크 등)을 이용하여 타인에게 전달 또는 외부 반출하는 경우는 부정 처리합니다.
- 시험 중 부주의 또는 고의로 시스템을 파손한 경우는 수험자가 변상해야 하며, 〈수험자 유의사항〉에 기재된 방법대로 이행하지 않아 생기는 불이익은 수험생 당사자의 책임임을 알려 드립니다.
- 문제의 조건은 한컴오피스 2022 버전으로 설정되어 있으니 유의하시기 바랍니다.
- 시험을 완료한 수험자는 답안 파일이 전송되었는지 확인한 후 감독위원의 지시에 따라 문제지를 제출하고 퇴실합니다.

### • 답안 작성요령 •

- 온라인 답안 작성 절차
  수험자 등록 ⇒ 시험 시작 ⇒ 답안 파일 저장 ⇒ 답안 전송 ⇒ 시험 종료
- 슬라이드의 크기는 A4 Paper로 설정하여 작성합니다.
- 슬라이드의 총 개수는 6개로 구성되어 있으며 슬라이드 1부터 순서대로 작업하고 반드시 문제와 세부 조건대로 합니다.
- 별도의 지시사항이 없는 경우 출력형태를 참조하여 글꼴 색은 검정 또는 흰색으로 작성하고, 기타사항은 전체적인 균형을 고려하여 작성합니다.
- 슬라이드 도형 및 개체에 출력형태와 다른 스타일(그림자, 외곽선 등)을 적용했을 경우 감점처리 됩니다.
- 슬라이드 번호를 작성합니다(슬라이드 1에는 생략).
- 2~6번 슬라이드 제목 도형과 하단 로고는 슬라이드 마스터를 이용하여 출력형태와 동일하게 작성합니다(슬라이드 1에는 생략).
- 문제와 세부조건, 세부조건 번호 ۞ (점선원)는 입력하지 않습니다.
- 각 개체의 위치는 오른쪽의 슬라이드와 동일하게 구성합니다.
- 그림 삽입 문제의 경우 반드시 「내 PC\문서\ITQ\Picture」 폴더에서 정확한 파일을 선택하여 삽입 하십시오.
- 각 슬라이드를 각각의 파일로 작업해서 저장할 경우 실격 처리됩니다.

## [전체구성] 60점

(1) 슬라이드 크기 및 순서 : 크기를 A4 용지로 설정하고 슬라이드 순서에 맞게 작성한다.
(2) 슬라이드 마스터 : 2~6슬라이드의 제목, 하단 로고, 슬라이드 번호는 슬라이드 마스터를 이용하여 작성한다.
   - 제목 글꼴(굴림, 40pt, 하양), 가운데 정렬, 도형(선 없음)
   - 하단 로고(「내 PC₩문서₩ITQ₩Picture₩로고1.jpg」, 배경(회색) 투명한 색으로 설정)

## [슬라이드 1]  ≪표지 디자인≫ 40점

(1) 표지 디자인 : 도형, 워드숍 및 그림을 이용하여 작성한다.

**세부조건**

① 도형 편집
   - 도형에 그림 채우기 :
     「내 PC₩문서₩ITQ₩Picture₩
     그림1.jpg」, 투명도 50%
   - 도형 효과 : 옅은 테두리 5pt

② 워드숍
   - 변환 : 위로 기울기
   - 글꼴 : 궁서, 진하게
   - 반사 : 3/4 크기, 근접

③ 그림 삽입
   - 「내 PC₩문서₩ITQ₩Picture₩
     로고1.jpg」
   - 배경(회색) 투명한 색으로 설정

## [슬라이드 2]  ≪목차 슬라이드≫ 60점

(1) 출력형태와 같이 도형을 이용하여 목차를 작성한다(글꼴 : 맑은 고딕, 24pt).
(2) 도형 : 선 없음

**세부조건**

① 텍스트에 하이퍼링크 적용
   → '슬라이드 5'

② 그림 삽입
   - 「내 PC₩문서₩ITQ₩Picture₩
     그림4.jpg」
   - 자르기 기능 이용

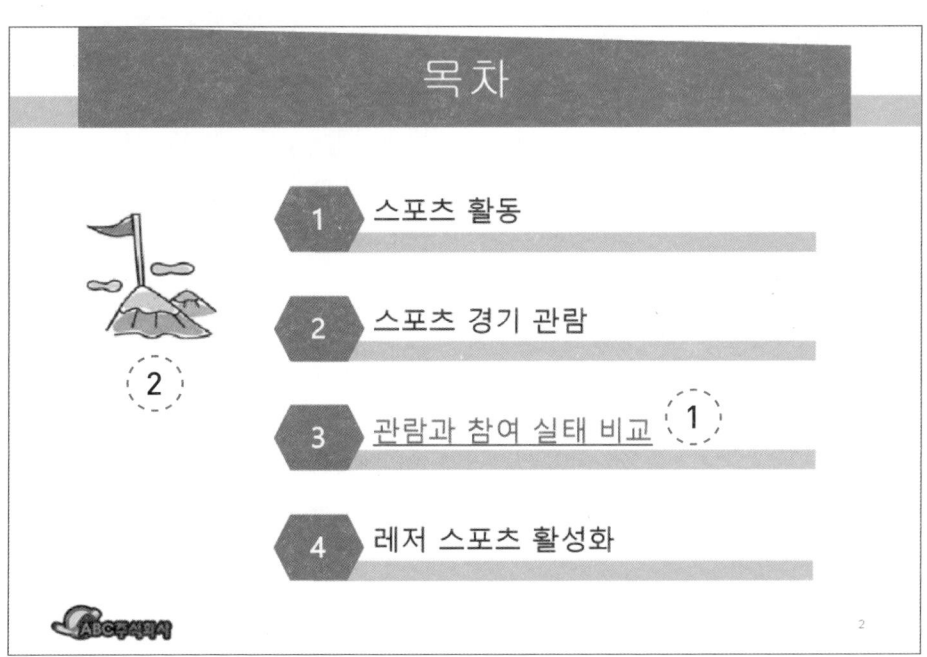

## [슬라이드 3]  ≪텍스트/동영상 슬라이드≫   60점

(1) 텍스트 작성 : 글머리 기호 사용(◆, ✓)
  ◆문단(굴림, 24pt, 진하게, 줄간격 : 1.5줄), ✓문단(굴림, 20pt, 줄간격 : 1.5줄)

**세부조건**
① 동영상 삽입 :
  - 「내 PC₩문서₩ITQ₩Picture₩동영상.wmv」
  - 자동 실행, 반복 재생 설정

### 1. 스포츠 활동

◆ Sports activities
  ✓ Sports refer to competitive physical activities or games, and can improve an individual's health
  ✓ This is applied by rules and customs that ensure fair competition

◆ 스포츠 활동
  ✓ 스포츠는 경쟁적인 신체 활동이나 게임으로, 개인의 건강을 증진시킬 수 있으며 공정한 경쟁을 보장하는 규칙과 관습을 적용함

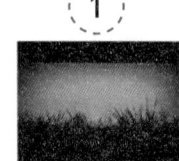

---

## [슬라이드 4]  ≪표 슬라이드≫   80점

(1) 도형과 표 작성 기능을 이용하여 슬라이드를 작성한다(글꼴 : 맑은 고딕, 18pt).

**세부조건**
① 상단 도형 :
  2개 도형의 조합으로 작성
② 좌측 도형 :
  그러데이션 효과(선형 위쪽)
③ 표 스타일 :
  보통 스타일 4 - 강조 3

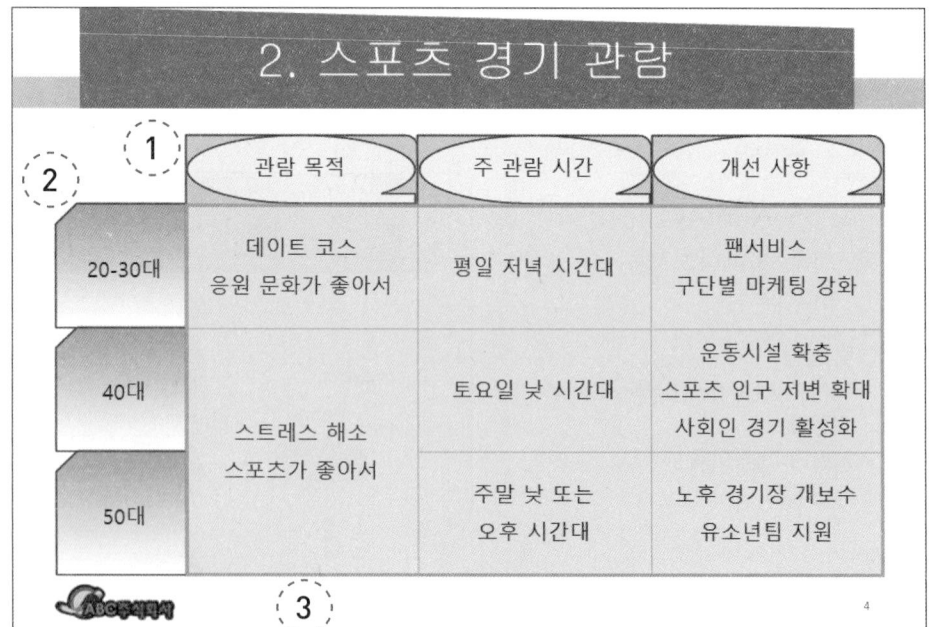

### 2. 스포츠 경기 관람

| | 관람 목적 | 주 관람 시간 | 개선 사항 |
|---|---|---|---|
| 20-30대 | 데이트 코스<br>응원 문화가 좋아서 | 평일 저녁 시간대 | 팬서비스<br>구단별 마케팅 강화 |
| 40대 | 스트레스 해소<br>스포츠가 좋아서 | 토요일 낮 시간대 | 운동시설 확충<br>스포츠 인구 저변 확대<br>사회인 경기 활성화 |
| 50대 | | 주말 낮 또는<br>오후 시간대 | 노후 경기장 개보수<br>유소년팀 지원 |

## [슬라이드 5]  ≪차트 슬라이드≫  100점

(1) 차트 작성 기능을 이용하여 슬라이드를 작성한다.
(2) 차트 : 유형(묶은 세로 막대형), 글꼴(굴림, 16pt), 외곽선
(3) 표 : 차트 하단에 이미지와 같이 표 그리기

### 세부조건

※ 차트설명
- 차트 제목 : 궁서, 20pt, 진하게,
  채우기(하양), 테두리,
  그림자(바깥쪽 : 대각선 오른쪽 아래)
- 범례 위치 : 아래쪽
- 차트 영역 : 채우기(노랑)
- 그림 영역 : 채우기(하양)
- 데이터 서식 : 직접 해본 운동 계열
  을 표식이 있는 꺾은선형으로 변경
- 값 표시 : 보는 운동 계열만

① 도형 삽입
  - 스타일 : 밝은 계열 – 강조1
  - 글꼴 : 맑은 고딕, 18pt

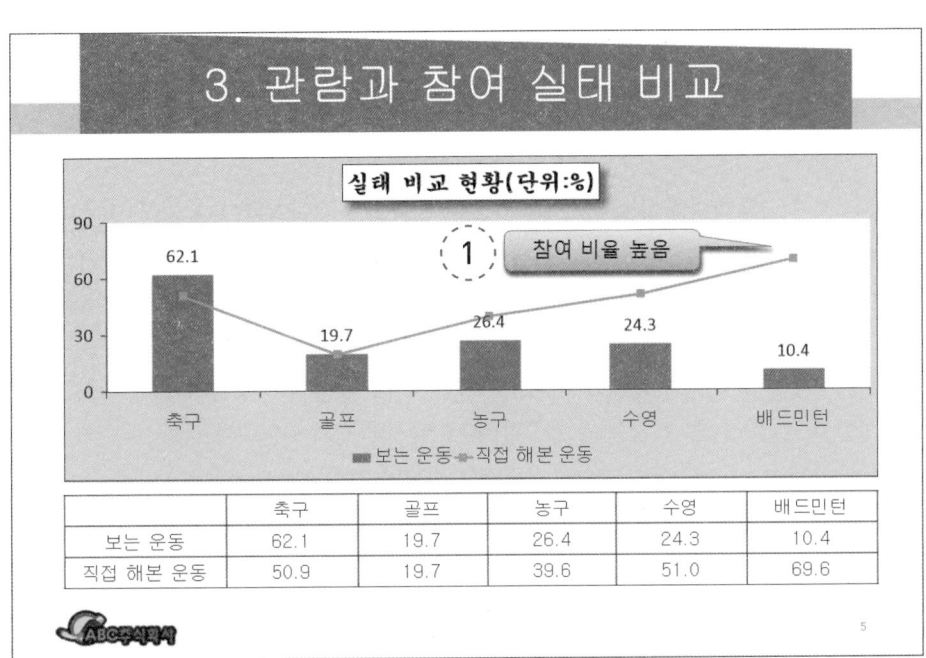

## [슬라이드 6]  ≪도형 슬라이드≫  100점

(1) 슬라이드와 같이 도형을 배치한다(글꼴 : 맑은 고딕, 18pt).
(2) 애니메이션 순서 : ① ⇒ ②

### 세부조건

① 도형 편집
  - 그룹화 후 애니메이션 효과
    : 나타내기

② 도형 편집
  - 그룹화 후 애니메이션 효과
    : 블라인드(세로)

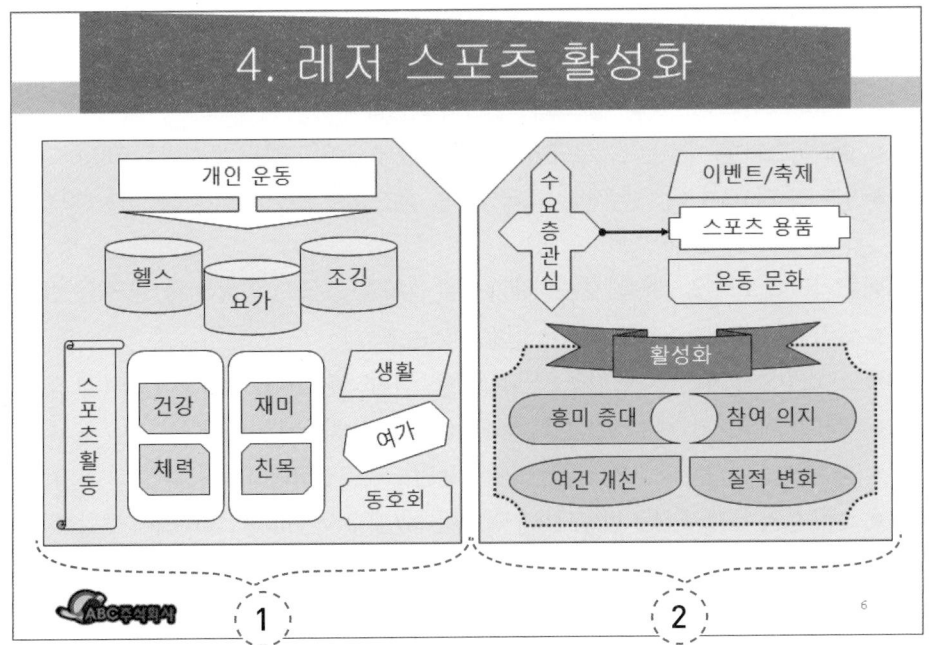

# 제 14 회 정보기술자격(ITQ) 출제예상 모의고사

| 과목 | 코드 | 문제유형 | 시험시간 | 수험번호 | 성명 |
|---|---|---|---|---|---|
| 한쇼 | 1141 | A | 60분 | | |

한컴오피스

## • 수험자 유의사항 •

- 수험자는 문제지를 받는 즉시 문제지와 **수험표상의 시험과목(프로그램)이 동일한지 반드시 확인**하여야 합니다.
- 파일명은 본인의 "수험번호-성명"으로 입력하여 답안 폴더(내 PC\문서\ITQ)에 하나의 파일로 저장해야 하며, 답안 문서 파일명이 "수험번호-성명"과 일치하지 않거나, 답안 파일을 전송하지 않아 미제출로 처리될 경우 실격 처리합니다. (예 : 12345678-홍길동.show).
- 답안 작성을 마치면 파일을 저장하고, '답안 전송' 버튼을 선택하여 감독위원 PC로 답안을 전송하십시오. 수험생 정보와 저장한 파일명이 다를 경우 전송되지 않으므로 주의하시기 바랍니다.
- 답안 작성 중에도 **주기적으로 저장하고, '답안 전송'**하여야 문제 발생을 줄일 수 있습니다. 작업한 내용을 저장하지 않고 전송할 경우 이전에 저장된 내용이 전송되오니 이점 유의하시기 바랍니다.
- 답안 문서는 지정된 경로 외의 다른 보조기억장치에 저장하는 경우, 지정된 시험 시간 외에 작성된 파일을 활용할 경우, 기타 통신 수단(이메일, 메신저, 네트워크 등)을 이용하여 타인에게 전달 또는 외부 반출하는 경우는 부정 처리합니다.
- 시험 중 부주의 또는 고의로 시스템을 파손한 경우는 수험자가 변상해야 하며, 〈수험자 유의사항〉에 기재된 방법대로 이행하지 않아 생기는 불이익은 수험생 당사자의 책임임을 알려 드립니다.
- 문제의 조건은 한컴오피스 2022 버전으로 설정되어 있으니 유의하시기 바랍니다.
- 시험을 완료한 수험자는 답안 파일이 전송되었는지 확인한 후 감독위원의 지시에 따라 문제지를 제출하고 퇴실합니다.

## • 답안 작성요령 •

- 온라인 답안 작성 절차
  수험자 등록 ⇒ 시험 시작 ⇒ 답안 파일 저장 ⇒ 답안 전송 ⇒ 시험 종료
- 슬라이드의 크기는 A4 Paper로 설정하여 작성합니다.
- 슬라이드의 총 개수는 6개로 구성되어 있으며 슬라이드 1부터 순서대로 작업하고 반드시 문제와 세부 조건대로 합니다.
- 별도의 지시사항이 없는 경우 출력형태를 참조하여 글꼴 색은 검정 또는 흰색으로 작성하고, 기타사항은 전체적인 균형을 고려하여 작성합니다.
- 슬라이드 도형 및 개체에 출력형태와 다른 스타일(그림자, 외곽선 등)을 적용했을 경우 감점처리 됩니다.
- 슬라이드 번호를 작성합니다(슬라이드 1에는 생략).
- 2~6번 슬라이드 제목 도형과 하단 로고는 슬라이드 마스터를 이용하여 출력형태와 동일하게 작성합니다(슬라이드 1에는 생략).
- 문제와 세부조건, 세부조건 번호 ◌ (점선원)는 입력하지 않습니다.
- 각 개체의 위치는 오른쪽의 슬라이드와 동일하게 구성합니다.
- 그림 삽입 문제의 경우 반드시 「내 PC\문서\ITQ\Picture」 폴더에서 정확한 파일을 선택하여 삽입 하십시오.
- 각 슬라이드를 각각의 파일로 작업해서 저장할 경우 실격 처리됩니다.

**kpc 한국생산성본부**

## [전체구성] 60점

(1) 슬라이드 크기 및 순서 : 크기를 A4 용지로 설정하고 슬라이드 순서에 맞게 작성한다.
(2) 슬라이드 마스터 : 2~6슬라이드의 제목, 하단 로고, 슬라이드 번호는 슬라이드 마스터를 이용하여 작성한다.
- 제목 글꼴(굴림, 40pt, 하양), 가운데 정렬, 도형(선 없음)
- 하단 로고(「내 PC\문서\ITQ\Picture\로고1.jpg」, 배경(회색) 투명한 색으로 설정)

## [슬라이드 1] ≪표지 디자인≫ 40점

(1) 표지 디자인 : 도형, 워드숍 및 그림을 이용하여 작성한다.

**세부조건**

① 도형 편집
- 도형에 그림 채우기 :
  「내 PC\문서\ITQ\Picture\
  그림1.jpg」, 투명도 50%
- 도형 효과 : 옅은 테두리 5pt

② 워드숍
- 변환 : 휘어 내려가기
- 글꼴 : 궁서, 진하게
- 반사 : 1/2 크기, 근접

③ 그림 삽입
- 「내 PC\문서\ITQ\Picture\
  로고1.jpg」
- 배경(회색) 투명한 색으로 설정

## [슬라이드 2] ≪목차 슬라이드≫ 60점

(1) 출력형태와 같이 도형을 이용하여 목차를 작성한다(글꼴 : 맑은 고딕, 24pt).
(2) 도형 : 선 없음

**세부조건**

① 텍스트에 하이퍼링크 적용
  → '슬라이드 6'

② 그림 삽입
- 「내 PC\문서\ITQ\Picture\
  그림5.jpg」
- 자르기 기능 이용

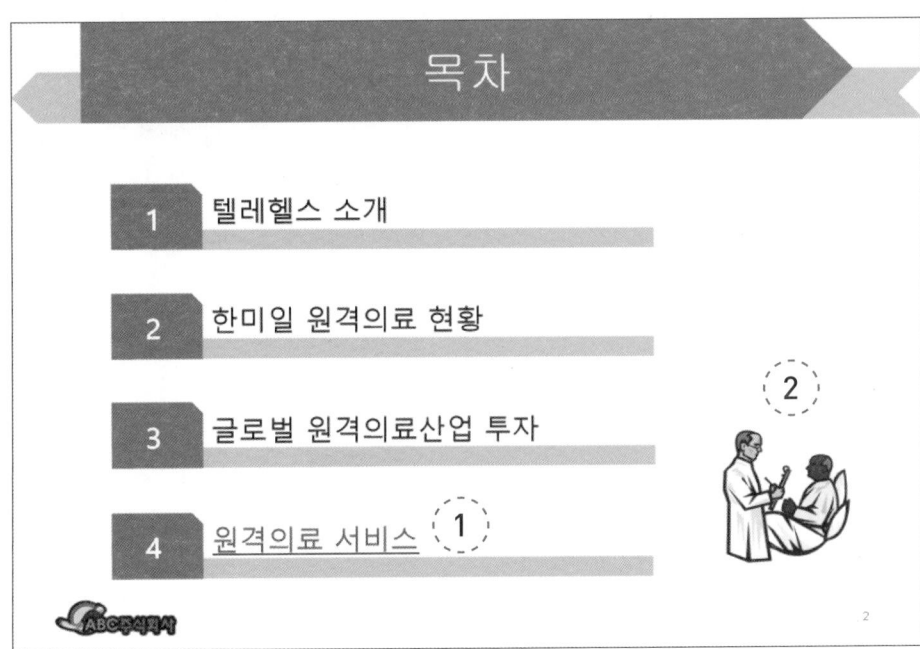

## [슬라이드 3] ≪텍스트/동영상 슬라이드≫ 60점

(1) 텍스트 작성 : 글머리 기호 사용(◆, ➢)
  ◆문단(굴림, 24pt, 진하게, 줄간격 : 1.5줄), ➢문단(굴림, 20pt, 줄간격 : 1.5줄)

**세부조건**
① 동영상 삽입 :
  - 「내 PC\문서\ITQ\Picture\동영상.wmv」
  - 자동 실행, 반복 재생 설정

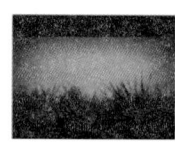

## [슬라이드 4] ≪표 슬라이드≫ 80점

(1) 도형과 표 작성 기능을 이용하여 슬라이드를 작성한다(글꼴 : 맑은 고딕, 18pt).

**세부조건**
① 상단 도형 :
  2개 도형의 조합으로 작성
② 좌측 도형 :
  그러데이션 효과(선형 위쪽)
③ 표 스타일 :
  보통 스타일 4 - 강조 2

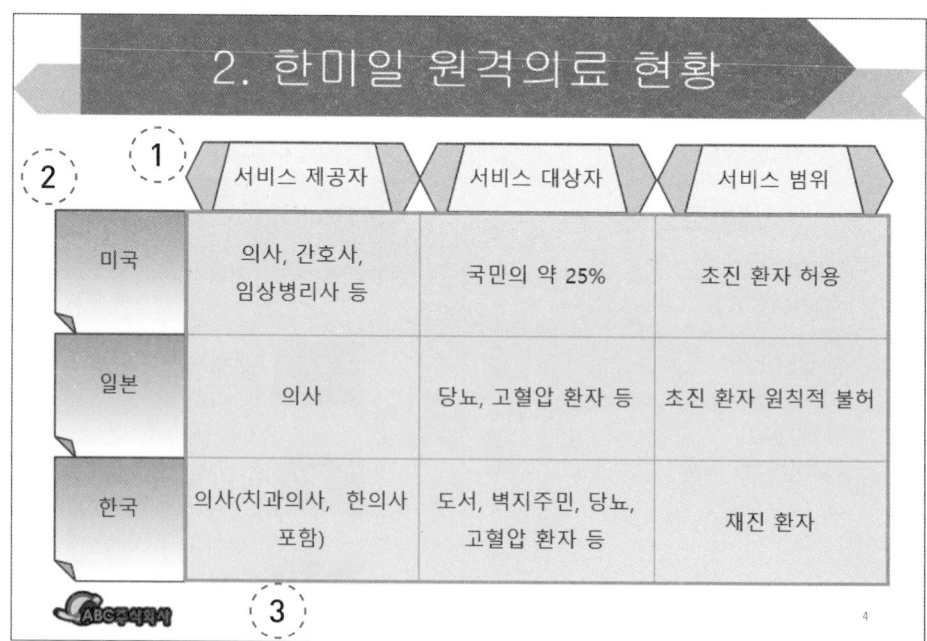

### [슬라이드 5] ≪차트 슬라이드≫ 100점

(1) 차트 작성 기능을 이용하여 슬라이드를 작성한다.
(2) 차트 : 유형(표식이 있는 꺾은선형), 글꼴(굴림, 16pt), 외곽선
(3) 표 : 차트 하단에 이미지와 같이 표 그리기

**세부조건**

※ 차트설명
- 차트 제목 : 궁서, 20pt, 진하게, 채우기(하양), 테두리, 그림자(바깥쪽 : 대각선 오른쪽 아래)
- 범례 위치 : 아래쪽
- 차트 영역 : 채우기(노랑)
- 그림 영역 : 채우기(하양)
- 데이터 서식 : 투자건수 계열을 보조축으로 변경
- 값 표시 : 투자규모 계열만

① 도형 삽입
- 스타일 : 밝은 계열 – 강조1
- 글꼴 : 맑은 고딕, 18pt

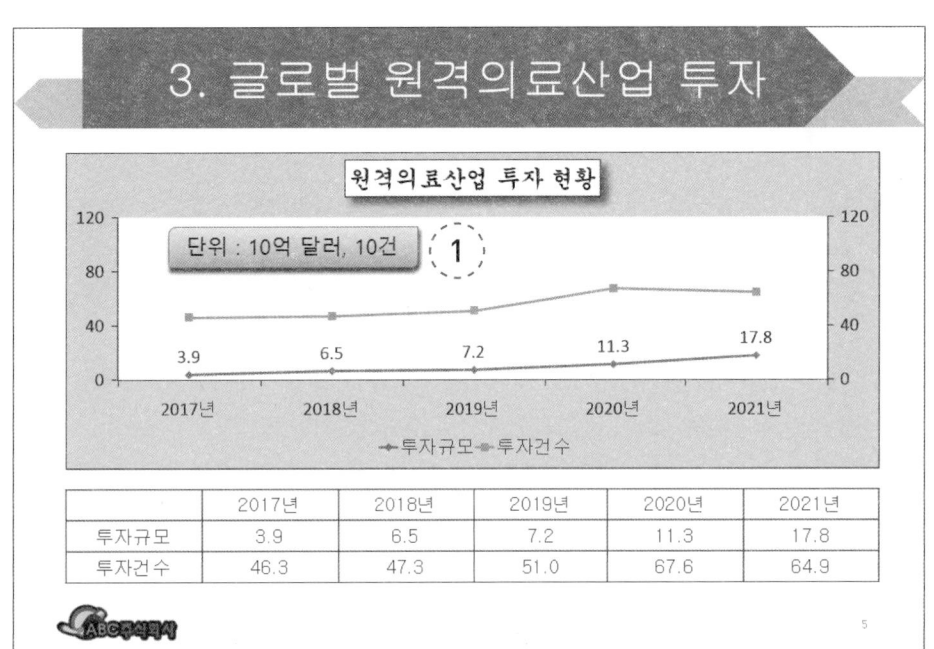

### [슬라이드 6] ≪도형 슬라이드≫ 100점

(1) 슬라이드와 같이 도형을 배치한다(글꼴 : 맑은 고딕, 18pt).
(2) 애니메이션 순서 : ① ⇒ ②

**세부조건**

① 도형 편집
- 그룹화 후 애니메이션 효과 : 바운드

② 도형 편집
- 그룹화 후 애니메이션 효과 : 블라인드(세로)

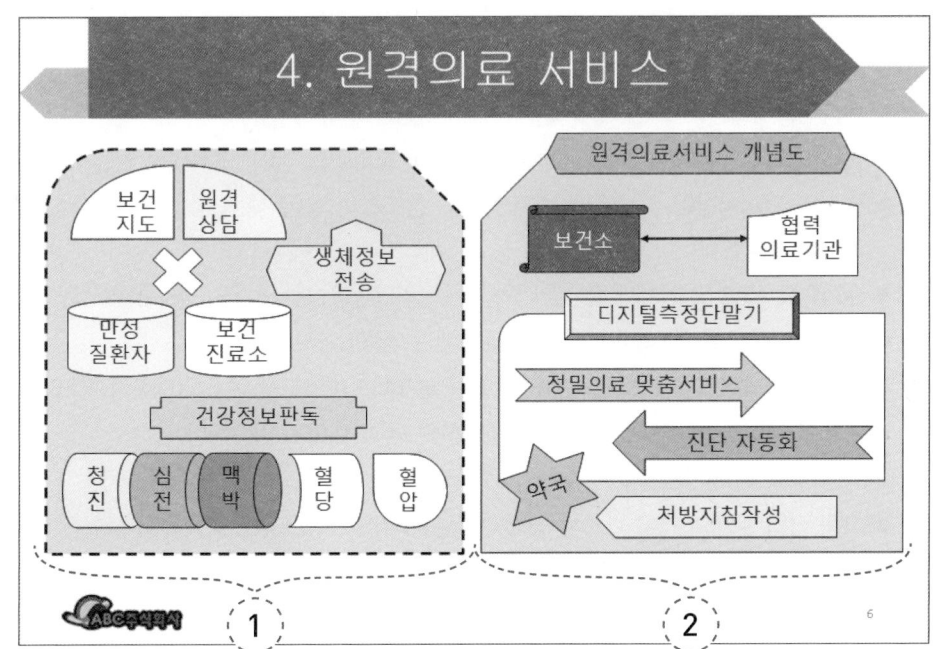

# 제15회 정보기술자격(ITQ) 출제예상 모의고사

| 과목 | 코드 | 문제유형 | 시험시간 | 수험번호 | 성명 |
|------|------|---------|---------|---------|------|
| 한쇼 | 1141 | A | 60분 | | |

한컴오피스

### · 수험자 유의사항 ·

- 수험자는 문제지를 받는 즉시 문제지와 **수험표상의 시험과목(프로그램)이 동일한지 반드시 확인**하여야 합니다.
- 파일명은 본인의 "수험번호-성명"으로 입력하여 답안 폴더(내 PC₩문서₩ITQ)에 하나의 파일로 저장해야 하며, 답안 문서 파일명이 "수험번호-성명"과 일치하지 않거나, 답안 파일을 전송하지 않아 미제출로 처리될 경우 실격 처리합니다. (예 : 12345678-홍길동.show).
- 답안 작성을 마치면 파일을 저장하고, '답안 전송' 버튼을 선택하여 감독위원 PC로 답안을 전송하십시오. 수험생 정보와 저장한 파일명이 다를 경우 전송되지 않으므로 주의하시기 바랍니다.
- 답안 작성 중에도 **주기적으로 저장하고, '답안 전송'**하여야 문제 발생을 줄일 수 있습니다. 작업한 내용을 저장하지 않고 전송할 경우 이전에 저장된 내용이 전송되오니 이점 유의하시기 바랍니다.
- 답안 문서는 지정된 경로 외의 다른 보조기억장치에 저장하는 경우, 지정된 시험 시간 외에 작성된 파일을 활용할 경우, 기타 통신 수단(이메일, 메신저, 네트워크 등)을 이용하여 타인에게 전달 또는 외부 반출하는 경우는 부정 처리합니다.
- 시험 중 부주의 또는 고의로 시스템을 파손한 경우는 수험자가 변상해야 하며, 〈수험자 유의사항〉에 기재된 방법대로 이행하지 않아 생기는 불이익은 수험생 당사자의 책임임을 알려 드립니다.
- 문제의 조건은 한컴오피스 2022 버전으로 설정되어 있으니 유의하시기 바랍니다.
- 시험을 완료한 수험자는 답안 파일이 전송되었는지 확인한 후 감독위원의 지시에 따라 문제지를 제출하고 퇴실합니다.

### · 답안 작성요령 ·

- 온라인 답안 작성 절차
  수험자 등록 ⇒ 시험 시작 ⇒ 답안 파일 저장 ⇒ 답안 전송 ⇒ 시험 종료
- 슬라이드의 크기는 A4 Paper로 설정하여 작성합니다.
- 슬라이드의 총 개수는 6개로 구성되어 있으며 슬라이드 1부터 순서대로 작업하고 반드시 문제와 세부 조건대로 합니다.
- 별도의 지시사항이 없는 경우 출력형태를 참조하여 글꼴 색은 검정 또는 흰색으로 작성하고, 기타사항은 전체적인 균형을 고려하여 작성합니다.
- 슬라이드 도형 및 개체에 출력형태와 다른 스타일(그림자, 외곽선 등)을 적용했을 경우 감점처리 됩니다.
- 슬라이드 번호를 작성합니다(슬라이드 1에는 생략).
- 2~6번 슬라이드 제목 도형과 하단 로고는 슬라이드 마스터를 이용하여 출력형태와 동일하게 작성합니다(슬라이드 1에는 생략).
- 문제와 세부조건, 세부조건 번호 ◌ (점선원)는 입력하지 않습니다.
- 각 개체의 위치는 오른쪽의 슬라이드와 동일하게 구성합니다.
- 그림 삽입 문제의 경우 반드시「내 PC₩문서₩ITQ₩Picture」폴더에서 정확한 파일을 선택하여 삽입 하십시오.
- 각 슬라이드를 각각의 파일로 작업해서 저장할 경우 실격 처리됩니다.

## [전체구성]  60점

(1) 슬라이드 크기 및 순서 : 크기를 A4 용지로 설정하고 슬라이드 순서에 맞게 작성한다.
(2) 슬라이드 마스터 : 2~6슬라이드의 제목, 하단 로고, 슬라이드 번호는 슬라이드 마스터를 이용하여 작성한다.
 - 제목 글꼴(굴림, 40pt, 하양), 가운데 정렬, 도형(선 없음)
 - 하단 로고(「내 PC\문서\ITQ\Picture\로고2.jpg」, 배경(회색) 투명한 색으로 설정)

## [슬라이드 1] ≪표지 디자인≫  40점

(1) 표지 디자인 : 도형, 워드숍 및 그림을 이용하여 작성한다.

**세부조건**

① 도형 편집
 - 도형에 그림 채우기 :
   「내 PC\문서\ITQ\Picture\그림3.jpg」, 투명도 50%
 - 도형 효과 : 옅은 테두리 5pt

② 워드숍
 - 변환 : 물결 2
 - 글꼴 : 궁서, 진하게
 - 반사 : 1/3 크기, 4pt

③ 그림 삽입
 - 「내 PC\문서\ITQ\Picture\로고2.jpg」
 - 배경(회색) 투명한 색으로 설정

## [슬라이드 2] ≪목차 슬라이드≫  60점

(1) 출력형태와 같이 도형을 이용하여 목차를 작성한다(글꼴 : 맑은 고딕, 24pt).
(2) 도형 : 선 없음

**세부조건**

① 텍스트에 하이퍼링크 적용
 → '슬라이드 6'

② 그림 삽입
 - 「내 PC\문서\ITQ\Picture\그림4.jpg」
 - 자르기 기능 이용

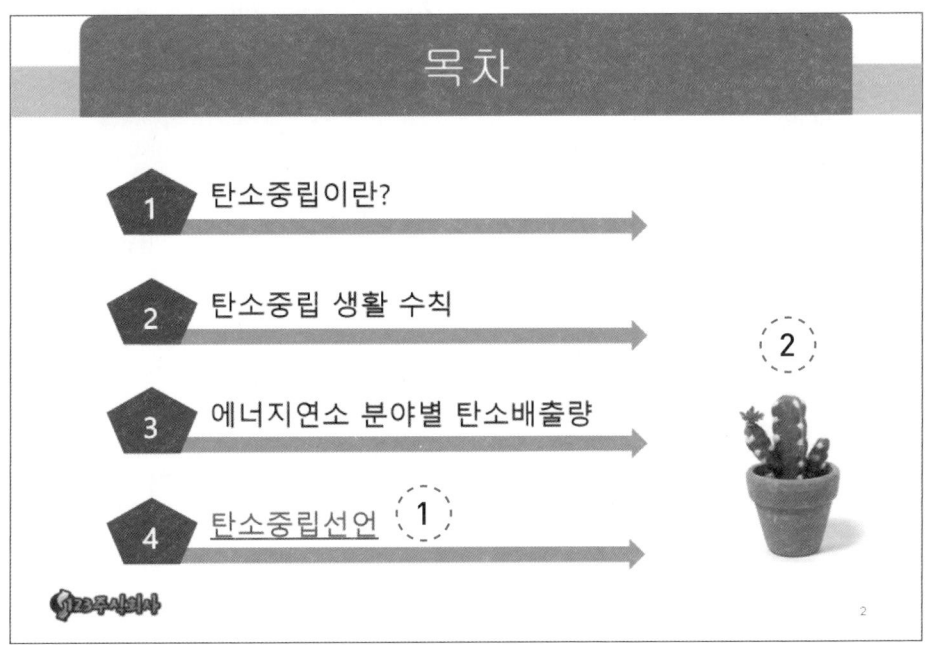

## [슬라이드 3] ≪텍스트/동영상 슬라이드≫   60점

(1) 텍스트 작성 : 글머리 기호 사용(❖, ■)
　　❖문단(굴림, 24pt, 진하게, 줄간격 : 1.5줄), ■문단(굴림, 20pt, 줄간격 : 1.5줄)

**세부조건**

① 동영상 삽입 :
－「내 PC₩문서₩ITQ₩Picture₩동영상.wmv」
－자동 실행, 반복 재생 설정

### 1. 탄소중립이란?

❖ Carbon neutrality
　■ Carbon neutrality is a state of net-zero carbon dioxide emissions
　■ Carbon sinks are any systems that absorb more carbon than they emit, such as forests, soils and oceans

❖ 탄소중립 기본방향
　■ 태양광, 풍력 등 탄소 배출이 없는 에너지원이 에너지 공급 시스템의 중심이 되어야 하며 재활용 시스템 강화, 제품의 지속가능성을 높이는 순환형 경제구조로 전환

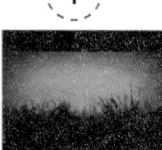

## [슬라이드 4] ≪표 슬라이드≫   80점

(1) 도형과 표 작성 기능을 이용하여 슬라이드를 작성한다(글꼴 : 맑은 고딕, 18pt).

**세부조건**

① 상단 도형 :
　2개 도형의 조합으로 작성
② 좌측 도형 :
　그러데이션 효과(선형 위쪽)
③ 표 스타일 :
　보통 스타일 4 – 강조 2

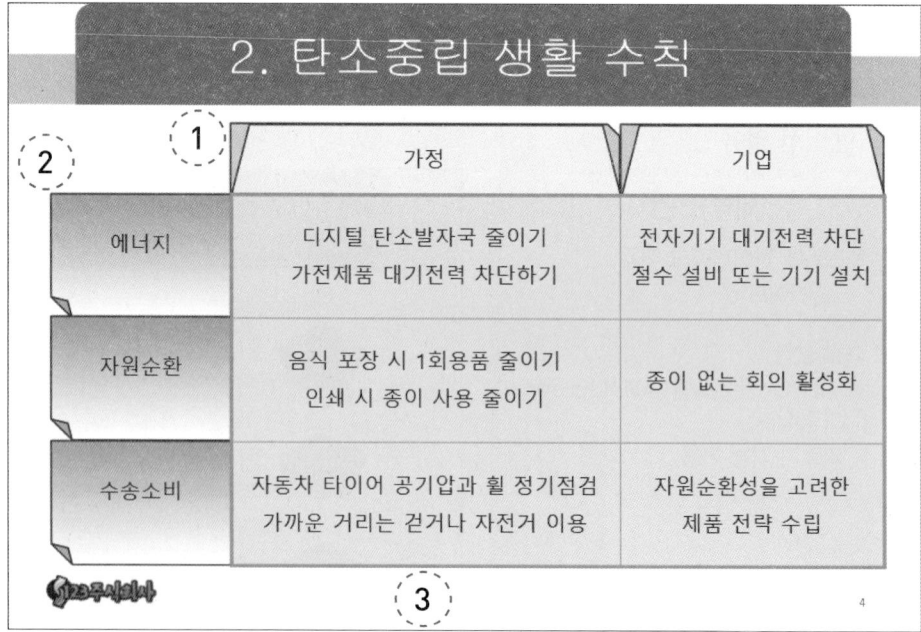

[슬라이드 5]  ≪차트 슬라이드≫  100점

(1) 차트 작성 기능을 이용하여 슬라이드를 작성한다.
(2) 차트 : 유형(묶은 세로 막대형), 글꼴(굴림, 16pt), 외곽선
(3) 표 : 차트 하단에 이미지와 같이 표 그리기

**세부조건**

※ 차트설명
- 차트 제목 : 궁서, 20pt, 진하게,
  채우기(하양), 테두리,
  그림자(바깥쪽 : 대각선 오른쪽 아래)
- 범례 위치 : 아래쪽
- 차트 영역 : 채우기(노랑)
- 그림 영역 : 채우기(하양)
- 데이터 서식 : 비OECD국가 계열
  을 표식이 있는 꺾은선형으로 변경
- 값 표시 : OECD국가 계열만

① 도형 삽입
  - 스타일 : 밝은 계열 – 강조1
  - 글꼴 : 맑은 고딕, 18pt

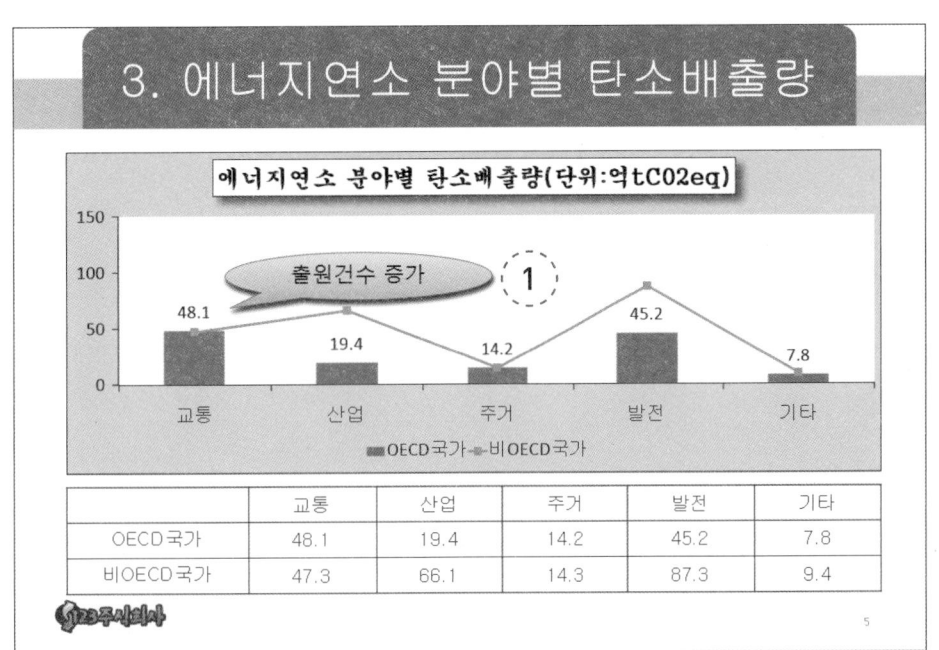

[슬라이드 6]  ≪도형 슬라이드≫  100점

(1) 슬라이드와 같이 도형을 배치한다(글꼴 : 맑은 고딕, 18pt).
(2) 애니메이션 순서 : ① ⇒ ②

**세부조건**

① 도형 편집
  - 그룹화 후 애니메이션 효과
    : 날아오기(왼쪽으로)

② 도형 편집
  - 그룹화 후 애니메이션 효과
    : 바운드

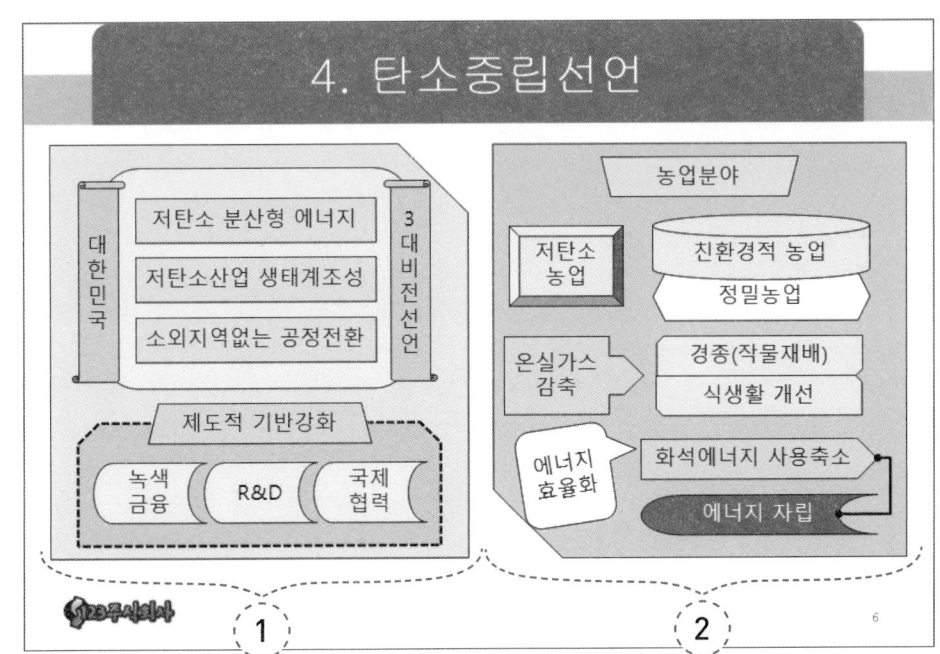

# MEMO

# 제 01 회 정보기술자격(ITQ) 최신유형 기출문제

| 과목 | 코드 | 문제유형 | 시험시간 | 수험번호 | 성명 |
|---|---|---|---|---|---|
| 한쇼 | 1141 | A | 60분 | | |

**한컴오피스**

## •수험자 유의사항•

- 수험자는 문제지를 받는 즉시 문제지와 **수험표상의 시험과목(프로그램)이 동일한지 반드시 확인**하여야 합니다.
- 파일명은 본인의 "수험번호-성명"으로 입력하여 답안 폴더(내 PC\문서\ITQ)에 하나의 파일로 저장해야 하며, 답안 문서 파일명이 "수험번호-성명"과 일치하지 않거나, 답안 파일을 전송하지 않아 미제출로 처리될 경우 실격 처리합니다 (예 : 12345678-홍길동.show).
- 답안 작성을 마치면 파일을 저장하고, '답안 전송' 버튼을 선택하여 감독위원 PC로 답안을 전송하십시오. 수험생 정보와 저장한 파일명이 다를 경우 전송되지 않으므로 주의하시기 바랍니다.
- 답안 작성 중에도 **주기적으로 저장하고, '답안 전송'**하여야 문제 발생을 줄일 수 있습니다. 작업한 내용을 저장하지 않고 전송할 경우 이전에 저장된 내용이 전송되오니 이점 유의하시기 바랍니다.
- 답안 문서는 지정된 경로 외의 다른 보조기억장치에 저장하는 경우, 지정된 시험 시간 외에 작성된 파일을 활용할 경우, 기타 통신 수단(이메일, 메신저, 네트워크 등)을 이용하여 타인에게 전달 또는 외부 반출하는 경우는 부정 처리합니다.
- 시험 중 부주의 또는 고의로 시스템을 파손한 경우는 수험자가 변상해야 하며, 〈수험자 유의사항〉에 기재된 방법대로 이행하지 않아 생기는 불이익은 수험생 당사자의 책임임을 알려 드립니다.
- 문제의 조건은 한컴오피스 2022 버전으로 설정되어 있으니 유의하시기 바랍니다.
- 시험을 완료한 수험자는 답안 파일이 전송되었는지 확인한 후 감독위원의 지시에 따라 문제지를 제출하고 퇴실합니다.

## •답안 작성요령•

- 온라인 답안 작성 절차
  수험자 등록 ⇒ 시험 시작 ⇒ 답안 파일 저장 ⇒ 답안 전송 ⇒ 시험 종료
- 슬라이드의 크기는 A4 Paper로 설정하여 작성합니다.
- 슬라이드의 총 개수는 6개로 구성되어 있으며 슬라이드 1부터 순서대로 작업하고 반드시 문제와 세부 조건대로 합니다.
- 별도의 지시사항이 없는 경우 출력형태를 참조하여 글꼴 색은 검정 또는 흰색으로 작성하고, 기타사항은 전체적인 균형을 고려하여 작성합니다.
- 슬라이드 도형 및 개체에 출력형태와 다른 스타일(그림자, 외곽선 등)을 적용했을 경우 감점처리 됩니다.
- 슬라이드 번호를 작성합니다(슬라이드 1에는 생략).
- 2~6번 슬라이드 제목 도형과 하단 로고는 슬라이드 마스터를 이용하여 출력형태와 동일하게 작성합니다(슬라이드 1에는 생략).
- 문제와 세부조건, 세부조건 번호 ◌ (점선원)는 입력하지 않습니다.
- 각 개체의 위치는 오른쪽의 슬라이드와 동일하게 구성합니다.
- 그림 삽입 문제의 경우 반드시 「내 PC\문서\ITQ\Picture」 폴더에서 정확한 파일을 선택하여 삽입 하십시오.
- 각 슬라이드를 각각의 파일로 작업해서 저장할 경우 실격 처리됩니다.

## [전체구성] 60점

(1) 슬라이드 크기 및 순서 : 크기를 A4 용지로 설정하고 슬라이드 순서에 맞게 작성한다.
(2) 슬라이드 마스터 : 2~6슬라이드의 제목, 하단 로고, 슬라이드 번호는 슬라이드 마스터를 이용하여 작성한다.
　- 제목 글꼴(굴림, 40pt, 하양), 가운데 정렬, 도형(선 없음)
　- 하단 로고(「내 PC\문서\ITQ\Picture\로고1.jpg」, 배경(회색) 투명한 색으로 설정)

## [슬라이드 1]　《표지 디자인》 40점

(1) 표지 디자인 : 도형, 워드숍 및 그림을 이용하여 작성한다.

**세부조건**

① 도형 편집
　- 도형에 그림 채우기 :
　　「내 PC\문서\ITQ\Picture\
　　그림2.jpg」, 투명도 50%
　- 도형 효과 : 옅은 테두리 5pt

② 워드숍
　- 변환 : 삼각형
　- 글꼴 : 궁서, 진하게
　- 반사 : 1/3 크기, 근접

③ 그림 삽입
　- 「내 PC\문서\ITQ\Picture\
　　로고1.jpg」
　- 배경(회색) 투명한 색으로 설정

## [슬라이드 2]　《목차 슬라이드》 60점

(1) 출력형태와 같이 도형을 이용하여 목차를 작성한다(글꼴 : 맑은 고딕, 24pt).
(2) 도형 : 선 없음

**세부조건**

① 텍스트에 하이퍼링크 적용
　→ '슬라이드 6'

② 그림 삽입
　- 「내 PC\문서\ITQ\Picture\
　　그림4.jpg」
　- 자르기 기능 이용

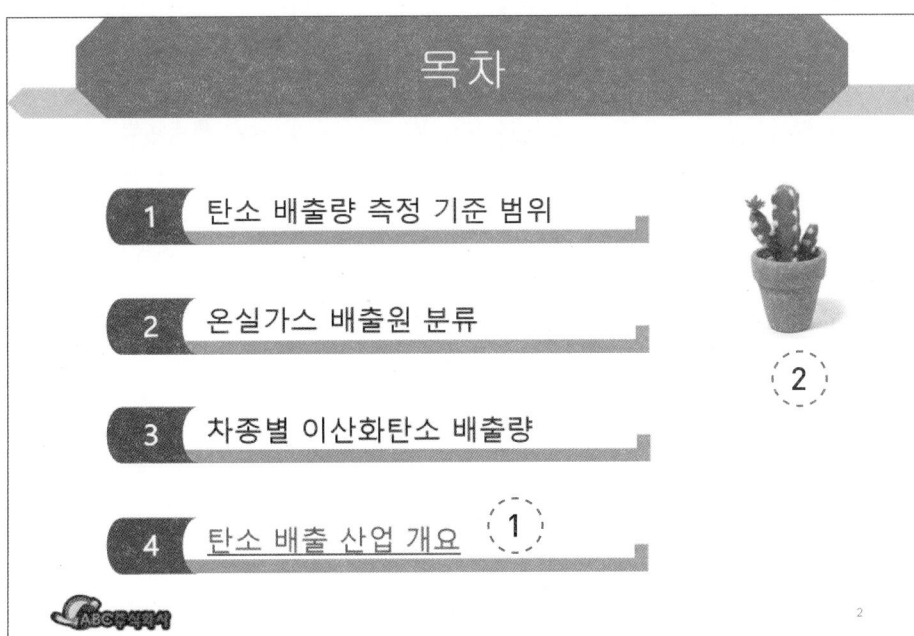

## [슬라이드 3]  ≪텍스트/동영상 슬라이드≫    60점

(1) 텍스트 작성 : 글머리 기호 사용(◆, ▶)
　　◆문단(굴림, 24pt, 진하게, 줄간격 : 1.5줄), ▶문단(굴림, 20pt, 줄간격 : 1.5줄)

**세부조건**
① 동영상 삽입 :
　- 「내 PC₩문서₩ITQ₩Picture₩동영상.wmv」
　- 자동 실행, 반복 재생 설정

### 1. 탄소 배출량 측정 기준 범위

◆ Scope 3
　▶ Classified into Scope 1, Scope 2, and Scope 3 according to the measurement range of carbon emitted by a company

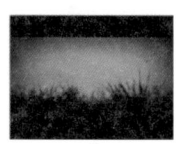

◆ 스코프 3
　▶ 스코프 1 : 탄소 배출 성격과 측정 범위에 따라 생산단계에서 직접 배출
　▶ 스코프 2 : 동력을 만드는 과정에서 간접 배출
　▶ 스코프 3 : 물류 및 제품 사용과 폐기과정에서 외부 배출

## [슬라이드 4]  ≪표 슬라이드≫    80점

(1) 도형과 표 작성 기능을 이용하여 슬라이드를 작성한다(글꼴 : 맑은 고딕, 18pt).

**세부조건**
① 상단 도형 :
　2개 도형의 조합으로 작성
② 좌측 도형 :
　그러데이션 효과(선형 위쪽)
③ 표 스타일 :
　보통 스타일 4 - 강조 2

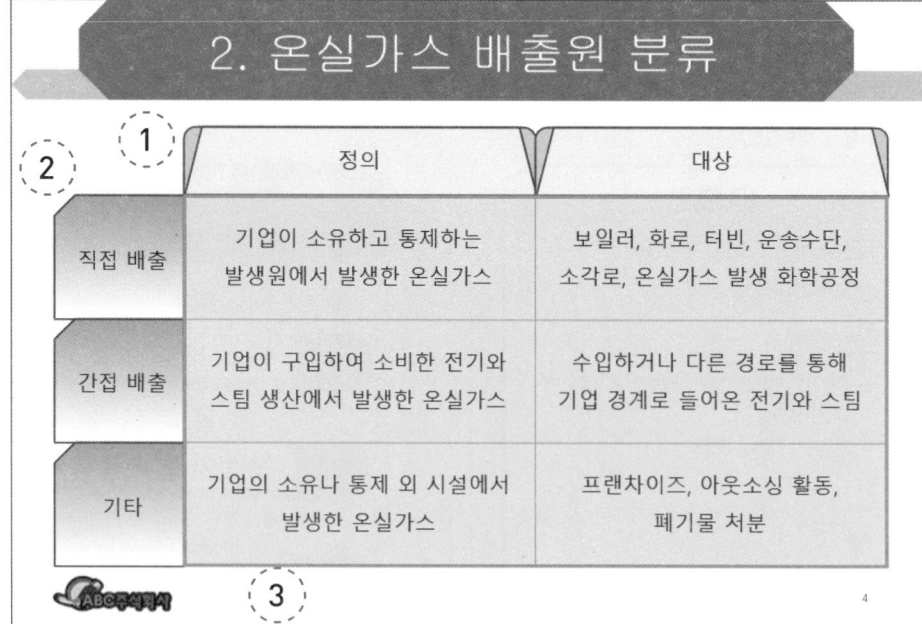

[슬라이드 5]  ≪차트 슬라이드≫  100점

(1) 차트 작성 기능을 이용하여 슬라이드를 작성한다.
(2) 차트 : 유형(표식이 있는 꺾은선형), 글꼴(굴림, 16pt), 외곽선
(3) 표 : 차트 하단에 이미지와 같이 표 그리기

**세부조건**

※ 차트설명
- 차트 제목 : 궁서, 20pt, 진하게, 채우기(하양), 테두리, 그림자(바깥쪽 : 대각선 오른쪽 아래)
- 범례 위치 : 아래쪽
- 차트 영역 : 채우기(노랑)
- 그림 영역 : 채우기(하양)
- 데이터 서식 : 조립/폐차 계열을 보조축으로 변경
- 값 표시 : 연료생산 계열만

① 도형 삽입
 - 스타일 : 밝은 계열 – 강조1
 - 글꼴 : 맑은 고딕, 18pt

### 3. 차종별 이산화탄소 배출량

승용차 10년 사용시 탄소배출량

단위:tCO2eq

| | 내연기관차 | 하이브리드차 | 수소전기차 | 전기차 | PHEV |
|---|---|---|---|---|---|
| 연료생산 | 4.6 | 3.4 | 17.7 | 14.8 | 10.2 |
| 조립/폐차 | 6.1 | 6.2 | 9.5 | 5.4 | 6.4 |

---

[슬라이드 6]  ≪도형 슬라이드≫  100점

(1) 슬라이드와 같이 도형을 배치한다(글꼴 : 맑은 고딕, 18pt).
(2) 애니메이션 순서 : ① ⇒ ②

**세부조건**

① 도형 편집
 - 그룹화 후 애니메이션 효과 : 바운드

② 도형 편집
 - 그룹화 후 애니메이션 효과 : 블라인드(세로)

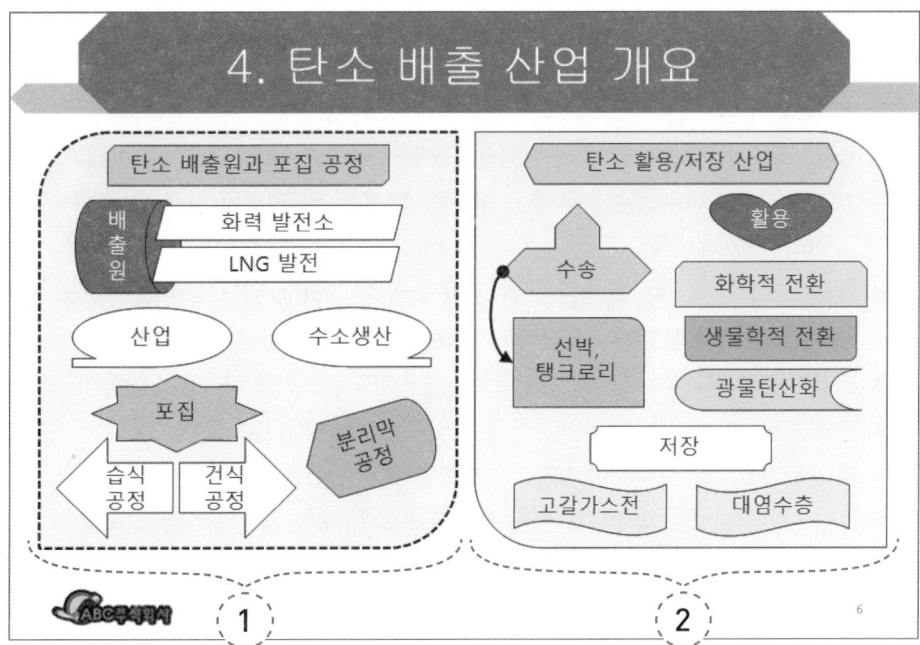

### 4. 탄소 배출 산업 개요

# 제 02 회 정보기술자격(ITQ) 최신유형 기출문제

| 과목 | 코드 | 문제유형 | 시험시간 | 수험번호 | 성명 |
|---|---|---|---|---|---|
| 한쇼 | 1141 | A | 60분 | | |

**한컴오피스**

## • 수험자 유의사항 •

- 수험자는 문제지를 받는 즉시 문제지와 **수험표상의 시험과목(프로그램)이 동일한지 반드시 확인**하여야 합니다.
- 파일명은 본인의 "수험번호-성명"으로 입력하여 답안 폴더(내 PC\문서\ITQ)에 하나의 파일로 저장해야 하며, 답안 문서 파일명이 "수험번호-성명"과 일치하지 않거나, 답안 파일을 전송하지 않아 미제출로 처리될 경우 실격 처리합니다 (예 : 12345678-홍길동.show).
- 답안 작성을 마치면 파일을 저장하고, '답안 전송' 버튼을 선택하여 감독위원 PC로 답안을 전송하십시오. 수험생 정보와 저장한 파일명이 다를 경우 전송되지 않으므로 주의하시기 바랍니다.
- 답안 작성 중에도 **주기적으로 저장하고, '답안 전송'**하여야 문제 발생을 줄일 수 있습니다. 작업한 내용을 저장하지 않고 전송할 경우 이전에 저장된 내용이 전송되오니 이점 유의하시기 바랍니다.
- 답안 문서는 지정된 경로 외의 다른 보조기억장치에 저장하는 경우, 지정된 시험 시간 외에 작성된 파일을 활용할 경우, 기타 통신 수단(이메일, 메신저, 네트워크 등)을 이용하여 타인에게 전달 또는 외부 반출하는 경우는 부정 처리합니다.
- 시험 중 부주의 또는 고의로 시스템을 파손한 경우는 수험자가 변상해야 하며, 〈수험자 유의사항〉에 기재된 방법대로 이행하지 않아 생기는 불이익은 수험생 당사자의 책임임을 알려 드립니다.
- 문제의 조건은 한컴오피스 2022 버전으로 설정되어 있으니 유의하시기 바랍니다.
- 시험을 완료한 수험자는 답안 파일이 전송되었는지 확인한 후 감독위원의 지시에 따라 문제지를 제출하고 퇴실합니다.

## • 답안 작성요령 •

- 온라인 답안 작성 절차
  수험자 등록 ⇒ 시험 시작 ⇒ 답안 파일 저장 ⇒ 답안 전송 ⇒ 시험 종료
- 슬라이드의 크기는 A4 Paper로 설정하여 작성합니다.
- 슬라이드의 총 개수는 6개로 구성되어 있으며 슬라이드 1부터 순서대로 작업하고 반드시 문제와 세부 조건대로 합니다.
- 별도의 지시사항이 없는 경우 출력형태를 참조하여 글꼴 색은 검정 또는 흰색으로 작성하고, 기타사항은 전체적인 균형을 고려하여 작성합니다.
- 슬라이드 도형 및 개체에 출력형태와 다른 스타일(그림자, 외곽선 등)을 적용했을 경우 감점처리 됩니다.
- 슬라이드 번호를 작성합니다(슬라이드 1에는 생략).
- 2~6번 슬라이드 제목 도형과 하단 로고는 슬라이드 마스터를 이용하여 출력형태와 동일하게 작성합니다(슬라이드 1에는 생략).
- 문제와 세부조건, 세부조건 번호 ◌ (점선원)는 입력하지 않습니다.
- 각 개체의 위치는 오른쪽의 슬라이드와 동일하게 구성합니다.
- 그림 삽입 문제의 경우 반드시「내 PC\문서\ITQ\Picture」폴더에서 정확한 파일을 선택하여 삽입 하십시오.
- 각 슬라이드를 각각의 파일로 작업해서 저장할 경우 실격 처리됩니다.

**kpc 한국생산성본부**

## [전체구성] 60점

(1) 슬라이드 크기 및 순서 : 크기를 A4 용지로 설정하고 슬라이드 순서에 맞게 작성한다.
(2) 슬라이드 마스터 : 2~6슬라이드의 제목, 하단 로고, 슬라이드 번호는 슬라이드 마스터를 이용하여 작성한다.
  - 제목 글꼴(굴림, 40pt, 하양), 가운데 정렬, 도형(선 없음)
  - 하단 로고(「내 PC\문서\ITQ\Picture\로고1.jpg」, 배경(회색) 투명한 색으로 설정)

## [슬라이드 1] ≪표지 디자인≫ 40점

(1) 표지 디자인 : 도형, 워드숍 및 그림을 이용하여 작성한다.

**세부조건**

① 도형 편집
 - 도형에 그림 채우기 :
   「내 PC\문서\ITQ\Picture\
   그림1.jpg」, 투명도 50%
 - 도형 효과 : 옅은 테두리 5pt

② 워드숍
 - 변환 : 역삼각형
 - 글꼴 : 궁서, 진하게
 - 반사 : 1/2 크기, 4pt

③ 그림 삽입
 - 「내 PC\문서\ITQ\Picture\
   로고1.jpg」
 - 배경(회색) 투명한 색으로 설정

## [슬라이드 2] ≪목차 슬라이드≫ 60점

(1) 출력형태와 같이 도형을 이용하여 목차를 작성한다(글꼴 : 맑은 고딕, 24pt).
(2) 도형 : 선 없음

**세부조건**

① 텍스트에 하이퍼링크 적용
 → '슬라이드 6'

② 그림 삽입
 - 「내 PC\문서\ITQ\Picture\
   그림4.jpg」
 - 자르기 기능 이용

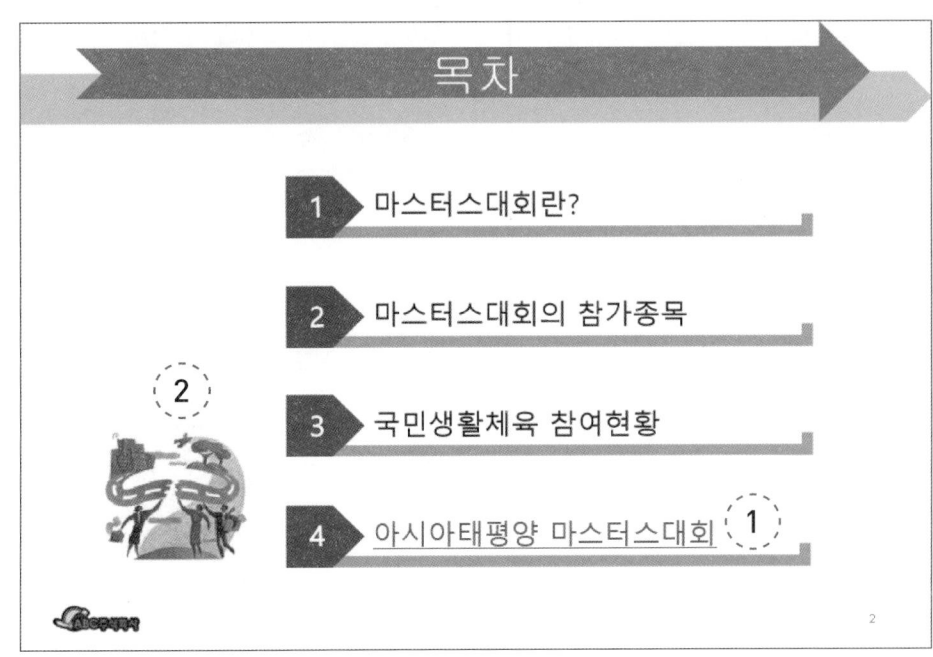

## [슬라이드 3]  ≪텍스트/동영상 슬라이드≫  60점

(1) 텍스트 작성 : 글머리 기호 사용(❖, ✓)

❖문단(굴림, 24pt, 진하게, 줄간격 : 1.5줄), ✓문단(굴림, 20pt, 줄간격 : 1.5줄)

**세부조건**

① 동영상 삽입 :
 - 「내 PC₩문서₩ITQ₩Picture₩동영상.wmv」
 - 자동 실행, 반복 재생 설정

### 1. 마스터스대회란?

❖ International Masters Games
  ✓ It is an international sports competition for athletes of all ages, genders, and national sports status, and anyone from all over the world can participate

❖ 마스터스대회
  ✓ 올림픽, 월드컵, 아시안게임 등에 버금 가는 생활체육인의 국제종합체육대회
  ✓ 연령, 성별, 국가 스포츠 지위에 상관없이 전 세계인 누구나 참여 할 수 있는 대회

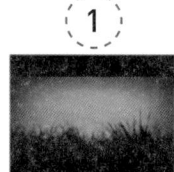

## [슬라이드 4]  ≪표 슬라이드≫  80점

(1) 도형과 표 작성 기능을 이용하여 슬라이드를 작성한다(글꼴 : 맑은 고딕, 18pt).

**세부조건**

① 상단 도형 :
 2개 도형의 조합으로 작성

② 좌측 도형 :
 그러데이션 효과(선형 위쪽)

③ 표 스타일 :
 보통 스타일 4 - 강조 6

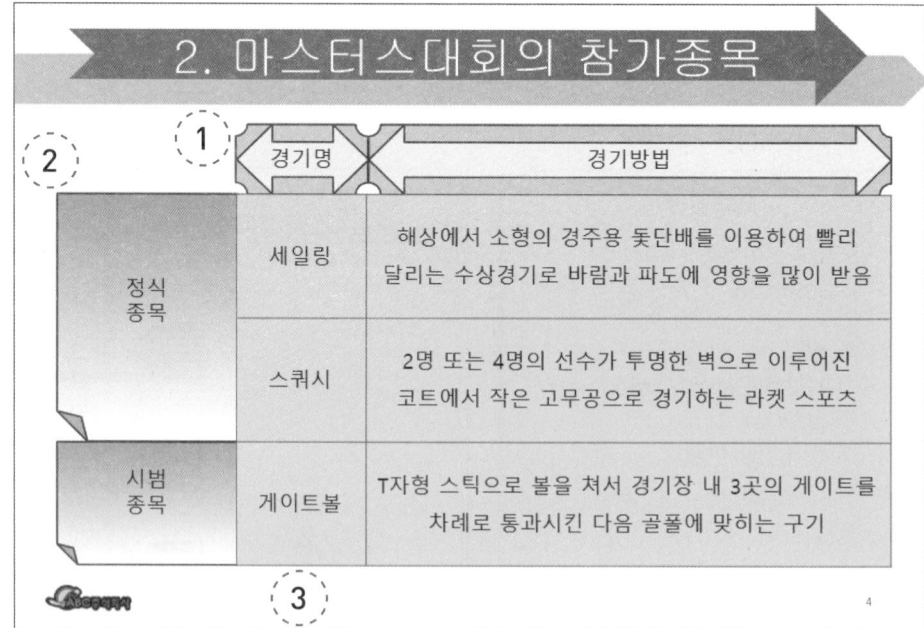

## [슬라이드 5]  ≪차트 슬라이드≫   100점

(1) 차트 작성 기능을 이용하여 슬라이드를 작성한다.
(2) 차트 : 유형(묶은 세로 막대형), 글꼴(굴림, 16pt), 외곽선
(3) 표 : 차트 하단에 이미지와 같이 표 그리기

**세부조건**

※ 차트설명
- 차트 제목 : 궁서, 20pt, 진하게,
  채우기(하양), 테두리,
  그림자(바깥쪽 : 대각선 오른쪽 아래)
- 범례 위치 : 아래쪽
- 차트 영역 : 채우기(노랑)
- 그림 영역 : 채우기(하양)
- 데이터 서식 : 주 2회 이상 계열을
  표식이 있는 꺾은선형으로 변경
- 값 표시 : 주 1회 이상 계열만

① 도형 삽입
  - 스타일 : 밝은 계열 – 강조1
  - 글꼴 : 맑은 고딕, 18pt

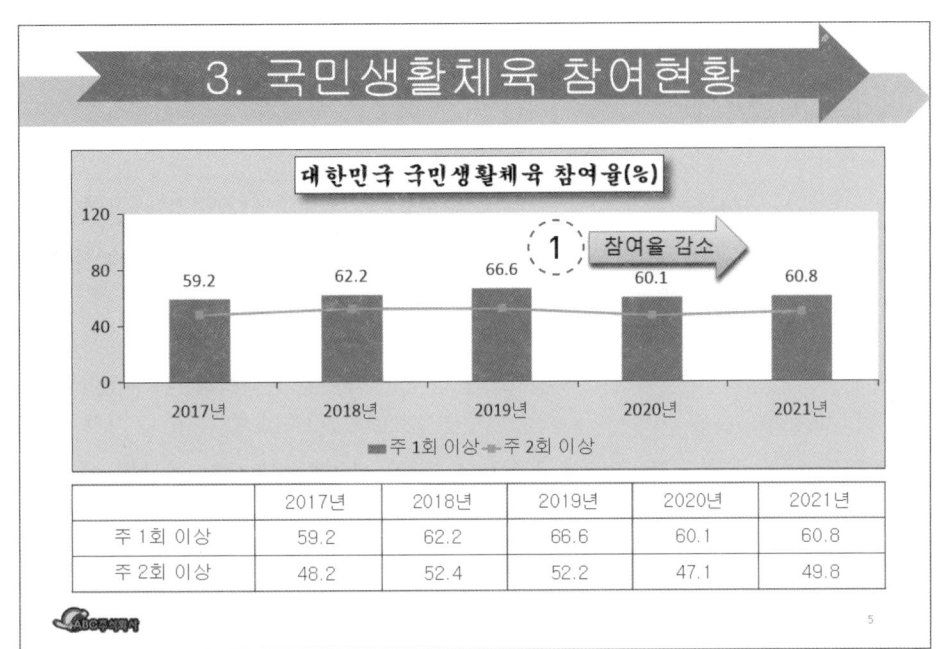

## [슬라이드 6]  ≪도형 슬라이드≫   100점

(1) 슬라이드와 같이 도형을 배치한다(글꼴 : 맑은 고딕, 18pt).
(2) 애니메이션 순서 : ① ⇒ ②

**세부조건**

① 도형 편집
  - 그룹화 후 애니메이션 효과
    : 날아오기(왼쪽으로)

② 도형 편집
  - 그룹화 후 애니메이션 효과
    : 바운드

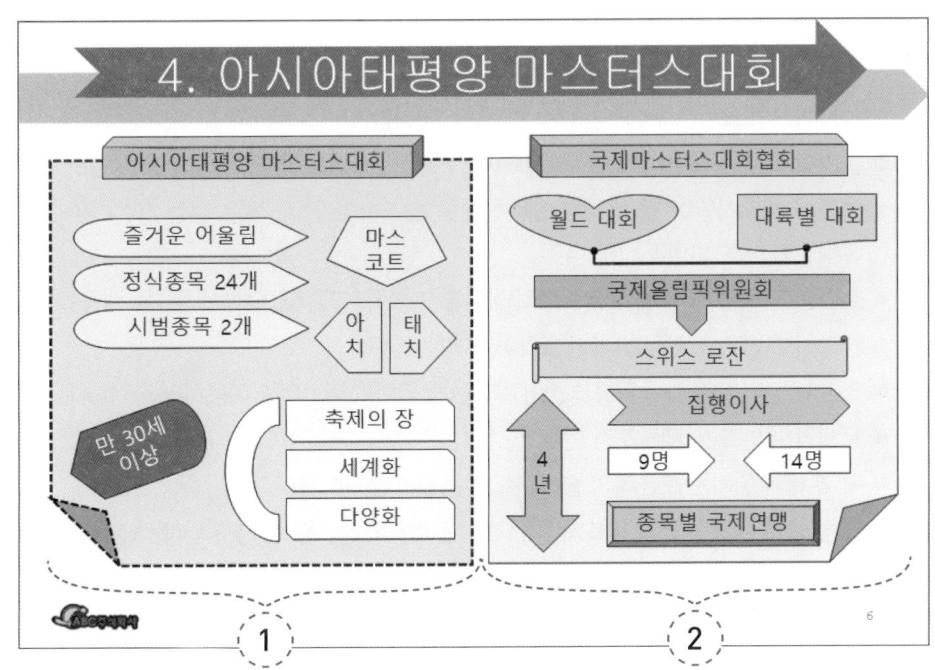

# 제 03 회 정보기술자격(ITQ) 최신유형 기출문제

| 과목 | 코드 | 문제유형 | 시험시간 | 수험번호 | 성명 |
|---|---|---|---|---|---|
| 한쇼 | 1141 | A | 60분 | | |

한컴오피스

## • 수험자 유의사항 •

- 수험자는 문제지를 받는 즉시 문제지와 **수험표상의 시험과목(프로그램)이 동일한지 반드시 확인**하여야 합니다.
- 파일명은 본인의 "수험번호-성명"으로 입력하여 답안 폴더(내 PC₩문서₩ITQ)에 하나의 파일로 저장해야 하며, 답안 문서 파일명이 "수험번호-성명"과 일치하지 않거나, 답안 파일을 전송하지 않아 미제출로 처리될 경우 실격 처리합니다 (예 : 12345678-홍길동.show).
- 답안 작성을 마치면 파일을 저장하고, '답안 전송' 버튼을 선택하여 감독위원 PC로 답안을 전송하십시오. 수험생 정보와 저장한 파일명이 다를 경우 전송되지 않으므로 주의하시기 바랍니다.
- 답안 작성 중에도 **주기적으로 저장하고, '답안 전송'**하여야 문제 발생을 줄일 수 있습니다. 작업한 내용을 저장하지 않고 전송할 경우 이전에 저장된 내용이 전송되오니 이점 유의하시기 바랍니다.
- 답안 문서는 지정된 경로 외의 다른 보조기억장치에 저장하는 경우, 지정된 시험 시간 외에 작성된 파일을 활용할 경우, 기타 통신 수단(이메일, 메신저, 네트워크 등)을 이용하여 타인에게 전달 또는 외부 반출하는 경우는 부정 처리합니다.
- 시험 중 부주의 또는 고의로 시스템을 파손한 경우는 수험자가 변상해야 하며, 〈수험자 유의사항〉에 기재된 방법대로 이행하지 않아 생기는 불이익은 수험생 당사자의 책임임을 알려 드립니다.
- 문제의 조건은 한컴오피스 2022 버전으로 설정되어 있으니 유의하시기 바랍니다.
- 시험을 완료한 수험자는 답안 파일이 전송되었는지 확인한 후 감독위원의 지시에 따라 문제지를 제출하고 퇴실합니다.

## • 답안 작성요령 •

- 온라인 답안 작성 절차
  수험자 등록 ⇒ 시험 시작 ⇒ 답안 파일 저장 ⇒ 답안 전송 ⇒ 시험 종료
- 슬라이드의 크기는 A4 Paper로 설정하여 작성합니다.
- 슬라이드의 총 개수는 6개로 구성되어 있으며 슬라이드 1부터 순서대로 작업하고 반드시 문제와 세부 조건대로 합니다.
- 별도의 지시사항이 없는 경우 출력형태를 참조하여 글꼴 색은 검정 또는 흰색으로 작성하고, 기타사항은 전체적인 균형을 고려하여 작성합니다.
- 슬라이드 도형 및 개체에 출력형태와 다른 스타일(그림자, 외곽선 등)을 적용했을 경우 감점처리 됩니다.
- 슬라이드 번호를 작성합니다(슬라이드 1에는 생략).
- 2~6번 슬라이드 제목 도형과 하단 로고는 슬라이드 마스터를 이용하여 출력형태와 동일하게 작성합니다(슬라이드 1에는 생략).
- 문제와 세부조건, 세부조건 번호 ⓒ (점선원)는 입력하지 않습니다.
- 각 개체의 위치는 오른쪽의 슬라이드와 동일하게 구성합니다.
- 그림 삽입 문제의 경우 반드시 「내 PC₩문서₩ITQ₩Picture」 폴더에서 정확한 파일을 선택하여 삽입 하십시오.
- 각 슬라이드를 각각의 파일로 작업해서 저장할 경우 실격 처리됩니다.

**kpc 한국생산성본부**

## [전체구성] 60점

(1) 슬라이드 크기 및 순서 : 크기를 A4 용지로 설정하고 슬라이드 순서에 맞게 작성한다.
(2) 슬라이드 마스터 : 2~6슬라이드의 제목, 하단 로고, 슬라이드 번호는 슬라이드 마스터를 이용하여 작성한다.
  - 제목 글꼴(굴림, 40pt, 하양), 가운데 정렬, 도형(선 없음)
  - 하단 로고(「내 PC\문서\ITQ\Picture\로고1.jpg」, 배경(회색) 투명한 색으로 설정)

## [슬라이드 1] ≪표지 디자인≫ 40점

(1) 표지 디자인 : 도형, 워드숍 및 그림을 이용하여 작성한다.

**세부조건**

① 도형 편집
  - 도형에 그림 채우기 :
    「내 PC\문서\ITQ\Picture\
    그림1.jpg」, 투명도 50%
  - 도형 효과 : 옅은 테두리 5pt

② 워드숍
  - 변환 : 오른쪽 줄이기
  - 글꼴 : 궁서, 진하게
  - 반사 : 1/3 크기, 8pt

③ 그림 삽입
  - 「내 PC\문서\ITQ\Picture\
    로고1.jpg」
  - 배경(회색) 투명한 색으로 설정

## [슬라이드 2] ≪목차 슬라이드≫ 60점

(1) 출력형태와 같이 도형을 이용하여 목차를 작성한다(글꼴 : 맑은 고딕, 24pt).
(2) 도형 : 선 없음

**세부조건**

① 텍스트에 하이퍼링크 적용
  → '슬라이드 5'

② 그림 삽입
  - 「내 PC\문서\ITQ\Picture\
    그림4.jpg」
  - 자르기 기능 이용

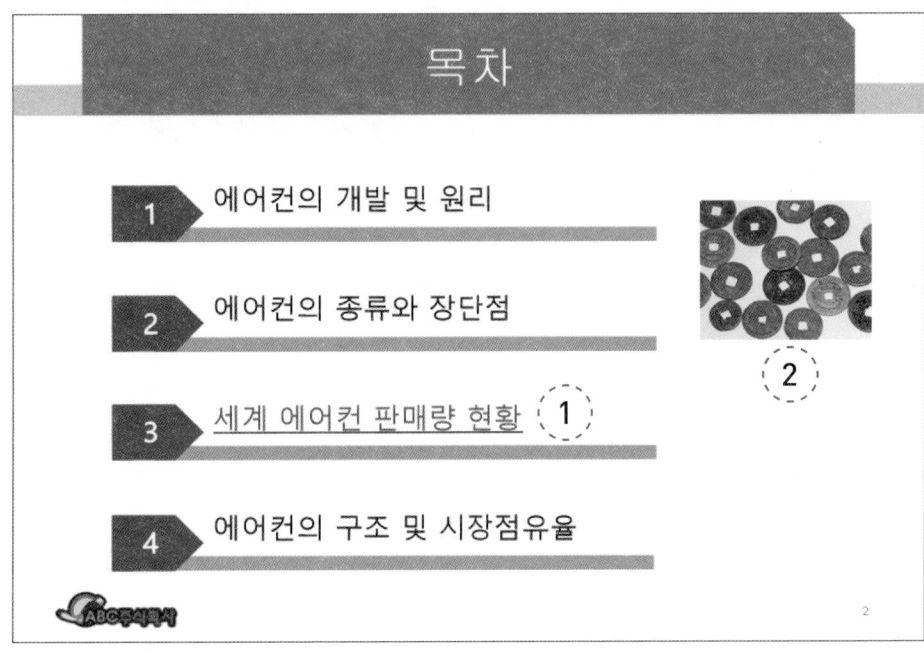

# [슬라이드 3] ≪텍스트/동영상 슬라이드≫ 60점

(1) 텍스트 작성 : 글머리 기호 사용(◆, ✓)
- ◆문단(굴림, 24pt, 진하게, 줄간격 : 1.5줄), ✓문단(굴림, 20pt, 줄간격 : 1.5줄)

### 세부조건
① 동영상 삽입 :
- 「내 PC₩문서₩ITQ₩Picture₩동영상.wmv」
- 자동 실행, 반복 재생 설정

## 1. 에어컨의 개발 및 원리

◆ **The principle of air conditioning**
  ✓ The basic principle of an air conditioner is to use a physical phenomenon that absorbs or releases heat when the phase of a substance changes

◆ **최초의 전기식 에어컨의 개발**
  ✓ 1902년 7월경 제철소에서 근무하던 윌리스 캐리어에 의해 개발
  ✓ 높은 습도로 인쇄 품질 유지에 어려움을 겪고 있던 인쇄소의 문제를 해결하기 위해 개발

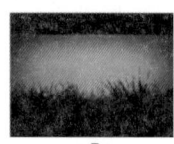

---

# [슬라이드 4] ≪표 슬라이드≫ 80점

(1) 도형과 표 작성 기능을 이용하여 슬라이드를 작성한다(글꼴 : 맑은 고딕, 18pt).

### 세부조건
① 상단 도형 :
  2개 도형의 조합으로 작성
② 좌측 도형 :
  그러데이션 효과(선형 위쪽)
③ 표 스타일 :
  보통 스타일 4 – 강조 5

## 2. 에어컨의 종류와 장단점

|  | 창문형 에어컨 | 멀티형 에어컨 | 이동식 에어컨 |
|---|---|---|---|
| 장점 | 실외기를 따로 설치하지 않아도 되어 설치가 간편 | 냉방 면적이 넓고, 인버터 방식은 전기세 절약 가능 | 실외기를 설치하지 않아도 되고 바퀴가 있어 진동이 적음 |
| 단점 | 컴프레서가 내장되어 나오는 소음과 블로워 팬의 풍절음 | 두 개 이상 실내기를 가동하여 대용량의 실외기 필요 | 실외기가 내장되어 창문형 에어컨과 동일하게 소음 |

[슬라이드 5]  ≪차트 슬라이드≫  100점

(1) 차트 작성 기능을 이용하여 슬라이드를 작성한다.
(2) 차트 : 유형(표식이 있는 꺾은선형), 글꼴(굴림, 16pt), 외곽선
(3) 표 : 차트 하단에 이미지와 같이 표 그리기

**세부조건**

※ 차트설명
- 차트 제목 : 궁서, 20pt, 진하게,
  채우기(하양), 테두리,
  그림자(바깥쪽 : 대각선 오른쪽 아래)
- 범례 위치 : 아래쪽
- 차트 영역 : 채우기(노랑)
- 그림 영역 : 채우기(하양)
- 데이터 서식 : 수출 계열을 보조축으로 변경
- 값 표시 : 내수 계열만

① 도형 삽입
  - 스타일 : 밝은 계열 – 강조1
  - 글꼴 : 맑은 고딕, 18pt

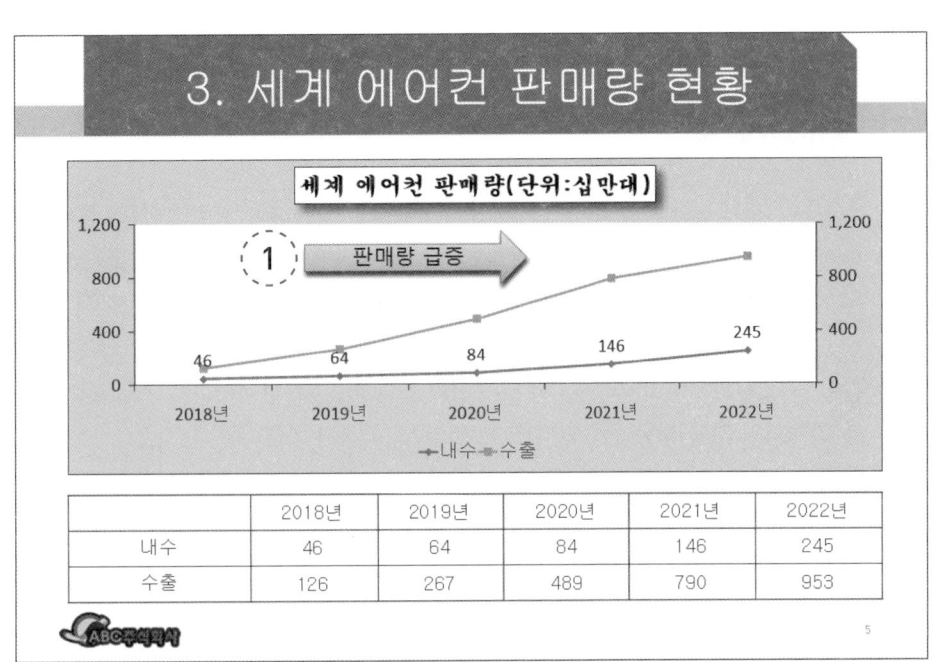

[슬라이드 6]  ≪도형 슬라이드≫  100점

(1) 슬라이드와 같이 도형을 배치한다(글꼴 : 맑은 고딕, 18pt).
(2) 애니메이션 순서 : ① ⇒ ②

**세부조건**

① 도형 편집
  - 그룹화 후 애니메이션 효과
    : 바운드

② 도형 편집
  - 그룹화 후 애니메이션 효과
    : 블라인드(세로)

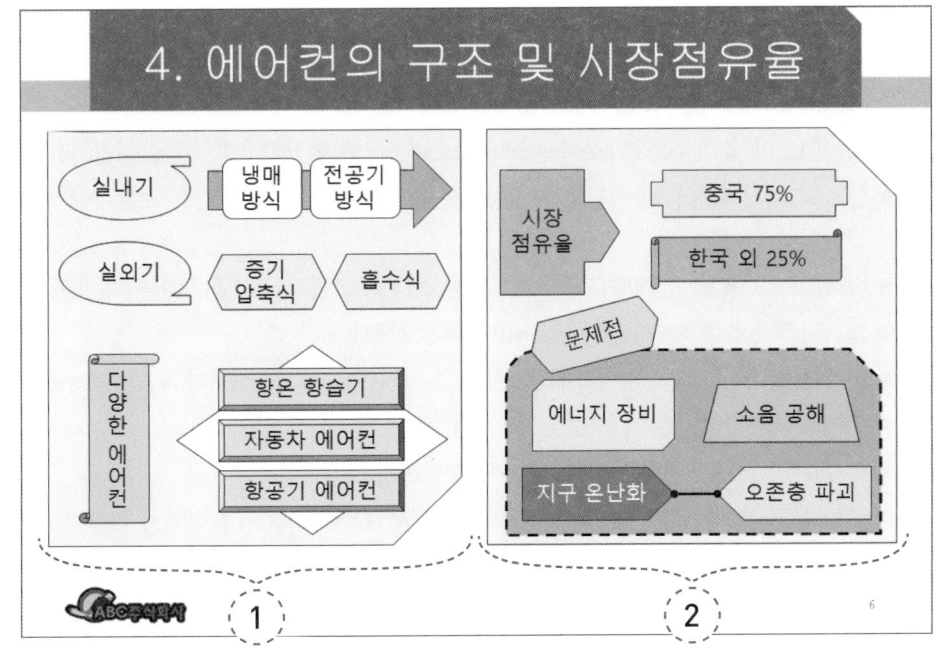

# 제 04 회 정보기술자격(ITQ) 최신유형 기출문제

| 과목 | 코드 | 문제유형 | 시험시간 | 수험번호 | 성명 |
|---|---|---|---|---|---|
| 한쇼 | 1141 | A | 60분 | | |

한컴오피스

## • 수험자 유의사항 •

- 수험자는 문제지를 받는 즉시 문제지와 **수험표상의 시험과목(프로그램)이 동일한지 반드시 확인**하여야 합니다.
- 파일명은 본인의 "수험번호-성명"으로 입력하여 답안 폴더(내 PC\문서\ITQ)에 하나의 파일로 저장해야 하며, 답안 문서 파일명이 "수험번호-성명"과 일치하지 않거나, 답안 파일을 전송하지 않아 미제출로 처리될 경우 실격 처리합니다 (예 : 12345678-홍길동.show).
- 답안 작성을 마치면 파일을 저장하고, '답안 전송' 버튼을 선택하여 감독위원 PC로 답안을 전송하십시오. 수험생 정보와 저장한 파일명이 다를 경우 전송되지 않으므로 주의하시기 바랍니다.
- 답안 작성 중에도 **주기적으로 저장하고, '답안 전송'**하여야 문제 발생을 줄일 수 있습니다. 작업한 내용을 저장하지 않고 전송할 경우 이전에 저장된 내용이 전송되오니 이점 유의하시기 바랍니다.
- 답안 문서는 지정된 경로 외의 다른 보조기억장치에 저장하는 경우, 지정된 시험 시간 외에 작성된 파일을 활용할 경우, 기타 통신 수단(이메일, 메신저, 네트워크 등)을 이용하여 타인에게 전달 또는 외부 반출하는 경우는 부정 처리합니다.
- 시험 중 부주의 또는 고의로 시스템을 파손한 경우는 수험자가 변상해야 하며, 〈수험자 유의사항〉에 기재된 방법대로 이행하지 않아 생기는 불이익은 수험생 당사자의 책임임을 알려 드립니다.
- 문제의 조건은 한컴오피스 2022 버전으로 설정되어 있으니 유의하시기 바랍니다.
- 시험을 완료한 수험자는 답안 파일이 전송되었는지 확인한 후 감독위원의 지시에 따라 문제지를 제출하고 퇴실합니다.

## • 답안 작성요령 •

- 온라인 답안 작성 절차
  수험자 등록 ⇒ 시험 시작 ⇒ 답안 파일 저장 ⇒ 답안 전송 ⇒ 시험 종료
- 슬라이드의 크기는 A4 Paper로 설정하여 작성합니다.
- 슬라이드의 총 개수는 6개로 구성되어 있으며 슬라이드 1부터 순서대로 작업하고 반드시 문제와 세부 조건대로 합니다.
- 별도의 지시사항이 없는 경우 출력형태를 참조하여 글꼴 색은 검정 또는 흰색으로 작성하고, 기타사항은 전체적인 균형을 고려하여 작성합니다.
- 슬라이드 도형 및 개체에 출력형태와 다른 스타일(그림자, 외곽선 등)을 적용했을 경우 감점처리 됩니다.
- 슬라이드 번호를 작성합니다(슬라이드 1에는 생략).
- 2~6번 슬라이드 제목 도형과 하단 로고는 슬라이드 마스터를 이용하여 출력형태와 동일하게 작성합니다(슬라이드 1에는 생략).
- 문제와 세부조건, 세부조건 번호 ۞ (점선원)는 입력하지 않습니다.
- 각 개체의 위치는 오른쪽의 슬라이드와 동일하게 구성합니다.
- 그림 삽입 문제의 경우 반드시「내 PC\문서\ITQ\Picture」폴더에서 정확한 파일을 선택하여 삽입 하십시오.
- 각 슬라이드를 각각의 파일로 작업해서 저장할 경우 실격 처리됩니다.

## [전체구성] 60점

(1) 슬라이드 크기 및 순서 : 크기를 A4 용지로 설정하고 슬라이드 순서에 맞게 작성한다.
(2) 슬라이드 마스터 : 2~6슬라이드의 제목, 하단 로고, 슬라이드 번호는 슬라이드 마스터를 이용하여 작성한다.
   - 제목 글꼴(굴림, 40pt, 하양), 가운데 정렬, 도형(선 없음)
   - 하단 로고(「내 PC₩문서₩ITQ₩Picture₩로고1.jpg」, 배경(회색) 투명한 색으로 설정)

## [슬라이드 1] ≪표지 디자인≫ 40점

(1) 표지 디자인 : 도형, 워드숍 및 그림을 이용하여 작성한다.

**세부조건**

① 도형 편집
  - 도형에 그림 채우기 :
    「내 PC₩문서₩ITQ₩Picture₩
    그림1.jpg」, 투명도 50%
  - 도형 효과 : 옅은 테두리 5pt

② 워드숍
  - 변환 : 삼각형
  - 글꼴 : 궁서, 진하게
  - 반사 : 1/3 크기, 4pt

③ 그림 삽입
  - 「내 PC₩문서₩ITQ₩Picture₩
    로고2.jpg」
  - 배경(회색) 투명한 색으로 설정

## [슬라이드 2] ≪목차 슬라이드≫ 60점

(1) 출력형태와 같이 도형을 이용하여 목차를 작성한다(글꼴 : 맑은 고딕, 24pt).
(2) 도형 : 선 없음

**세부조건**

① 텍스트에 하이퍼링크 적용
   → '슬라이드 5'

② 그림 삽입
  - 「내 PC₩문서₩ITQ₩Picture₩
    그림5.jpg」
  - 자르기 기능 이용

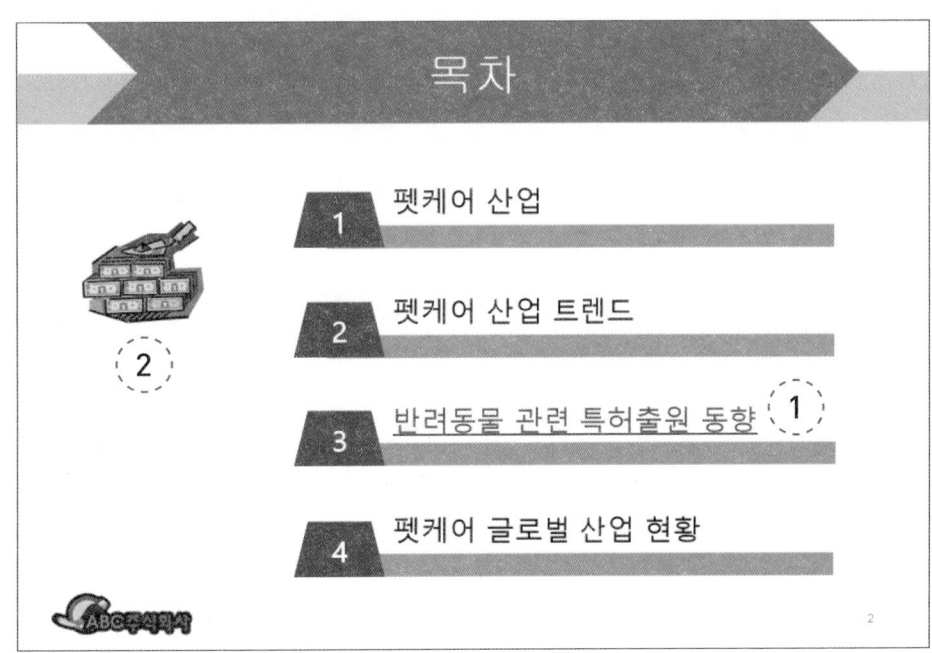

## [슬라이드 3]  ≪텍스트/동영상 슬라이드≫                          60점

(1) 텍스트 작성 : 글머리 기호 사용(➤, ■)
   ➤문단(굴림, 24pt, 진하게, 줄간격 : 1.5줄), ■ 문단(굴림, 20pt, 줄간격 : 1.5줄)

**세부조건**
① 동영상 삽입 :
  - 「내 PC₩문서₩ITQ₩Picture₩동영상.wmv」
  - 자동 실행, 반복 재생 설정

### 1. 펫케어 산업

➤ Pet Care Industry
  ■ As a culture that treats companion animals like family spreads, the quantitative and qualitative growth of the pet care industry is expected to accelerate

➤ 펫케어 산업
  ■ 펫케어 산업이 국내외 소비시장의 신성장동력으로 부상
  ■ 반려동물을 가족처럼 생각하는 문화가 확산되면서 펫케어 산업의 성장은 더욱 가속화될 전망

---

## [슬라이드 4]  ≪표 슬라이드≫                          80점

(1) 도형과 표 작성 기능을 이용하여 슬라이드를 작성한다(글꼴 : 맑은 고딕, 18pt).

**세부조건**
① 상단 도형 :
  2개 도형의 조합으로 작성
② 좌측 도형 :
  그러데이션 효과(선형 위쪽)
③ 표 스타일 :
  보통 스타일 4 - 강조 4

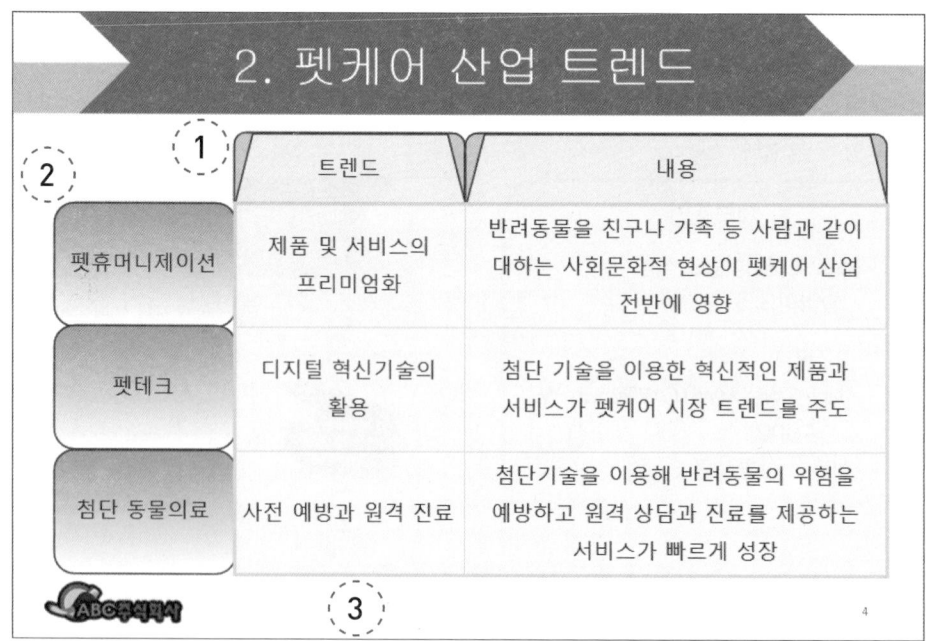

## [슬라이드 5]  ≪차트 슬라이드≫   100점

(1) 차트 작성 기능을 이용하여 슬라이드를 작성한다.
(2) 차트 : 유형(묶은 세로 막대형), 글꼴(굴림, 16pt), 외곽선
(3) 표 : 차트 하단에 이미지와 같이 표 그리기

### 세부조건

※ 차트설명
- 차트 제목 : 궁서, 20pt, 진하게, 채우기(하양), 테두리, 그림자(바깥쪽 : 대각선 오른쪽 아래)
- 범례 위치 : 아래쪽
- 차트 영역 : 채우기(노랑)
- 그림 영역 : 채우기(하양)
- 데이터 서식 : IoT접목 출원건수 계열을 표식이 있는 꺾은선형으로 변경
- 값 표시 : 출원건수 계열만

① 도형 삽입
 - 스타일 : 밝은 계열 - 강조1
 - 글꼴 : 맑은 고딕, 18pt

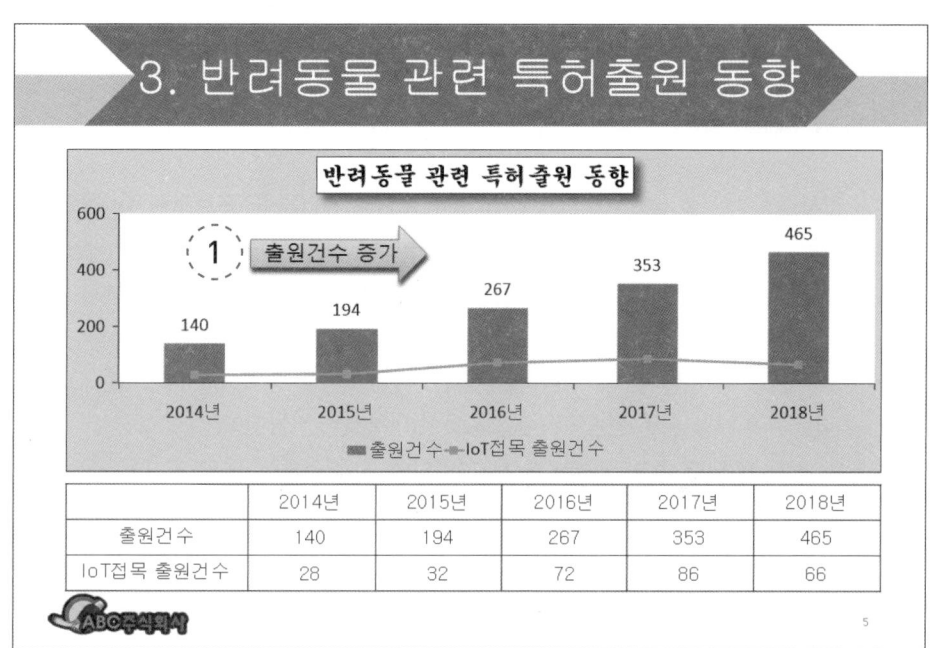

## [슬라이드 6]  ≪도형 슬라이드≫   100점

(1) 슬라이드와 같이 도형을 배치한다(글꼴 : 맑은 고딕, 18pt).
(2) 애니메이션 순서 : ① ⇒ ②

### 세부조건

① 도형 편집
 - 그룹화 후 애니메이션 효과
   : 날아오기(왼쪽으로)

② 도형 편집
 - 그룹화 후 애니메이션 효과
   : 바운드

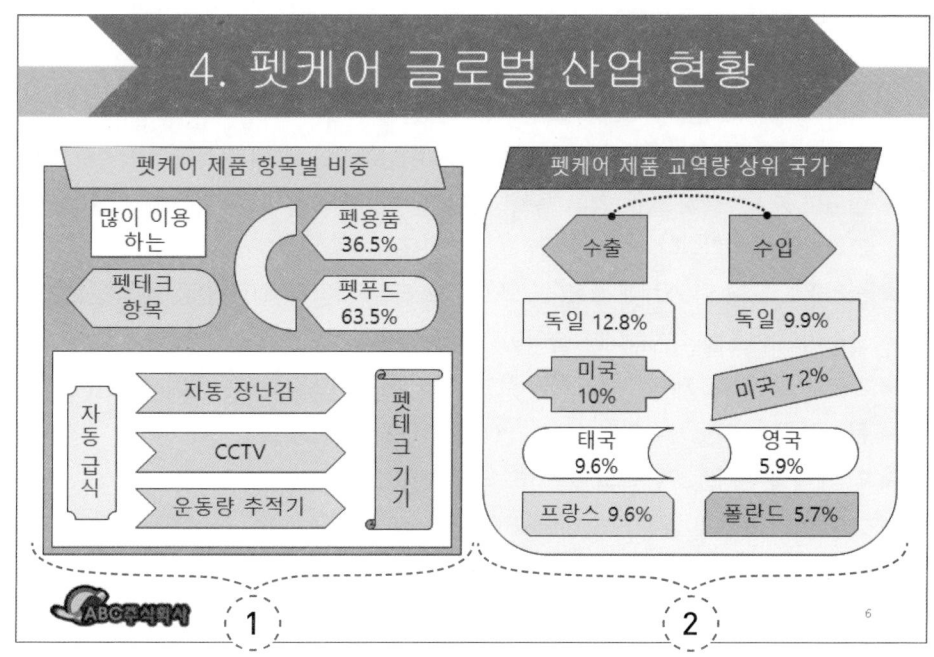

# 제 05 회 정보기술자격(ITQ) 최신유형 기출문제

| 과목 | 코드 | 문제유형 | 시험시간 | 수험번호 | 성명 |
|---|---|---|---|---|---|
| 한쇼 | 1141 | A | 60분 | | |

한컴오피스

## • 수험자 유의사항 •

- 수험자는 문제지를 받는 즉시 문제지와 **수험표상의 시험과목(프로그램)이 동일한지 반드시 확인**하여야 합니다.
- 파일명은 본인의 "수험번호-성명"으로 입력하여 답안 폴더(내 PC\문서\ITQ)에 하나의 파일로 저장해야 하며, 답안 문서 파일명이 "수험번호-성명"과 일치하지 않거나, 답안 파일을 전송하지 않아 미제출로 처리될 경우 실격 처리합니다 (예 : 12345678-홍길동.show).
- 답안 작성을 마치면 파일을 저장하고, '답안 전송' 버튼을 선택하여 감독위원 PC로 답안을 전송하십시오. 수험생 정보와 저장한 파일명이 다를 경우 전송되지 않으므로 주의하시기 바랍니다.
- 답안 작성 중에도 **주기적으로 저장하고, '답안 전송'**하여야 문제 발생을 줄일 수 있습니다. 작업한 내용을 저장하지 않고 전송할 경우 이전에 저장된 내용이 전송되오니 이점 유의하시기 바랍니다.
- 답안 문서는 지정된 경로 외의 다른 보조기억장치에 저장하는 경우, 지정된 시험 시간 외에 작성된 파일을 활용할 경우, 기타 통신 수단(이메일, 메신저, 네트워크 등)을 이용하여 타인에게 전달 또는 외부 반출하는 경우는 부정 처리합니다.
- 시험 중 부주의 또는 고의로 시스템을 파손한 경우는 수험자가 변상해야 하며, 〈수험자 유의사항〉에 기재된 방법대로 이행하지 않아 생기는 불이익은 수험생 당사자의 책임임을 알려 드립니다.
- 문제의 조건은 한컴오피스 2022 버전으로 설정되어 있으니 유의하시기 바랍니다.
- 시험을 완료한 수험자는 답안 파일이 전송되었는지 확인한 후 감독위원의 지시에 따라 문제지를 제출하고 퇴실합니다.

## • 답안 작성요령 •

- 온라인 답안 작성 절차
  수험자 등록 ⇒ 시험 시작 ⇒ 답안 파일 저장 ⇒ 답안 전송 ⇒ 시험 종료
- 슬라이드의 크기는 A4 Paper로 설정하여 작성합니다.
- 슬라이드의 총 개수는 6개로 구성되어 있으며 슬라이드 1부터 순서대로 작업하고 반드시 문제와 세부 조건대로 합니다.
- 별도의 지시사항이 없는 경우 출력형태를 참조하여 글꼴 색은 검정 또는 흰색으로 작성하고, 기타사항은 전체적인 균형을 고려하여 작성합니다.
- 슬라이드 도형 및 개체에 출력형태와 다른 스타일(그림자, 외곽선 등)을 적용했을 경우 감점처리 됩니다.
- 슬라이드 번호를 작성합니다(슬라이드 1에는 생략).
- 2~6번 슬라이드 제목 도형과 하단 로고는 슬라이드 마스터를 이용하여 출력형태와 동일하게 작성합니다(슬라이드 1에는 생략).
- 문제와 세부조건, 세부조건 번호 ○ (점선원)는 입력하지 않습니다.
- 각 개체의 위치는 오른쪽의 슬라이드와 동일하게 구성합니다.
- 그림 삽입 문제의 경우 반드시 「내 PC\문서\ITQ\Picture」 폴더에서 정확한 파일을 선택하여 삽입 하십시오.
- 각 슬라이드를 각각의 파일로 작업해서 저장할 경우 실격 처리됩니다.

**kpc** 한국생산성본부

## [전체구성]   60점

(1) 슬라이드 크기 및 순서 : 크기를 A4 용지로 설정하고 슬라이드 순서에 맞게 작성한다.
(2) 슬라이드 마스터 : 2~6슬라이드의 제목, 하단 로고, 슬라이드 번호는 슬라이드 마스터를 이용하여 작성한다.
  - 제목 글꼴(굴림, 40pt, 하양), 가운데 정렬, 도형(선 없음)
  - 하단 로고(「내 PC₩문서₩ITQ₩Picture₩로고2.jpg」, 배경(회색) 투명한 색으로 설정)

## [슬라이드 1]  《표지 디자인》  40점

(1) 표지 디자인 : 도형, 워드숍 및 그림을 이용하여 작성한다.

**세부조건**
① 도형 편집
  - 도형에 그림 채우기 :
    「내 PC₩문서₩ITQ₩Picture₩
    그림2.jpg」, 투명도 50%
  - 도형 효과 : 옅은 테두리 5pt
② 워드숍
  - 변환 : 갈매기형 수장
  - 글꼴 : 궁서, 진하게
  - 반사 : 1/3 크기, 근접
③ 그림 삽입
  - 「내 PC₩문서₩ITQ₩Picture₩
    로고2.jpg」
  - 배경(회색) 투명한 색으로 설정

## [슬라이드 2]  《목차 슬라이드》  60점

(1) 출력형태와 같이 도형을 이용하여 목차를 작성한다(글꼴 : 맑은 고딕, 24pt).
(2) 도형 : 선 없음

**세부조건**
① 텍스트에 하이퍼링크 적용
  → '슬라이드 5'
② 그림 삽입
  - 「내 PC₩문서₩ITQ₩Picture₩
    그림4.jpg」
  - 자르기 기능 이용

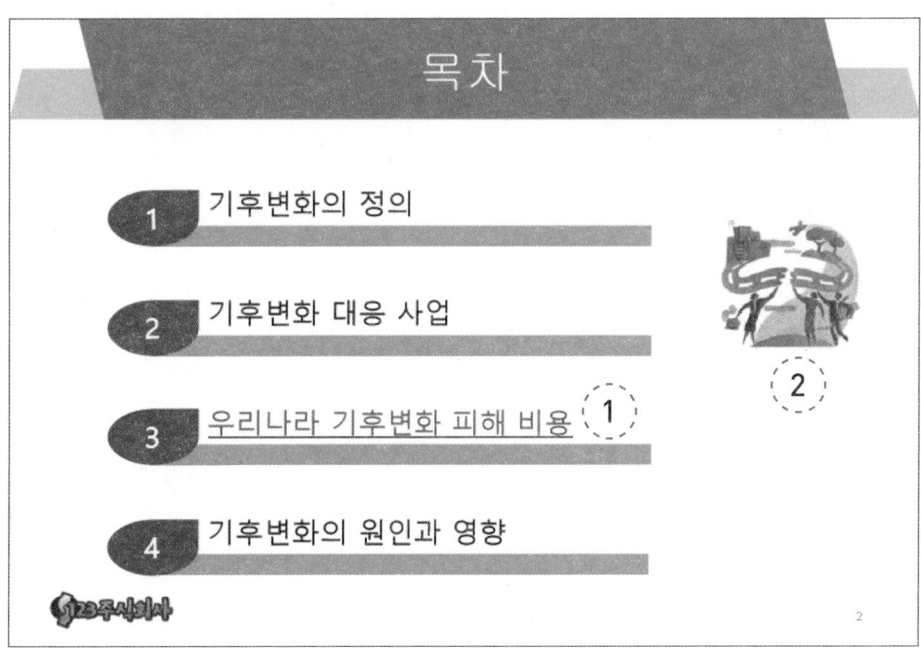

## [슬라이드 3] ≪텍스트/동영상 슬라이드≫ 60점

(1) 텍스트 작성 : 글머리 기호 사용(◆, ■)
◆문단(굴림, 24pt, 진하게, 줄간격 : 1.5줄), ■문단(굴림, 20pt, 줄간격 : 1.5줄)

**세부조건**
① 동영상 삽입 :
- 「내 PC\문서\ITQ\Picture\동영상.wmv」
- 자동 실행, 반복 재생 설정

### 1. 기후변화의 정의

◆ Climate Change
■ Climate change threatens people with increased flooding, extreme heat, more disease, and economic loss, and human migration and conflict can be a result

◆ 기후변화
■ 전 지구 대기의 조성을 변화시키는 인간의 활동이 직접적 또는 간접적 원인
■ 충분한 기간에 관측된 자연적인 기후변동성에 추가하여 일어나는 기후의 변화

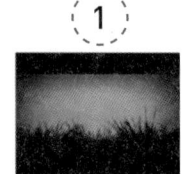

## [슬라이드 4] ≪표 슬라이드≫ 80점

(1) 도형과 표 작성 기능을 이용하여 슬라이드를 작성한다(글꼴 : 맑은 고딕, 18pt).

**세부조건**
① 상단 도형 :
2개 도형의 조합으로 작성
② 좌측 도형 :
그러데이션 효과(선형 위쪽)
③ 표 스타일 :
보통 스타일 4 – 강조 2

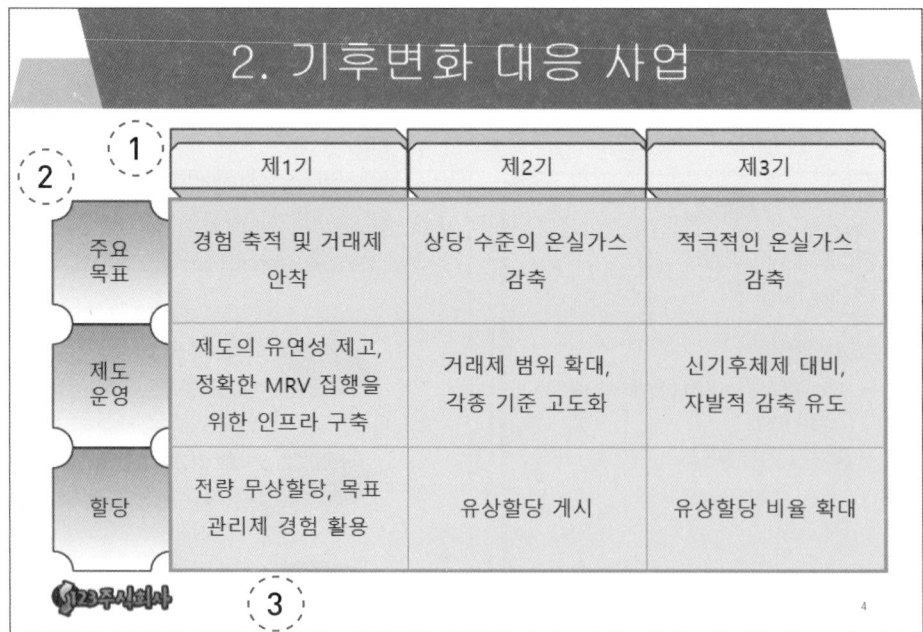

## [슬라이드 5]  ≪차트 슬라이드≫    100점

(1) 차트 작성 기능을 이용하여 슬라이드를 작성한다.
(2) 차트 : 유형(표식이 있는 꺾은선형), 글꼴(굴림, 16pt), 외곽선
(3) 표 : 차트 하단에 이미지와 같이 표 그리기

**세부조건**

※ 차트설명
- 차트 제목 : 궁서, 20pt, 진하게, 채우기(하양), 테두리, 그림자(바깥쪽 : 대각선 오른쪽 아래)
- 범례 위치 : 아래쪽
- 차트 영역 : 채우기(노랑)
- 그림 영역 : 채우기(하양)
- 데이터 서식 : 탄소중립(1.5도) 계열을 보조축으로 변경
- 값 표시 : 무대응 계열만

① 도형 삽입
- 스타일 : 밝은 계열 – 강조1
- 글꼴 : 맑은 고딕, 18pt

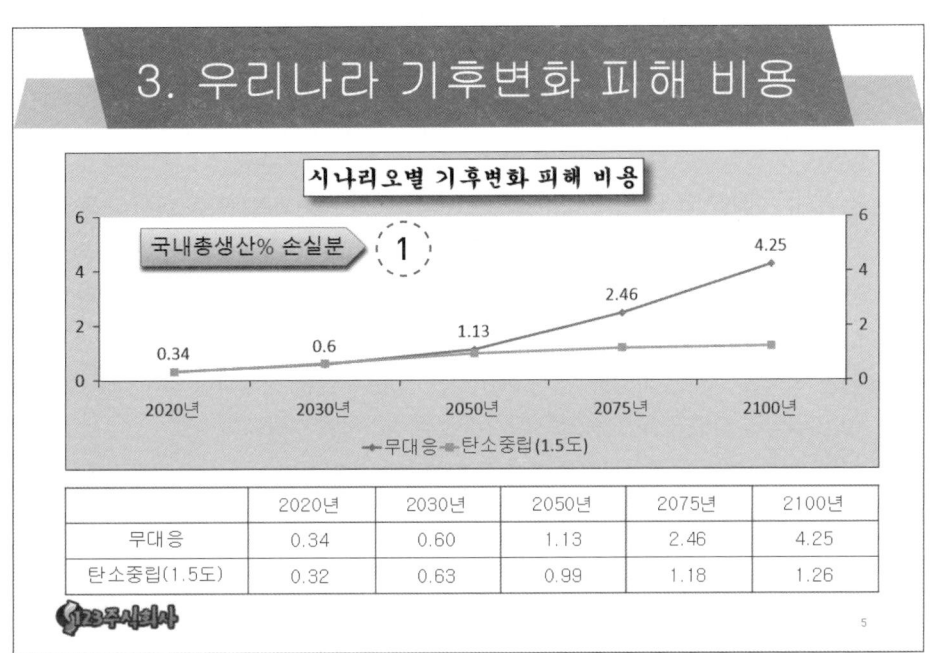

## [슬라이드 6]  ≪도형 슬라이드≫    100점

(1) 슬라이드와 같이 도형을 배치한다(글꼴 : 맑은 고딕, 18pt).
(2) 애니메이션 순서 : ① ⇒ ②

**세부조건**

① 도형 편집
- 그룹화 후 애니메이션 효과 : 바운드

② 도형 편집
- 그룹화 후 애니메이션 효과 : 블라인드(세로)

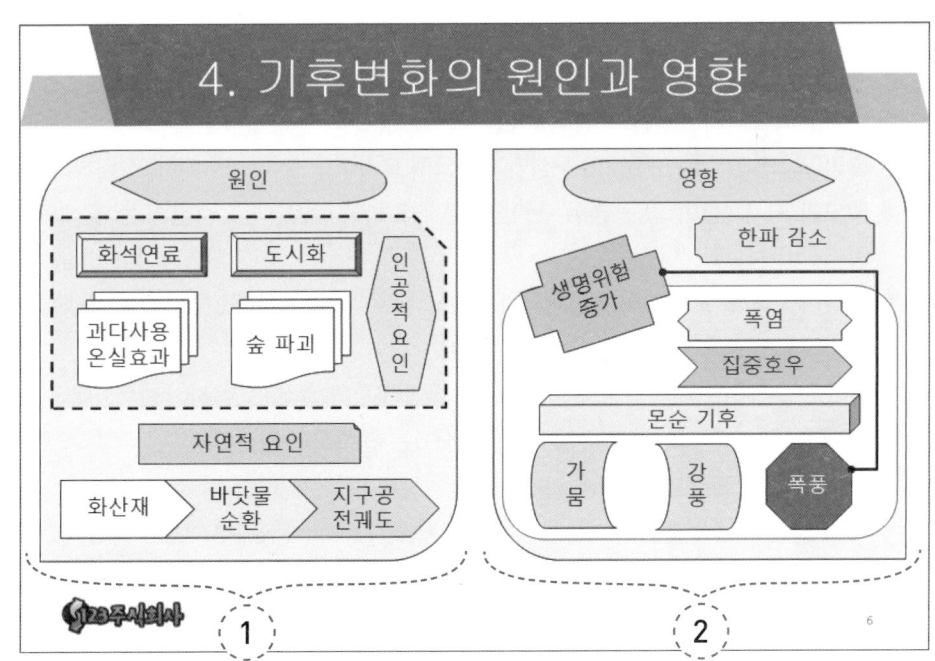

# 제 06 회 정보기술자격(ITQ) 최신유형 기출문제

| 과목 | 코드 | 문제유형 | 시험시간 | 수험번호 | 성명 |
|---|---|---|---|---|---|
| 한쇼 | 1141 | A | 60분 | | |

**한컴오피스**

## • 수험자 유의사항 •

- 수험자는 문제지를 받는 즉시 문제지와 **수험표상의 시험과목(프로그램)이 동일한지 반드시 확인**하여야 합니다.
- 파일명은 본인의 "수험번호-성명"으로 입력하여 답안 폴더(내 PC₩문서₩ITQ)에 하나의 파일로 저장해야 하며, 답안 문서 파일명이 "수험번호-성명"과 일치하지 않거나, 답안 파일을 전송하지 않아 미제출로 처리될 경우 실격 처리합니다 (예 : 12345678-홍길동.show).
- 답안 작성을 마치면 파일을 저장하고, '답안 전송' 버튼을 선택하여 감독위원 PC로 답안을 전송하십시오. 수험생 정보와 저장한 파일명이 다를 경우 전송되지 않으므로 주의하시기 바랍니다.
- 답안 작성 중에도 **주기적으로 저장하고, '답안 전송'**하여야 문제 발생을 줄일 수 있습니다. 작업한 내용을 저장하지 않고 전송할 경우 이전에 저장된 내용이 전송되오니 이점 유의하시기 바랍니다.
- 답안 문서는 지정된 경로 외의 다른 보조기억장치에 저장하는 경우, 지정된 시험 시간 외에 작성된 파일을 활용할 경우, 기타 통신 수단(이메일, 메신저, 네트워크 등)을 이용하여 타인에게 전달 또는 외부 반출하는 경우는 부정 처리합니다.
- 시험 중 부주의 또는 고의로 시스템을 파손한 경우는 수험자가 변상해야 하며, 〈수험자 유의사항〉에 기재된 방법대로 이행하지 않아 생기는 불이익은 수험생 당사자의 책임임을 알려 드립니다.
- 문제의 조건은 한컴오피스 2022 버전으로 설정되어 있으니 유의하시기 바랍니다.
- 시험을 완료한 수험자는 답안 파일이 전송되었는지 확인한 후 감독위원의 지시에 따라 문제지를 제출하고 퇴실합니다.

## • 답안 작성요령 •

- 온라인 답안 작성 절차
  수험자 등록 ⇒ 시험 시작 ⇒ 답안 파일 저장 ⇒ 답안 전송 ⇒ 시험 종료
- 슬라이드의 크기는 A4 Paper로 설정하여 작성합니다.
- 슬라이드의 총 개수는 6개로 구성되어 있으며 슬라이드 1부터 순서대로 작업하고 반드시 문제와 세부 조건대로 합니다.
- 별도의 지시사항이 없는 경우 출력형태를 참조하여 글꼴 색은 검정 또는 흰색으로 작성하고, 기타사항은 전체적인 균형을 고려하여 작성합니다.
- 슬라이드 도형 및 개체에 출력형태와 다른 스타일(그림자, 외곽선 등)을 적용했을 경우 감점처리 됩니다.
- 슬라이드 번호를 작성합니다(슬라이드 1에는 생략).
- 2~6번 슬라이드 제목 도형과 하단 로고는 슬라이드 마스터를 이용하여 출력형태와 동일하게 작성합니다(슬라이드 1에는 생략).
- 문제와 세부조건, 세부조건 번호 ◌ (점선원)는 입력하지 않습니다.
- 각 개체의 위치는 오른쪽의 슬라이드와 동일하게 구성합니다.
- 그림 삽입 문제의 경우 반드시 「내 PC₩문서₩ITQ₩Picture」폴더에서 정확한 파일을 선택하여 삽입 하십시오.
- 각 슬라이드를 각각의 파일로 작업해서 저장할 경우 실격 처리됩니다.

**kpc 한국생산성본부**

## [전체구성] 60점

(1) 슬라이드 크기 및 순서 : 크기를 A4 용지로 설정하고 슬라이드 순서에 맞게 작성한다.
(2) 슬라이드 마스터 : 2~6슬라이드의 제목, 하단 로고, 슬라이드 번호는 슬라이드 마스터를 이용하여 작성한다.
  - 제목 글꼴(굴림, 40pt, 하양), 가운데 정렬, 도형(선 없음)
  - 하단 로고(「내 PC₩문서₩ITQ₩Picture₩로고1.jpg」, 배경(회색) 투명한 색으로 설정)

## [슬라이드 1] ≪표지 디자인≫ 40점

(1) 표지 디자인 : 도형, 워드숍 및 그림을 이용하여 작성한다.

**세부조건**

① 도형 편집
  - 도형에 그림 채우기 :
    「내 PC₩문서₩ITQ₩Picture₩그림2.jpg」, 투명도 50%
  - 도형 효과 : 옅은 테두리 5pt

② 워드숍
  - 변환 : 위로 기울기
  - 글꼴 : 궁서, 진하게
  - 반사 : 1/2 크기, 근접

③ 그림 삽입
  - 「내 PC₩문서₩ITQ₩Picture₩로고1.jpg」
  - 배경(회색) 투명한 색으로 설정

## [슬라이드 2] ≪목차 슬라이드≫ 60점

(1) 출력형태와 같이 도형을 이용하여 목차를 작성한다(글꼴 : 맑은 고딕, 24pt).
(2) 도형 : 선 없음

**세부조건**

① 텍스트에 하이퍼링크 적용
  → '슬라이드 3'

② 그림 삽입
  - 「내 PC₩문서₩ITQ₩Picture₩그림4.jpg」
  - 자르기 기능 이용

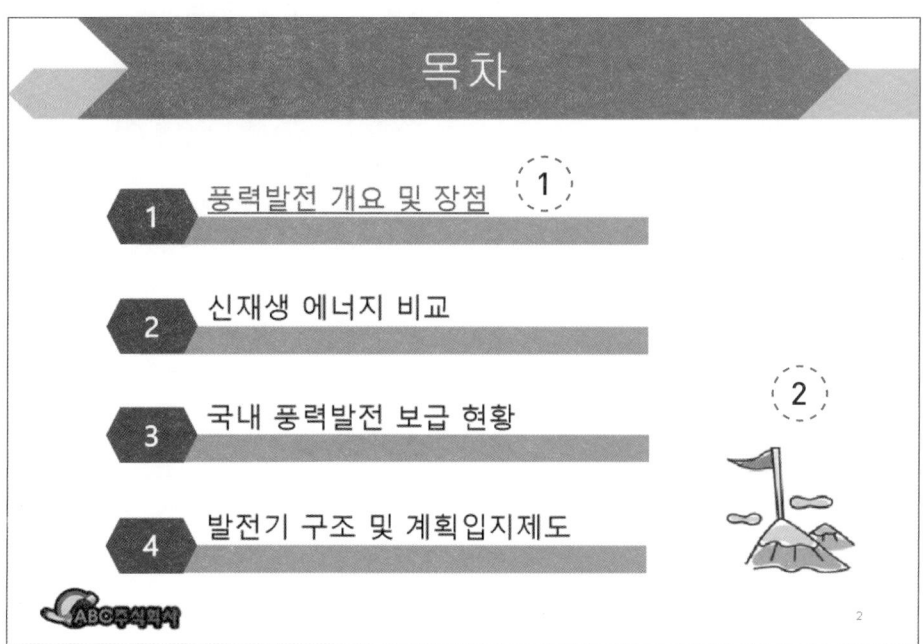

## [슬라이드 3] ≪텍스트/동영상 슬라이드≫ 60점

(1) 텍스트 작성 : 글머리 기호 사용(➤, ▪)
    ➤문단(굴림, 24pt, 진하게, 줄간격 : 1.5줄), ▪문단(굴림, 20pt, 줄간격 : 1.5줄)

**세부조건**

① 동영상 삽입 :
  - 「내 PC\문서\ITQ\Picture\동영상.wmv」
  - 자동 실행, 반복 재생 설정

### 1. 풍력발전 개요 및 장점

➤ Wind Energy
  ▪ Experts are predicting that wind power will play a key role in implementing a 'low-carbon economy' as an eco-friendly, clean source of energy

➤ 풍력발전 개요
  ▪ 풍력 발전기는 바람의 에너지를 전기 에너지로 바꿔주는 장치
  ▪ 풍력 발전기의 날개를 회전시켜 이때 생긴 날개의 회전력으로 전기를 생산함

---

## [슬라이드 4] ≪표 슬라이드≫ 80점

(1) 도형과 표 작성 기능을 이용하여 슬라이드를 작성한다(글꼴 : 맑은 고딕, 18pt).

**세부조건**

① 상단 도형 :
   2개 도형의 조합으로 작성

② 좌측 도형 :
   그러데이션 효과(선형 위쪽)

③ 표 스타일 :
   보통 스타일 4 - 강조 4

### 2. 신재생 에너지 비교

| | 이용 기술 | 시스템 구성 | 설치 사례 |
|---|---|---|---|
| 풍력 | 바람 에너지를 변환 시켜 전기를 생산 | 운동량 변환 장치 동력 전달, 변환 장치 제어 장치 | 영덕 풍력발전 단지 군산 풍력발전 단지 |
| 태양광 | 빛 에너지를 변환 시켜 전기를 생산 | 태양전지 모듈 축전지, 전력변환 장치 | 솔라 태양광발전소 |
| 태양열 | 건물의 냉난방 및 급탕 등에 활용 | 태양열 집열 기술 시스템 제어, 설계 기술 | 실버홈 노인 요양원 |

## [슬라이드 5] ≪차트 슬라이드≫    100점

(1) 차트 작성 기능을 이용하여 슬라이드를 작성한다.
(2) 차트 : 유형(묶은 세로 막대형), 글꼴(굴림, 16pt), 외곽선
(3) 표 : 차트 하단에 이미지와 같이 표 그리기

**세부조건**

※ 차트설명
- 차트 제목 : 궁서, 20pt, 진하게, 채우기(하양), 테두리, 그림자(바깥쪽 : 대각선 오른쪽 아래)
- 범례 위치 : 아래쪽
- 차트 영역 : 채우기(노랑)
- 그림 영역 : 채우기(하양)
- 데이터 서식 : 신규단지수 계열을 표식이 있는 꺾은선형으로 변경
- 값 표시 : 신규설비용량 계열만

① 도형 삽입
  - 스타일 : 밝은 계열 – 강조1
  - 글꼴 : 맑은 고딕, 18pt

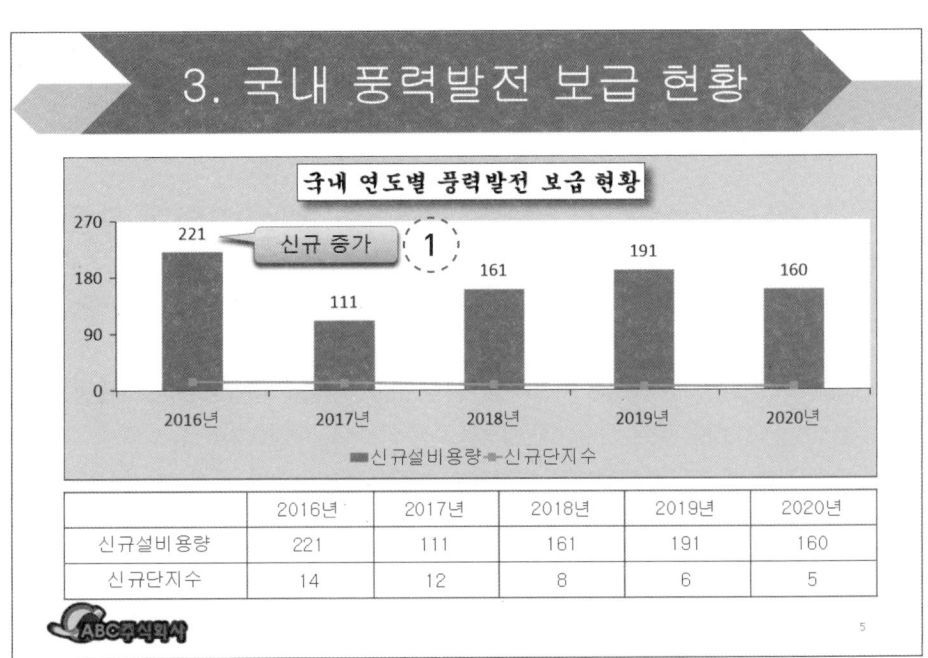

## [슬라이드 6] ≪도형 슬라이드≫    100점

(1) 슬라이드와 같이 도형을 배치한다(글꼴 : 맑은 고딕, 18pt).
(2) 애니메이션 순서 : ① ⇒ ②

**세부조건**

① 도형 편집
  - 그룹화 후 애니메이션 효과 : 바운드

② 도형 편집
  - 그룹화 후 애니메이션 효과 : 닦아내기(왼쪽으로)

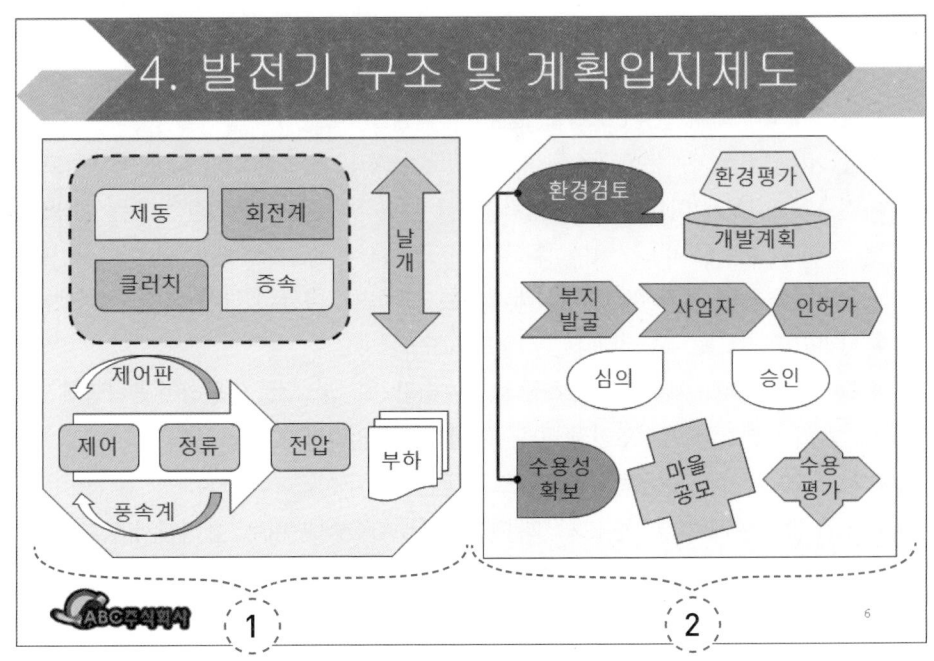

# 제 07 회 정보기술자격(ITQ) 최신유형 기출문제

| 과목 | 코드 | 문제유형 | 시험시간 | 수험번호 | 성명 |
|---|---|---|---|---|---|
| 한쇼 | 1141 | A | 60분 | | |

한컴오피스

## • 수험자 유의사항 •

- 수험자는 문제지를 받는 즉시 문제지와 **수험표상의 시험과목(프로그램)이 동일한지 반드시 확인**하여야 합니다.
- 파일명은 본인의 "수험번호-성명"으로 입력하여 답안 폴더(내 PC\문서\ITQ)에 하나의 파일로 저장해야 하며, 답안 문서 파일명이 "수험번호-성명"과 일치하지 않거나, 답안 파일을 전송하지 않아 미제출로 처리될 경우 실격 처리합니다. (예 : 12345678-홍길동.show).
- 답안 작성을 마치면 파일을 저장하고, '답안 전송' 버튼을 선택하여 감독위원 PC로 답안을 전송하십시오. 수험생 정보와 저장한 파일명이 다를 경우 전송되지 않으므로 주의하시기 바랍니다.
- 답안 작성 중에도 **주기적으로 저장하고, '답안 전송'**하여야 문제 발생을 줄일 수 있습니다. 작업한 내용을 저장하지 않고 전송할 경우 이전에 저장된 내용이 전송되오니 이점 유의하시기 바랍니다.
- 답안 문서는 지정된 경로 외의 다른 보조기억장치에 저장하는 경우, 지정된 시험 시간 외에 작성된 파일을 활용할 경우, 기타 통신 수단(이메일, 메신저, 네트워크 등)을 이용하여 타인에게 전달 또는 외부 반출하는 경우는 부정 처리합니다.
- 시험 중 부주의 또는 고의로 시스템을 파손한 경우는 수험자가 변상해야 하며, 〈수험자 유의사항〉에 기재된 방법대로 이행하지 않아 생기는 불이익은 수험생 당사자의 책임임을 알려 드립니다.
- 문제의 조건은 한컴오피스 2022 버전으로 설정되어 있으니 유의하시기 바랍니다.
- 시험을 완료한 수험자는 답안 파일이 전송되었는지 확인한 후 감독위원의 지시에 따라 문제지를 제출하고 퇴실합니다.

## • 답안 작성요령 •

- 온라인 답안 작성 절차
  수험자 등록 ⇒ 시험 시작 ⇒ 답안 파일 저장 ⇒ 답안 전송 ⇒ 시험 종료
- 슬라이드의 크기는 A4 Paper로 설정하여 작성합니다.
- 슬라이드의 총 개수는 6개로 구성되어 있으며 슬라이드 1부터 순서대로 작업하고 반드시 문제와 세부 조건대로 합니다.
- 별도의 지시사항이 없는 경우 출력형태를 참조하여 글꼴 색은 검정 또는 흰색으로 작성하고, 기타사항은 전체적인 균형을 고려하여 작성합니다.
- 슬라이드 도형 및 개체에 출력형태와 다른 스타일(그림자, 외곽선 등)을 적용했을 경우 감점처리 됩니다.
- 슬라이드 번호를 작성합니다(슬라이드 1에는 생략).
- 2~6번 슬라이드 제목 도형과 하단 로고는 슬라이드 마스터를 이용하여 출력형태와 동일하게 작성합니다(슬라이드 1에는 생략).
- 문제와 세부조건, 세부조건 번호 ○ (점선원)는 입력하지 않습니다.
- 각 개체의 위치는 오른쪽의 슬라이드와 동일하게 구성합니다.
- 그림 삽입 문제의 경우 반드시「내 PC\문서\ITQ\Picture」폴더에서 정확한 파일을 선택하여 삽입 하십시오.
- 각 슬라이드를 각각의 파일로 작업해서 저장할 경우 실격 처리됩니다.

## [전체구성] 60점

(1) 슬라이드 크기 및 순서 : 크기를 A4 용지로 설정하고 슬라이드 순서에 맞게 작성한다.
(2) 슬라이드 마스터 : 2~6슬라이드의 제목, 하단 로고, 슬라이드 번호는 슬라이드 마스터를 이용하여 작성한다.
  - 제목 글꼴(굴림, 40pt, 하양), 가운데 정렬, 도형(선 없음)
  - 하단 로고(「내 PC₩문서₩ITQ₩Picture₩로고1.jpg」, 배경(회색) 투명한 색으로 설정)

## [슬라이드 1] ≪표지 디자인≫ 40점

(1) 표지 디자인 : 도형, 워드숍 및 그림을 이용하여 작성한다.

**세부조건**

① 도형 편집
  - 도형에 그림 채우기 :
    「내 PC₩문서₩ITQ₩Picture₩
    그림1.jpg」, 투명도 50%
  - 도형 효과 : 옅은 테두리 5pt

② 워드숍
  - 변환 : 역갈매기형 수장
  - 글꼴 : 궁서, 진하게
  - 반사 : 1/3 크기, 4pt

③ 그림 삽입
  - 「내 PC₩문서₩ITQ₩Picture₩
    로고1.jpg」
  - 배경(회색) 투명한 색으로 설정

## [슬라이드 2] ≪목차 슬라이드≫ 60점

(1) 출력형태와 같이 도형을 이용하여 목차를 작성한다(글꼴 : 맑은 고딕, 24pt).
(2) 도형 : 선 없음

**세부조건**

① 텍스트에 하이퍼링크 적용
  → '슬라이드 4'

② 그림 삽입
  - 「내 PC₩문서₩ITQ₩Picture₩
    그림5.jpg」
  - 자르기 기능 이용

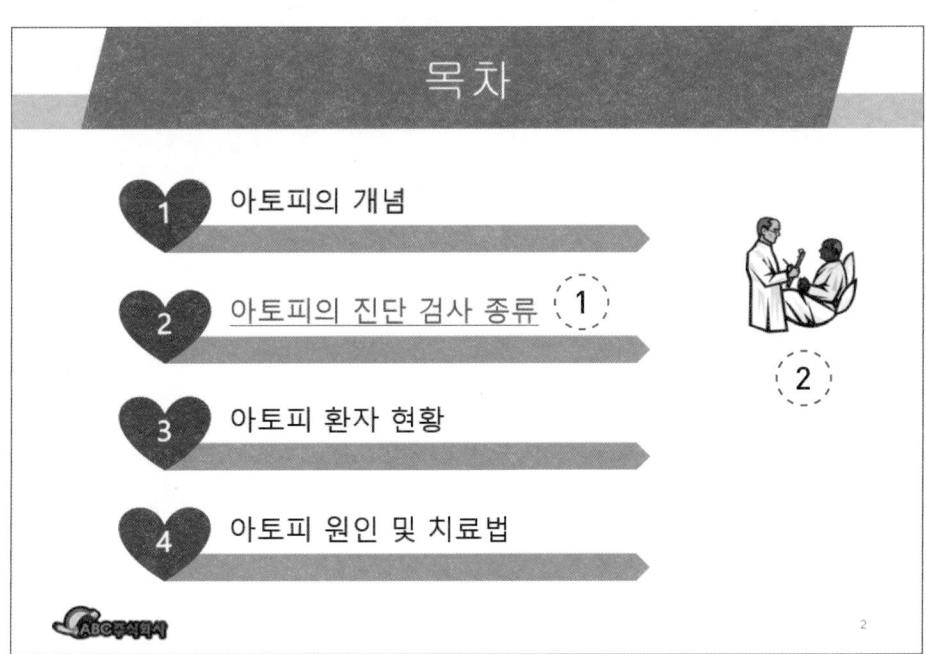

## [슬라이드 3] ≪텍스트/동영상 슬라이드≫ 60점

(1) 텍스트 작성 : 글머리 기호 사용(❖, ■)
　❖문단(굴림, 24pt, 진하게, 줄간격 : 1.5줄), ■문단(굴림, 20pt, 줄간격 : 1.5줄)

**세부조건**
① 동영상 삽입 :
　-「내 PC₩문서₩ITQ₩Picture₩
　동영상.wmv」
　- 자동 실행, 반복 재생 설정

### 1. 아토피의 개념

❖ **Atopic dermatitis**
　■ Atopic dermatitis results in itchy, red, swollen, cracked skin and clear fluid may come from the affected areas, which often thickens over time

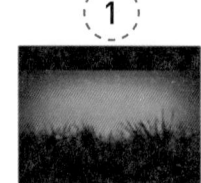

❖ **아토피의 개념**
　■ 아토피 또는 아토피 증후군은 알레르기 항원에 대한 직접 접촉없이 신체가 극도로 민감해지는 알레르기 반응
　■ 아토피의 증상으로는 아토피 피부염, 알레르기성 결막염, 알레르기성 비염, 천식이 있음


## [슬라이드 4] ≪표 슬라이드≫ 80점

(1) 도형과 표 작성 기능을 이용하여 슬라이드를 작성한다(글꼴 : 맑은 고딕, 18pt).

**세부조건**
① 상단 도형 :
　2개 도형의 조합으로 작성
② 좌측 도형 :
　그러데이션 효과(선형 위쪽)
③ 표 스타일 :
　보통 스타일 4 - 강조 5

### 2. 아토피의 진단 검사 종류

| | 혈액 검사 | 피부 단자 검사 | 알레르기 검사 |
|---|---|---|---|
| 검사 방법 | 혈청 내 총 면역글로불린 농도로 판단 | 피부를 바늘로 찔러 두드러기 발진 정도로 판단 | 하루에 먹은 음식들과 증상 발현을 일기 형식으로 기록 |
| 검사 시기 | 성인기 | 소아기 | 사춘기, 성인기 |
| 주요 증상 | 가려움증이나 자극 및 알레르기 유발 물질에 대한 반응 | 접히는 부위에 피부가 건조해지는 습진 | 피부 건조, 손발 습진, 태선화 |

[슬라이드 5]  ≪차트 슬라이드≫   100점

(1) 차트 작성 기능을 이용하여 슬라이드를 작성한다.
(2) 차트 : 유형(표식이 있는 꺾은선형), 글꼴(굴림, 16pt), 외곽선
(3) 표 : 차트 하단에 이미지와 같이 표 그리기

**세부조건**

※ 차트설명
- 차트 제목 : 궁서, 20pt, 진하게,
  채우기(하양), 테두리,
  그림자(바깥쪽 : 대각선 오른쪽 아래)
- 범례 위치 : 아래쪽
- 차트 영역 : 채우기(노랑)
- 그림 영역 : 채우기(하양)
- 데이터 서식 : 사춘기 계열을 보조
  축으로 변경
- 값 표시 : 소아기 계열만

① 도형 삽입
 - 스타일 : 밝은 계열 – 강조1
 - 글꼴 : 맑은 고딕, 18pt

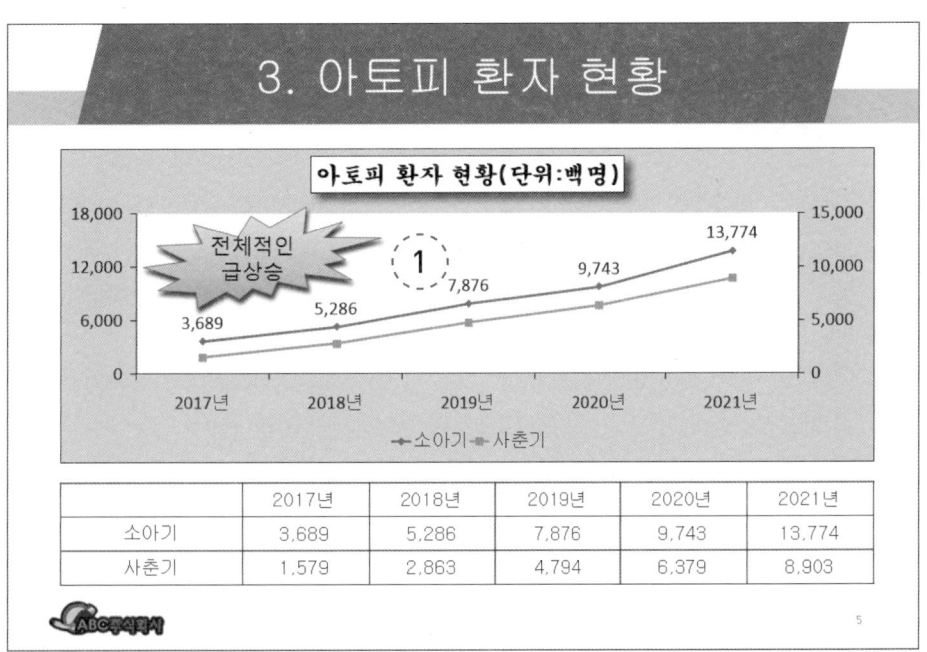

[슬라이드 6]  ≪도형 슬라이드≫   100점

(1) 슬라이드와 같이 도형을 배치한다(글꼴 : 맑은 고딕, 18pt).
(2) 애니메이션 순서 : ① ⇒ ②

**세부조건**

① 도형 편집
 - 그룹화 후 애니메이션 효과
   : 바운드

② 도형 편집
 - 그룹화 후 애니메이션 효과
   : 닦아내기(왼쪽으로)

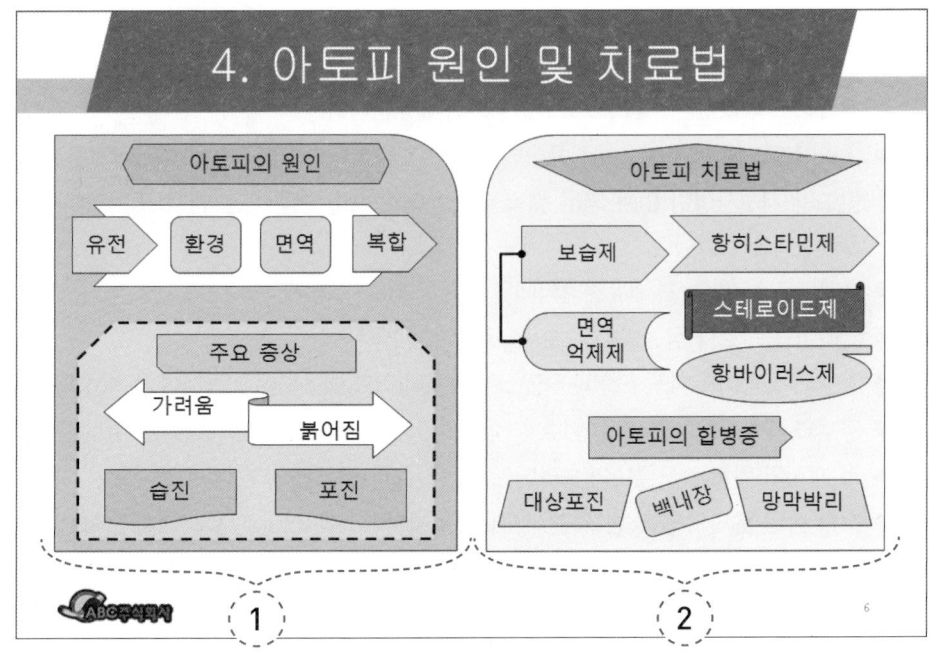

# 제 08 회 정보기술자격(ITQ) 최신유형 기출문제

| 과목 | 코드 | 문제유형 | 시험시간 | 수험번호 | 성명 |
|---|---|---|---|---|---|
| 한쇼 | 1141 | A | 60분 | | |

**한컴오피스**

## • 수험자 유의사항 •

- 수험자는 문제지를 받는 즉시 문제지와 **수험표상의 시험과목(프로그램)이 동일한지 반드시 확인**하여야 합니다.
- 파일명은 본인의 "수험번호-성명"으로 입력하여 답안 폴더(내 PC\문서\ITQ)에 하나의 파일로 저장해야 하며, 답안 문서 파일명이 "수험번호-성명"과 일치하지 않거나, 답안 파일을 전송하지 않아 미제출로 처리될 경우 실격 처리합니다. (예 : 12345678-홍길동.show).
- 답안 작성을 마치면 파일을 저장하고, '답안 전송' 버튼을 선택하여 감독위원 PC로 답안을 전송하십시오. 수험생 정보와 저장한 파일명이 다를 경우 전송되지 않으므로 주의하시기 바랍니다.
- 답안 작성 중에도 **주기적으로 저장하고, '답안 전송'**하여야 문제 발생을 줄일 수 있습니다. 작업한 내용을 저장하지 않고 전송할 경우 이전에 저장된 내용이 전송되오니 이점 유의하시기 바랍니다.
- 답안 문서는 지정된 경로 외의 다른 보조기억장치에 저장하는 경우, 지정된 시험 시간 외에 작성된 파일을 활용할 경우, 기타 통신 수단(이메일, 메신저, 네트워크 등)을 이용하여 타인에게 전달 또는 외부 반출하는 경우는 부정 처리합니다.
- 시험 중 부주의 또는 고의로 시스템을 파손한 경우는 수험자가 변상해야 하며, 〈수험자 유의사항〉에 기재된 방법대로 이행하지 않아 생기는 불이익은 수험생 당사자의 책임임을 알려 드립니다.
- 문제의 조건은 한컴오피스 2022 버전으로 설정되어 있으니 유의하시기 바랍니다.
- 시험을 완료한 수험자는 답안 파일이 전송되었는지 확인한 후 감독위원의 지시에 따라 문제지를 제출하고 퇴실합니다.

## • 답안 작성요령 •

- 온라인 답안 작성 절차
  수험자 등록 ⇒ 시험 시작 ⇒ 답안 파일 저장 ⇒ 답안 전송 ⇒ 시험 종료
- 슬라이드의 크기는 A4 Paper로 설정하여 작성합니다.
- 슬라이드의 총 개수는 6개로 구성되어 있으며 슬라이드 1부터 순서대로 작업하고 반드시 문제와 세부 조건대로 합니다.
- 별도의 지시사항이 없는 경우 출력형태를 참조하여 글꼴 색은 검정 또는 흰색으로 작성하고, 기타사항은 전체적인 균형을 고려하여 작성합니다.
- 슬라이드 도형 및 개체에 출력형태와 다른 스타일(그림자, 외곽선 등)을 적용했을 경우 감점처리 됩니다.
- 슬라이드 번호를 작성합니다(슬라이드 1에는 생략).
- 2~6번 슬라이드 제목 도형과 하단 로고는 슬라이드 마스터를 이용하여 출력형태와 동일하게 작성합니다(슬라이드 1에는 생략).
- 문제와 세부조건, 세부조건 번호 ○ (점선원)는 입력하지 않습니다.
- 각 개체의 위치는 오른쪽의 슬라이드와 동일하게 구성합니다.
- 그림 삽입 문제의 경우 반드시 「내 PC\문서\ITQ\Picture」 폴더에서 정확한 파일을 선택하여 삽입 하십시오.
- 각 슬라이드를 각각의 파일로 작업해서 저장할 경우 실격 처리됩니다.

## [전체구성] 60점

(1) 슬라이드 크기 및 순서 : 크기를 A4 용지로 설정하고 슬라이드 순서에 맞게 작성한다.
(2) 슬라이드 마스터 : 2~6슬라이드의 제목, 하단 로고, 슬라이드 번호는 슬라이드 마스터를 이용하여 작성한다.
 - 제목 글꼴(굴림, 40pt, 하양), 가운데 정렬, 도형(선 없음)
 - 하단 로고(「내 PC\문서\ITQ\Picture\로고2.jpg」, 배경(회색) 투명한 색으로 설정)

## [슬라이드 1]  ≪표지 디자인≫ 40점

(1) 표지 디자인 : 도형, 워드숍 및 그림을 이용하여 작성한다.

**세부조건**

① 도형 편집
 - 도형에 그림 채우기 :
 「내 PC\문서\ITQ\Picture\
 그림3.jpg」, 투명도 50%
 - 도형 효과 : 옅은 테두리 5pt

② 워드숍
 - 변환 : 역삼각형
 - 글꼴 : 궁서, 진하게
 - 반사 : 1/2 크기, 근접

③ 그림 삽입
 - 「내 PC\문서\ITQ\Picture\
 로고2.jpg」
 - 배경(회색) 투명한 색으로 설정

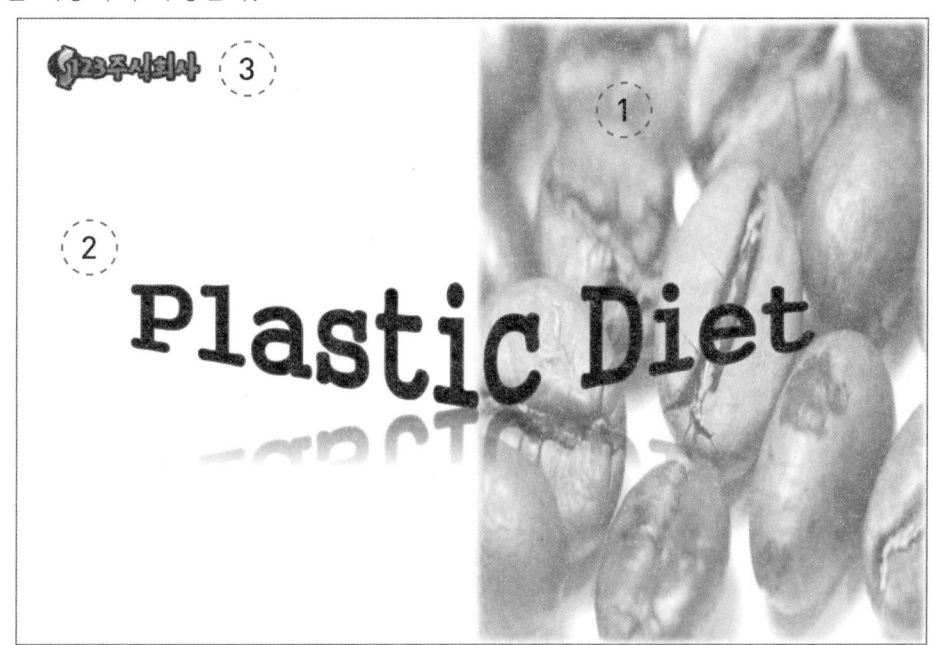

## [슬라이드 2]  ≪목차 슬라이드≫ 60점

(1) 출력형태와 같이 도형을 이용하여 목차를 작성한다(글꼴 : 맑은 고딕, 24pt).
(2) 도형 : 선 없음

**세부조건**

① 텍스트에 하이퍼링크 적용
 → '슬라이드 6'

② 그림 삽입
 - 「내 PC\문서\ITQ\Picture\
 그림4.jpg」
 - 자르기 기능 이용

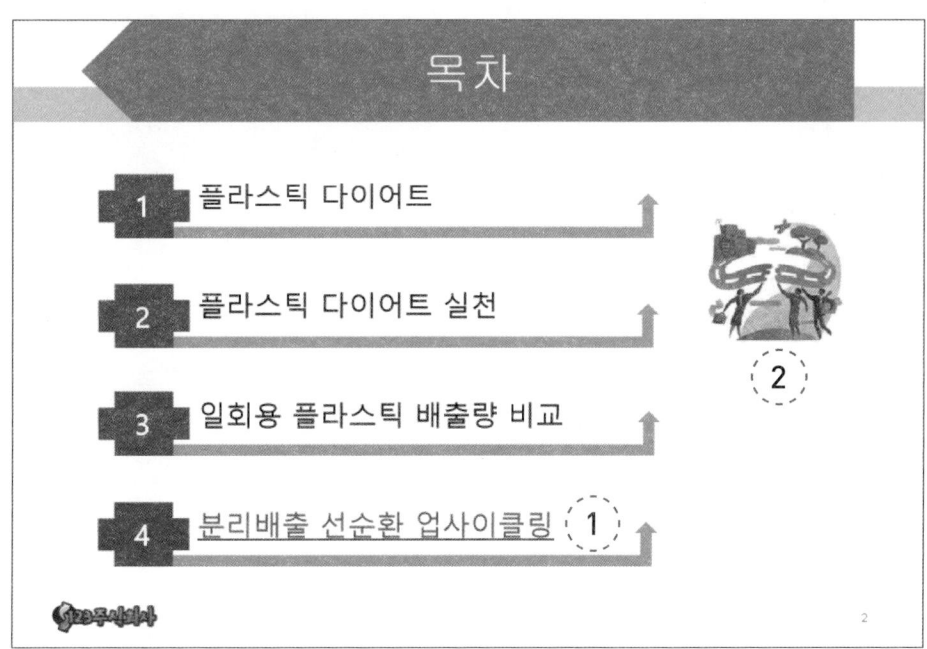

## [슬라이드 3]  ≪텍스트/동영상 슬라이드≫   60점

(1) 텍스트 작성 : 글머리 기호 사용(➤, ✓)
   ➤문단(굴림, 24pt, 진하게, 줄간격 : 1.5줄), ✓문단(굴림, 20pt, 줄간격 : 1.5줄)

**세부조건**

① 동영상 삽입 :
  - 「내 PC₩문서₩ITQ₩Picture₩동영상.wmv」
  - 자동 실행, 반복 재생 설정

### 1. 플라스틱 다이어트

➤ Plastic Diet
  ✓ The way we use and dispose of plastics must change for the sake of not just the environment but also our economy

➤ 탄소중립 선언
  ✓ 지구 온난화로 폭염, 폭우, 폭설, 태풍, 산불 등 이상기후 현상으로 전 세계는 전례 없는 기후 위기에 처함
  ✓ 우리 정부는 국제사회와 함께 기후변화에 적극 대응하기 위하여 '2050년 탄소중립'을 선언함

## [슬라이드 4]  ≪표 슬라이드≫   80점

(1) 도형과 표 작성 기능을 이용하여 슬라이드를 작성한다(글꼴 : 맑은 고딕, 18pt).

**세부조건**

① 상단 도형 :
   2개 도형의 조합으로 작성

② 좌측 도형 :
   그러데이션 효과(선형 위쪽)

③ 표 스타일 :
   보통 스타일 4 - 강조 6

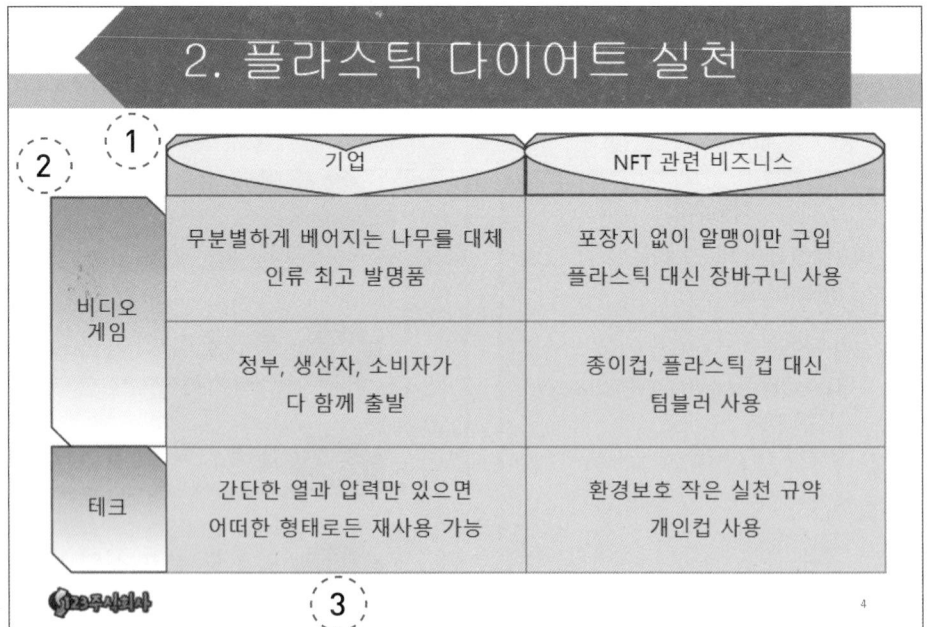

[슬라이드 5]  ≪차트 슬라이드≫                                    100점

(1) 차트 작성 기능을 이용하여 슬라이드를 작성한다.
(2) 차트 : 유형(묶은 세로 막대형), 글꼴(굴림, 16pt), 외곽선
(3) 표 : 차트 하단에 이미지와 같이 표 그리기

### 세부조건

※ 차트설명
- 차트 제목 : 궁서, 20pt, 진하게, 채우기(하양), 테두리, 그림자(바깥쪽 : 대각선 오른쪽 아래)
- 범례 위치 : 아래쪽
- 차트 영역 : 채우기(노랑)
- 그림 영역 : 채우기(하양)
- 데이터 서식 : 다인 가구 계열을 표식이 있는 꺾은선형으로 변경
- 값 표시 : 1인 가구 계열만

① 도형 삽입
- 스타일 : 밝은 계열 – 강조1
- 글꼴 : 맑은 고딕, 18pt

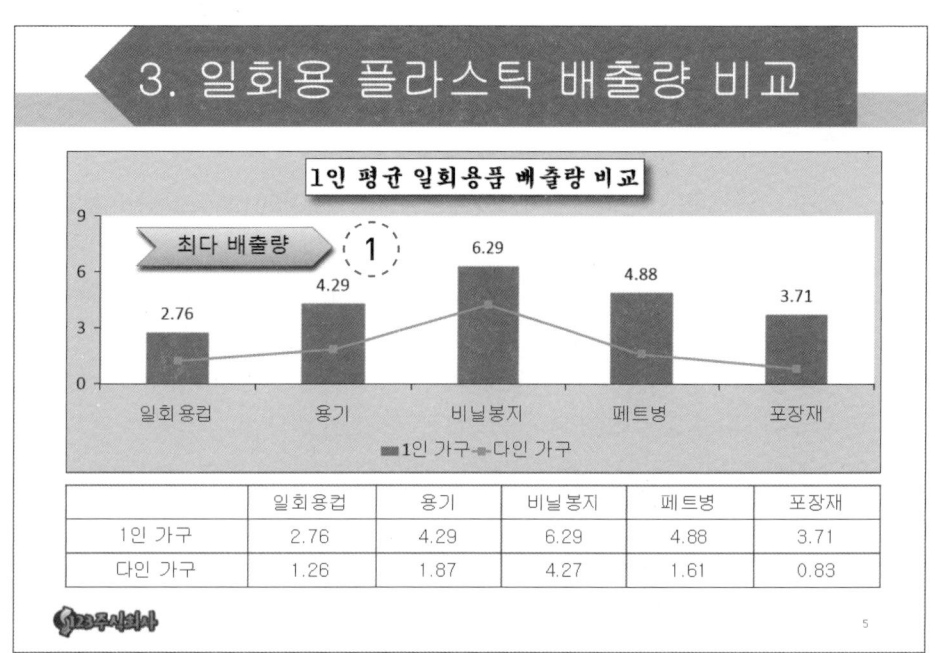

[슬라이드 6]  ≪도형 슬라이드≫                                    100점

(1) 슬라이드와 같이 도형을 배치한다(글꼴 : 맑은 고딕, 18pt).
(2) 애니메이션 순서 : ① ⇒ ②

### 세부조건

① 도형 편집
- 그룹화 후 애니메이션 효과
  : 바운드

② 도형 편집
- 그룹화 후 애니메이션 효과
  : 닦아내기(왼쪽으로)

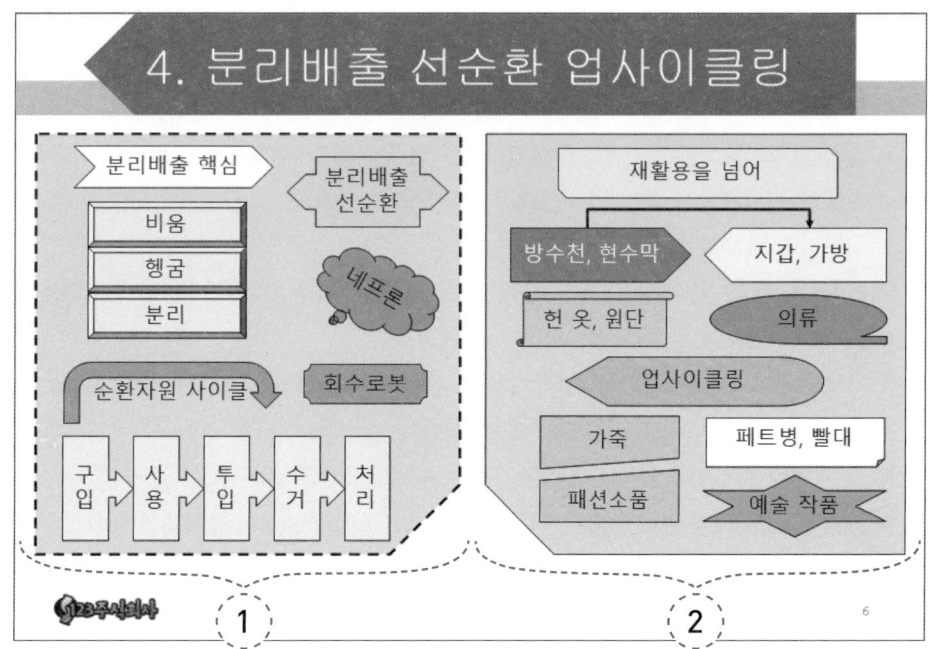

# 제 09 회 정보기술자격(ITQ) 최신유형 기출문제

| 과목 | 코드 | 문제유형 | 시험시간 | 수험번호 | 성명 |
|---|---|---|---|---|---|
| 한쇼 | 1141 | A | 60분 | | |

**한컴오피스**

## • 수험자 유의사항 •

- 수험자는 문제지를 받는 즉시 문제지와 **수험표상의 시험과목(프로그램)이 동일한지 반드시 확인**하여야 합니다.
- 파일명은 본인의 "수험번호-성명"으로 입력하여 답안 폴더(내 PC\문서\ITQ)에 하나의 파일로 저장해야 하며, 답안 문서 파일명이 "수험번호-성명"과 일치하지 않거나, 답안 파일을 전송하지 않아 미제출로 처리될 경우 실격 처리합니다 (예 : 12345678-홍길동.show).
- 답안 작성을 마치면 파일을 저장하고, '답안 전송' 버튼을 선택하여 감독위원 PC로 답안을 전송하십시오. 수험생 정보와 저장한 파일명이 다를 경우 전송되지 않으므로 주의하시기 바랍니다.
- 답안 작성 중에도 **주기적으로 저장하고, '답안 전송'**하여야 문제 발생을 줄일 수 있습니다. 작업한 내용을 저장하지 않고 전송할 경우 이전에 저장된 내용이 전송되오니 이점 유의하시기 바랍니다.
- 답안 문서는 지정된 경로 외의 다른 보조기억장치에 저장하는 경우, 지정된 시험 시간 외에 작성된 파일을 활용할 경우, 기타 통신 수단(이메일, 메신저, 네트워크 등)을 이용하여 타인에게 전달 또는 외부 반출하는 경우는 부정 처리합니다.
- 시험 중 부주의 또는 고의로 시스템을 파손한 경우는 수험자가 변상해야 하며, 〈수험자 유의사항〉에 기재된 방법대로 이행하지 않아 생기는 불이익은 수험생 당사자의 책임임을 알려 드립니다.
- 문제의 조건은 한컴오피스 2022 버전으로 설정되어 있으니 유의하시기 바랍니다.
- 시험을 완료한 수험자는 답안 파일이 전송되었는지 확인한 후 감독위원의 지시에 따라 문제지를 제출하고 퇴실합니다.

## • 답안 작성요령 •

- 온라인 답안 작성 절차
  수험자 등록 ⇒ 시험 시작 ⇒ 답안 파일 저장 ⇒ 답안 전송 ⇒ 시험 종료
- 슬라이드의 크기는 A4 Paper로 설정하여 작성합니다.
- 슬라이드의 총 개수는 6개로 구성되어 있으며 슬라이드 1부터 순서대로 작업하고 반드시 문제와 세부 조건대로 합니다.
- 별도의 지시사항이 없는 경우 출력형태를 참조하여 글꼴 색은 검정 또는 흰색으로 작성하고, 기타사항은 전체적인 균형을 고려하여 작성합니다.
- 슬라이드 도형 및 개체에 출력형태와 다른 스타일(그림자, 외곽선 등)을 적용했을 경우 감점처리 됩니다.
- 슬라이드 번호를 작성합니다(슬라이드 1에는 생략).
- 2~6번 슬라이드 제목 도형과 하단 로고는 슬라이드 마스터를 이용하여 출력형태와 동일하게 작성합니다(슬라이드 1에는 생략).
- 문제와 세부조건, 세부조건 번호 ۞ (점선원)는 입력하지 않습니다.
- 각 개체의 위치는 오른쪽의 슬라이드와 동일하게 구성합니다.
- 그림 삽입 문제의 경우 반드시「내 PC\문서\ITQ\Picture」폴더에서 정확한 파일을 선택하여 삽입 하십시오.
- 각 슬라이드를 각각의 파일로 작업해서 저장할 경우 실격 처리됩니다.

**kpc 한국생산성본부**

## [전체구성] 60점

(1) 슬라이드 크기 및 순서 : 크기를 A4 용지로 설정하고 슬라이드 순서에 맞게 작성한다.
(2) 슬라이드 마스터 : 2~6슬라이드의 제목, 하단 로고, 슬라이드 번호는 슬라이드 마스터를 이용하여 작성한다.
 - 제목 글꼴(굴림, 40pt, 하양), 가운데 정렬, 도형(선 없음)
 - 하단 로고(「내 PC₩문서₩ITQ₩Picture₩로고2.jpg」, 배경(회색) 투명한 색으로 설정)

## [슬라이드 1] ≪표지 디자인≫ 40점

(1) 표지 디자인 : 도형, 워드숍 및 그림을 이용하여 작성한다.

**세부조건**

① 도형 편집
 - 도형에 그림 채우기 :
  「내 PC₩문서₩ITQ₩Picture₩
  그림1.jpg」, 투명도 50%
 - 도형 효과 : 옅은 테두리 5pt

② 워드숍
 - 변환 : 삼각형
 - 글꼴 : 궁서, 진하게
 - 반사 : 1/2 크기, 근접

③ 그림 삽입
 - 「내 PC₩문서₩ITQ₩Picture₩
  로고2.jpg」
 - 배경(회색) 투명한 색으로 설정

## [슬라이드 2] ≪목차 슬라이드≫ 60점

(1) 출력형태와 같이 도형을 이용하여 목차를 작성한다(글꼴 : 맑은 고딕, 24pt).
(2) 도형 : 선 없음

**세부조건**

① 텍스트에 하이퍼링크 적용
 → '슬라이드 6'

② 그림 삽입
 - 「내 PC₩문서₩ITQ₩Picture₩
  그림5.jpg」
 - 자르기 기능 이용

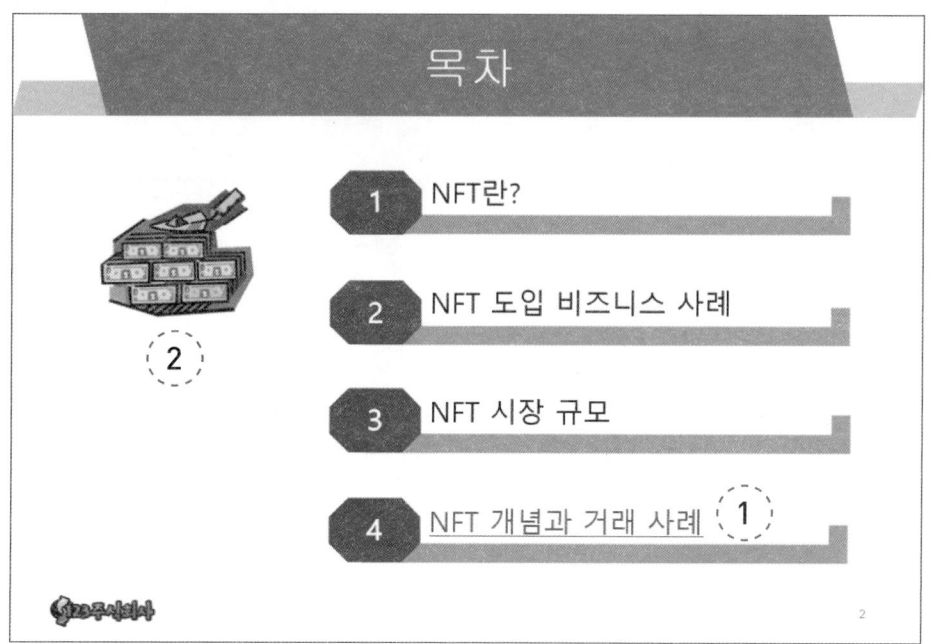

## [슬라이드 3]  ≪텍스트/동영상 슬라이드≫                    60점

(1) 텍스트 작성 : 글머리 기호 사용(➤, ■)
  ➤문단(굴림, 24pt, 진하게, 줄간격 : 1.5줄), ■ 문단(굴림, 20pt, 줄간격 : 1.5줄)

**세부조건**
① 동영상 삽입 :
  - 「내 PC\문서\ITQ\Picture\동영상.wmv」
  - 자동 실행, 반복 재생 설정

### 1. NFT란?

➤ Non-fungible Token
  ■ NFT is a unit of data stored on a digital ledger, called a blockchain, that certifies a digital asset to be unique and therefore not interchangeable

➤ NFT
  ■ NFT란 대체 불가능 토큰으로써, 토큰마다 고유의 값을 가지고 있어 A 토큰을 B 토큰으로 대체할 수 없는 토큰
  ■ 각 토큰이 서로 다른 가치를 가지고 있는 고유한 자산을 의미

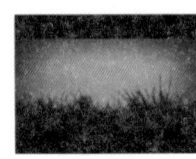

---

## [슬라이드 4]  ≪표 슬라이드≫                    80점

(1) 도형과 표 작성 기능을 이용하여 슬라이드를 작성한다(글꼴 : 맑은 고딕, 18pt).

**세부조건**
① 상단 도형 :
  2개 도형의 조합으로 작성
② 좌측 도형 :
  그러데이션 효과(선형 위쪽)
③ 표 스타일 :
  보통 스타일 4 – 강조 5

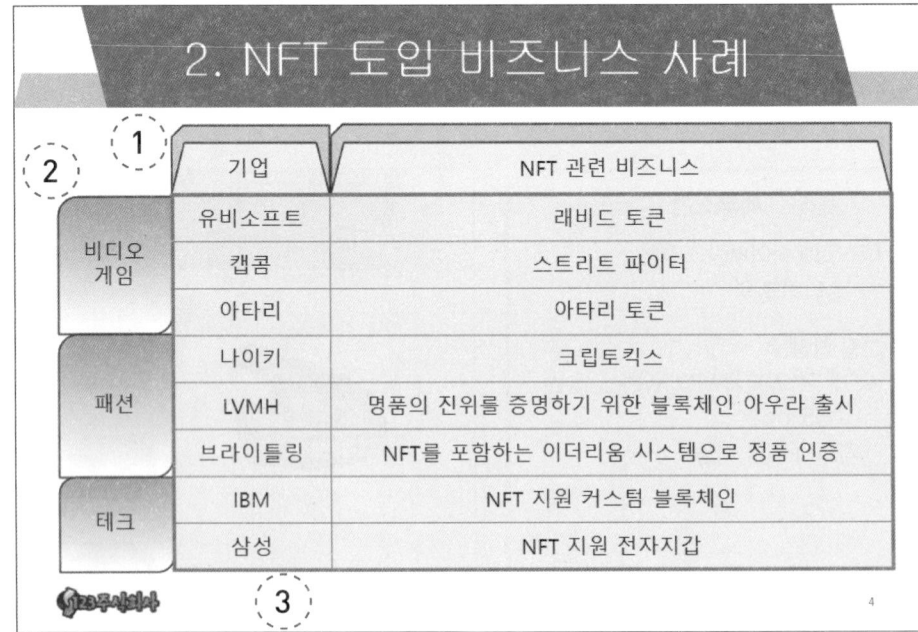

### 2. NFT 도입 비즈니스 사례

| 기업 | | NFT 관련 비즈니스 |
|---|---|---|
| 비디오 게임 | 유비소프트 | 래비드 토큰 |
| | 캡콤 | 스트리트 파이터 |
| | 아타리 | 아타리 토큰 |
| 패션 | 나이키 | 크립토킥스 |
| | LVMH | 명품의 진위를 증명하기 위한 블록체인 아우라 출시 |
| | 브라이틀링 | NFT를 포함하는 이더리움 시스템으로 정품 인증 |
| 테크 | IBM | NFT 지원 커스텀 블록체인 |
| | 삼성 | NFT 지원 전자지갑 |

# [슬라이드 5] ≪차트 슬라이드≫ 100점

(1) 차트 작성 기능을 이용하여 슬라이드를 작성한다.
(2) 차트 : 유형(표식이 있는 꺾은선형), 글꼴(굴림, 16pt), 외곽선
(3) 표 : 차트 하단에 이미지와 같이 표 그리기

### 세부조건

※ 차트설명
- 차트 제목 : 궁서, 20pt, 진하게, 채우기(하양), 테두리, 그림자(바깥쪽 : 대각선 오른쪽 아래)
- 범례 위치 : 아래쪽
- 차트 영역 : 채우기(노랑)
- 그림 영역 : 채우기(하양)
- 데이터 서식 : 증가율(%) 계열을 보조축으로 변경
- 값 표시 : NFT 시장 규모 계열만

① 도형 삽입
- 스타일 : 밝은 계열 – 강조1
- 글꼴 : 맑은 고딕, 18pt

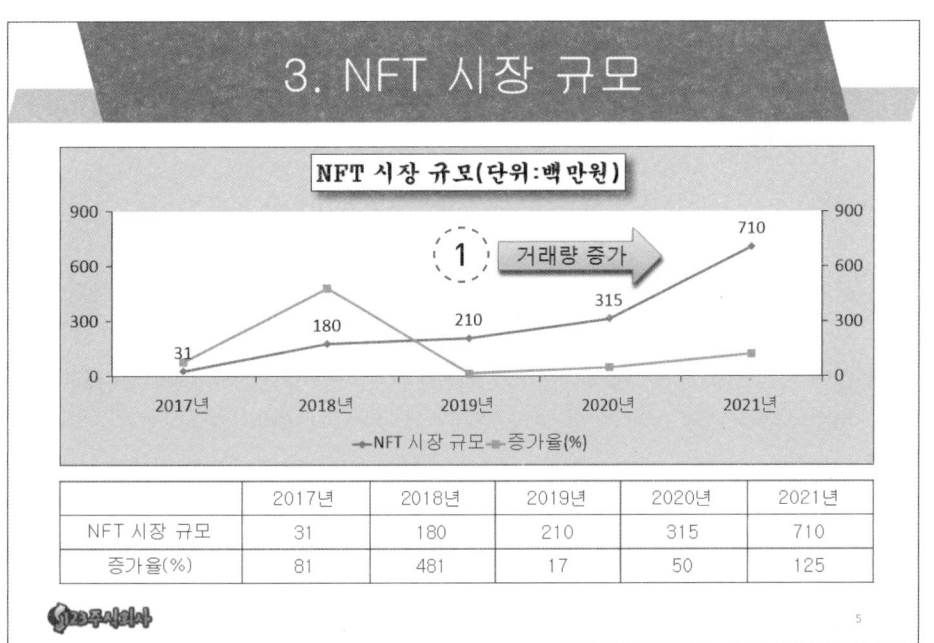

# [슬라이드 6] ≪도형 슬라이드≫ 100점

(1) 슬라이드와 같이 도형을 배치한다(글꼴 : 맑은 고딕, 18pt).
(2) 애니메이션 순서 : ① ⇒ ②

### 세부조건

① 도형 편집
- 그룹화 후 애니메이션 효과
 : 바운드

② 도형 편집
- 그룹화 후 애니메이션 효과
 : 닦아내기(왼쪽으로)

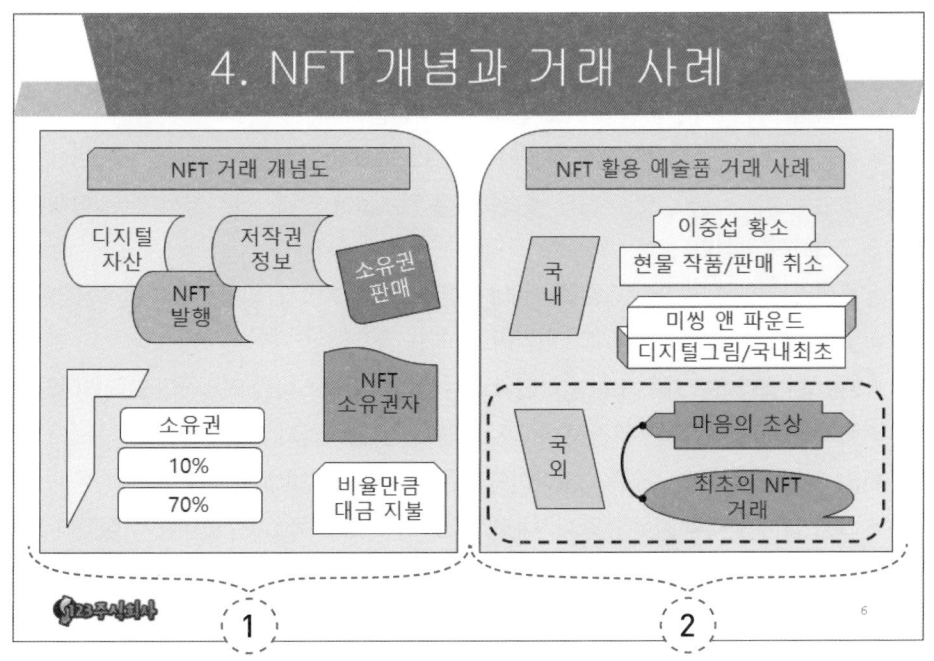

# 제 10 회 정보기술자격(ITQ) 최신유형 기출문제

| 과목 | 코드 | 문제유형 | 시험시간 | 수험번호 | 성명 |
|---|---|---|---|---|---|
| 한쇼 | 1141 | A | 60분 | | |

**한컴오피스**

## • 수험자 유의사항 •

- 수험자는 문제지를 받는 즉시 문제지와 **수험표상의 시험과목(프로그램)이 동일한지 반드시 확인**하여야 합니다.
- 파일명은 본인의 "수험번호-성명"으로 입력하여 답안 폴더(내 PC₩문서₩ITQ)에 하나의 파일로 저장해야 하며, 답안 문서 파일명이 "수험번호-성명"과 일치하지 않거나, 답안 파일을 전송하지 않아 미제출로 처리될 경우 실격 처리합니다(예 : 12345678-홍길동.show).
- 답안 작성을 마치면 파일을 저장하고, '답안 전송' 버튼을 선택하여 감독위원 PC로 답안을 전송하십시오. 수험생 정보와 저장한 파일명이 다를 경우 전송되지 않으므로 주의하시기 바랍니다.
- 답안 작성 중에도 **주기적으로 저장하고, '답안 전송'**하여야 문제 발생을 줄일 수 있습니다. 작업한 내용을 저장하지 않고 전송할 경우 이전에 저장된 내용이 전송되오니 이점 유의하시기 바랍니다.
- 답안 문서는 지정된 경로 외의 다른 보조기억장치에 저장하는 경우, 지정된 시험 시간 외에 작성된 파일을 활용할 경우, 기타 통신 수단(이메일, 메신저, 네트워크 등)을 이용하여 타인에게 전달 또는 외부 반출하는 경우는 부정 처리합니다.
- 시험 중 부주의 또는 고의로 시스템을 파손한 경우는 수험자가 변상해야 하며, 〈수험자 유의사항〉에 기재된 방법대로 이행하지 않아 생기는 불이익은 수험생 당사자의 책임임을 알려 드립니다.
- 문제의 조건은 한컴오피스 2022 버전으로 설정되어 있으니 유의하시기 바랍니다.
- 시험을 완료한 수험자는 답안 파일이 전송되었는지 확인한 후 감독위원의 지시에 따라 문제지를 제출하고 퇴실합니다.

## • 답안 작성요령 •

- 온라인 답안 작성 절차
  수험자 등록 ⇒ 시험 시작 ⇒ 답안 파일 저장 ⇒ 답안 전송 ⇒ 시험 종료
- 슬라이드의 크기는 A4 Paper로 설정하여 작성합니다.
- 슬라이드의 총 개수는 6개로 구성되어 있으며 슬라이드 1부터 순서대로 작업하고 반드시 문제와 세부 조건대로 합니다.
- 별도의 지시사항이 없는 경우 출력형태를 참조하여 글꼴 색은 검정 또는 흰색으로 작성하고, 기타사항은 전체적인 균형을 고려하여 작성합니다.
- 슬라이드 도형 및 개체에 출력형태와 다른 스타일(그림자, 외곽선 등)을 적용했을 경우 감점처리 됩니다.
- 슬라이드 번호를 작성합니다(슬라이드 1에는 생략).
- 2~6번 슬라이드 제목 도형과 하단 로고는 슬라이드 마스터를 이용하여 출력형태와 동일하게 작성합니다(슬라이드 1에는 생략).
- 문제와 세부조건, 세부조건 번호 ⓘ (점선원)는 입력하지 않습니다.
- 각 개체의 위치는 오른쪽의 슬라이드와 동일하게 구성합니다.
- 그림 삽입 문제의 경우 반드시 「내 PC₩문서₩ITQ₩Picture」 폴더에서 정확한 파일을 선택하여 삽입 하십시오.
- 각 슬라이드를 각각의 파일로 작업해서 저장할 경우 실격 처리됩니다.

## [전체구성] 60점

(1) 슬라이드 크기 및 순서 : 크기를 A4 용지로 설정하고 슬라이드 순서에 맞게 작성한다.
(2) 슬라이드 마스터 : 2~6슬라이드의 제목, 하단 로고, 슬라이드 번호는 슬라이드 마스터를 이용하여 작성한다.
- 제목 글꼴(굴림, 40pt, 하양), 가운데 정렬, 도형(선 없음)
- 하단 로고(「내 PC\문서\ITQ\Picture\로고3.jpg」, 배경(연보라색) 투명한 색으로 설정)

## [슬라이드 1] ≪표지 디자인≫ 40점

(1) 표지 디자인 : 도형, 워드숍 및 그림을 이용하여 작성한다.

**세부조건**

① 도형 편집
- 도형에 그림 채우기 : 「내 PC\문서\ITQ\Picture\그림3.jpg」, 투명도 50%
- 도형 효과 : 옅은 테두리 5pt

② 워드숍
- 변환 : 위로 기울기
- 글꼴 : 궁서, 진하게
- 반사 : 전체 반사, 8pt

③ 그림 삽입
- 「내 PC\문서\ITQ\Picture\로고3.jpg」
- 배경(연보라색) 투명한 색으로 설정

## [슬라이드 2] ≪목차 슬라이드≫ 60점

(1) 출력형태와 같이 도형을 이용하여 목차를 작성한다(글꼴 : 맑은 고딕, 24pt).
(2) 도형 : 선 없음

**세부조건**

① 텍스트에 하이퍼링크 적용
→ '슬라이드 4'

② 그림 삽입
- 「내 PC\문서\ITQ\Picture\그림4.jpg」
- 자르기 기능 이용

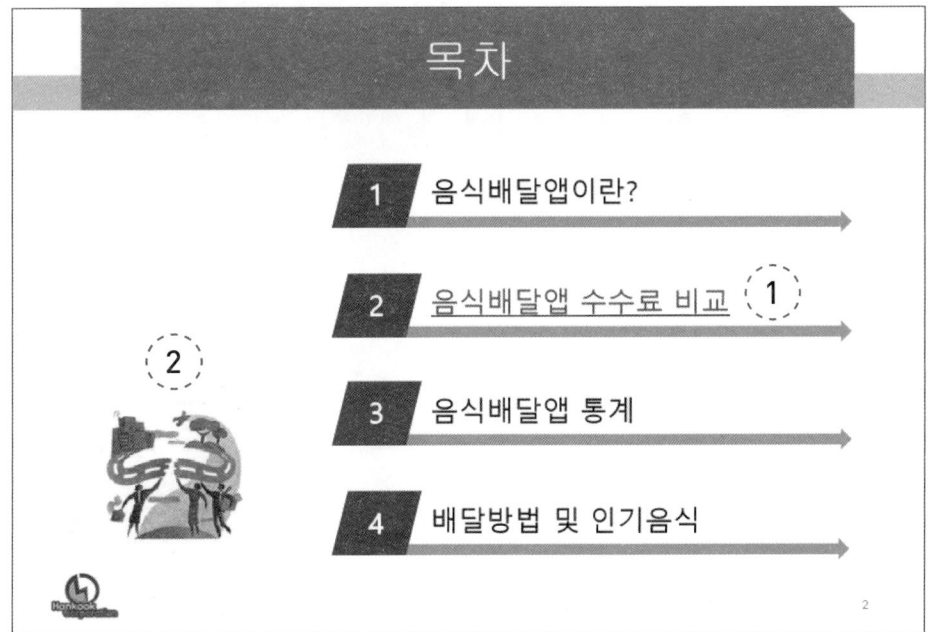

## [슬라이드 3] ≪텍스트/동영상 슬라이드≫ 60점

(1) 텍스트 작성 : 글머리 기호 사용(➤, ✓)
   ➤문단(굴림, 24pt, 진하게, 줄간격 : 1.5줄), ✓문단(굴림, 20pt, 줄간격 : 1.5줄)

**세부조건**

① 동영상 삽입 :
 - 「내 PC₩문서₩ITQ₩Picture₩ 동영상.wmv」
 - 자동 실행, 반복 재생 설정

### 1. 음식배달앱이란?

➤ Food Delivery Apps
  ✓ Smartphone apps for food delivery and grocery pickup
  ✓ Food delivery aided through smartphone apps has emerged as one of the fast-growing developments in the e-commerce space

➤ 음식배달앱
  ✓ 스마트폰의 응용프로그램인 앱과 음식 배달이 융합되어 소비자에게 손쉽게 외식 상품을 이용할 수 있도록 등장한 배달 서비스 프로그램으로 생필품 등 배달 상품 범위 확대 중

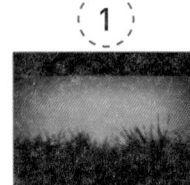

## [슬라이드 4] ≪표 슬라이드≫ 80점

(1) 도형과 표 작성 기능을 이용하여 슬라이드를 작성한다(글꼴 : 맑은 고딕, 18pt).

**세부조건**

① 상단 도형 :
  2개 도형의 조합으로 작성

② 좌측 도형 :
  그러데이션 효과(선형 위쪽)

③ 표 스타일 :
  보통 스타일 4 - 강조 1

### 2. 음식배달앱 수수료 비교

| | 중개 수수료 | 배달수수료 | 장점 |
|---|---|---|---|
| 배달의 민족 | 0% | 라이더 점주 선택<br>배민라이더 2가지 유형<br>A형 : 11% + 1,000원<br>B형 : 15% | 사용자수 많음<br>선택의 폭이 넓음 |
| 요기요 | 12.5% | 주문중개시 라이더 점주 선택<br>요기요 익스프레스 : 7% + 1,000원 | 다양한 할인혜택 |
| 쿠팡 이츠 | 정액제 :<br>건당 1,000원 | 쿠팡이츠 라이더 필수<br>4km 이내 : 5,000원 | 배달, 빠른 속도 |

[슬라이드 5]  ≪차트 슬라이드≫   100점

(1) 차트 작성 기능을 이용하여 슬라이드를 작성한다.
(2) 차트 : 유형(묶은 세로 막대형), 글꼴(굴림, 16pt), 외곽선
(3) 표 : 차트 하단에 이미지와 같이 표 그리기

### 세부조건

※ 차트설명
- 차트 제목 : 궁서, 20pt, 진하게, 채우기(하양), 테두리, 그림자(바깥쪽 : 대각선 오른쪽 아래)
- 범례 위치 : 아래쪽
- 차트 영역 : 채우기(노랑)
- 그림 영역 : 채우기(하양)
- 데이터 서식 : 점유율(%) 계열을 표식이 있는 꺾은선형으로 변경
- 값 표시 : 정보량(천건) 계열만

① 도형 삽입
 - 스타일 : 밝은 계열 – 강조1
 - 글꼴 : 맑은 고딕, 18pt

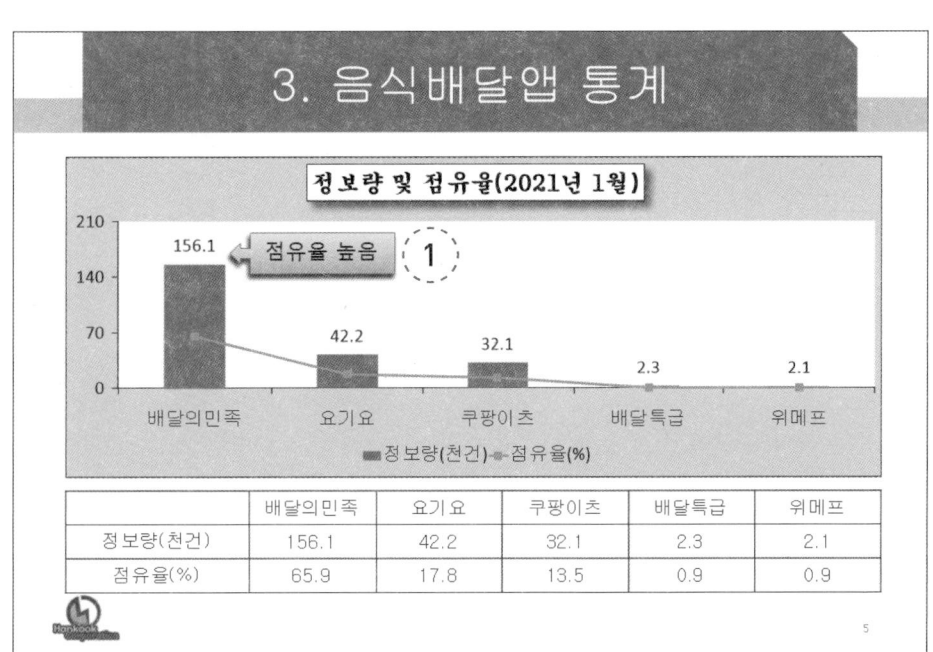

[슬라이드 6]  ≪도형 슬라이드≫   100점

(1) 슬라이드와 같이 도형을 배치한다(글꼴 : 맑은 고딕, 18pt).
(2) 애니메이션 순서 : ① ⇒ ②

### 세부조건

① 도형 편집
 - 그룹화 후 애니메이션 효과
  : 닦아내기(왼쪽으로)

② 도형 편집
 - 그룹화 후 애니메이션 효과
  : 바운드

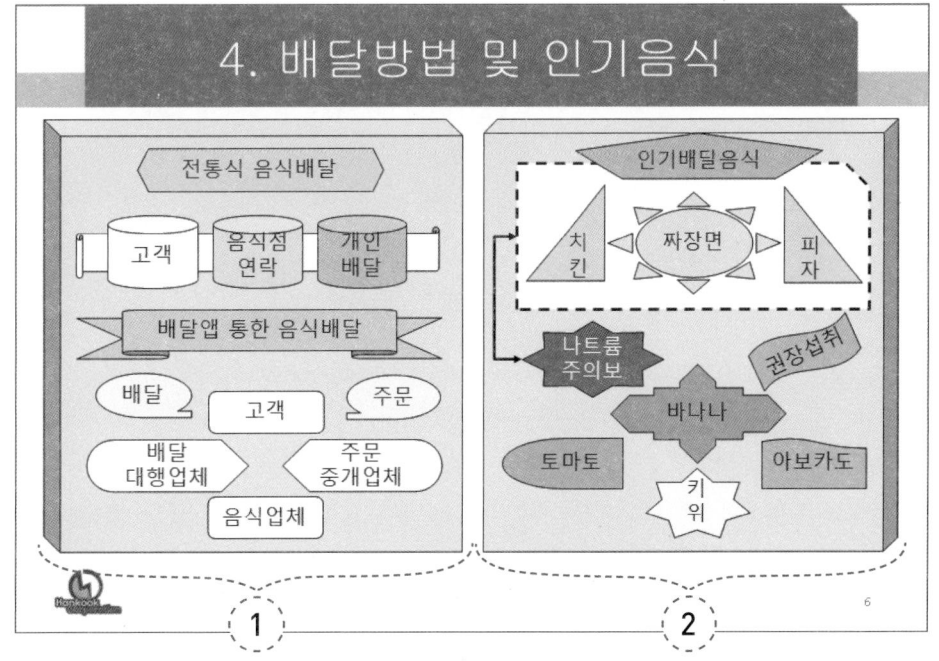

# MEMO

# [전체구성] ──────────────────────────── (60점)

(1) 슬라이드 크기 및 순서 : 크기를 A4 용지로 설정하고 슬라이드 순서에 맞게 작성한다.
(2) 슬라이드 마스터 : 2~6슬라이드의 제목, 하단 로고, 슬라이드 번호는 슬라이드 마스터를 이용하여 작성한다.
 - 제목 글꼴(굴림, 40pt, 하양), 가운데 정렬, 도형(선 없음)
 - 하단 로고(「내 PC\문서\ITQ\Picture\로고1.jpg」, 배경(회색) 투명한 색으로 설정)

# [슬라이드 1] 《표지 디자인》 ──────────────────── (40점)

(1) 표지 디자인 : 도형, 워드숍 및 그림을 이용하여 작성한다.

**세부조건**

① 도형 편집
 - 도형에 그림 채우기 :
  「내 PC\문서\ITQ\Picture\
  그림1.jpg」, 투명도 50%
 - 도형 효과 : 옅은 테두리 5pt

② 워드숍
 - 변환 : 중지
 - 글꼴 : 궁서, 진하게
 - 반사 : 1/2 크기, 4pt

③ 그림 삽입
 - 「내 PC\문서\ITQ\Picture\
  로고1.jpg」
 - 배경(회색) 투명한 색으로 설정

# [슬라이드 2] 《목차 슬라이드》 ──────────────────── (60점)

(1) 출력형태와 같이 도형을 이용하여 목차를 작성한다(글꼴 : 맑은 고딕, 24pt).
(2) 도형 : 선 없음

**세부조건**

① 텍스트에 하이퍼링크 적용
 → '슬라이드 4'

② 그림 삽입
 - 「내 PC\문서\ITQ\Picture\
  그림4.jpg」
 - 자르기 기능 이용

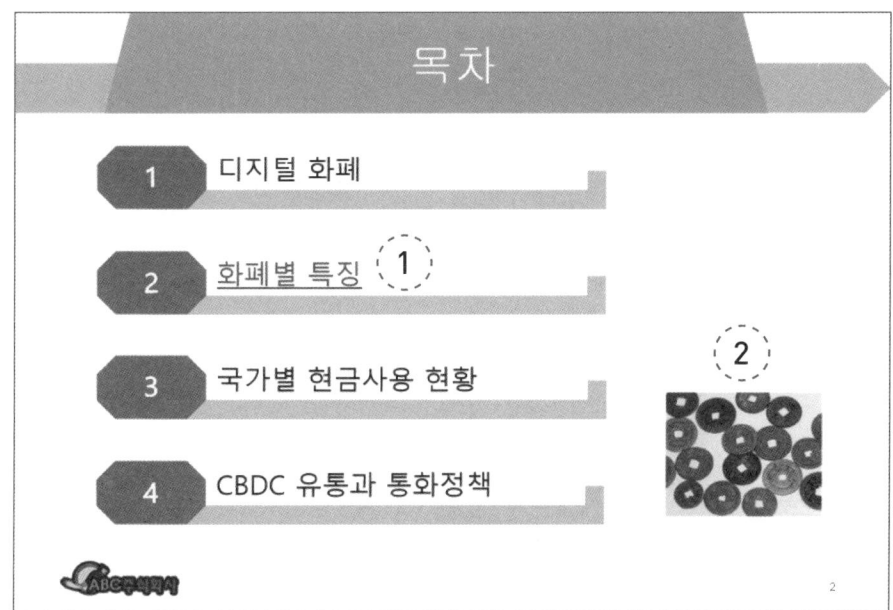

# [슬라이드 3] 《텍스트/동영상 슬라이드》 ——————————————— (60점)

(1) 텍스트 작성 : 글머리 기호 사용(◆, ■)
　　◆문단(굴림, 24pt, 진하게, 줄간격 : 1.5줄), ■문단(굴림, 20pt, 줄간격 : 1.5줄)

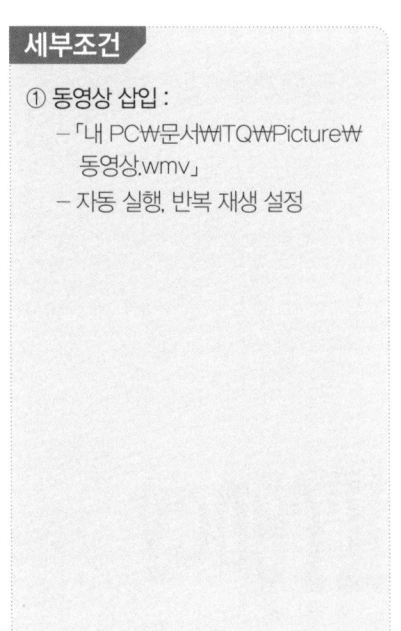

① 동영상 삽입 :
　- 「내 PC₩문서₩ITQ₩Picture₩
　　동영상.wmv」
　- 자동 실행, 반복 재생 설정

# [슬라이드 4] 《표 슬라이드》 ——————————————————— (80점)

(1) 도형과 표 작성 기능을 이용하여 슬라이드를 작성한다(글꼴 : 돋움, 18pt).

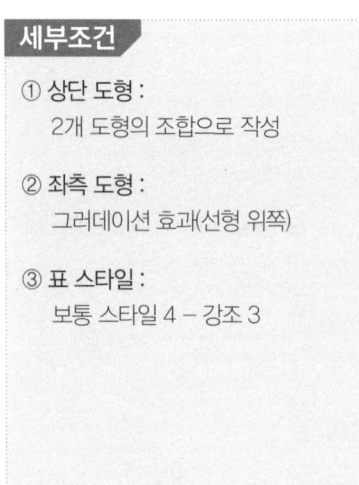

① 상단 도형 :
　2개 도형의 조합으로 작성

② 좌측 도형 :
　그러데이션 효과(선형 위쪽)

③ 표 스타일 :
　보통 스타일 4 - 강조 3

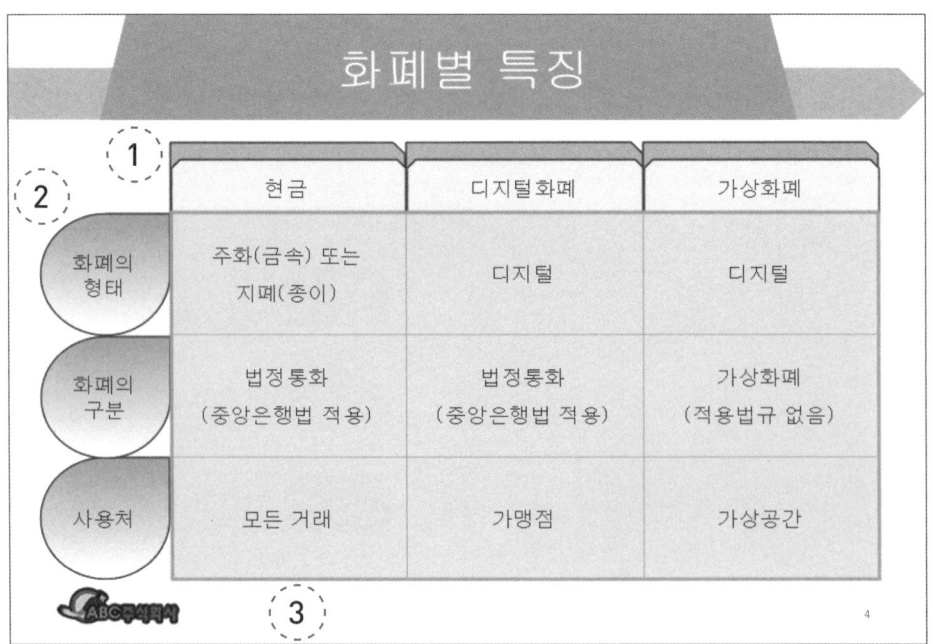

# [슬라이드 5] 《차트 슬라이드》 ──────────── (100점)

(1) 차트 작성 기능을 이용하여 슬라이드를 작성한다.
(2) 차트 : 유형(묶은 세로 막대형), 글꼴(굴림, 16pt), 외곽선
(3) 표 : 차트 하단에 이미지와 같이 표 그리기

**세부조건**

※ 차트설명
- 차트 제목 : 궁서, 20pt, 진하게, 채우기(하양), 테두리, 그림자(바깥쪽 : 대각선 오른쪽 아래)
- 범례 위치 : 아래쪽
- 차트 영역 : 채우기(노랑)
- 그림 영역 : 채우기(하양)
- 데이터 서식 : 2020년 계열을 표식이 있는 꺾은선형으로 변경
- 값 표시 : 2010년 계열만

① 도형 삽입
  - 스타일 : 밝은 계열 – 강조1
  - 글꼴 : 맑은 고딕, 18pt

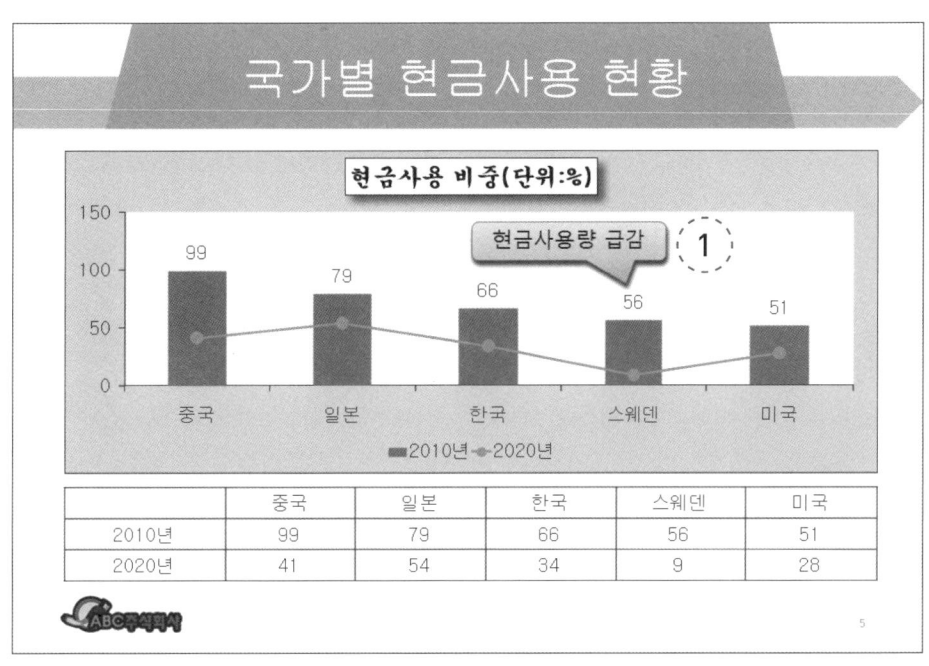

# [슬라이드 6] 《도형 슬라이드》 ──────────── (100점)

(1) 슬라이드와 같이 도형을 배치한다(글꼴 : 맑은 고딕, 18pt).
(2) 애니메이션 순서 : ① ⇒ ②

**세부조건**

① 도형 편집
  - 그룹화 후 애니메이션 효과 : 닦아내기(왼쪽으로)

② 도형 편집
  - 그룹화 후 애니메이션 효과 : 바운드

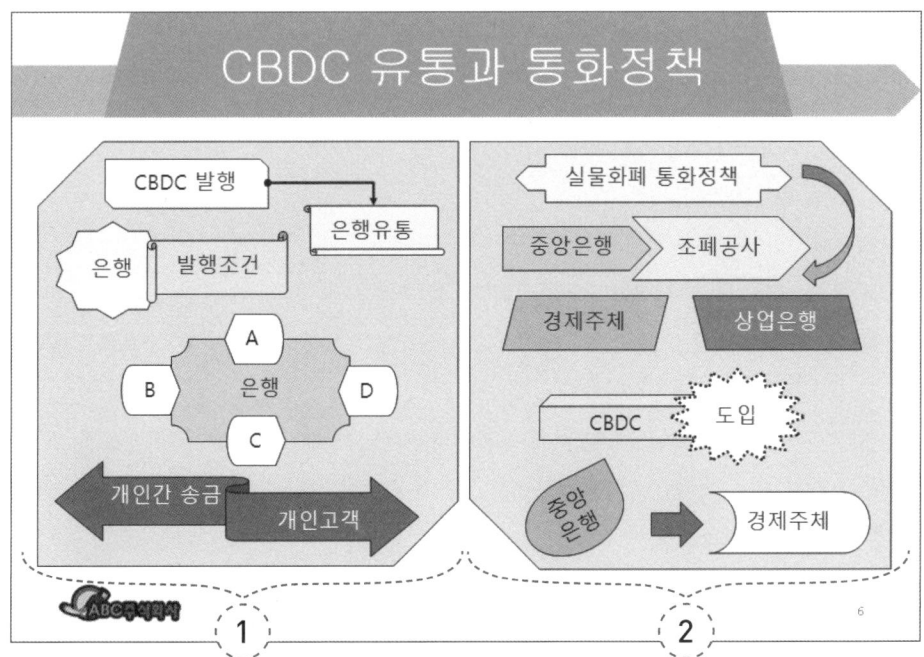

# 정보기술자격(ITQ) 시험

**한컴오피스**

| 과목 | 코드 | 문제유형 | 시험시간 | 수험번호 | 성명 |
|---|---|---|---|---|---|
| 한쇼 | 1141 | A | 60분 | | |

## 수험자 유의사항

- 수험자는 문제지를 받는 즉시 문제지와 **수험표상의 시험과목(프로그램)이 동일한지 반드시 확인**하여야 합니다.
- 파일명은 본인의 "수험번호-성명"으로 입력하여 답안 폴더(내 PC₩문서₩ITQ)에 하나의 파일로 저장해야 하며, 답안 문서 파일명이 "수험번호-성명"과 일치하지 않거나, 답안 파일을 전송하지 않아 미제출로 처리될 경우 실격 처리합니다 (예 : 12345678-홍길동.show).
- 답안 작성을 마치면 파일을 저장하고, '답안 전송' 버튼을 선택하여 감독위원 PC로 답안을 전송하십시오. 수험생 정보와 저장한 파일명이 다를 경우 전송되지 않으므로 주의하시기 바랍니다.
- 답안 작성 중에도 **주기적으로 저장하고, '답안 전송'**하여야 문제 발생을 줄일 수 있습니다. 작업한 내용을 저장하지 않고 전송할 경우 이전에 저장된 내용이 전송되오니 이점 유의하시기 바랍니다.
- 답안 문서는 지정된 경로 외의 다른 보조기억장치에 저장하는 경우, 지정된 시험 시간 외에 작성된 파일을 활용할 경우, 기타 통신 수단(이메일, 메신저, 네트워크 등)을 이용하여 타인에게 전달 또는 외부 반출하는 경우는 부정 처리합니다.
- 시험 중 부주의 또는 고의로 시스템을 파손한 경우는 수험자가 변상해야 하며, <수험자 유의사항>에 기재된 방법대로 이행하지 않아 생기는 불이익은 수험생 당사자의 책임임을 알려 드립니다.
- 문제의 조건은 한컴오피스 2022 버전으로 설정되어 있으니 유의하시기 바랍니다.
- 시험을 완료한 수험자는 답안 파일이 전송되었는지 확인한 후 감독위원의 지시에 따라 문제지를 제출하고 퇴실합니다.

## 답안 작성요령

- 온라인 답안 작성 절차

  수험자 등록 ⇒ 시험 시작 ⇒ 답안 파일 저장 ⇒ 답안 전송 ⇒ 시험 종료

- 슬라이드의 크기는 A4 Paper로 설정하여 작성합니다.
- 슬라이드의 총 개수는 6개로 구성되어 있으며 슬라이드 1부터 순서대로 작업하고 반드시 문제와 세부 조건대로 합니다.
- 별도의 지시사항이 없는 경우 출력형태를 참조하여 글꼴 색은 검정 또는 흰색으로 작성하고, 기타사항은 전체적인 균형을 고려하여 작성합니다.
- 슬라이드 도형 및 개체에 출력형태와 다른 스타일(그림자, 외곽선 등)을 적용했을 경우 감점처리 됩니다.
- 슬라이드 번호를 작성합니다(슬라이드 1에는 생략).
- 2~6번 슬라이드 제목 도형과 하단 로고는 슬라이드 마스터를 이용하여 출력형태와 동일하게 작성합니다 (슬라이드 1에는 생략).
- 문제와 세부조건, 세부조건 번호 ◌ (점선원)는 입력하지 않습니다.
- 각 개체의 위치는 오른쪽의 슬라이드와 동일하게 구성합니다.
- 그림 삽입 문제의 경우 반드시 「내 PC₩문서₩ITQ₩Picture」 폴더에서 정확한 파일을 선택하여 삽입하십시오.
- 각 슬라이드를 각각의 파일로 작업해서 저장할 경우 실격 처리됩니다.

# 정보기술자격(ITQ) 시험

**한컴오피스**

| 과목 | 코드 | 문제유형 | 시험시간 | 수험번호 | 성명 |
|---|---|---|---|---|---|
| 한쇼 | 1141 | B | 60분 | | |

### 수험자 유의사항

- 수험자는 문제지를 받는 즉시 문제지와 **수험표상의 시험과목(프로그램)이 동일한지 반드시 확인**하여야 합니다.
- 파일명은 본인의 "수험번호-성명"으로 입력하여 답안 폴더(내 PC₩문서₩ITQ)에 하나의 파일로 저장해야 하며, 답안 문서 파일명이 "수험번호-성명"과 일치하지 않거나, 답안 파일을 전송하지 않아 미제출로 처리될 경우 실격 처리합니다 (예 : 12345678-홍길동.show).
- 답안 작성을 마치면 파일을 저장하고, '답안 전송' 버튼을 선택하여 감독위원 PC로 답안을 전송하십시오. 수험생 정보와 저장한 파일명이 다를 경우 전송되지 않으므로 주의하시기 바랍니다.
- 답안 작성 중에도 **주기적으로 저장하고, '답안 전송'**하여야 문제 발생을 줄일 수 있습니다. 작업한 내용을 저장하지 않고 전송할 경우 이전에 저장된 내용이 전송되오니 이점 유의하시기 바랍니다.
- 답안 문서는 지정된 경로 외의 다른 보조기억장치에 저장하는 경우, 지정된 시험 시간 외에 작성된 파일을 활용할 경우, 기타 통신 수단(이메일, 메신저, 네트워크 등)을 이용하여 타인에게 전달 또는 외부 반출하는 경우는 부정 처리합니다.
- 시험 중 부주의 또는 고의로 시스템을 파손한 경우는 수험자가 변상해야 하며, <수험자 유의사항>에 기재된 방법대로 이행하지 않아 생기는 불이익은 수험생 당사자의 책임임을 알려 드립니다.
- 문제의 조건은 한컴오피스 2022 버전으로 설정되어 있으니 유의하시기 바랍니다.
- 시험을 완료한 수험자는 답안 파일이 전송되었는지 확인한 후 감독위원의 지시에 따라 문제지를 제출하고 퇴실합니다.

### 답안 작성요령

- 온라인 답안 작성 절차

    수험자 등록 ⇒ 시험 시작 ⇒ 답안 파일 저장 ⇒ 답안 전송 ⇒ 시험 종료

- 슬라이드의 크기는 A4 Paper로 설정하여 작성합니다.
- 슬라이드의 총 개수는 6개로 구성되어 있으며 슬라이드 1부터 순서대로 작업하고 반드시 문제와 세부 조건대로 합니다.
- 별도의 지시사항이 없는 경우 출력형태를 참조하여 글꼴 색은 검정 또는 흰색으로 작성하고, 기타사항은 전체적인 균형을 고려하여 작성합니다.
- 슬라이드 도형 및 개체에 출력형태와 다른 스타일(그림자, 외곽선 등)을 적용했을 경우 감점처리 됩니다.
- 슬라이드 번호를 작성합니다(슬라이드 1에는 생략).
- 2~6번 슬라이드 제목 도형과 하단 로고는 슬라이드 마스터를 이용하여 출력형태와 동일하게 작성합니다 (슬라이드 1에는 생략).
- 문제와 세부조건, 세부조건 번호 ○ (점선원)는 입력하지 않습니다.
- 각 개체의 위치는 오른쪽의 슬라이드와 동일하게 구성합니다.
- 그림 삽입 문제의 경우 반드시 「내 PC₩문서₩ITQ₩Picture」 폴더에서 정확한 파일을 선택하여 삽입하십시오.
- 각 슬라이드를 각각의 파일로 작업해서 저장할 경우 실격 처리됩니다.

# [슬라이드 5] 《차트 슬라이드》 — (100점)

(1) 차트 작성 기능을 이용하여 슬라이드를 작성한다.
(2) 차트 : 유형(표식이 있는 꺾은선형), 글꼴(굴림, 16pt), 외곽선
(3) 표 : 차트 하단에 이미지와 같이 표 그리기

**세부조건**

※ 차트설명
- 차트 제목 : 궁서, 20pt, 진하게, 채우기(하양), 테두리, 그림자(바깥쪽 : 대각선 오른쪽 아래)
- 범례 위치 : 아래쪽
- 차트 영역 : 채우기(노랑)
- 그림 영역 : 채우기(하양)
- 데이터 서식 : 2020년 계열을 보조 축으로 변경
- 값 표시 : 2010년 계열만

① 도형 삽입
- 스타일 : 밝은 계열 – 강조1
- 글꼴 : 맑은 고딕, 18pt

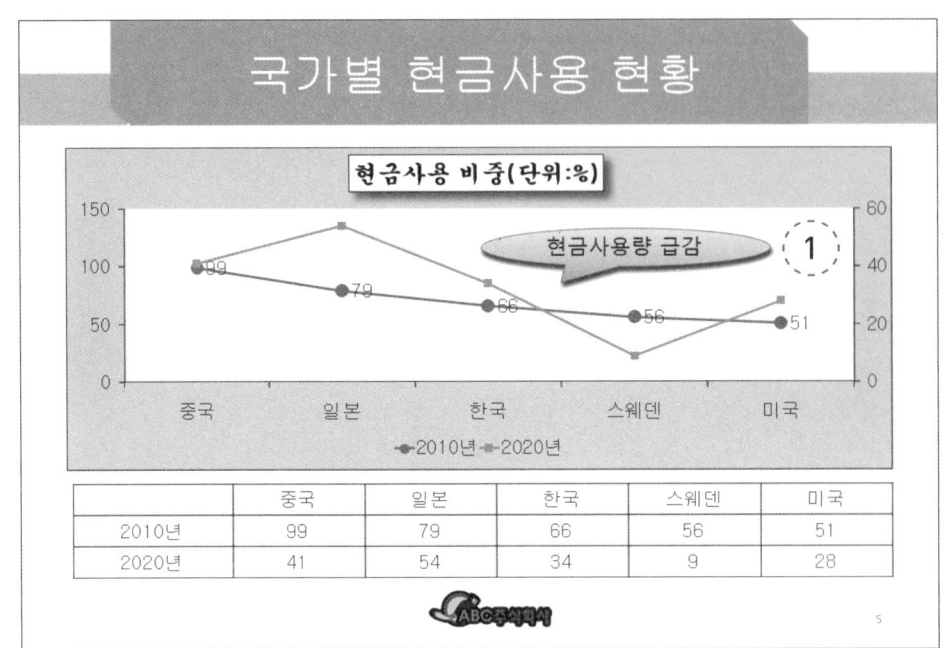

# [슬라이드 6] 《도형 슬라이드》 — (100점)

(1) 슬라이드와 같이 도형을 배치한다(글꼴 : 맑은 고딕, 18pt).
(2) 애니메이션 순서 : ① ⇒ ②

**세부조건**

① 도형 편집
- 그룹화 후 애니메이션 효과 : 날아오기(아래로)

② 도형 편집
- 그룹화 후 애니메이션 효과 : 실선무늬(세로)

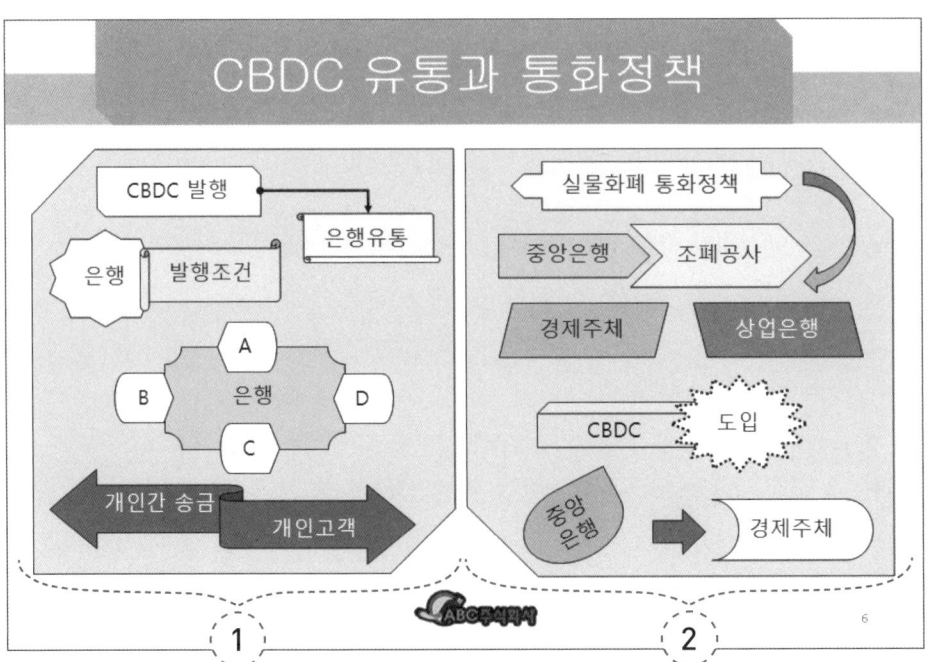

# [슬라이드 3] 《텍스트/동영상 슬라이드》 ──────── (60점)

(1) 텍스트 작성 : 글머리 기호 사용(◆, ■)
   ◆문단(굴림, 24pt, 진하게, 줄간격 : 1.5줄), ■문단(굴림, 20pt, 줄간격 : 1.5줄)

**세부조건**

① 동영상 삽입 :
 - 「내 PC₩문서₩ITQ₩Picture₩동영상.wmv」
 - 자동 실행, 반복 재생 설정

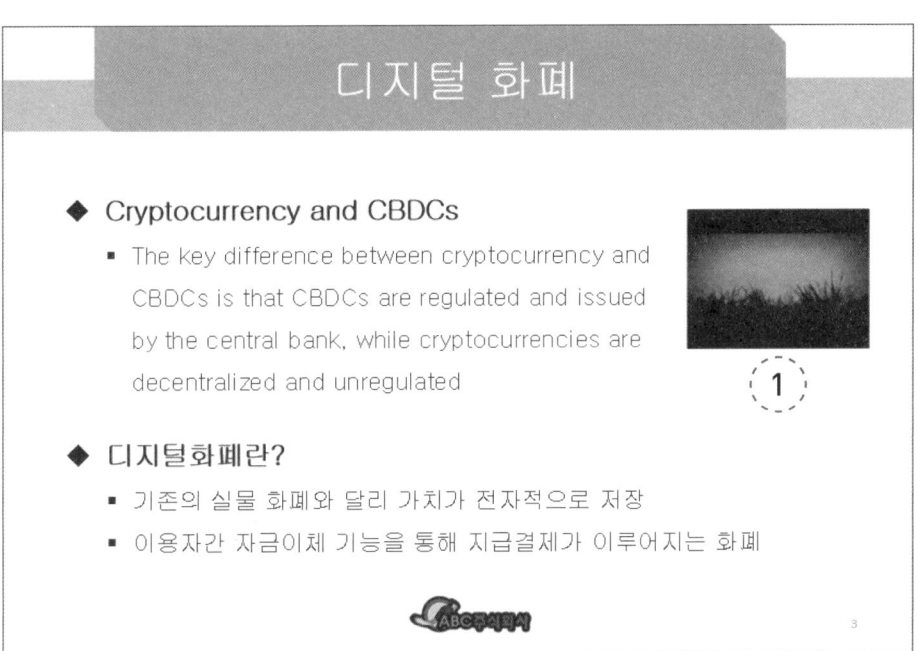

# [슬라이드 4] 《표 슬라이드》 ──────── (80점)

(1) 도형과 표 작성 기능을 이용하여 슬라이드를 작성한다(글꼴 : 돋움, 18pt).

**세부조건**

① 상단 도형 :
   2개 도형의 조합으로 작성

② 좌측 도형 :
   그러데이션 효과(선형 위쪽)

③ 표 스타일 :
   보통 스타일 4 – 강조 6

# [전체구성] (60점)

(1) 슬라이드 크기 및 순서 : 크기를 A4 용지로 설정하고 슬라이드 순서에 맞게 작성한다.
(2) 슬라이드 마스터 : 2~6슬라이드의 제목, 하단 로고, 슬라이드 번호는 슬라이드 마스터를 이용하여 작성한다.
- 제목 글꼴(굴림, 40pt, 하양), 가운데 정렬, 도형(선 없음)
- 하단 로고(「내 PC\문서\ITQ\Picture\로고1.jpg」, 배경(회색) 투명한 색으로 설정)

# [슬라이드 1] 《표지 디자인》 (40점)

(1) 표지 디자인 : 도형, 워드숍 및 그림을 이용하여 작성한다.

**세부조건**

① 도형 편집
- 도형에 그림 채우기 :
「내 PC\문서\ITQ\Picture\
그림1.jpg」, 투명도 50%
- 도형 효과 : 옅은 테두리 5pt

② 워드숍
- 변환 : 위로 기울기
- 글꼴 : 궁서, 진하게
- 반사 : 1/2 크기, 4pt

③ 그림 삽입
- 「내 PC\문서\ITQ\Picture\
로고1.jpg」
- 배경(회색) 투명한 색으로 설정

# [슬라이드 2] 《목차 슬라이드》 (60점)

(1) 출력형태와 같이 도형을 이용하여 목차를 작성한다(글꼴 : 맑은 고딕, 24pt).
(2) 도형 : 선 없음

**세부조건**

① 텍스트에 하이퍼링크 적용
→ '슬라이드 4'

② 그림 삽입
- 「내 PC\문서\ITQ\Picture\
그림4.jpg」
- 자르기 기능 이용

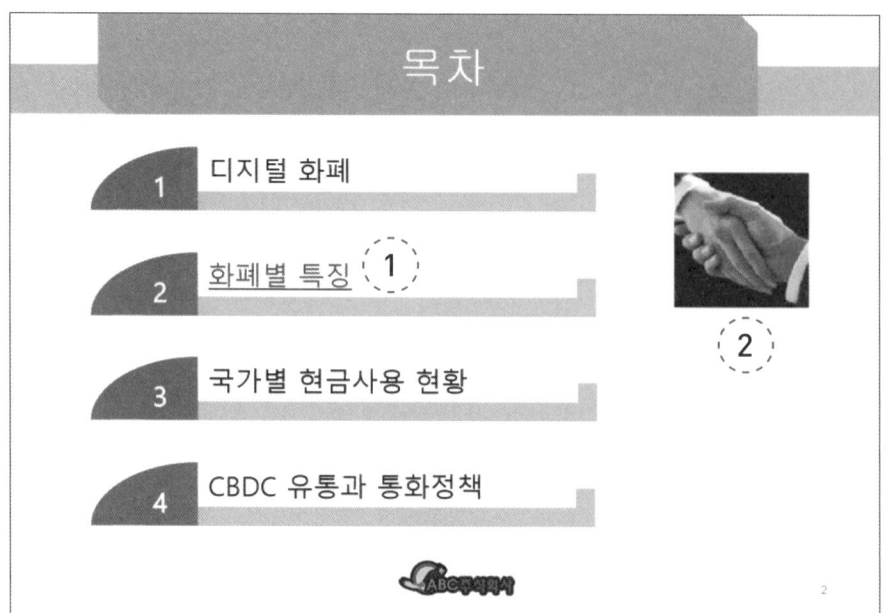

# 정보기술자격(ITQ) 시험

한컴오피스

| 과목 | 코드 | 문제유형 | 시험시간 | 수험번호 | 성명 |
|---|---|---|---|---|---|
| 한쇼 | 1141 | C | 60분 | | |

### 수험자 유의사항

- 수험자는 문제지를 받는 즉시 문제지와 **수험표상의 시험과목(프로그램)이 동일한지 반드시 확인**하여야 합니다.
- 파일명은 본인의 "수험번호-성명"으로 입력하여 답안 폴더(내 PC\문서\ITQ)에 하나의 파일로 저장해야 하며, 답안 문서 파일명이 "수험번호-성명"과 일치하지 않거나, 답안 파일을 전송하지 않아 미제출로 처리될 경우 실격 처리합니다. (예 : 12345678-홍길동.show).
- 답안 작성을 마치면 파일을 저장하고, '답안 전송' 버튼을 선택하여 감독위원 PC로 답안을 전송하십시오. 수험생 정보와 저장한 파일명이 다를 경우 전송되지 않으므로 주의하시기 바랍니다.
- 답안 작성 중에도 **주기적으로 저장하고, '답안 전송'**하여야 문제 발생을 줄일 수 있습니다. 작업한 내용을 저장하지 않고 전송할 경우 이전에 저장된 내용이 전송되오니 이점 유의하시기 바랍니다.
- 답안 문서는 지정된 경로 외의 다른 보조기억장치에 저장하는 경우, 지정된 시험 시간 외에 작성된 파일을 활용할 경우, 기타 통신 수단(이메일, 메신저, 네트워크 등)을 이용하여 타인에게 전달 또는 외부 반출하는 경우는 부정 처리합니다.
- 시험 중 부주의 또는 고의로 시스템을 파손한 경우는 수험자가 변상해야 하며, <수험자 유의사항>에 기재된 방법대로 이행하지 않아 생기는 불이익은 수험생 당사자의 책임임을 알려 드립니다.
- 문제의 조건은 한컴오피스 2022 버전으로 설정되어 있으니 유의하시기 바랍니다.
- 시험을 완료한 수험자는 답안 파일이 전송되었는지 확인한 후 감독위원의 지시에 따라 문제지를 제출하고 퇴실합니다.

### 답안 작성요령

- 온라인 답안 작성 절차

    수험자 등록 ⇒ 시험 시작 ⇒ 답안 파일 저장 ⇒ 답안 전송 ⇒ 시험 종료

- 슬라이드의 크기는 A4 Paper로 설정하여 작성합니다.
- 슬라이드의 총 개수는 6개로 구성되어 있으며 슬라이드 1부터 순서대로 작업하고 반드시 문제와 세부 조건대로 합니다.
- 별도의 지시사항이 없는 경우 출력형태를 참조하여 글꼴 색은 검정 또는 흰색으로 작성하고, 기타사항은 전체적인 균형을 고려하여 작성합니다.
- 슬라이드 도형 및 개체에 출력형태와 다른 스타일(그림자, 외곽선 등)을 적용했을 경우 감점처리 됩니다.
- 슬라이드 번호를 작성합니다(슬라이드 1에는 생략).
- 2~6번 슬라이드 제목 도형과 하단 로고는 슬라이드 마스터를 이용하여 출력형태와 동일하게 작성합니다 (슬라이드 1에는 생략).
- 문제와 세부조건, 세부조건 번호 ◌ (점선원)는 입력하지 않습니다.
- 각 개체의 위치는 오른쪽의 슬라이드와 동일하게 구성합니다.
- 그림 삽입 문제의 경우 반드시 「내 PC\문서\ITQ\Picture」 폴더에서 정확한 파일을 선택하여 삽입하십시오.
- 각 슬라이드를 각각의 파일로 작업해서 저장할 경우 실격 처리됩니다.

# [슬라이드 5] 《차트 슬라이드》 ———————————— (100점)

(1) 차트 작성 기능을 이용하여 슬라이드를 작성한다.
(2) 차트 : 유형(묶은 세로 막대형), 글꼴(굴림, 16pt), 외곽선
(3) 표 : 차트 하단에 이미지와 같이 표 그리기

**세부조건**

※ 차트설명
- 차트 제목 : 궁서, 20pt, 진하게, 채우기(하양), 테두리, 그림자(바깥쪽 : 대각선 오른쪽 아래)
- 범례 위치 : 아래쪽
- 차트 영역 : 채우기(노랑)
- 그림 영역 : 채우기(하양)
- 데이터 서식 : 수소차(만원) 계열을 표식이 있는 꺾은선형으로 변경
- 값 표시 : 전기차(만원) 계열만

① 도형 삽입
  - 스타일 : 밝은 계열 – 강조1
  - 글꼴 : 맑은 고딕, 18pt

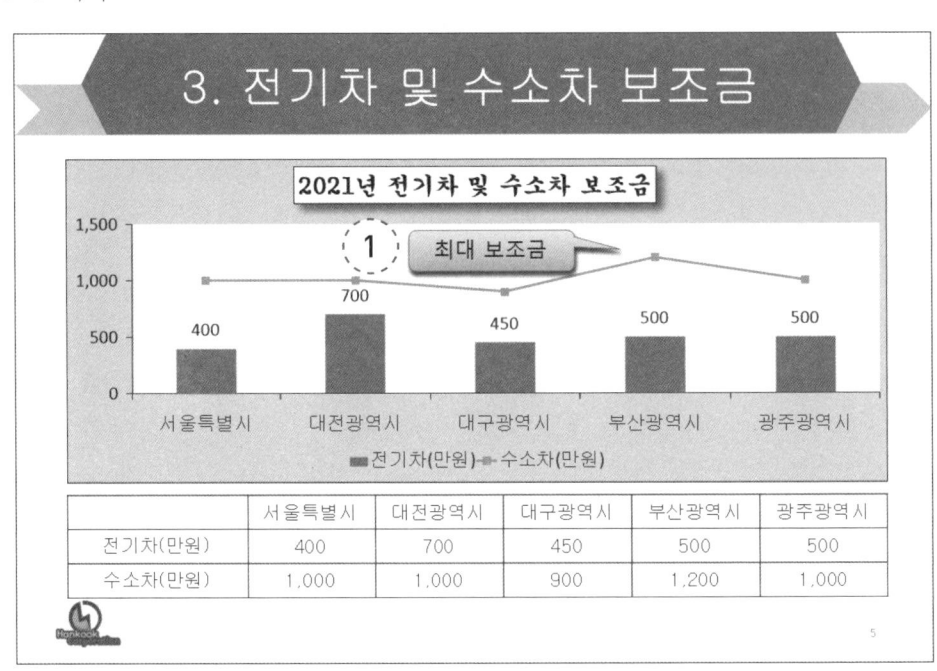

# [슬라이드 6] 《도형 슬라이드》 ———————————— (100점)

(1) 슬라이드와 같이 도형을 배치한다(글꼴 : 맑은 고딕, 18pt).
(2) 애니메이션 순서 : ① ⇒ ②

**세부조건**

① 도형 편집
  - 그룹화 후 애니메이션 효과 : 날아오기(왼쪽으로)

② 도형 편집
  - 그룹화 후 애니메이션 효과 : 바운드

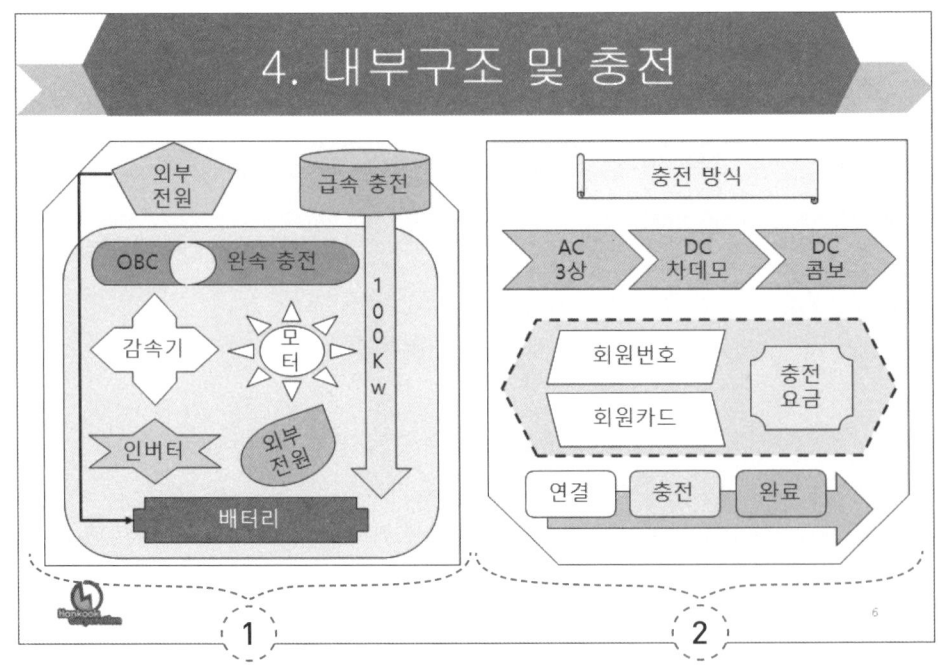

# [슬라이드 3] 《텍스트/동영상 슬라이드》 ——————— (60점)

(1) 텍스트 작성 : 글머리 기호 사용(➢, ◆)
  ➢문단(굴림, 24pt, 진하게, 줄간격 : 1.5줄), ◆문단(굴림, 20pt, 줄간격 : 1.5줄)

**세부조건**

① 동영상 삽입 :
 - 「내 PC₩문서₩ITQ₩Picture₩동영상.wmv」
 - 자동 실행, 반복 재생 설정

### 1. 전기차의 특징

➢ **Advantages of Electric Vehicle**
  ◆ Because electric motors are used, they can be accelerated quick and smoothly, are very quiet, and do not emit any pollutants while driving

➢ **전기차 개요**
  ◆ 전기 공급원으로부터 충전 받은 전기에너지를 동력원으로 사용하며 21세기에 들어서면서 자동차의 미래로 주목 받고 있음
  ◆ 하이브리드 자동차, 수소차 등과 함께 환경친화적 자동차 중 하나


# [슬라이드 4] 《표 슬라이드》 ——————— (80점)

(1) 도형과 표 작성 기능을 이용하여 슬라이드를 작성한다(글꼴 : 맑은 고딕, 18pt).

**세부조건**

① 상단 도형 :
  2개 도형의 조합으로 작성

② 좌측 도형 :
  그러데이션 효과(선형 위쪽)

③ 표 스타일 :
  보통 스타일 4 - 강조 6

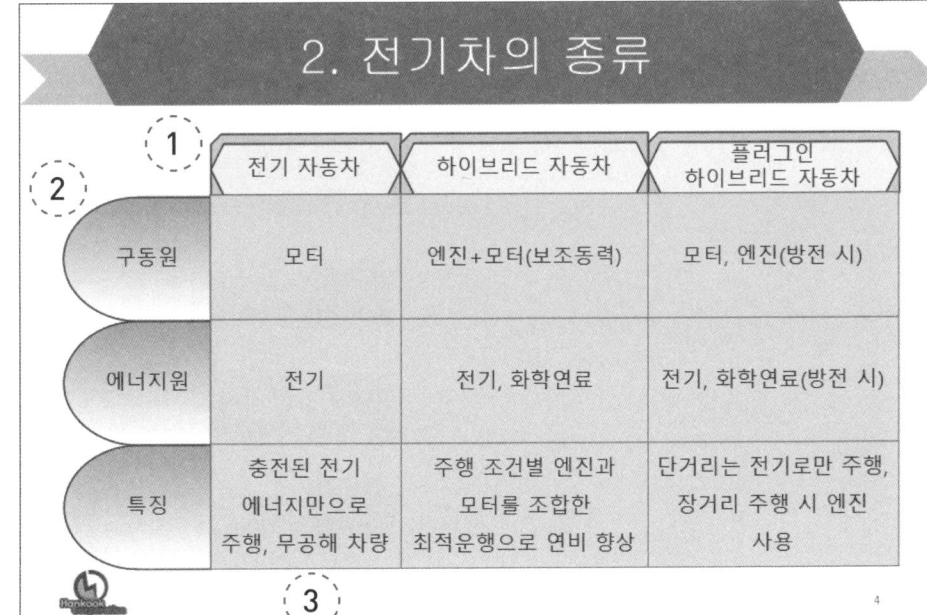

### 2. 전기차의 종류

| | 전기 자동차 | 하이브리드 자동차 | 플러그인 하이브리드 자동차 |
|---|---|---|---|
| 구동원 | 모터 | 엔진+모터(보조동력) | 모터, 엔진(방전 시) |
| 에너지원 | 전기 | 전기, 화학연료 | 전기, 화학연료(방전 시) |
| 특징 | 충전된 전기 에너지만으로 주행, 무공해 차량 | 주행 조건별 엔진과 모터를 조합한 최적운행으로 연비 향상 | 단거리는 전기로만 주행, 장거리 주행 시 엔진 사용 |

# [전체구성] ──────────────────────────── (60점)

(1) 슬라이드 크기 및 순서 : 크기를 A4 용지로 설정하고 슬라이드 순서에 맞게 작성한다.
(2) 슬라이드 마스터 : 2~6슬라이드의 제목, 하단 로고, 슬라이드 번호는 슬라이드 마스터를 이용하여 작성한다.
- 제목 글꼴(굴림, 40pt, 하양), 가운데 정렬, 도형(선 없음)
- 하단 로고(「내 PC₩문서₩ITQ₩Picture₩로고3.jpg」, 배경(연보라색) 투명한 색으로 설정)

# [슬라이드 1] 《표지 디자인》 ──────────────── (40점)

(1) 표지 디자인 : 도형, 워드숍 및 그림을 이용하여 작성한다.

**세부조건**

① 도형 편집
- 도형에 그림 채우기 :
「내 PC₩문서₩ITQ₩Picture₩그림1.jpg」, 투명도 50%
- 도형 효과 : 옅은 테두리 5pt

② 워드숍
- 변환 : 역삼각형
- 글꼴 : 궁서, 진하게
- 반사 : 1/2 크기, 근접

③ 그림 삽입
- 「내 PC₩문서₩ITQ₩Picture₩로고3.jpg」
- 배경(연보라색) 투명한 색으로 설정

# [슬라이드 2] 《목차 슬라이드》 ──────────────── (60점)

(1) 출력형태와 같이 도형을 이용하여 목차를 작성한다(글꼴 : 맑은 고딕, 24pt).
(2) 도형 : 선 없음

**세부조건**

① 텍스트에 하이퍼링크 적용
→ '슬라이드 3'

② 그림 삽입
- 「내 PC₩문서₩ITQ₩Picture₩그림4.jpg」
- 자르기 기능 이용

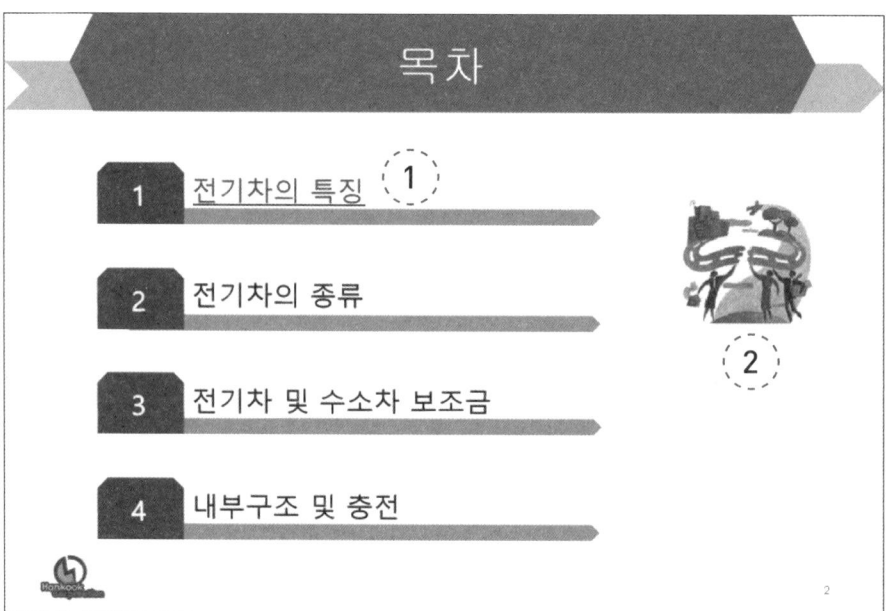